中國十九世紀思想史 （下）

韋政通 著　　東大圖書公司 印行

國立中央圖書館出版品預行編目資料

中國十九世紀思想史＼韋政通著．--
初版．--臺北市：東大出版：三民
總經銷，民80-81
　　冊；　　公分．--（滄海叢刊）
ISBN 957-19-1359-6（一套：精裝）
ISBN 957-19-1360-X（一套：平裝）

1.哲學—中國—近代（1600-　　　）

112.7　　　　　　　　　80002928

©中國十九世紀思想史（下）

著　　者　韋政通
發 行 人　劉仲文
著作財
產權人　東大圖書股份有限公司
總 經 銷　三民書局股份有限公司
印 刷 所　東大圖書股份有限公司
　　　　　地址／臺北市重慶南路一段
　　　　　　　　六十一號二樓
　　　　　郵撥／〇一〇七一七五——〇號
初　　版　中華民國八十一年九月
編　　號　E 11015
基本定價　玖元叁角叁分
行政院新聞局登記證局版臺業字第〇一九七號

中國十九世紀思想史　目　次

下編　巨變與新潮

第十二章　馮桂芬

第十三章　王　韜

第十四章　鄭　觀　應

第十五章　嚴　　復

第十六章　康　有　為

下　編

巨變與新潮

第十二章　馮桂芬

　　從理想層次上看，馭夷、制夷只能說是洋務運動的消極目標，自強才是這個運動的積極目的。但在現實層次，如何馭夷、制夷乃當時朝廷對外關係上最大的困擾，由「自強以練兵爲要，練兵又以制器爲先」❶，能成爲洋務大臣們的共識的情形來看，在他們心目中，所謂「自強」，也不過是馭夷、制夷而已，「自強」也就因此侷限在「洋務」上，而洋務不論「練兵」還是「制器」，用郭嵩燾的話說，都是要「仿行西法」，也就是「師夷之長技」，師夷是爲制夷，所以洋務、自強，走的是二十年前魏源所啟發的路子。

　　如果說魏源是洋務運動的先行者，則馮桂芬在思想史上的地位，便是維新運動的先驅。他的思想發軔於洋務運動之前，卻孕育了有別於洋務運動的思想新動向。在「師夷」這一點上，桂芬與魏源與洋務派仍相同，而其所師法的內容已有所不同，洋務派的重點在模仿西洋技術，桂芬在此之外，又提出具有西洋民主色彩的政治革新的主張。在文化意義上，洋務派注目的焦點，屬於船堅砲利的器用層次，桂芬已進而注意到制度層次的問題。他注

　　❶　《籌辦夷務始末》（同治朝），第二十五卷，頁一。

意的制度層次，與早已成爲熱門話題的吏治問題不同，吏治問題
主要討論的是官吏的操守、能力、風氣等，當然內政改革不限於
吏治，不過一般所說的內政改革，總不脫傳統的規制，這裏所說
的制度層次，已涉及到制度本身的革新，已有越出傳統的傾向，
他之所以可稱之爲維新變法之先驅者在此。

桂芬的一生，恰值西方資本主義向外擴張之際，親身經歷鴉
片戰爭和英、法聯軍之國難。「經此兩役，巍巍上國，淪爲附
庸，先生引爲天地開闢以來未有之奇憤」❷。於是在流離中發憤
著作，根據極有限的資訊，對國際強弱之大勢，以及中國自處和
維新之道，皆有所論列，在當時士人中，確是罕見。

晚清的維新變法，是希望仿行西法中的民主政制，而西方民
主制度，如呂實強所指出，在桂芬之前，梁廷枏的《合省國說》、
魏源的《海國圖志》、徐繼畬的《瀛寰志略》，都已有介紹❸。
他們與桂芬不同之處，是在三人僅止於資料性的引介，尙未經
由消化而成爲思想性的主張及改革的張本，他們的作用是爲思想
家提供素材，思想家經過反省式的思考，賦予這些素材以新的
生命和新的意義，然後才能在逐漸形成的新思想傳統中起發酵作
用。

---

❷ 黃淖伯：〈七十年前之維新人物——馮景亭（桂芬）〉，見包遵
　彭等編：《中國近代史論叢》第一輯、第七册：《維新與保守》，
　頁八一，四十八年（一九五九），正中書局臺二版。
❸ 呂實強：〈馮桂芬的政治思想〉，見周陽山等編：《近代中國思
　想人物論：晚清思想》，頁二四八，六十九年（一九八〇），臺
　北時報文化公司。

第一節　生平與著作[④]

馮桂芬（1809～1874），字林一，號景亭，江蘇吳縣人。父馮智懋，經商致富，因連遭火災，家道中落，但仍有田產十頃。

桂芬自幼喜歡讀書，父親也有意讓他向仕途發展。他的考運不差，二十歲成秀才，二十四歲中舉人，榮登榜眼（一甲第二名進士）時，也不過才三十二歲。

但仕途卻不順利，會試成進士是道光二十一年（一八四一），於翰林院任編修直到道光二十五年，因丁母憂，扶櫬返鄉。三年守孝期滿，因父已年高，不欲遠行，乃應兩江總督李星沅之邀，主講江寧惜陰書院。道光二十九年，在其父力促之下，始返京復職。次年，父親又去世，再度服喪歸里。在此期間，曾應兩江總督陸建瀛之邀，到揚州主持《鹽法志》的編纂。在京五年，因一直位居閒曹，因此有充裕時間閱讀翰林院國史館中所收藏的文獻典籍，對後來的著作，自有所裨益。

咸豐三年（一八五三）洪秀全攻下南京，成立太平天國，桂芬奉詔協助地方官辦理團練，勸捐糧餉，後因功獲賜五品銜，升任詹事府右春坊右中允（正六品，編修為正七品）。正擬北上就新職，因流言中傷而止，經申辯後，遂於咸豐八年入京。但一年之後，又因得罪權貴，鬱鬱而歸，自此未再出任官職，時正年逾五十。

[④]　這一節主要參考《中國歷代思想家》中呂實強所撰《馮桂芬》一書第一、二部分，六十八年（一九七九），臺灣商務印書館二版。

　　桂芬於仕途不得意，在著作方面卻有成就，這方面的成就，與他早年的人際關係可能有關。道光十二年（一八三二）中舉人時，卽因文章而受知於江蘇巡撫林則徐（1785～1850），林氏稱道他的才識「一時無兩」，遂邀他入撫署校北直水利書。林氏在當時是一位關心世變，且具新頭腦的人物。稍後曾參與兩江總督陶澍（1778～1839）的幕府，包世臣和魏源都曾在陶氏幕府工作過，這位名重一時的封疆大吏，被學者認為「是一個傳統知識分子在君主專制政體下，獲得政治上最高成就的典範」❺。桂芬與林、陶之間，旣爲過從甚密的幕賓，兩位先生的見解與風格，多少對他的思想會有些影響。

　　咸豐十一年（一八六一）九月，蘇州、松江一帶已被太平軍佔領，上海危急，地方士紳與團練大臣遂公推桂芬，上書向安慶大營的曾國藩乞援，國藩讀罷，深爲感動，決計派李鴻章率淮軍援滬。太平天國敗亡之後，二人在南京相會，談到往事，曾氏對桂芬說：「厥後東南事，不出君一書」。稍後，國藩因欣賞其才識，想邀桂芬到他的幕府工作，爲桂芬婉謝，但把新完成的《校邠廬抗議》寄給曾氏，請他評閱，據《曾文正公日記》：「同治元年九月，馮景亭名桂芬，寄《校邠廬抗議》初稿二册，共議四十二篇，粗讀十餘篇，雖多難見之施行，然自是名儒之論」❻。曾氏雖稱道書中見解，當桂芬請他爲此書撰序時，卻遭到拒絕。

　　他不答應做國藩的幕友，當李鴻章任江蘇巡撫，卻入了李氏

幕府，這一決定與他希望江南減賦這一懷之多年的心願有關。當
時蘇州、松江、太倉等地賦額之重，比鄰近的常州多三倍，比鎮
江等府多四至五倍，比他省多一二十倍不等，因受重賦之累而破
產者，時有所聞。他覺得李鴻章是一位很有魄力的官吏，於是把
減賦的希望寄托在他身上，進入幕府不久便向李提此建議，獲李
首肯，同治二年（一八六三）五月，鴻章與國藩（時任兩江總
督）聯銜上奏（奏文出於桂芬之手），終獲朝廷允許蘇、松、太
減賦三分之一，常州、鎮江減十分之一。江南減賦心願達成後四
月，卽辭去幕府之職，不久官軍收復蘇州，他回到故鄉。在鴻
章幕府期間，除減賦的建議之外，仿北京同文館的上海廣方言
館，也是由他擬議，在鴻章支持下奏准設立的。此外，鴻章於
同治三年向恭親王提議開特科以擢拔特殊技藝人才，也是出於桂
芬的獻策❼，所以有人說，桂芬對李鴻章的影響，猶在郭嵩燾之
上❽。

　　回到殘破的故鄉，爲了重建府學、縣學、書院，付出了許多
心血，這時已五十四歲，決心永別宦途，將餘生奉獻在作育人才
上，先後出任紫陽書院和正誼書院山長，而正誼書院，早年他爲
預備會考，曾在此苦讀。他主講和主持過的書院，除前文提到的
惜陰書院，還有在上海期間（1860～1863），曾擔任敬業書院山
長。在他六十六年的生涯中，經世事功方面，始終沒有直接表現
的機會，能使他名留青史者，仍靠他的著作。曾國藩看了他的

❼　郭廷以、劉廣京：〈自強運動：西洋技藝的追求〉，見《劍橋中
　　國史》第十冊晚清篇（上），頁五九三，七十六年（一九八七），
　　臺北南天書局。
❽　同前，頁五九一。

書，評爲「名儒之論」，在維新思想上比桂芬又進一步的王韜（1828～1897），於光緒十一年（一八八五）校印《校邠廬抗議》，在跋文中絨述對這位前輩的仰慕，並稱他爲「一代大儒，千秋碩學」。這種評價，如桂芬地下有知，一定比他晚年獲頒的三品衝，更使他感到安慰。

桂芬的著作，除《校邠廬抗議》爲其代表作之外，還有《顯志堂集》、《使粵行紀》、《說文解字段注考正》、《弧矢算術細草圖解》、《西算新法直解》等。

代表作「校邠廬」是他居所的名稱，「抗議」乃位卑而言高之意，用《後漢書‧趙壹傳》語。咸豐九年（一八五九），桂芬從北京回到蘇州，本已準備長期隱居，從事著述，旋因太平軍橫掃江、浙，不得不棄家逃難，避居上海，書中四十篇卽作於咸豐十年與十一年間之上海，所附兩篇，〈用錢不廢銀議〉作於咸豐二年，〈以巧工爲幣議〉作於咸豐五年，後來又補入七篇，今通行本共四十九篇。

此書部分文字，在當時被認爲過分激進，所以他死後，其子於光緒二年（一八七六）所刊行的遺稿中，這部分文字爲恐有觸時忌，都被刪除，但有抄本流傳。光緒十年（一八八四），陳寶箴爲此書寫了序，並刊其全本於江西。到了甲午戰敗之後（一八九四），改革的聲浪日高，此書受到保守派翁同龢、孫家鼐的重視，認爲書中的建議，就是他們所要求實行的政策，不但重印了這本書，並一再推薦給光緒皇帝，皇帝還下令要朝臣們提供閱讀意見❾。有人認爲是爲了抗衡康有爲一派激烈的改革論，桂芬的

❾ 李澤厚：《中國近代思想史論》，頁四二之註文。

書才被採納的⑩，三十年前的激進言論，三十年後竟成爲保守派的護身符。時代變了，理想與現實也要換位，這種現象在中國近代史上屢見不鮮。這究竟是思想人物的悲哀，還是中國的悲哀呢！

第二節　處理傳統的態度與方法

郭嵩燾是洋務思想家，他處理洋務的一套基本理念，卻是來自傳統。他所以能達到如此推陳出新的妙用，是因他恆常「讀書觀史」有批判的眼光。

嵩燾的「讀書觀史」，重點是放在對歷史做分析，特別是對歷代如何控馭夷狄史實的分析。桂芬和嵩燾一樣熟讀史書，但他關注的重點不同，他反覆思考的問題是：在一個西學衝擊的新時代裏，如何面對傳統？桂芬之所以能成爲維新思想的先驅，恐怕不只是因爲他孕育了思想的新動向，他對傳統文化的態度，以及處理傳統文化的方法，也很值得我們注意，因爲這方面的態度與方法，必定有助於他孕育思想的新動向。

桂芬於《校邠廬抗議》的序文中，列舉了「三代聖人之法」的許多好處，認爲值得效法，而他對世變是有深切感受的，所以又說：「古今異時亦異勢」。說得更清楚點，卽：「顧今之天下，非三代之天下比矣」。旣然如此，試問三代聖人之法，又如何可效？針對這個問題，他提出一個「復」的理論，他不是一位單純的復古論者，他說：「古法有易復，有難復；有復之而善，

---

⑩　小野川秀美著，林明德等譯：《晚清政治思想研究》，頁十七，七十一年（一九八二），臺北時報文化公司。

有復之而不善；復之不善者不必論，復之善而難復，卽不得以其難而不復，況復之善而又易復，更無解於不復」。「易復」、「難復」是程度問題，不是原則上不能復。認爲古法中有「善」、有「不善」，自然就容易產生批判繼承的態度。這種態度在二十世紀，已很普遍，在十九世紀中葉，仍屬罕見。

桂芬爲這個理論所揭示的原則是：「去其不當復者，用其當復者」。這不禁令人想起一九三五年〈中國本位的文化建設宣言〉中說的「不守舊，是淘汰舊文化，……不盲從，是取長捨短，擇善而從」，此雖就中西言，但與桂芬所揭原則是一致的。這種在二十世紀三十年代，被胡適譏之爲「反動空氣」中「保守心理在那裏作怪」的言論❶，在晚清的新思想傳統中，卻是首揭如何面對傳統的新理論。

所謂「不當復者」，當然就是「復之而不善」者，「當復者」，就是「復之而善」者。「復之不善者不必論，復之善而難復，卽不得以其難而不復」，這正是思想工作者應有的抱負和工作的重點，這關係到傳統能否延續，以及是否能賦予傳統以新的生命。《校邠廬抗議》大部分就是在從事這方面的工作，下面卽不妨以書中的〈復宗法議〉爲例，來考驗一下他所提理論，應用到具體問題思考上的效果。

〈復宗法議〉一開頭就說「復井田封建，不如復宗法」，也就是說，井田封建是不當復者，宗法是當復者。主張復宗法的目的，在其可補國家養民教民之不足。促使他注意這方面問題的背

---

❶ 《胡適文存》第四冊，頁五三七，六十年（一九七一），臺北遠東圖書公司三版。

景，是太平天國之亂，所謂「天下之亂民，非生爲亂民也，不養
不教有以致之」。主張復宗法的理由是：「牧令有養教之責，所
謂養不能解衣推食，所謂教不能家至戶到，尊而不親，廣而不
切。父兄親矣、切矣，或無父無兄，或父兄不才，民於是乎失所
依。惟立爲宗子，以養之教之，則牧令不能治者，宗子能治之，
牧令遠而宗子近也。父兄所不能教者，宗子能教之；父兄多從
寬，宗子可從嚴也。宗法實能彌乎牧令父兄之隙」。

在桂芬的構想中，能解決養民教民問題的社會基層建設，是
以范仲淹創設的義莊爲藍本，以合族公舉的宗子爲族正，莊中分
立養老室、讀書室、養疴室、嚴教室（專教不肖子弟），他認爲
這種古制的恢復，可有下列的效果：（1）盜賊可不作。（2）邪教
可不作。（3）爭訟械鬥之事可不作。（4）保甲、社倉、團練一切
之事可行。

復宗法的目的，是爲了解決基層社會的養民教民問題，當然
可稱得上「復之善」。桂芬自然很清楚，在當時內憂外患的情形
下，並不算很高的理想，一時之間也是很難施行的，但思想層面
的工作，「不得以其難而不復」，能做到這一點，就算達到思考
上的效果，至於實際上的效果，已不是思想工作者所能決定的範
圍。〈復宗法議〉是個復古的題目，但全篇討論的，是眼前的問
題，這使他與一般復古論者不同：復古論者的思想是僵化、沒有
生機的；桂芬是從當代的問題出發，去汲取傳統的資源，發爲新
的理論，所以他的思想是活潑而有生機的。用他自己的話來說，
他用的是一種「酌古斟今」的方法。其餘如〈復鄉職議〉是爲了
建全地方自治的，〈復陳詩議〉是爲了通上下之情的，皆可作如

是觀。

以上對傳統的態度，是溫和而理性的，在另一種情況下，他還有較激烈的主張。當他在「博覽夷書」過程中，發現荷蘭國有養貧（貧民救濟）、教貧（貧民職業訓練）二局，瑞典（原文爲「顛」）國設小書院無數，不入院者官必強之（強制性的國民義務教育），與中國現況對照，不禁發出「堂堂禮義文物之邦，曾夷法之不若」的慨歎，於是斬釘截鐵地說：「法苟不善，雖古先吾斥之，法苟善，雖蠻貊之邦吾師之」⑫。在前述「復」的理論中，僅說傳統有善、有不善，因此有當復、不當復的選擇性，而今則主張古先之法中若有不善者，是該打倒的。「法苟善，雖蠻貊之邦吾師之」，不啻是說，西學中凡是有價值、或是對我們有用的部分，都應該以開放的心胸去學習。這是比「師夷之長技以制夷」更寬廣、更積極的態度，也正是維新思想先驅者應有的心態。

第三節　馭夷與師夷

在晚清有不少士人，以中國春秋、戰國時代列國的對峙，比擬歐洲列強競立之局，後人看起來，不免覺得有些不倫不類，在當時，卻正如王爾敏所說，「蓋此一觀念雖在參考古舊史例，實有助於認清當前世界現勢」⑬。就在這種模糊印象的認識過程

---

⑫　以上均見《校邠廬抗議・收貧民議》。

⑬　王爾敏：〈十九世紀中國國際觀念之演變〉，見香港中文大學，中國文化研究所學報，第十一期，頁八三。

中，中國根深柢固天朝型的世界觀，逐漸被打破，而最早引用此一史例，來了解十九世紀中葉國際大勢的，就是馮桂芬。

桂芬以前，對世界各國做資料性的引介或彙編的圖書，已有多種，他在博覽這些圖書之後，經由思想上的消化，開始形成新的觀念，然後運用這些觀念，來分析中國當前的問題。他的工作是思想性的，不是資料性的。

桂芬說：「今海外諸夷，一春秋時之列國也，不特形勢同，即風氣亦相近焉。勢力相高，而言必稱理，譎詐相尚，而口必道信。兩軍交戰，不廢通使，一旦渝平，居然與國。亦復大侵小，強凌弱，而必有其藉口之端，不聞有不論理不論信如戰國時事者」❹。必須指出，桂芬的「參考古舊史例」，只限於春秋，而不屑於言戰國，這是傳統士人深層的道德意識在作祟。其實，如果要做「比擬」式的聯想，「今海外諸夷」，更像戰國時的爭霸。不過，他對國際外交上假借「理」、假借「信」等現象的觀察，是很敏銳的，尤其是在他那年代，已認清「國際間沒有永遠的敵人，也沒有長久的朋友」，不能不叫人佩服。

他不但關心世變，而且對國際現勢有相當的了解。他就是根據這些了解，來分析中國面臨的問題，並提出他的判斷和主張：

（一）和戰問題

咸豐十年（一八六〇）英、法聯軍攻陷北京，爲清廷帶來至深的創痛。所以會引起這場戰禍，在桂芬看來，主要是在不識馭夷之道，「馭夷之道不講，宜戰反和，宜和反戰」，「忽和忽

❹　《校邠廬抗議・重專對議》。

戰」，「戰不一於戰，和不一於和」**⑮**，就在這種虛矯妄動，衷無定策下，召致巨禍。

英、法聯軍之役，是訂了喪權辱國的北京條約才結束的，「然則和可久恃乎」？這是許多人心中都有的疑慮，桂芬的回答是：「難言也」。不過據他的了解，「目前必無事」，理由是：「以俄、英、法、美（原文作「米」）四國地醜德齊，外睦內猜，互相箝制，而莫敢先發也。……諸夷意中，各有一彼國獨強卽我國將弱之心，故一國有急難，無論遠近輒助之，蓋不僅輔車唇齒之說（原注：英嘗助俄伐土耳其、埃及，後悔之。英志云：「坐令土弱俄強，至今爲梗」。其意可見），其識見遠出乎秦時六國之上。如土耳其欲併希臘，俄、英、法救之，俄欲併土耳其，西班牙欲併摩洛哥，皆英、法救之，汔歸於和。彼於小國猶爾，況敢覬覦一大國哉」？次又以「庚申之事」（卽英、法聯軍之役）爲例云：「得當卽已者，亦懼俄、米之議其後也。可取而忽舍，可進而忽退，夫安有興師動眾，間關跋涉八萬里之遠，無端而去，無端而復來哉？不待智者而知其不然矣。故曰：目前必無事也，可以坦然無疑也」**⑯**。

不知是否因隔於資訊，以上對「庚申之事」的分析，與事實顯有出入，因據北京條約，不但謝罪、賠款、割地，且迫使各口岸全部開放，使外人在華享盡特權，怎麼能說「無端而去」呢？經過這次戰役，英、法固已滿足其所欲，美國也同樣獲得他們在華的一些權利，俄國不費一兵一卒，除了坐享他國所獲權利之

---

⑮　《校邠廬抗議・善馭夷議》。

⑯　以上均同前註。

外，還獨自取得了四十萬平方英里的土地，面積較現在的東北尙大⑰。桂芬顯然不知，各國條約均有利益均沾的條款，中國喪失權利於一國，等於喪失權利於所有條約國，那裏會有「亦懼俄、米之議其後」的發生。不過，他說這四個國家，「外睦內猜，互相箝制」，可給中國喘息的機會，這一點是正確的。

桂芬相信「目前必無事」，當然不是爲了助長人們苟安的心理，恰恰相反，他希望政府能善用喘息的時機，加速自強的工作。同時警告當道：「不自強而有事，危道也；不自強而無事，幸也，而不能久幸也」⑱。

（二）中國何以不如諸夷

桂芬把「地球中第一大國，而受制於小夷」，視之爲「有天地開闢以來未有之奇憤」。他檢討中國之所以屈於四國（英、法、俄、美）之下，不是因爲天時、地利、物產之不如，而因「人實不如」。人既不如，「忌嫉之無益，文飾之不能，勉強之無庸」。人不如，並非在其外形，從中華先民的歷史來看，也並非天賦不如人，而是因人自己不努力、不爭氣，所謂「人自不如耳」。「人自不如，尤可恥也，然可恥而有可爲也。如恥之，莫如自強」⑲。

桂芬根據他所知的國際現勢，討論了不少問題，舉上面兩個例子，主要在說明在他心目中，十九世紀中葉中國所面臨的問

---

⑰　以上見郭廷以：《近代中國史綱》，頁一四七、一五一、一九七八年，香港弘文出版社。
⑱　同前註⑮。
⑲　以上均見《校邠廬抗議‧製洋器議》。

題，如不能自強，都不能解決。當他提出自強的觀念時，所謂自
強運動還沒有展開，北京同文館也未成立，他於〈製洋器議〉中
所提「宜於通商各口，撥款設船礮局」的建議，是於同治元年
（一八六二）李鴻章設立的。從這方面來看，桂芬也是自強運動
的先行者。他與居於自強運動導師地位的郭嵩燾之不同，是在嵩
燾以「內治」爲「自強」之本，而桂芬似乎更加凸顯了「師夷
狄」的重要性。他的「師夷狄」與嵩燾的「仿行西法」也有些不
同，「仿行西法」得之見聞者居多，屬於報導性的，「師夷狄」
往往能經由反思，把問題提昇到思想層面。嵩燾因任駐外公使，
所以對西方親身的經驗比較豐富。桂芬因博覽夷書，對諸夷的認
識比一般官紳要強得多。基於同類的背景和條件，使二人在許多
問題上，都喜歡做中西對比，比較的結果，大都認爲中不如西，
這一點二人是相同的。

中不如西最顯著的莫爲戰力──即所謂「船堅砲利」，桂芬
說，「居今日而言攘夷，試問其何以攘之」**⑳**？便是要求國人認
淸這冷酷的事實。十九世紀最早感受到這種情況的，恐怕是林則
徐，因此在外交上提出「以夷治夷」因應策略的，也以他爲最早
㉑。接著魏源有「以夷攻夷」、「以夷款夷」及「師夷之長技以
制夷」等說，桂芬對魏源卻有苛評：「魏氏源論馭夷，其曰以夷
攻夷，以夷款夷，無論語言文字之不通，往來聘問之不習，忽欲
以疏間親，萬不可行，且是欲以戰國視諸夷，而不知其情事大不

---

⑳　同前。
㉑　李國祁：《張之洞的外交政策》，頁一一一，中央研究院近代史
　　研究所專刊⑵。

伴也。魏氏所見夷書新聞紙不少，不宜爲此說，蓋其生平學術，喜自居於縱橫家者流，故有此蔽。愚則以爲不能自強，徒逞詭譎，適足取敗而已。獨師夷長技以制夷一語爲得之」[22]。既知中國無實力與諸夷對抗，那麼「以夷攻夷」或「以夷制夷」，就不失爲外交上可考慮的因應策略之一，實際上運用的效果如何雖不得而知，至少也沒有理由斷言：「萬不可行」。事實上桂芬在同一時期寫成的〈借兵俄法議〉中，這種見解已有所改變，在該文中他主張借夷兵平東南之亂，表示他已不反對借用外力，只是他的理想是唐代郭子儀借用回紇兵的先例，要主其事者得人，操縱完全在我[23]。

桂芬以爲我國如不能自強，則馭夷之道不論是以夷攻夷或以夷款夷，都不過是「徒逞詭譎，適足以取敗而已」。他論自強最重要的兩篇文章是〈製洋器議〉與〈采西學議〉，兩文同時也是他「師夷狄」主張的代表作，由此不難推想，「自強」與「師夷狄」在他的意識中，是有相當程度的互相重疊。我們都知道，自強也好，洋務也好，大都集中在船堅砲利的學習上，桂芬稱之爲「軍旅之事」，這方面西夷有三個優點：（1）船堅砲利。（2）有進無退（作戰訓練）。（3）人材健壯。他覺得人材健壯方面中國未必不如夷，因此「是夷得其三，我得其一」（三分之一）。而「有進無退」和「人材健壯」這兩方面，又是可以自我改進的，「無待於夷，然則有待於夷者，獨船堅礮利一事耳」[24]。

---

[22] 同前註[19]。
[23] 同前註[21]，頁一一二。
[24] 以上均見前註[19]。

　　所謂「有待於夷者，獨船堅礮利一事」，是僅就「軍旅之事」而言。在此之外，中國不如西夷之處仍多，如謂：「人無棄材不如夷，地無遺利不如夷，君民不隔不如夷，名實必符不如夷」❷。「人無棄材」指教育，桂芬因瑞典國教育普及的現象，不禁慨歎「堂堂禮義文物之邦，曾夷法之不若」。「地無遺利」指科學，〈采西學議〉中對這一點有更清楚的解釋：「如算學、重學、視學、光學、化學等，皆得格物至理，輿地書備列百國山川阨塞，風土物產，多中人所不及」。「君民不隔」指的是陳詩諷諫的古例。但要充分發揮這方面的效果，當然是西方的民主議會。「名實必符」蓋指西夷能守信、守法，不做非分之事，如〈罷關征議〉謂：「夫彼之能實徵實解者，吾見之江海關矣。貨物進口，彼鬼役持帳來易我單，即憑單令我役運岸，不聞運單中所無之一物，亦不聞自運一物。夫以今日之夷燄，若以吾吏吾商處之，必十漏七八，我以無如何，而彼不爲也」。桂芬爲此深深嘆息：「今視於關務而益憬然於彼之能信，我之不能信也」。

　　如果以上的了解無大誤，那麼西方的教育、科學、民主制度、守法精神，都是我國應該學習的，都是「師夷狄」的重要課題，爲何在四句之後又說：「四者道在反求，惟皇上振刷紀綱，一轉移間耳，此無待於夷者也」。「不如」與「無待於夷」之間，並不矛盾，只是令人覺得奇怪：既深覺不如，爲何不乾脆「師夷狄」？下面試作幾點解釋：（1）桂芬在上文申論「地無遺利不如夷」時，曾說過「列國（指春秋列國）猶其有人，可（何）以中華大一統之邦而無之乎」？由此可以想見，桂芬所說的「不如」，並不

───────────────

❷　同前註❿。

包括中國的上古時代，在上古時代，中國人在這幾方面的表現並不差啊！所以要趕上西夷，返求便可。（２）或許他寫〈製洋器議〉，是希望有機會呈給皇帝看的，如果說中國處處都要仿效諸夷，未免有傷於一國之尊的自尊心，所以用復古的論調來轉圜，以免遭到排斥。（３）在他那年代（一八六○～一年間），積極主張「師夷狄」，仍是莫大的忌諱，四不如之說，是極傷害民族自尊的言論，所以說「四者道在反求」，多少有點自我保護的作用，萬一遭到攻擊，可以有申辯的餘地。

「師夷狄」最重要的工作在「采西學」，要采西學，必須先培養這方面的人才，桂芬於〈采西學議〉中卽建議於廣東、上海設翻譯公所，「選近郡十五歲以下穎悟文童，倍其廩餼，住院肄業，聘西人課以諸國語言文字，又聘內地名師，課以經、史等學，兼習算學」。這個構想，於同治二年（一八六三）上海同文館的設立，遂成為事實。他為該館所擬章程，比京師同文館有若干優點：（１）京師同文館招收學生，僅限八旗子弟，上海同文館的學生，是由官紳保送，經江海道面試選取，不限滿、漢。（２）京師同文館的教師，只能在八旗官學教習、或候補教習中聘用，教漢文的也不例外；上海同文館的教師，是延聘近郡品學兼優紳士一人為總教習，聘學問貫通者二人為教習，舉貢生員四人為分教習。（３）京師同文館課程僅有外國語言文字與滿、漢文；上海同文館除中外語文之外，尚有經學、史學、算學、辭章四類，又因西人製器尚象之法，均由算學出，故學生必須每日肄習，其餘經、史各類，隨其資稟所近，分別選擇學習❷❻。

---

❷❻　以上參考呂實強：《馮桂芬》，頁十～十一，（參看前註❹）。

最後，在桂芬「師夷狄」的主張中，還有三點值得特別提出來一談：

（一）桂芬說：「一切西學皆從算術出」❷，如把「一切」改為「近代」，就是很深刻的見地。經濟史家 John U. Nef，在其《工業文明之精神基礎》中指出，從十六世紀末葉始，數量的觀念發展極爲迅速，量的計算很快地就進入了國家政策的園地，如稅收與人口的統計之類。在歐洲大陸上阿拉伯數字的使用至十六世紀末而普遍化；一五九〇至一六一七年之間，John Napier之數學發明，及稍後更著名之對數的發現，迅卽廣泛傳播於全歐，結果使算術的計算大爲加速。因此，他認爲，數量觀念乃近代工業社會的特徵之一❷。桂芬當然不清楚近代西方數量觀念發展的歷史，但他認識到數學在西學中的重要地位，並把數學納入上海同文館，成爲每日必習的基礎課程，是完全正確的，他極可能也是中國近代史上，具有這種見地的第一人。

（二）桂芬對西方文化十分嚮往，但他不希望中國永遠落於西方之後，他相信「中國多秀民，必有出於夷而轉勝於夷者」❷。「師夷狄」是階段性的，他希望在這個過程中，「始則師而法之，繼則比而齊之，終則駕而上之」❸。在這裏，也是他首先提出「迎頭趕上」的觀念，以鼓舞國人。

（三）「中體西用」的觀念，從清季開始流行於中國幾達百

❷　《校邠廬抗議・采西學議》。
❷　見余英時：《歷史與思想》，頁三四四，六十五年（一九七六），臺北聯經出版公司。
❷　同前註❷。
❸　同前註❶。

年。桂芬說:「如以中國之倫常名教爲原本，輔以諸國富強之術，不更善之善者哉」❸❶。又說: 「且用其器，非用其禮也」❸❷。文字上雖未用「體」、「用」，而「中體西用」的觀念，實已呼之欲出。當然，這個觀念在他的思想中，並未有進一步發展，但這話出現於〈采西學議〉中，應非偶然，在思想史上的意義，可視之爲這一觀念形成的雛型，後世言「中體西用」者，追溯到馮桂芬，是有道理的。

第四節　維新思想的先驅

　　《校邠廬抗議》初稿四十二篇，最富有時代意義的是〈采西學議〉、〈製洋器議〉、〈善馭夷議〉，其中精義，前已有討論。其餘部分，大都集中在內政問題的檢討，其中最突出的，爲人才制度改革的主張。這方面的主張，〈復鄉職議〉、〈復宗法議〉、〈重儒官議〉，皆有所涉及，主要理論則見之於該書首篇: 〈公黜陟議〉。

　　〈公黜陟議〉有三個要點:

　　(1)**對傳統人才制度的批判:**

　　在理論上如果問取用人才，究竟應重視文字，還是重視才德？究竟應重視一二人之私見，還是重視千百人之公論？一般的答案，必定是重視才德與公論。而實際上自漢以來，取人之法雖多途，「要不外試之以文字，舉之以數大臣」。如此重形式、重

───────────

❸❶　同前註❷❼。
❸❷　同前註❶❾。

私見的測試，桂芬認爲，當然得不到眞正的人才。

（2）改革人才制度的原則：

「三代上固有善取眾論之法，經傳文簡，不可考。而孟子之言（指『國人皆曰賢，然後察之，見賢焉，然後用之』），獨彰明較著，則其事可會意也。《新唐書・趙憬傳》，憬曰：宜采士譽，以譽多先用，卽此意。道在以明會推之法，廣而用之，又以今保舉之法，反而用之。會推必重臣之責，今廣之於庶僚；保舉爲長吏之權，今移之於下位」。由這段文字，可知桂芬針對傳統人才制度的缺失，提出改革的原則是：由眾公決和由下推舉。由眾公決可避免「一二人私見」之弊，由下推舉則代表「千百人之公論」，他希望由此能建立起用人的公平原則。

（3）實施的具體辦法：

在京師方面爲：「責成京官，自中書以上皆歲舉六部九卿，翰詹科道一人，外省知府以上一人，吏部籍之，以得舉多少爲先後，遇應升缺列上，其無舉者不得列。又令歲舉部院司官一人，吏部交各堂官，有請升缺，用其舉多者，若用舉少者，則必言其故，侯欽定」。至於外官，「則令在籍在京在外各紳及諸生各鄉正副董耆老，歲舉同知以下巡檢以上一人，上之郡，郡聚其得舉最多上之大吏，大吏博采輿論折衷之，許刪不許增，造册奏聞，有缺以次保升」。在桂芬的主張中，由下推舉的辦法，不限於官吏，爲了「擇師得人」，他主張「擇師之法，勿由官定，令諸生各推本郡及鄰郡鄉先生有經師人師之望者一人，官聚其所推，最多者聘之」。爲什麼要採用這個辦法呢？他認爲這樣做可「通上

下之情」，免於上級官員的專擅❸。

在十九世紀中葉，介紹到國內有關西方選舉的資訊，不但零星，而且流於浮面。從這樣簡陋的資訊，自然無法窺知選舉事務的複雜性，以及使選舉達到公平之不易。桂芬所擬選舉辦法，既不夠具體，且因彈性太大，甚至有點矛盾，例如選外官是「令在籍在京在外各紳及諸生各鄉正副董耆老」，要這些在不同地點不同身份的人，來施行「歲舉」，要怎樣才能舉行？根據由眾公決的原則，當然只能「用其舉多者」，如同時又彈性規定：「若用舉少者，則必言其故，俟欽定」，豈不又與公決的原則相矛盾？既容許「俟欽定」這種專擅的方式存在，又何必多此一舉？既經選舉，又要上報大吏，再由「大吏博采輿論折衷之」，豈不也與由眾公決的原則不符？

儘管他在選舉辦法的設想上有缺點，但他要求改革的方向是維新的，是突破制度的，是具有民選制度色彩的，故遭曾國藩幕府趙烈文斥其為「夷法」。在器用方面，採用夷法，在當時，連洋務大臣都會遭到保守派的頑強反對，在用人制度方面，如也要採用夷法，在當時簡直是石破天驚的大逆不道之論調。但在思想史上，卻正因他能提出這些創新的論調，才確立了他在維新運動中先行者的地位。

除此之外，桂芬在這方面的主張中，還有一點值得我們注意的是，從他開始已發展出一種維新思想家的思考模式，這種思考模式，用汪榮祖的話來說，即「演義外來之文化於固有傳統間架之上」，這樣一方面能保持對傳統文化的認同，另一方面又可

---

❸ 《校邠廬抗議·重儒官議》。

「減少對外來文化之抗拒」❸。作爲對外來文化衝擊的反應模式，這種方式是相當理性的。後來因維新運動失敗，使中國的反應模式逐漸走向西化，使中西、新舊之間的衝突問題，反而長期得不到解決。

❸　汪榮祖：《晚清變法思想論叢》，頁八五，七十二年(一九八三)，
　　臺北聯經出版公司。

第十三章 王　韜

　　與洋務時期思想人物相比，王韜的人生經歷與心路歷程，和他們有很大的不同。在當時，科舉之弊，人盡皆知，但青少年為了出人頭地，仍多毫無選擇地去博取功名，像王韜那樣有天賦，早就斷絕走這路的念頭，走向一個新異的世界，可謂絕無僅有。

　　就正統士人的觀點，可能因他上書太平軍這種「叛逆」的行為，而感到惋惜。然就其一生的發展而言，我們不能不說，他幸而犯下這「錯誤的第一步」，才改變了他一生的命運，從封閉、衰落、戰亂的中國，走向進步、繁榮、安樂的西方。這種新奇的經驗，使他在回國之後，比誰都更能看出洋務運動的侷限和缺點，他對這方面所以能提出較深刻的反省和批判，就是因為他到了洋務的祖國——英倫，在這個近代西方最先進的國家，住了兩年多的時光。

　　這一段奇蹟似的閱歷，不僅使他越出洋務思想的格局，也使他比馮桂芬更進一步，提出有系統的變法主張，因而奠定他在晚清變法思想史上的地位。

第一節　生平與著作

王韜（1828～1897），原名利賓，字仲弢，號紫詮，因避難改名為韜，別號天南遯叟，江蘇蘇州東南城外長洲甫里村人，這裏曾是唐代陸天隨隱居的地方。父名昌桂，是位塾師。自謂：「世通儒理，有名於時。少好學，資賦穎敏，迥異凡兒。讀書數行俱下，一展卷即能終身不忘」❶。道光二十五年（一八四五）考秀才，「主縣試者為楊耕堂大令，蜀人，見余文，擊節嘆賞，以余在幼童列，文頗不凡也」❷，遂以第一名錄取。次年到金陵應鄉試，因「無日不出遊，或蕩槳湖邊，或騎驢山畔」❸，結果名落孫山。九年後（一八五五），再次應試落第，從此便斷了這個念頭。

道光二十七年（一八四七），父親到上海設館，上海是南京條約開放的五個通商口岸之一。第二年初，王韜到上海省親，在短短五、六年之間，上海已由一個漁村，變為四處都是西人屋宇，飛甍畫棟，樓閣崢嶸的都會，在這位來自農村的青年心目中，「幾如海外三神山，可望而不可卽」❹。

在上海，王韜除跟父親讀書之外，到處游蕩，不久，便知道

---

❶　天南遯叟（王韜別號）：《遯窟讕言》，卷一，頁十一，轉引自汪榮祖：《晚清變法思想論叢》，頁一三七，七十二年（一九八三），臺北聯經出版事業公司。

❷　王韜：《漫游隨錄》，頁五十一，見《走向世界叢書》，一九八五年，長沙市岳麓書社。

❸　同前，頁五十六。

❹　同前，頁五十八。

由英國教士麥都思（1796～1857）開設，以活字版印書的「墨海
書館」，爲了好奇，他去參觀，受到麥氏一家熱情款待。麥氏爲
英國倫敦會最早來華傳教者之一，道光十五年（一八三五）就到
了上海，開放後遂在此定居。「墨海書館」爲我國第一家近代印
刷所，他不但通中國語文，且著作等身，除編英漢、漢英字典之
外，還撰有《中國，目前的狀況和未來的前途》等書數十種❺。
王韜除看到以牛爲動力的印書機，還參觀了書樓，「書樓俱以玻
黎（璃）作窗牖，光明無纖翳，洵屬琉璃世界。字架東西排列，
位置悉依字典，不容紊亂分毫」❻。這次還同時認識了住在書館
中後來很著名的教士慕維廉（1822～1900）、艾約瑟（1823～1905）
等人。

　　這位很有才華的青年，又是出於書香門第，給這幾位洋教士
必定留下良好印象，且繼續有往來，所以當他父親於道光二十九
年（一八四九）去世後，麥都思就請他到書館協助翻譯聖經和西
方科技書籍，他在給老師顧澗蓭的信中說：「遁跡於斯者，蓋欲
稍謀升斗以上奉高堂，下撫弱息耳」❼。爲了謀生並負擔家計，
在書館一待就是十三年（1849～1862），不但多方面接觸到在當
時中國最前衛的西方知識，也爲後來遠渡重洋做了心理上和知識
上的準備。

　　在王韜一生中，有四件幾乎是環環相扣，又與時代的脈動息
息相關的大事，不了解這幾件大事，就無法知道他思想的成長與

---

❺　中國社會科學院近代史研究所翻譯室編：《近代來華外國人名辭
　　典》，頁三二三，一九八一年，北京中國社會科學出版社。
❻　同前註❷，頁五十九。
❼　《弢園尺牘》，卷二，頁五。

發展的背景。

（一）上書太平軍

　　這件事發生在同治元年正月初四（一八六二、二、二），上書是答太平軍蘇州（太平軍佔領後，已易名蘇福省）守將逢天義之問。關於他上書的動機，據汪榮祖的看法，在此之前（一八五九），他曾上書江蘇巡撫徐有壬，並獲得賞識，不幸徐氏於太平軍攻入江蘇時死亡，使他痛失知音。稍後又向曾國藩上書，議論平定髮匪的方案，又無結果。此時，江南大營潰敗，太平軍聲勢浩大，在失望之餘，很可能使他寄望於李秀成，使他有機會一展他的抱負❽。

　　汪氏的看法，當然是有根據的，且筆下留情，不願明白指出他這種兩邊上書的投機行爲。在這裏應加以補充的是，王韜與洋教士以及太平軍之間的關係。早在太平軍攻佔南京的第二年（一八五四），王韜曾同麥都思、慕維廉一道，通過太平軍佔領區，到太湖地區遊歷。咸豐十年（一八六○），艾約瑟曾致書太平天國忠王李秀成，進行聯絡，李秀成和干王洪仁玕回信，稱之爲「大英國耶穌教士艾約瑟道長兄先生閣下」，邀請其「玉趾惠臨，以便面傾一切」。王韜《蘅華館日記》辛酉（一八六一）二月朔有如下記載：「英國牧師艾君迪謹（艾約瑟），招余同作金陵之遊，不獲辭。金陵久爲賊窟，丙午秋試曾一至，今屈指十六年矣」❾。

---

　　❽　《晚清變法思想論叢》，一四一～二。
　　❾　以上見前註❷，頁十八，鍾叔河於《漫游隨錄》卷首所寫〈王韜的海外漫游〉一文。

　　根據上述的事實，可以使我們知道，「墨海書館」中的教士，不但與太平軍素有往來，且對他們相當同情。王韜與教士們相處日久，對太平軍的態度，難免不受其影響。上書中謂：「與我爭天下者，菁（太平天國諱「清」作「菁」）也，而非英、法也。於今天下未寧，方將經略中原，中原之疆土，十僅克復二三，所欲資兵力者甚多，則我之待夷，寧和而毋戰，不宜輕失外援，以啟邊釁」❿。此書雖爲太平軍獻策，也明顯有偏向洋人的立場。當時英國署理上海的領事麥華陀（1823～1885），乃麥都思之子，就是一位非常同情太平天國的人物。

　　了解王韜與洋教士及太平軍的關係，對他上書的行徑，就不會感到有何突兀之處，正如鍾叔河所說，「如果要說王韜『通賊』，那就不必等到他『上書太平軍』，在這件事情上（指金陵之行）也就是『證據確鑿』的了」⓫。他敢冒險去金陵，當然懷著爲自己的前程，碰碰運氣的念頭，在洋教士的庇護下，多少也有點使他有恃無恐。在去金陵之前，曾上書清廷大吏，則表示他內心的矛盾。

　　可是此番以「黃畹」名義的上書，並沒有金陵之行那樣幸運，這封信很快就被清軍攻克王家寺太平軍時搜出，於是遭到通緝，麥華陀雖出面向清廷說項，仍然無效，在上海英領事館匿居了四個多月，才由麥氏設法乘輪船逃離上海。再次回到上海，已是十七年之後。

---

❿　〈蘇福省儒士黃畹稟〉，轉引自汪榮祖：《晚清變法思想論集》，頁一四二，有關上書太平軍的考證，亦可看該書頁一三六～七。

⓫　同前註❾。

（二）漫遊東西洋

離開上海後，輪船經由福州、廈門到香港。在港的幾年，「閉門日多，罕與通人名士交接」⑫，主要工作是襄助英國漢學家理雅各（1814～1897）譯十三經。後理氏因事返國，承諾聘王韜去英國，共同完成譯事。同治六年（一八六七），理氏果來函相邀，王韜於是年十一月乘輪船由港起程，途經新加坡、檳榔嶼、錫蘭、亞丁，轉接火車由開羅到亞力山大，再換地中海輪船經義大利到法國馬賽，一路經過四十餘日。從馬賽到巴黎，巴黎「人物之殷闐，宮室之壯麗，居處之繁華，園林之美勝」⑬，使他留下極深刻的印象。停留十日期間，他參觀了羅浮宮、凱旋門、皇宮、博覽會、觀賞了劇院、魔術、馬戲、歌舞，無一不使他「目眩神移，嘆未曾有」。也會見了心儀已久的漢學家儒蓮（1799～1873），儒蓮對這位難得一見的中國學者，熱情歡迎，「握手接吻，待若上賓」⑭。

從巴黎渡海，再改乘火車，到倫敦正是入暮時分，但見「燈光輝煌如晝，真如不夜之城、長明之國」⑮。在理雅各的安排下暢遊倫敦後，定居於蘇格蘭杜拉村理氏的家中，在兩年多的時光裏，王韜常利用餘暇四處遊覽，深入英國民間社會。由於墨海書館長期與洋人相處的經驗，適應國外生活並沒有太大困難，在當時，中國人在英國，是名副其實的稀客，王韜很快就成爲當地社

---

⑫　《漫游隨錄》，頁六十八。
⑬　同前，頁八十三。
⑭　同前，頁八十七。
⑮　同前，頁九十六。

交中最受歡迎的嬌客，且獲得異性的戀慕。

王韜恐怕是近代中國第一位把這個西方先進國家，詳細介紹給中國讀者的知識分子，他的《漫游隨錄》傳達的英國資訊，極其廣泛，其中主要包括民風、都市建設（連下水道工程都注意到）、宗教、休閒、娛樂、教育、官衙、交通、議院、文風、軍器製造、博物館、出版業、農家生活、工業（紡織、造船、造紙）、監獄、稅制、專利制等。他一邊遊覽，一邊學習，用他自己的話說，即「雖游歷而學問寓其中焉」。以一位不通英國語文的士子，竟然能爲我們留下一部細緻精彩的外邦遊記，一百多年後讀來依舊引人入勝，除了他具有過人的感受力、觀察力之外，可看出他的好奇心很強，凡事又肯用心。

總地來說，王韜心目中的英國，就氣候、風景和住居環境，簡直是人間樂土❶⑥。對英國文化，也有極高的評價：「蓋其國以禮義爲教，而不專恃甲兵；以仁信爲基，而不先尙詐力；以教化德澤爲本，而不徒講富強。歐洲諸邦皆能如是，固足以持久而不敝也。即如英土，雖偏在北隅，而無敵國外患者已千餘年矣，謂非其著效之一端哉！余亦就實事言之，勿徒作頌美西人觀可也」❶⑦。基於這種了解，他對國內的所謂洋務、所謂自強，當然會有不同的認知。好在當時他在中國，仍是一位沒有什麼名望的小人物，否則這類言論，一旦公布必定會闖下大禍，像郭嵩燾一樣，被斥爲「漢奸」！

英國人不但好客，對中國文化也好奇，王韜也有機會被邀向

⑯　　同前，頁一〇五。
⑰　　同前，頁一二七。

他們宣講中國文化及孔、孟之道，有時聽講者多達千人。在倫敦，曾應邀至牛津大學演講。離英國前，又應理雅各之邀，在一大會中，講了兩個晚上的孔、孟之道。出國前，「黃霽亭太史于余將作歐洲之遊，特書『吾道其西』四字爲贈，雖不敢當，抑庶幾焉」**⑱**，可見他對自己所做文化交流的工作，是很自豪的。

從英國回國後所寫的《普法戰紀》，不久傳到東洋日本，日本士人名流對他頗爲仰慕，在他們的邀請下，光緒五年（一八七九）閏三月，於是有扶桑之行。這時候，日本明治維新不久，《扶桑游記》中所記的，除其風土人情，山川景物之外，大都是徵逐酒色的烟花生活。

在日本四個月的時光裏，「日本文士來訪者，戶外屨滿，樽罍之開，敦槃之會，無日無之」**⑲**，有時「公宴之後，繼以私宴」**⑳**，「日在花天酒地中作活，幾不知有人世事」**㉑**。每宴必招妓（藝妓或色妓）相伴。甚至還包妓，「藥姬去后玉姬來，伴我一月山中宿」**㉒**。日人對這位已屆知命之年的中國名士，仍如此好色，有些好奇，王韜的答復是：「信陵君醇酒婦人，夫豈初心？鄙人之爲人，狂而不失于正，樂而不傷于淫；具《國風》好色之心，而有《離騷》美人之感。光明磊落，慷慨激昂，視貲財如土苴，以友朋爲性命。生平無忤于人，無求于世，嗜酒好色，乃所以率性而行，**流露天眞也**。如欲矯行飾節，以求悅于庸流，

---

⑱ 同前，頁一四五。
⑲ 王韜：《扶桑游記》，頁四四五，見《走向世界叢書》，一九八五年，長沙市岳麓書社。
⑳ 同前，頁四五四。
㉑ 同前，頁四四五。
㉒ 同前，頁四五七。

吾弗爲也。王安石囚首喪面以談詩書，而卒以亡宋；嚴分宜（嵩）讀書鈐山堂十年，幾與冰雪比淸，而終以僨明。當其能忍之時，僞也。世但知不好色之僞君子，而不知好色之眞豪傑，此眞常人之見哉」㉓！

　　具有這種性格的人物，不熱衷於功名，是可以理解的。他對異性的興趣，其濃烈的程度和坦率，在中國文人傳統裏恐怕罕見。《漫游隨錄》與《扶桑游記》中對婦女——尤其是對年輕女子大幅的生動而又多變化的素描，在文學史上應佔一獨特的地位㉔。

（三）主持循環日報筆政

　　王韜與理雅各結伴回到香港，是同治九年（一八七〇）二月，次年理氏出任皇仁書院院長，英華書院解散，譯經工作停頓，他很想回上海求發展，未果。於是與英華書院買辦黃勝合力購入該院印刷廠，創設中華印務總局，並擔任日報《近事編錄》的編輯，同時著手編寫《法國志略》與《普法戰紀》。同治十二年底，決心創番事業，遂開辦《循環日報》，親自主持筆政，工作人員有洪幹甫、伍廷芳及其婿錢昕伯等。內容包括京報選錄、羊城（廣州）及中外新聞。戈公振說：「當時該報有一特色，卽冠首必有論說一篇，多出自王氏手筆，取西制之合於我者，諷淸廷以改革。《弢園文錄外編》，卽集該報論說精華成之。其學識

㉓　同前，頁四五二。
㉔　這方面的著作，還有《海陬冶遊》七卷，《花國劇談》二卷，《眉珠庵憶語》等。

之淵博，眼光之遠大，一時無兩」❷。

　假如沒有英國的經驗，王韜不可能有這方面的發展。這一工作，持續了十年，是他言論思想發皇的年代，他的新思想，雖獲得朝野熱衷洋務者的欣賞，對當時的朝政並沒有什麼影響。

（四）出掌格致書院

　吳瀚濤送給王韜的一首詩，頗能道出王氏避難香港二十年間的處境，詩云：「廿年飄泊遯南翁，跋扈飛揚意態雄；白也世人皆欲殺，鳳兮吾道豈終窮；難銷斫地悲歌氣，儘有登樓作賦風；恰恨生才才不用，由來多事是蒼穹」❷。王韜去日本前後，都曾經過上海，並到家鄉小住，在日本時也曾受到清廷駐日使節的款待，個人的聲望和客觀的形勢，都使他感到昔年因上書太平軍造成的窘境已有改變，終於在光緒十年（一八八四）決定回上海定居。先是出任《申報》館的編輯，接著創辦弢園書局，稍後又被格致書院中西董事推舉爲監院、院長，使他在晚年有機會爲培育一代新人才做點工作。

　格致書院由英領事麥華陀所首倡，於光緒二年（一八七六）成立。主要宗旨爲提供一專攻西學的場所，由曾任北京同文館英文教習的傅蘭雅（1839～1928），和化學家徐壽（1818～1884）共同主持，徐壽去世後，遂由王韜接任。當時科舉仍在，肯學習西學的青年很少，傅、王二氏遂設計出一種新知的考課，希望誘

❷　戈公振：《中國報學史》，頁一二一～二，臺北學生書局影印十五年（一九二六）初版。
❷　同前註⑲，頁四○三。

導士人走向新知識的討論與理解，以及對時局的分析與批評。實施的方式，分四季進行，均聘院外名流命題、評閱，酌定錄取名次，並請命題者附贈獎金。這個辦法於光緒十二年（一八八六）開始實行，意外地士子反應熱烈，所取優等文章，均內容充實，議論高遠，同時參與考課者多一時俊彥，其中不少功名士子貢舉官紳。傅、王眼見新考課辦理成功，遂計擴大舉行，於四季之外，更贈春、秋兩次特課，命題之人，必聘南北洋大臣，以示隆重而榮寵❷。

王韜對這個工作，非常細心賣力，所有課卷，他都加上評語，且將每年六次課卷，合輯一册印行。自光緒十二年到光緒二十年，共命題七十七次，其中包括格致（科技）類二十二題，有關富強治方者二十五題，人才與教育各四題❷。這一持續性的工作，在維新變法前的一段歷史上，無論是倡議新學，或是改變風氣，都起了一定的作用。

晚年的王韜，儼然成爲上海新派知識分子的領袖，光緒十九年（一八九三）年輕的孫中山北上擬上書李鴻章，途經上海，在鄭觀應家見到王韜，王氏並替他修正潤飾了上李鴻章書，鄭觀應也寫了封介紹信給正在天津的盛宣懷，希望他能爲中山引見❷。次年，他獲悉甲午之戰失敗的消息，爲之痛哭流涕。光緒二十二年，爲林樂知所撰有關甲午戰事的《中東戰紀本末》作序，仍呼

---

❷　以上參考王爾敏：〈王韜課士及新思潮的啟發〉，《東方文化》，十四卷二期。

❷　姚海奇：《王韜的政治思想》，頁二十五，七十年（一九八一），臺北文鏡文化公司。

❷　吳相湘：《孫逸仙先生傳》上册，頁九十四，七十一年（一九八二），臺北遠東圖書公司。

籲國人不要忘記戰敗之恥，並寄望於加速變法圖強，有一天能轉敗爲勝。

在著作方面，王韜有多方面的才能，包括經學、史地、掌故、札記、遊記、小說、西學、政論。經學多種乃其譯經的附產品。《普法戰紀》爲傳世之作，日本人因此書評價其在魏源之上❸。代表他思想的有三種：《弢園文錄》（已散佚）、《弢園文錄外編》、《弢園尺牘》。去世前，還編印了一部《自強齋保富興國論》文集，收有馮桂芬、梁啟超、汪康年、陳虬等人的論文，他沒有目睹維新變法的一幕，否則又難逃一次大刼。

第二節　對西方的認識

在王韜之前的思想人物，儘管面臨著時代巨變的衝擊，儘管對傳統處理的態度和方法有所不同，但大體而言，傳統的意理、傳統的典範，在他們的意識中，仍然根深柢固。初讀王韜的書，不免興起另一個問題：他是不是太平天國以後第一個與傳統決裂的人物？當他年輕時，就不願苟同「博取功名富貴，以爲父母光寵」❸的思想，上書太平軍，以及生活上的不守禮敎，都令人起這方面的疑問。

等到廣泛閱讀之後，發覺他對傳統的確有不少困惑，例如旣相信上古孔子之道爲不變的常道，又主張「士之欲用於世者，要以通今爲先」；旣惋惜傳統的典章法度，「幾將播蕩澌滅」，又

---

❸　同前註❶，頁四一三。
❸　〈寄與楊莘圃〉，《弢園尺牘》卷一，頁十八。

以「動遵故例，拘守成法，因循苟且，不知變遷」爲非；既嚮往英國的民主政治，又眷戀著傳統「聖君賢相」的「聖王」理想。當然，這種困惑仍分列於各個篇章之中，古今、新舊之間，在他的思想意識中，尚未達到「交戰」的程度。同時，既有困惑，至多只能說明有決裂的可能，尚未達到決裂的地步。如從他人生歷程中，西方文明、西方世界在他的心靈中的比重與時俱進的情形看，他與傳統之間的確產生了某種程度的疏離現象，假如這種現象是由他主體意識奮進過程中產生，他在思想上必將有更大的成就。在王韜，這種疏離現象，卻是由環境和命運促成的。

王韜對西方的認識，可分三個階段，由於經驗與知識的累積，愈往後他的認識也愈廣泛、愈深入。同治元年（一八六二）以前在墨海書館期間，因與洋教士朝夕相處、耳濡目染，已認爲西方的天算之學、語言文字、火器、輪船都應學習，但仍認爲中國的禮法勝於西方；西方有些制度，他並不贊成，特別是「政教一體」、「男女並嗣」、「君民同治」三者❸。

同治元年（一八六二）因避難逃到香港，香港比上海更西化，資訊也更流通，因而態度迅速改變，同治三年（一八六四）代上李鴻章書中，不僅提出「變局」之說，並於所建議的「治中」、「馭外」的應變方案中，主張都需要大量參酌西法。「這封上李鴻章的信，可以代表王韜變法思想發展的一項重要突進」❸。

❸　汪榮祖：《晚清變法思想論叢》，頁一四一。
❸　以上見呂實強：《王韜》，頁三六、三八，《中國歷代思想家》（四四），六十七年（一九七八），臺灣商務。

到了同治六年（一八六七），因有英國之行，親身體驗到洋務發源地的富強，也使他深刻了解到，富強之本，並不在中國所說的洋務，而是在其政治制度。

茲將王韜《漫游隨錄》之外對西方的認識，擇要分類列舉於下：

（一）科　技

(1)西國天船：

「其式短小如亭，可容十人，內置風櫃，極其巧捷，有若渾天儀」。他想像這種天船，「苟能縱駛如志，即可代兵船之用」。「若果如此，遇攻戰時不徒防敵自前來，亦當防敵從天下（按：萊特兄弟於一九〇〇年才首次試飛飛機），此誠奇技妙法，直可以洩造化之微矣」❸❹。

（2）照船塔燈：

「夫以大海汪洋靡極之中，能細測險害，建造高塔照遠，得以預爲之避，其工程巧妙，過於尋常遠矣」❸❺。

（3）西國造紙法：

「今英吉利、花旗皆以棉布麻布造紙，其造法用機器先碎其布，後以木輪研末，盛之以缸，調之以水。碎布雖有雜色，然有藥熬之使白。迨研之如牛乳之油，復加白礬與水，使之如漿，於缸底鑿孔，使漿流出，外盛以輪，輪裹以布，漿在布上，水必洒

❸❹　〈西國天船〉，《甕牖餘談》卷五，見《近代中國對西方及列強認識資料彙編》第二輯。
❸❺　〈照船塔燈〉，出處同前。

於布下，而布上之漿即成爲紙。當紙初成時，其體甚濕，復傳至別輪，一輪一輪展轉傳遞，迨傳之最後一輪，而紙燥矣。然後以刀截其長短濶狹」❸❻。

（4）**自來火：**

「今西方諸國多用是物，銷售最廣。英有一處專造自來火，每日買死馬牛一匹，取其骨爲之」❸❼。（按：〈造自來火說〉一文，對製造過程，言之甚詳，因文繁未引）

（5）**醫術：**

「西人治疾，大牛乞靈於器，精妙奇闢，不可思議，不僅如華醫之用針灸已也」。「種痘並不用藥，所取不過牛痘之漿耳。牛痘之法，隨時可種，然究於春令爲宜。……小兒並無所苦，嬉笑如常，並不必避風忌口，眞良法」❸❽。

（6）**西國火船：**

「西國所製火船，有明輪暗輪之別，無論風浪順逆，俱可駛行，速者一時可行六、七十里，遲亦約得五十里。……顧輪船涉海雖迅利，而不可一日斷煤，煤極重滯，勢不能足兩月用，是以西人於瀕海各處，皆設埠頭；即海中小島，亦設官置兵，專司輪舶往來煤火淡水之需，以備不虞」❸❾。

（7）**照像之法：**

「西方照像之法，蓋即光學之一端，而亦參以化學，其法先

---

❸❻　〈西國造紙法〉，出處同前。
❸❼　〈造自來火說〉，出處同前。
❸❽　〈西人治疾及牛痘種法〉，《瀛壖雜志》卷六，見《近代中國對西方及列強認識資料彙編》第二輯。
❸❾　〈西國火船〉，出處同前。

爲穴櫃，藉日之光，攝影入鏡中。……新法又能以玻璃作印板，
用墨搨出，無殊印書。其便捷之法，殆無以復加」❹。

（8）煤氣燈：

「西人於衢市中設立燈火，遠近疏密相間。……後則易之以
煤氣，……煤氣有局，各家欲燃是燈，則告局爲之製造(裝設)。
……其火皆由鐵管以達各家，雖隔河小巷，曲折上下皆可達。
……其人工之巧，幾於不可思議矣」❹。

（9）電報：

「西方製電以通音訊，名曰電報。其法以玻璃作室，聚電氣
於中，而以銅線達之各處，雖數千里之程，頃刻可至。……或以
鐵筆墼字於紙，以藥水顯明字跡，此義大利人戛氏所創；或以針
盤指字，盤列二十八字母，隨其針之所指；最便捷者，內設祕
機，而以活字版印於紙上，此爲美國郝氏所造」❹。

以上所紹述的西方科技，大都屬於 近代文明中最實用 的部
分，如再加上《漫游隨錄》中的記述，他對西方近代文明注意面
之廣，令人驚訝。既不通西方語文，竟能對其科技成品的來源、
製造、應用，做如此詳實的記錄，如沒有「子入太廟，每事問」
的學習精神，是辦不到的。「西人自入中國以來，所有良法美
意，足以供我觀摩取益者，指不勝屈」❹。這就是他勉力介紹西
方文化給中國讀者的目的。爲了使中國也能像英、法等國早日臻
於富強，他與偉烈亞力（1815～1887）合譯《重學淺說》及《西

---

❹　〈照相之法〉，出處同前。
❹　〈煤氣燈〉，出處同前。
❹　〈電報〉，出處同前。
❹　王韜：〈上丁中丞書論禦鄰平賊之道〉，見《弢園尺牘》卷八。

國天學源流》，與黃勝合譯《火器說略》，此外還編譯了《格致新學提綱》、《西學原始考》、《西學圖說》、《泰西著述考》等。

紹述之外，他也探討了中西科技興衰的原因。西方科技發達的原因很多，他特別注意到他們保護智慧財產權的專利制度❹。他也是第一位把傳統的「利權」觀念賦予「經濟自主權」意義的學者。據王韜的了解，中國在器物方面，本是先進國家，可惜後來，「惟異巧絕能，世不經見，人死卽復失傳，世之人又不肯悉心講求，畏難自域，俾器與人同亡」❺，這雖不是根本原因，但確是中國科技衰落的重要原因。

（二）列　　強

同治五年（一八六六）清廷接受總稅務司英人赫德的建議，派斌椿爲報聘各國的親善使節，這是中國初次有使節出使西方，但成效不著。次年，清廷又聘請任期已滿的美國駐華公使蒲安臣（1820～1870）出任中國外交官，帶著志剛等人，以辦理中外交涉事務大臣名義，前往有約各國聯絡修好❻。中國首次派正使郭嵩燾去英國，已是光緒元年（一八七五）。所以到十九世紀七〇年代，中國對西方列強，仍是「於其國事如隔十重簾幕」。了解這個背景，才知道王韜足以使國人認識「歐洲全局之樞機」的《普法戰紀》這部書，在當時的重要意義。下面且舉兩個例子：

❹　同前註❹，〈給予文憑〉。
❺　同前註❹。
❻　劉求南：《中國近代外交史》，頁四十一，四十六年（一九五七），臺灣影印。

（1）**歐洲變局的分析**： 在十幾年以前，「普、中歐洲而立國，西有法，而東有俄，皆強鄰也。曩者爲法所制，幾於一步不可復西。日耳曼南北列邦，勢渙而不聚，雖推墺爲盟主，亦僅擁虛名而已。 以春秋列國之大勢例之歐洲， 普僅等宋、 衛焉耳，英、法、俄、墺則晉、楚、齊、秦也」。可是在「近十餘年間，普國勢日尊，伐嗹伐墺，坐成強大。而法方晏然於其際，猶復自恃雄盛，輕啟釁端，比法之所以幾覆也。……然而法國之興衰強弱，實爲歐洲變局一大關鍵，何則？以地當衝要也。」英國於當今，雖與普、俄並稱三雄，然因「其地僻懸海外，無繫於大局」。在今天要維持歐洲的均勢，只有在「英、法、普、俄並峙」的情況下，才能因「互相牽制，以幸無事」。經普、法之戰後，「普強法弱」，鼎足之勢已不能，「此歐洲變局之所由來也」❹。

（2）**論如何防俄**：「今日之歐洲，據時勢以立論，普、俄兩國最爲雄，然普雖強僅能持歐洲之變局」，只有「地跨三洲，控弦百萬」的俄國，對亞洲有舉足輕重的影響，尤其對中國，「其經營黑龍江一帶者，已歷多年」。當今歐洲，能與俄抗衡者，惟有英國，然亦「非英獨力之所能制」，「英欲拒俄，勢必聯法。然英、法合併，亦只以支持歐洲之大局，……猶恐不能兼顧乎東方」。「俄既不得逞其西略，則將肆其東封」，「在歐洲諸國，爲今日計者，莫若英、法強中以禦俄，中國幅員之廣過於俄、美、英，而生齒之繁幾半地球，近來仿製船礮，技美法精，機器日興，藝巧迭出，誠得英、法以爲助，其強當無敵於天下，於禦俄何有？此非英、法爲中國，實英、法自爲計也。不然者，英、

---

❹　《普法戰紀》前序，《弢園文錄外編》卷八，頁十二～五。

法離，普、俄親，中國弱，東土蹙，普爲俄用，遂展雄圖，恐法削而英亦將不競，天下從此殆哉」[48]！

王韜因與英教士長期相處，旅英期間又到處受到熱情的款待，因此在西方列強中，對英國可謂情有獨鍾，他認爲英國政治「實有三代以上之遺意」，簡直像是一個完美無缺的理想國度：(1)官吏之任用，「則行薦舉之法」，「又必準舍寡從眾之例，以示無私」。(2)政府對待人民，「從不敢嚴刑苛罰，暴歛橫征」。(3)獄政符合人道，寓教於罰，「使之悔悟自新」。(4)人民奉公守法，如「因事涉訟，不費一錢」。(5)國家大事，「則集議於上、下議院，必眾論僉同，然後舉行」。(6)皇室開支有定規，既沒有迤邐數十里的別館離宮，也沒有三千後宮佳麗。(7)政府預算，「每歲量出以爲入」，公共建設，「悉皆撥自宮庫」。「故取諸民，而民不怨；奉諸君，而君無私」。(8)「鰥寡孤獨廢疾老弱，無不有養，……罔有一夫之失所」。(9)以林立之教堂，推行教化，「自能革其非心，而消其惡念」。(10)對殖民地的政策也很寬厚，足以服當地「民人之心，而不侵不犯」[49]。

(三) 西方人來華目的

王韜對俄，與對英恰好相反，他把俄國比之爲「虎狼之秦」。英、法等國在他看來，來華的目的不過是通商與傳教而已。呂實強說：「近代中國所遭受最困難的問題，爲對外交涉，在對外交

---

[48]　《普法戰紀》卷二十，頁四三～五。
[49]　〈紀英國政治〉，見《弢園文錄外編》卷四，頁十五～六。

涉之中，通商與傳教，更爲其主要部分。通商的開拓，乃當時列
強共同的目標，影響於中國的國計民生，至深且鉅。傳教一事，
就當時各國政府與其朝野輿論而言，自不及對通商的重視。但在
中國人看來，則傳教之爲害，遠較通商爲甚，如沈葆楨謂：『通
商圖利，情尚可容，邪說橫行，神人共憤』。李東沅謂：『通商
則漸奪中國之利，傳教則並欲奪華人之心』。⑩」用後來流行
的話，通商是經濟掠奪，傳教是文化侵略。可是王韜的態度和
理解，與時人大不相同，他不但協助傳教士翻譯聖經，而且與
他們有長期合作的關係。他於〈西人之教〉一文中，除說明其宗
旨與新舊教不同之外，對耶穌的評價是：「夫西域遠處海隅，敦
龐初變，悍厲成風，而耶穌一人，獨能使之遷善改過，以範圍而
約束之，道垂於千百年，教訖於數萬里，嗚呼！謂非彼土之傑出
者哉」⑪！ 初至倫敦時，應邀到牛津大學演講，會後有學生問
他：「中國孔子之道與泰西所傳天道若何」？ 他提出「天道無
私，終歸乎一」，以及「其道大同」的看法⑫。在這裏，既無民
族的驕傲，也無文化的偏見，但這種觀點，不是當時一般的中國
人所能理解的。

在通商方面，王韜也有獨特的看法。洋商在中國「擁厚貲，
居奇貨，志高氣豪」，在十九世紀七〇年代以前，確是如此，到
了七〇年代，情況已有很大的轉變。五口通商初期，華商「多仰
西人之鼻息，即有貲本，每苦於門徑未稔，無從可入，往往觀望

---

⑩　《中國官紳反教的原因》（一八六〇～一八七四），頁一，五十
　　五年（一九六六），中國學術著作獎助委員會，臺北。
⑪　見前註㊳之書。
⑫　《漫游隨錄》，頁九十七～八，參前註❷。

不前，苟且自域，惟有聽西商之指揮而已」。「今則不然，自輪船招商局啟，江海載運，漸與西商爭衡，而又自設保險公司，使利不致於外溢。近十年以來華商之利日贏，而西商之利有所旁分矣」。所謂「旁分」，「一則分之於各埠，一則分之於華商」；分之於各埠，使「利權不能獨擅」，分之於華商，使「利源有所潛奪」。「華商分西商之利，要不過在近八、九年中耳，而西商已不能支，忌嫉之心，漸形於色」。因此王韜對中西通商的遠景，相當樂觀：「然吾知不三十年間，華商所至愈遠，其利漸溥，機器一行，製造益廣，一切日用所需，不必取之外而自足。在彼者，呢布為大宗，我自能倣傚；在我者，絲茶為巨項，我亦可捆載以前往。日新月異，而歲不同，有非西人所能制者矣」[53]。

對華商在貿易上漸佔優勢的情況，引起英國國內的緊張，王韜有追蹤的探討。據他了解，這情況幾乎被英國視之為「強弱盛衰之所繫」的嚴重問題。對這個問題，英有識之士有兩種截然不同的意見，一是「有欲強中國以收助於指臂者」；一是「有欲弱中國以自炫其威權者」。他詳細介紹了這兩種意見並加以分析之後，評論道：「顧觀甲乙之論，其所重似不止為貿易起見。吾謂英國在今日，要當強中國以自輔。中國既強，與英合好，則他國自不得逞」。既察覺到英人儘管意見不同，而「其所重似不止為貿易起見」，仍希望中、英和好，仍希望「爾無我詐，我無爾虞」，「中外俱蒙其福」，豈不是顯得過分天真[54]？

---

[53] 以上均見〈西人漸忌華商〉，《弢園文錄外編》卷四，頁一～二。

[54] 以上均見〈英待中國意見不同〉，《弢園文錄外編》卷四，頁十三～五。

第三節 和戎與自強

在某些問題上，王韜雖顯得天眞，但在當時，他畢竟是極少數中對國際現勢有認識，且有國外生活經驗的知識分子。以他的知識背景來看鴉片戰爭以來的中外交涉，以及清廷在外交上所表現的無知、顢頇，有時使他感慨萬千，有時使他痛心疾首。

在他看來，中西相知的程度，差別很大，在中國方面，「泰西諸國通商於中土，亦旣三十餘年矣，而內外諸當事者，多未能洞明其故，若燭照數計而龜卜，其於利害之所繫，昏然如隔十重簾幕」[55]。而西方則不然，「泰西諸國之入居中土，有公使、有領事、有水師、有陸兵，戰艦艨艟不絕於道」[56]。外交人員之外，還有大量傳教士，他們學習中國語文，深入民間，了解民情。當然，西方人對中國，也不免有文化偏見：「西國議者，以爲中外和約之成，由於力致，非由情取。又以中國神佛雜糅，非如泰西各國之奉行一教，故其歧視我中國也，與待泰西各國迥別」[57]。因此，由中西交涉而產生的悲劇，西方人也有責任。

雖然如此，「三十餘年來，西人之至此者，羣效其智力才能，悉出其奇技良法」[58]，例如慕維廉（1822～1900）、裨治文（1801～1861）的地志，艾約瑟的重學，偉烈亞力的天算，合信氏（1815～1911）的醫學，瑪高溫（1814～1893）的電氣學，丁

---

[55] 〈變法自強〉（上），《弢園文錄外編》卷二，頁五。
[56] 同前。
[57] 同前註[43]。
[58] 〈答強弱論〉，《弢園文錄外編》卷七，頁十五。

韙良（1827～1916）的律學，他們對「通西學於中國」❺，都是有貢獻的，「而我中國熟視焉若無睹，漫習焉弗加察」，不是「以深閉固拒爲良謀」，便是「以柔服覊縻爲至計」❻。由於這種隔閡，朝野倡議的種種制夷策略，如以夷攻夷、以夷間夷、以夷制夷，不但沒有功效，反而加深彼此之間的隔閡和誤解，王韜認爲，這些主張，都應及早拋棄，用務實的態度，重新加以檢討。

　　對西方的外交，王韜主張「和戎」，而根本之圖，則在自強。早在英、法聯軍之初，他上書江蘇巡撫徐有壬，稍後上書太平軍，都主張「和戎」。在當時，主戰論佔著絕對優勢，他批評這種論調爲「虛憍之議論，囂張之意氣」，且堅決反戰的郭嵩燾，即爲權貴所不容。王韜此時仍是小人物，雖未因言召禍，也沒有什麼影響。

　　爲了貫徹他的主張，不但對當年因禁煙之舉，終釀成戰禍者，提出「此雖非始議者所及料，然亦不得不任其咎❻」的責難，也斥責那些主張「徒戎攘夷」的人，爲「眞迂儒不通事變者」❻。當時也有人「以爲交鄰之道，玉帛干戈二者實相倚伏，蓋和則以玉帛相將，戰則以兵戎相見，理無兩立，事不並行」。王韜不以爲然，覺得在這兩極端之外，仍有「圖治其間」的辦法可行，這辦法是：「開誠布公，相見以天，必謹必速，毋詐毋虞，又何患之有」❻。這是儒家傳統誠信外交的主張，儒家這種

❺　〈送西儒理雅各回國序〉，《弢園文錄外編》卷八，頁三。
❻　同前註❺。
❻　〈香港略論〉，《弢園文錄外編》卷六，頁二十五。
❻　〈答包荇洲明經書論求變以求自強〉，《弢園尺牘》卷七，頁十七。
❻　以上均見〈變法自強〉上，《弢園文錄外編》卷二，頁六。

主張是基於「誠者物之終始，不誠無物」的預設。王韜提這種主張，是因爲他覺得西方國家中，至少英國對我國是友好的：「今者英國相臣極崇樸儉，仰慕中朝，務欲同歸輯睦而通商」❻。在尚未去英國之前，他甚至主觀的以爲，北京和約簽訂之後，已是「中西合好，光氣大開」的局面，也因此，他才有「英國在今日，要當強中國以自輔」的天眞想法。

誠信之外，王韜對「和戎」的主張，有幾個務實而又具說服力的理由：

（1）爲平內賊則外須和戎：

「當今天下之大患，不在平賊，而在禦戎。何則？亂之所生，根於戎禍之烈也。然欲禦戎，必先平賊，二者蓋有相因之勢。而欲平賊，則請和戎始」。

（2）戰到最後仍得和：

「一戰不已，必再戰；再戰不已，必三戰，三戰而所請猶不允，則彼之悖心必生，必且盡據通商之地爲己有，防之以重兵，守之以戰艦，禦之以火器，……其勢亦惟仍出於和而已」。

（3）缺乏實力不得不和：

「然在我必先有預備之兵，以應其非常之變，而自揣我氣足以震懾乎彼方可；否則毋寧出於和。蓋我今日兵卒屢弱，財用空竭，外之國威未振，內之強寇未鋤，勢固不遑與之戰也。和戰利害，不待智者而知之矣」。

以上見之於上徐中丞（有壬）第一書，上書的結語是：「然則自治自強之術，可不亟講哉？故在今日惟有嚴守自固，歛兵弗

❻　同前註❻，頁十八。

爭，暫屈以允和，待時而後動」[65]。在當時，主戰論者，固然是虛憍、是意氣；主和論者又何嘗能具實效？所謂和也只不過是在強權壓力之下，不得不屈服罷了。眞正要想和平共存，必須先有力量抵禦強鄰，根本的辦法，還是中國要能自強。由王韜的思路中，可以很清楚地看出，十九世紀後期的自強運動，是經歷了無數的挫折和屈辱，才逼出來的，而他正是少數催生者之一。

王韜說：「今天下之要，在外禦強鄰，內平劇盜，顧二者皆必先盡其在我而已」。「盡其在我」就是要求「自強」，在這裏，禦強鄰之道，也就是自強之道。「何以禦鄰？曰除積弊，興大利，明敵情，張國體」[66]。「除積弊」在別處王韜又叫做「握利權」，皆就禁煙而言。在「除積弊」這邊，因思及「鴉片之利，爲英獨擅，美、法諸國，久已嫉之」，因而希望運用他們之間的矛盾，達到「既禁外、則禁內」的目的。在「握利權」這邊，他想的比較實際，且有創意：「煙禁既開，且榷其稅，勢已難禁，與其歲糜數千萬以益西人，曷若自我栽種以收其利」。在深惡鴉片之害，又習於從道德觀點想問題的人看來，不但驚世駭俗，簡直有損國體，王韜對懷這種想法的人，卻認爲「徒愛惜損國體之虛名，而不顧敝國本之實禍，是亦一偏之見也。且榷煙稅於國體獨無損乎？與其冒不韙以收利之百一，孰若全收利之百」，而做到使利權歸我，「務使利權歸我，而國不強，民不富者，未之有

---

[65]　〈上徐中丞第一書論禦夷自強之道〉，《弢園尺牘》卷四，頁十二～九。

[66]　下文對這四點的闡述，均見〈上丁中丞論禦鄰平賊之道〉，《弢園尺牘》，卷八，頁十～十三。

也」[67]。

「興大利」的要點有二：其一，英國對華貿易的大宗，首在紡織，中國在這方面每年流失的銀數不下三千萬（指十九世紀六〇年代初期），「於中國女紅之利，不無有所妨奪」，王韜針對這個經濟剝削問題，主張「曷若亦設機房，自為製造，俾其利操之自我之為愈乎」？其二，「船礮機器之用，非鐵不成，非煤不濟」，這兩項「其材質本為中國所固有」，今後這方面的開採應仿行西法，糾正以往不能裕國，反足以擾民的種種弊端，那麼「礦利既興，煤鐵之源自裕，然後電線鐵路，可以自我徐為布置，何必事事恃西人為先導，被其所掣肘」。王韜在這裏所討論的，一為依賴經濟，一為工業自主，的確是攸關中國能否富強的二大問題。到二十世紀末期，中國仍未能真正富強，這兩個問題依舊是關鍵所在。

「明敵情」主要在倡議出版中西文日報。出版中文日報，可「譯西事為漢文」，以達到「通外情於內」的目的。出版西文日報，除了「譯華事為西文」，讓西人了解中國之外，還有維護國家形象，端正國際視聽的作用。王韜很敏銳地發現，西人在歐洲和在中國所出版的報紙，言論差別很大，「在歐洲者，其言公而直；在東土者，其言私而曲。夫彼非甚愛我中國，以無成見；此非甚仇我中國，以有先入之言為之主，而輕蔑疑忌之心積漸使然也。甚且交搆其間，顛倒其是非，迷眩其耳目，簧鼓其心志，俾中外因是失歡」。要糾正這種現象，必須中國自行出版西文日

---

[67] 以上「握利權」之說，見〈代上蘇撫李宮保書論馭夷之法〉，《弢園尺牘》卷七。

報，以達到「正內情於外」的目的。辦報在王韜看來，對國人不僅能反映輿情，增進新知，還有文化交流的作用。這個理想，當他從英國回到香港之後，終於親自把它實現，他創辦的《循環日報》，在報業史上，被稱之爲「中國人自辦日報獲得成功之最早一家」❻❽。

最後如何「張國體」，王韜認爲要做到四點：

（１）在今天，「西國務爲遠大，以樹聲威，而我中國並其近者而置之，此其所以自域也」。爲了改變這種封閉自守的局面，他建議凡是有我閩、廣人營販之地，如安南、暹羅、新加坡、檳榔島、西南洋諸處，都能「設立領事官，以維持而整頓之」，方可「內固藩籬，外聯聲勢」。

（２）按照西方各國互派公使的國際慣例，我與通商各國，「亦當特簡大臣，駐劄其國都」，這樣今後「有事則直達其總理衙門，往復論辨，自無蒙蔽惑亂，迫索要求之弊。嗣後所立和約中，苟有兩國不便者，定可隨時商易，當不至徒受其挾制矣」。

（３）根據西律，各國互派的領事，其所享之權利，都是平等的。我國應設法削除各國領事在華之特權，做到「有事華官可以傳訊；西人之在內地犯法者，歸華官研鞫定罪；西人之欲入內地者，由地方官給予文憑」。「以西律科西人，彼自無所遁辭」。

（４）目前我國造船、鑄砲、織布、開礦、練兵，都仰賴西人，這應只是暫時現象，不可長久。所以政府應趕緊派留學生出國學習，且應每年增加人數。西方科技進步很快，我們要學他們

---

❻❽　袁昶超：《中國報業小史》，頁三十。轉引自姚海奇：《王韜的政治思想》，頁十九。

最新最精的，「能造其精，自無庸假手於西人；卽有西人在局，亦惟供我使令而已，不得以所不知傲我矣」。

以上所述禦外、自強之道，都是中國走向近代化面臨的棘手而重要的問題，以及必須努力的方向。在這方面，於十九世紀中葉，王韜的確扮演了先知先覺者的角色。他在討論這些問題的時候，旣不自卑，也不媚外，心理上是健康的。他對中國未來的預估是：「窮則變，變則通，自強之道在是，非胥中國而夷狄之也。統地球之南朔東西，將合而爲一，然後世變至此乃極。吾恐不待百年，輪車鐵路，將徧中國，鎗礮舟車，互相製造，輪機器物，視爲常技，而後吾言乃驗。嗚呼！此雖非中國之福，而中國必自此而強，足與諸西國抗」⑲。一百多年後的今天，這個世界，自然尚未「合而爲一」，但科技與資訊，正走向這一趨勢。在那樣一個封閉的年代，他已看出「中國必自此而強，足與諸西國抗」，不能不佩服他的眞知灼見。

第四節　西方文明衝擊的意義

由西人東來和西方文明衝擊，引發中國歷史的巨變，在鴉片戰爭前後已揭開序幕，而官紳開始體認到這次巨變，並見諸文字者，要到六〇年代以後，才逐漸增多⑳。這並不表示，在此之前士大夫們都是麻木，而是因爲足以反映一時代焦點性 意識的形

---

⑲　同前註⑫。
⑳　據王爾敏的統計，六〇年代以後，提出變局之言論者不下六十八人，詳見王著：《中國近代思想史論》，三八四頁以下的表格。

成，從初步感應到思想層次的自覺，需要一段時日。

面對巨變，較爲突出的反應，有兩種型式：一種是拒斥性的，如曾任廣東巡撫的黃恩彤，認西人來華，「均不免非分之干」、「妄生覬覦」[71]；御史吳可讀則認爲「其處心積慮甚深甚毒」[72]；浙江巡撫楊昌濬則覺得西人「包藏禍心」[73]；曾紀澤所謂「中國士民，或畏之如神明，或鄙之爲禽獸」[74]，也是屬於這一類，可統稱之爲消極性的反應。另一種是在痛定思痛之餘，想到如何因應，如李鴻章：「且外國猖獗至此，不亟亟焉求富強，中國將何以自立耶？千古變局，庸妄人不知，秉鈞執政亦不知，豈甘視其沈胥耶」[75]？又如丁日昌：「西人之入中國，實開千古未創之局，其器械精奇，不惟目見其利，而且身受其害。當事者奈何尚斤斤爲一身之利害毀譽計，不速通上下之情，而變因循之習乎」[76]。這是較爲積極的反應。

在當時，能就積極性的反應，做更深一層的反省，並對西方文明的衝擊，賦予多面意義的，就是王韜，茲列舉如下：

（1）把中國面臨的變局，比擬爲春秋時之列國：

「自與泰西諸國通商立約以來，盡舟航之利，歷環瀛之遠，視萬里有如咫尺，經滄波有同袵席，國無遠近，皆得與我爲鄰，如英、如俄、如普、如法，⋯⋯駸駸乎幾有與中國鼎立之勢，而

---

[71] 同前註，頁三八五。
[72] 同前註，頁三八七。
[73] 同前。
[74] 同前註[70]，頁四〇三。
[75] 同前註[70]，頁三八六。
[76] 同前。

有似乎春秋時之列國」❼。比擬之當否且勿論，它的用意無非是
希望國人認清中國在當前國際上的處境，不要再以天朝上國自
居。

（2）**巨變的動因**：

「天心變於上，則人事變於下，天開泰西諸國之人心，而畀
之以聰明智慧，器藝技巧，百出不窮，航海東來，聚之於中國之
中，此固古今之創事，天地之變局。諸國既恃其長自遠而至，挾
其所有以傲我之所無，日從而張其炫耀，肆其欺凌，相軋以相
傾，則我又烏能不思變計哉」❼。這說明中國的變局，純由西人
東來所引動。天心示變，乃運用中國傳統中根深柢固的信念，來
表示應變已非人力所能違拗的趨勢，國人必須接納這個現實。

（3）**中國要富強，必須向歐洲學習**：

「嗚呼！至今日而欲辦天下事，必自歐洲始。以歐洲諸大國
爲富強之綱領，制作之樞紐，舍此無以師其長，而成一變之道」。
如舟、車、驛遞、火器、備禦、陸軍水師，西方無一不優於中
國。「其他則彼之所考察，爲我之所未知，彼之所講求，爲我之
所不及，如是者，直不可以僂指數。設我中國至此時而不一變，
安能埒於歐洲諸大國，而與之比權量力也哉」❼！王韜並不因此
而主張西化，他相信孔子之道仍有價值，他且深刻的體悟到，卽
使在科學傳統中，「新法未嘗不從舊法中來」❽。他不滿的是那
些不明現勢、不知死活，而抗阻變革的迂腐之論。

---

❼　《弢園文錄外編》，卷二，頁八～九。
❼　同前，卷一，頁十。
❼　以上均同前，卷一，頁十一。
❽　〈算學宜先師古〉，《甕牖餘談》卷三。

(4) 引發文化危機:

「以時局觀之，中外通商之舉，將與地球相終始矣。……所可懼者，中國三千年以來，所有典章法度，至此幾將播蕩澌滅。鄙人向者所謂天地之創事，古今之變局，誠深憂之也」[81]。中國的門戶，既被西方的砲艦打開，永遠也不會再關閉起來。王韜深信中國在器用方面，不待百年可以趕上西方，但由此而引發的文化危機，可不那麼容易解決，這使他深深感到憂懼。

(5)中國富強之契機:

「蓋善變者，天心也，天之聚數十西國於一中國，非欲弱中國，正欲強中國，非欲禍中國，正欲福中國。故善為用者，可以轉禍而為福，變弱而為強，不患彼西人之日來，而但患我中國之自域。無他，在一變而已矣」[82]。西方各國的入侵，因內亂加上外侮，事實上已使衰弱的中國更衰弱。王韜以其堅強的心力，和積極性的思考，化危機為轉機，使那些喪心敗志者，重新喚起他們的希望，使那些為洋務、為自強而奮發的人，給他們精神上莫大的鼓舞。他的這番話，正是孟子名言「入則無法家拂士，出則無敵國外患者，國恆亡」[83]，富有現代意義的恰當詮釋。

(6)東西文化融合之先聲:

「今日歐洲諸國日臻強盛，智慧之士，造火輪舟車，以通同洲異洲謀國，東西兩半球，足跡幾無不徧，窮島異民幾無不至，合一之機將兆於此。夫民既由分而合，則道亦將由異而同，形而

---

[81]　同前註[82]。
[82]　《弢園文錄外編》卷七，頁十五。
[83]　《孟子・告子下》。

上者曰道，形而下者曰器，道不能卽通，則先假器以通之，火輪
舟車皆所以載道而行者也。……東方有聖人焉，此心同，此理同
也；西方有聖人焉，此心同，此理同也。蓋人心之所向，卽天理
之所示，必有人焉，融合貫通而使之同。故泰西諸國，今日所挾
以凌侮我中國者，皆後世聖人有作所取以混合萬國之法物也」❽。
王韜在對西方文明衝擊的悟解中，不僅給時人以希望，還以其創
造性的想像力，描繪出東西文化融合的遠景，成爲二十世紀東西
方許多哲學家、歷史學家鑽研的重要課題。「先假器以通之」，
正預言著中國近代化過程中，在器用方面比較容易過關；「道不
能卽通」，也說明在價值系統方面的融合，並不容易。

（7）世界觀的改變：

「天蓋欲合東西兩半球，聯而爲一也，……其所謂世界者，
約略不過萬年，前五千年，爲諸國分建之天下，後五千年，爲諸
國聯合之天下。……顧虛空界中，非止一地球也，若準以一行星
一地球推之，則地球幾如恆河沙數，而以我所居之地球虱其間，
僅若一粒芥。觸鬥蠻爭，由造物主觀之，不值一笑」❽。在十九
世紀的中西交涉史上，所以產生許多糾葛，並因而失和，其中重
要的原因之一，是因受到中國中心世界觀的影響。在王韜看來，
東西兩半球終將聯而爲一，這種世界觀怎能不改變呢？

第五節　變局的體認與變的論證

---

❽　《弢園文錄外編》，卷一，頁二。
❽　同前，卷七，頁十六。

　　王韜的一生，經歷了鴉片戰爭、太平天國、英法聯軍、中法之戰、甲午中日之戰，這五次重大的戰亂，密集地發生於五十餘年之間，且每次都是「國將不國」的大危機，當然是中國曠古未有之巨變。由知變而應變，一八六〇年以後，雖是朝野許多人物共同思考的焦點，但王韜對變局體認的廣度與深度，實無人能及。薛福成(1838～1894)說：「天地之變，遞出而不窮者也。有大智者，燭幽闡微，與時推移，以御厥變，則天下被其休」❽。在此期間，恐怕只有王韜足以當之。

　　要了解王氏這方面言論的意義和價值，不要忘記那年代，抗拒變遷的保守力量，仍佔有優勢，主張變革的官吏，往往動輒得咎❽，王韜如果不是身在民間，如果不是僻居洋人勢力範圍的香港，他那大量親西方的言論，恐早已遭不測之禍。

　　據王韜的了解，拒變者的論調，在理念層次上，他們相信中國以仁義立國，因此一向「先文教而後武功，重德性而輕詐力」。在歷史層次上，外患每一個朝代都有，其命運如何？「而所謂中國者，數千年以來如故也」。卽就西方各國而言，「其興勃然，而亡亦忽焉，不見羅馬盛於漢，荷蘭盛於唐，西班雅盛於宋，葡萄牙盛於明，而今皆衰矣」。因此認爲何必「以暫來之西人，易數千年之中國。用夏變夷，則有之矣，未聞變於夷者也」。王韜則認爲這種論調，乃「所謂主人枯槁，客自棄去之說也」，也就

---

❽　《庸庵文編》，卷二，頁七十一。

❽　有關這一時期保守主義抗拒變遷的理論和影響，可參看郝延平、王爾敏：〈中國的中西關係觀念之演變〉一文中「文化主義的固守」、「保守主義的影響」兩節，見《劍橋中國史》，第十一册，晚清篇（下），頁一九四～二〇一，七十六年（一九八七），臺北南天書局。

是說，這是自欺欺人的阿Ｑ精神，「如是則中國必先自受其敝，且勢必需之窮年必世，而非目前權宜之方也」⑱。

　　了解國際現勢和時代趨向的王韜，很坦誠地正告國人，並不是我們自己要變、自己願變，而是在西方強勢的壓力下，被迫不得不變：「顧使彼西國西人仍居西海，我獨居東土，如風馬牛之不相及，又復何害？無奈其日逼處此，日出其技，而時與我絜長較短也。且恃其所能，從而凌侮我、挾持我，求無不應，索無不予，我於此時，而尚不變法以自強，豈尚有人心血氣者哉」⑲！

　　為此，他對種種拒變的論調，一概予以反駁，如謂：「三代之法，不能行於今日，如其泥古以為治，此孔子所謂生今之世，而反古之道者也」⑳。又如：「以今日西國之所有，彼悍然不顧者，皆視以為不屑者也。其言曰：『我用我法以治天下，自有聖人之道在』。不知『道』貴乎因時制宜而已，即使孔子而生乎今日，其斷不拘泥古昔而不為變通，有可知也」㉑。又如：「動遵故例，拘守成法，因循苟且，不知變遷，則我中國當自承其弊，何則？泰西諸國之羣集而環伺我者，有一迫之以不得不然之勢也，……況乎當今之時，處今之勢，固非閉關自大時也」㉒。

　　除此之外，王韜為消除國人對「變」的疑慮，和傳播新觀念的阻力，於是為「變」的必要性與正當性，提出有力的論證：

　　㉘　以上均同前註㉗。
　　㉙　《弢園文錄外編》，卷十一，頁十一。
　　㉚　同前，卷一，頁九。
　　㉛　同前，卷一，頁十一。
　　㉜　同前，卷二，頁五。

（一）以天道與人事的關係爲例

（1）「天道循環，斷無（另一處「無」爲「不」）或爽」[93]。（2）「天下之道一而已矣，夫豈有二哉！道者人人所以立命，人外無道，道外無人。……於此可見道不外乎人倫，苟舍人倫以言道，皆其歧趨而異途者也，不得謂之正道也」[94]。（3）「惟見微知著之士，上稽天道，下悉民情」[95]。「惟智者能以人事度天心」[96]。（4）「蓋天道變於上，人事不得不變於下，《易》曰：『窮則變，變則通，此君子所以自強不息也』」[97]。「有心人曠觀往古，靜驗來今，而知天道與時消息，人事與時變通」[98]。「人事亦天道」[99]。

以上引文（1）「天道循環」，「循環」卽「天道」的本質或特性。中國傳統哲學中的宇宙觀，不論是儒家或道家，皆視爲生命流行的宇宙，它的基本原理叫做天道，它所根源的事實或經驗，來自大自然界春、夏、秋、冬四時的循環，卽所謂「天道與時消息」。王韜引用《易》「窮則變，變則通」，來支持「天道變於上」，因爲《易經》就是從變化的原理上發展出來的一套宇宙觀，其中一個基本的法則是「無往不復」，卽所謂「循環」，

[93]　同前，卷八，頁十七。
[94]　同前，卷一，頁一。
[95]　《皇朝蓄艾文編》，卷六十一，外交二，王韜：〈六合將混爲一〉，頁四。
[96]　《弢園文錄外編》，卷五，頁十八。
[97]　同前，卷七，頁十四～五。
[98]　同前，頁十四。
[99]　同前，卷八，頁十。

抽象一點說，就是「變」。在中國哲人的心目中，宇宙萬物都是「周行而不殆」的，王韜顯然企圖運用這種根深柢固的形上信念，以確立「變」的必要性與正當性，同時也爲其變法主張的形上依據。美國學者柯保安，把「循環」誤解爲宿命論⑩，是因他不瞭解中國形上學中「天道循環」的同時，卽涵有「生生不息」的意義，所以「天行健，君子以自強不息」，與宿命論恰好相反。

引文（2）所言「人外無道，道外無人」，以及不可「舍人倫以言道」，是說明道或天道不是超越獨立於人或人倫之外，而是必須與人合而爲一的，中國傳統哲學中所謂「天人之際」、「天人不二」、「天人一體」、「天人相與」、「天人合德」、「天人相應」、「天人一貫」、「天人不相勝」，都在表達「天」、「人」關係相合而非相離的特色。這種天人關係論，在中國不但支配個人及羣體行爲的基本態度，也是瞭解人生和宇宙不可或缺的命題或假設⑩。

問題是二者合一如何可能？引文（2）的「道者人人所以立命」，與引文（3）的「惟見微知著之士，上稽天道」、「惟智者能以人事度天心」，是由「天」、「人」兩個不同的出發點，來證明二者合一如何可能，前者的根據是《中庸》的「天命之謂性」；後者的根據是《孟子》的盡心知性則知天。從「天」出發，是從宇宙論的意義說下來；從「人」出發，是從道德心性論的意義說

---

⑩　見汪榮祖：《晚清變法思想論叢》，頁一五三。

⑩　以上參考楊慧傑：《天人關係論》，頁三～四，七十年（一九八一），臺北大林出版社。

上去，二者所要證成的目的相同：「天人合一」。

天道的本質既然就是「變」，天與人又能合而爲一，那麼引文（4）中所言「蓋天道變於上，人事不得不變於下」，就成爲邏輯上的必然推論。也只有經過以上簡單的詮釋，我們對「人事亦天道」這個命題，才不會感到突兀，它在中國哲學傳統中是有根據的。

（二）以歷史爲例

「《易》曰：『窮則變，變則通』。知天下事未有久而不變者也。上古之天下，一變而爲中古；中古之天下，一變而爲三代。自祖龍（指秦始皇）崛起，兼併宇內，廢封建而爲郡縣，焚書坑儒，三代之禮樂典章制度，蕩焉泯焉，無一存焉，三代之天下，至此而又一變。自漢以來，各代遞嬗，征誅禪讓，各有其局，雖疆域漸廣，而登王會列屏藩者，不過東南洋諸島國而已，此外無聞焉。自明季利瑪竇（1552～1610）入中國，始知有東西兩半球，而海外諸國有若棋布星羅。至今日而泰西大小各國，無不通和立約，叩關而求互市，舉海外數十國，悉驟於中國之中，見所未見，聞所未聞，幾於六合爲一國，四海爲一家。秦漢以來之天下，至此而又一變」❿。「上古」、「中古」之說，本於《韓非子‧五蠹篇》，「中古」以下，就是「當今」，韓非是戰國時人，把中國歷史分爲這三段，可以理解。王韜要論證歷史的「未有久而不變」，就不應忽略三代以下的春秋戰國，是中國歷史產生根本變化的時期。如僅就由分裂而走向統一，則「三代之

---

❿　《弢園文錄外編》，卷一，頁十一。

天下，至此而又一變」，也是正確的，春秋戰國不過是過渡時期。

當「泰西人士」，「閱中國史籍」，而發生「五千年來未之或變」的誤解時，他也以同樣的論證辯駁：「夫中國亦何嘗不變：巢、燧、羲、軒，開闢草昧，則爲創制之天下；唐、虞繼統，號曰中天，則爲文明之天下；三代以來，至秦一變；漢、唐以來，至今日而又一變。西人動譏儒者墨守孔子之道而不變，不知孔子而處於今日，亦不得不一變」⓾。王韜對誤解中國「五千年來未之或變」的辯護是有效的。但以孔子處今日亦不得不變的「假設」，去反駁「儒者墨守孔子之道而不變」的「事實」，是完全不相干的。理性的答覆應該是：雖有些儒者墨守孔子之道而不變，也有一些儒者不墨守孔子之道而求變的，這兩種事實在歷史上是並存的。

（三）以維新的日本爲例

「夫風會既有不同，即時事貴知所變。日本海東之一小國耳，一旦勃然有志振興，頓革平昔因循之弊，其國一切制度，概法乎泰西，倣效取則，惟恐其入之不深。數年之間，竟能自造船舶，自製鎗礮，練兵訓士，開礦鑄錢，並其冠裳文字屋宇之制，無不改而從之，民間如有不願從者，亦聽焉，彼以爲此非獨厚於泰西也。師其所長而掩其所短，亦欲求立乎泰西諸大國之間，而與之較長絜短，而無所餒也。……然則我中國曷不返其道而行之哉」⓭？這番話雖言過其實，但他宣揚的不外是：「日本能，爲

⓾　同前，卷一，頁九。
⓭　同前，卷二，頁九。

什麼我們不能」?! 望藉以激起國人知恥之心。 王韜發表這些言
論，尙在甲午之戰十多年之前。

　　王韜一生發表大量的稱許西方的言論，但態度並不激進，他
深知「變非一時之所能」，因而主張漸變，主張「盡人事以聽天
心，則請決之以百年」❿。他決沒有料想到，百年以後的中國，
仍然在保守與改革的泥沼中打滾， 仍然在一片喧嚷中叫喊著：
「日本能，爲什麼我們不能」?!

第六節　從洋務自強走向變法維新

　　王韜尙未出國之前，人在香港，協助理雅各翻譯《尙書》，
整天在古書堆中討活計，但對國內初興的洋務，仍非常關心，他
發覺這個運動在做法上，一開始就有不少問題：（1）火器製造，
取法乎下， 並非西方先進技術；（2）由於「官惜工貲，匠減物
料」，所造火器，多「窳窳而不適於用」；（3）因火器半數購自
外國，一旦出了故障，國內沒有修理人才；（4）或是因火器數量
不足，或是因平時缺乏使用火器的訓練，因此在「行陣之間，仍
恃刀矛」；（5）作戰「旣知以火器爲重」，而武科考試，「仍試
弓石」，造成「所用非所習，所習非所用」。他對初期洋務運動
的評語是：「夫有利器而無善用利器之法，與無利器同；有善法
而無能行善法之人，與無善法同」❿。又說：「卽其稍有變通成
法者，小變而非大變，貌變而非眞變」❿。

---

❿　同前，卷一，頁十一。
❿　以上均同前，卷八，頁九。
❿　同前，卷七，頁十六。

　　由於他對國事一貫的關懷，像他這樣一位文人氣很重的民間學者，後來竟然研究兵器，並撰成一部詳論最新最精之武器，兼述運用之法的《兵器圖說》。不僅如此，他還提出西化中國軍隊的主張，其中包括訓練近代軍人的「武備院」，訓練戰略家的「方術院」，以及爲建立近代海軍培養人才的海軍學堂⑩，使中國不但具備「善用利器之法」，也有「能行善法之人」。

　　到了十九世紀七○年代，因王韜已見識過英、法等國的富強，參觀過英國陸、海軍的訓練和設施，很自然地，對國內進行的洋務、自強運動，就有了更多更深入的批評：「今沿海各直省，皆設有專局，製鎗砲、造舟艦，遴選幼童出洋肄業。自其外觀之，非不龐洪彪炳，然惜其尚襲皮毛，有其名，而鮮其實也。福州前時所製輪舶，悉西國古法耳，不值識者一嚱。他處所造機捩，轉動之妙，不能不賴乎西人之指授，而窺其意則已囂然自足」⑩。爲什麼會有這種現象？問題仍出在中國自己「無能行善法之人」，所用之人，多「貪緣攀附，奔競鑽營」而來，「徒碌碌因人成事而已」⑩。「否則機器固有局矣，方言固有館矣，遣發子弟固往美洲攻西學矣，行陣用兵固熟練洋鎗矣，而何以委靡不振者仍如故也」⑪？

　　洋務、自強運動已進行了一二十年，而在京內外、朝中與地方，因循、苟且、玩愒、輕忽、粉飾、誇張、蒙蔽、安於無事、溺於晏安、狃於積習，依然如故。因此，「苟以一變之說進，其

---

⑩　以上見汪榮祖：《晚清變法思想論叢》，頁一五八～九。
⑩　《弢園文錄外編》，卷一，頁十三。
⑩　同前。
⑪　同前，卷二，頁九。

不謹然逐之者幾希⑫」！中國與西人交戰，早已屢次遭到慘敗，且一再訂下喪權辱國的條約，可是朝中大臣進言者，仍自欺欺人，「必美其詞曰：中國人才之眾也，土地之廣也，甲兵之強也，財力之富也，法度之美也，非西國之所能望其項背也」⑬。針對這些粉飾、誇張之言，王韜譏評道：「嗚呼！是皆然矣，特彼知人才之眾，而不知所以養其人才以爲我用；知土地之廣，而不知所以治其土地以爲我益；知甲兵之強，而不知練其甲兵以爲我威。知財力之富，而不知所以裕其財力，開源節流，以出諸無窮，而用之不匱；知法度之美，而不知奉公守法，行之維力，不至視作具文；凡此皆蔽也」⑭。在王韜看來，洋務、自強運動很嚴重的一點，是「洞明時變，大有幹謀者仍未能見其人也」⑮。因此，他在變法的大論題中，特別重視人才的培養與選拔。

　　「變法」的觀念，最早始於戰國時代的法家，法家倡議變法，其主要的精神在「變古」，王韜言變法，主要的特色在參用西法。他在〈變法〉與〈變法自強〉兩長文中，認爲當變者，都在以下的四點：

（一）取　　士

　　他主張國家要得眞才，首先要廢除時文八股。廢除了時文八股，爲了厚風俗、端教化，應恢復古代孝弟賢良、孝廉方正等取士之法。在考試科目方面，文科分經學、史學、掌故之學、詞章

---

⑫　同前，卷一，頁十一～二。
⑬　同前，卷一，頁十二。
⑭　同前。
⑮　同前，卷二，頁九。

之學、輿圖、格致、天算、律例、辯論時事、直言極諫等科，「不論何途以進，皆得取之爲士，試之以等」。武科方面宜廢考弓、刀、石，而改爲槍砲。武科人才又分三等：一爲「智略」：「能曉悉韜鈐，深明地理」；一爲「勇略」：「能折衝禦侮，斬將搴旗」；一爲製器造防守之具（工兵）。「凡此文武兩途，兼收並進，務使野無遺賢，朝無倖位，而天下之人才，自然日見其盛矣」⓰。

（二）練 兵

（1）陸營必廢弓矛，而以槍砲爲先；水師必廢艇舶，而以輪船爲尙。（2）長江水師與海洋水師不同，我國須於長江水師之外，專設海軍。（3）陸營、水師之練兵，一以西法爲南針。（4）駐防之兵，一仿西國之制度。（5）步兵、騎兵、槍隊、砲隊，皆應重平日訓練。（6）加強地方團練，使民與兵和，不至兵民相凌。（7）汰冗兵、減軍額、厚餉糈，俾足有以養贍其身家⓱。此外，王韜於治兵、用兵、擇將皆有專文討論。

（三）學 校

國家的人才，選拔固然重要，培養尤爲根本。王韜認爲培養人才的學校至少分爲兩類：一類叫「文學」，訓練經、史、詞章、掌故等專門人才；一類叫「藝學」，訓練地理、科技、天文等專門人才。這兩種學校，「皆選專門名家者以爲之導師，務歸

⓰　以上均同前，卷二，頁六～七。
⓱　以上均同前，卷二，頁七，其中(2)見卷一，頁十四。

實用，不尚虛文」。除此之外，尚須各種不同的「職業學校」，學習各種不同的西方實學，他建議設在通商口岸，以便向洋人學習。至於舊式書院，他建議由政府接管，統一改訂教學課程。這一意見實開近代中國學校的先聲❶。

（四）律　　例

主要在精簡法令、革新司法、整頓獄政。如何精簡法令？他主張：「減條教、省號令、開誠布公而與民相見以天」。如何革新司法？他主張：「今天下之所謂吏者，必盡行裁撤而後可，……舉二百餘年來牢不可破之積習，悉一掃而空之。而以士之明習律例者以充其任，甄別其勤惰，考核其優劣，三年無過，授以一官以鼓勵之」。如何整頓獄政？他主張：「州縣監獄，必大加整頓，罪囚拘繫，無得虐待，夏、冬之間，所以體恤罪囚者，毋作具文」❶。

在〈除弊〉一文中，王韜明言除上述四點應變革者之外，其他宜改革的項目，還有「清仕途」、「裁冗員」、「安置旗民」、「廢河工」、「捐妄費」、「撤釐金」等❷。到此為止，有關變革的種種主張，至多只能說是洋務、自強思想的深化，尚未達到越出其格局的政治變革。

王韜在〈紀英國政治〉一文中說：「顧論者徒誇張其水師之練習，營務之整頓，火器之精良，鐵甲戰艦之縱橫無敵，爲足見

---

❶　《弢園文錄外編》，卷二，頁七～八；同時參考汪榮祖：《晚清變法思想論叢》，頁一七二。

❶　以上見《弢園文錄外編》，卷一，頁十三；卷二，頁八。

❷　同前，卷二，頁十～十二。

其強；工作之眾盛，煤鐵之充足，商賈之轉輸，貿販及於遠近，為足見其富；遂以為立國之基在此，不知此乃其富強之末，而非其富強之本」。英國富強之本，「在上下之情通，君民之分親，本固邦寧，雖久不變」⑫。郭嵩燾也看出英國政治才是它立國之本，但王韜更深刻地了解到這種立憲政體本身是「雖久不變」的。

　　王韜對英國政治可謂讚美備至，為什麼在「變法」的大論題下，並未包括政治？他在〈洋務〉一文中，也談到練兵士、整邊防、講火器、製舟艦等為外、為末，為內、為本者是在政治，不過其內涵仍是肅官常、端士習、厚風俗、正人心的老套⑫。雖然，他在〈重民〉一文中，把西方三種不同的政治類型做了比較之後，終於認為中國欲謀富強，必須實現「君民共治」、「通上下之情」的君主立憲政治。但這樣，無論是在客觀傳播的效果上，或是在他全部思想中所佔的比重，都要大打折扣。

　　我推想，有兩種可能：第一，〈紀英國政治〉畢竟是介紹性的，而且結語是「駸駸乎可與中國上古比隆」，無異是說，那不過是我國三代政治理想的重現。把君主立憲政治的主張，納入中國民本傳統中「重民」的範疇之下，是運用移花接木的技巧，達到間接傳播的效果。中國既有重民、民本的思想傳統，則「君民共治」、「通上下之情」，也不過是這個傳統的實踐吧了。王韜既深知在當時，「苟以一變之說進，其不譁然逐之者幾希」，若公然主張政治上的變法，所可能引起的內外壓力，恐怕不是他心

---

⑫　同前，卷四，頁十五。
⑫　同前，卷二，頁三。

理上所能承受的，因此不能不有所顧忌。第二，他當然熟知，以
當時中國政治現實的環境，根本沒有政治變法的條件，說也徒
然，又何必冒此無謂的風險。

　　王韜所知的西方政治三類型：一爲「君主之國」，如俄、
奧、普、土等，這種政治，一人主治於上，萬民從命於下，除非
以堯、舜爲君，是辦不好的。二爲「民主之國」，如法、美等，
國有大事，決之於議院，眾可則可，不可則止，缺點是「法制多
紛更，心志難專一」。三爲「君民共主之國」，如英、西、葡
等，國之大政，同樣決之於議院，君可而民否不能行，民可而君
否亦不能行。他認爲唯有這一類型的政治，最能做到「上下相
通，民隱得以上達，君惠亦得以下逮」。以中國人口之眾，如能
「善爲維持而聯絡之」，使上下相通，精誠團結，「實可無敵於
天下」❷。王韜思想到這一步，才越出了洋務、自強的格局，明
示了中國今後政治改革應走的方向。

❷　同前，卷一，頁十九～二十。

第十四章　鄭　觀　應

　　鄭觀應比王韜年輕十三歲，當七〇年代，王韜在香港辦日報，發表他震撼人心的思想時，鄭氏公開的身份，仍只是一個買辦商人。從《易言》看，他的思想在七〇年代大抵已成熟，但思想的整個規模，特別是最具創見的部分──「商戰」，仍要到八〇年代才完成。

　　《易言》成書後，鄭氏託友人把書稿轉給王韜，王韜非常欣賞，認為此書乃「救時之藥石」，不但為他審稿、替他出版，跋文中且有「深幸同時」之語，可見彼此之惺惺相惜。但在那大部分讀書人仍以習八股應科舉為主要的讀書目標，大部分的士大夫在心智上仍與世隔絕的時代裏❶，這兩位在七〇、八〇年代各領風騷的思想家，心靈是十分孤寂的。

　　在政治改革方面，王韜對英國的君主立憲政治，雖讚美備至，但始終沒有公開主張。而民主制度中最重要的機構──議院，不但成為鄭觀應思想中的重要課題，於光緒十年（一八八四），就曾上書請開國會。這種差異，除了個人因素之外，也可

---

　❶　張灝：〈思想轉變和改革運動〉，見《劍橋中國史》晚清篇(下)，
　　　頁三〇三，七十六年（一九八七），臺北南天書局。

看出一個思想人物所受環境的影響。

　　若就兩人思想在整體上做一比較，王韜提供了一個國際性的視野來看中國的問題，思想的精彩之處，是在變局的體認，以及西方衝擊的意義之理解上。相對於洋務思想家郭嵩燾，和維新思想先驅馮桂芬，在思想的「量」上已有較大的擴展。鄭觀應除了具有國際性的視野之外，他以重商作爲思想的主軸而展開的思想系統，其中包括商人地位的提昇、商務與富強的關係、商戰觀念的提出，這一系列的思想，不論是相對於過去的傳統，或是當時的洋務運動，在思想的「質」上都有重大的突破。所謂「質」上的突破，是說如果他這套思想，能經由制度化——落實下來，中國傳統的價值系統與社會結構，都會起根本的改變。

　　單就商人的地位而言，根據余英時的最新研究，它應該是十六至十八世紀這二、三百年間，提昇商人社會地位的思想的延續❷，還談不上有何突破。而商務與富強的關係，則完全是在西方的侵略下而產生的新課題，這方面的內容，簡直可稱之謂中國的《國富論》。鄭氏在《盛世危言》裏提到過亞當・斯密（1723～1790）的《國富論》，但就我所涉及的文獻，似乎還無從知道，他究竟受到多大程度的影響。有一點可以指出，《國富論》的精義之一，是不干涉主義，鄭氏對晚清普遍存在的「官奪商權」，以及官府不遵守「商律」的現象，可謂深惡痛絕，他的商務理想和所要求的，正是不干涉主義。

---

❷　參考余英時：〈中國近世宗教倫理與商人精神〉，特別是「結語」部分，文已收入《中國思想傳統的現代詮釋》，七十六年（一九八七），臺北聯經出版事業公司。

　　至於「商戰」，就十九世紀世界的脈動而言，眞可以說是石破天驚的觀念。從這個世紀中葉起，西方資本主義向外擴張，四處不惜動用干戈尋找殖民地，主要的目的是爲了擴大市場，獲取商業上的利益，商戰的觀念正是穿透了西方帝國主義的本質，和所有非資本主義國家遭遇到的處境。如果說世界的十九世紀，就是商戰的世紀，恐亦不爲過吧。

第一節　生平與著作

　　鄭觀應（1842～1921）又名官應，字正翔，號陶齋，別號杞憂生，晚年因信道術，又號待鶴山人，廣東香山縣（今中山縣）雍栢鄉人。父親於科場失意後，以塾師爲生，家中藏書頗豐，曾手錄「先賢」格言，並編輯《訓俗良規》，以訓教子女及族人。據觀應的回憶，他「自幼好道，博覽丹經」，「粗懂《易》理」，又「涉足孔、孟之庭，究心歐、美之學」❸。

　　十七歲那年參加科舉考試未售，遂奉父命到上海學商，並「從家叔秀山學英語」。鄭秀山（廷江）是上海英商新德洋行的買辦。咸豐十年（一八六○），觀應開始任職於英商寶順洋行經營的輪船公司，管絲縷及輪船攬載等工作。同治七年（一八六八），寶順歇業，他轉到和生祥茶棧任通事（翻譯），稍後他與卓子和盤了這家茶棧，一直經營到同治十年。在此同時，他與買

----

❸　轉引自鄺柏林：〈鄭觀應〉，見《中國近代著名哲學家評傳》上冊，頁三四八，一九八二年，濟南齊魯書社。下文有關鄭氏事跡，除另註外，皆據此文。

辦唐廷樞等入股怡和洋行的公正長江輪船公司爲董事，茶棧停業後，又去了揚州做寶記鹽務經理。

觀應累積了十多年的工作經驗，在江南商界已小有名氣，同治十三年（一八七四）做了新創辦的太古洋行所屬的輪船公司總買辦，因經營得法，使公司獲利甚多，個人的待遇自然也相當優厚。私人有了資金之後，在公司的職務之外，同時經營獨立企業，與洋行的攬載業務相輔爲用。與觀應有關的商號，有長江各口的太古昌、太古輝攬載行，天津源泰攬載行，在營口、牛莊、汕頭等地代客辦貨的北永泰號等。此外鄭氏並經營川、漢、滬榮泰昌雜貨號和恆吉錢莊❹。他似乎有意「商而優則仕」，先入股於官方的企業，如上海織布局，繼又兼電報局上海分局的總辦。爲了過官癮，他於同治八年（一八六九）、同治九年、光緒四年（一八七八）先後三次捐買官銜，由員外郎而郎中而候選道。又於光緒四至六年間，因經辦直隸（河北）、山西、河南、陝西諸省的救災事務，而得到李鴻章的賞識，並在西太后面前保舉過。不久，李氏委任他以三品銜候選道專門辦理商務，從此他就成爲當時熱中洋務大員們爭聘的對象❺。

由李鴻章成立於同治十一年（一八七二）的官督商辦企業輪船招商局，到了同治十六年以後，因競爭不過外商輪船，造成極大虧損，有意聘請觀應入局工作。他對這個工作頗感矛盾，從七〇年代寫成的《易言》看，他是反對外國資本主義侵略的，爲了

---

❹　劉廣京：〈商人與經世〉，見《近代中國史研究通訊》第六期，頁二十五，七十七年（一九八八），中央研究院近代史研究所。

❺　孫會文：〈鄭觀應〉，頁五，見《中國歷代思想家》四十五冊，六十七年（一九七八），臺灣商務印書館。

民族的利益，他應該去幫政府經營；另一方面，根據他的經驗，深知「官督商辦之局，權操在上」，事情很不好辦。爲此猶豫了很久，後來在同鄉世交唐廷樞、徐潤及叔父鄭秀山的勸誘下，終於在光緒八年（一八八二）三月進入招商局，起先擔任總局幫辦，不久便升總辦。他爲革除局中積弊，向李鴻章提出六點建議，其要點爲：（1）重要人事任免，須由商股經民主程序決定。（2）遇有大事，須由總會辦召集股東與督辦會商裁決。（3）賞罰要嚴明。（4）不徇私情。（5）賬目須由公舉董事及查賬員稽核。（6）主管人員均定期更調，以免日久生弊。此外，爲了提高競爭力，他強調要做調查研究；爲了中國航運事業能獨立發展，他倡議自設造船廠，並辦學校培養本國航運人才，以及開闢遠洋航線。

　　以上仿自西方企業經營的六點建議，在中國官督商辦的企業中根本行不通，因中國官場的積習，與六點要求無不背道而馳，從後來觀應寫給招商局督辦盛宣懷（1849～1916）的信中（盛氏於一八八五年接任督辦），可知招商局內「私弊極多」，連挪用資金兼辦銀行這樣的大事，都不與股東會商，遑論其他❻。觀應接任後，對招商局的主要貢獻，是和太古、怡和續訂「齊價合同」，及建議應如何增加輪船攬載與減除棧房、碼頭、船上客位帳目之弊端。一八八二年之後一年多，鄭氏大部分時間用於上海機器織布局的籌備，已進行到購地、建廠、訓練工人，不幸恰遇上上海金融風潮，建廠的事遂告停頓❼。

❻　〈致招商局盛督辦書〉，見《盛世危言後編》卷十，頁二十九～三十。
❼　同前註❹，頁二十七。

　　光緒十年（一八八四）發生中法之戰，因前兵部尙書彭玉麟
（1816～1890）負責督辦粤防，遂將熟悉南洋諸島嶼和越南情況
的鄭觀應奏調回粤， 辦理湘軍營務處， 協助部署防務， 曾奉命
「冒險赴西貢等處偵探敵情」。次年初，因法軍侵犯臺灣基隆，
觀應又「奉委援臺」， 他遵照粤督張之洞（1837～1909）的指
示，「先往香港、汕頭，租定輪船運兵渡臺」。不料到了香港，
竟被太古洋行控告，並遭拘留。緣鄭氏當年離開太古時曾推薦楊
桂軒繼任，並爲楊擔保，現楊某虧空了十萬巨款，依法保人有連
帶賠償的責任。爲了這件意外的案子，不但在香港「纏訟經年」，
結果是「傾家以赴」，代爲賠償才算了結。這個案子對他公私兩
方的打擊都很大，結案後回到故鄉，弄得「臥病三載」，頗爲潦
倒。觀應畢竟是位不平凡的人物，在失意中卻發憤完成了不朽名
著《盛世危言》。

　　光緒十六年（一八九〇），因友人唐廷樞等人轉請北洋大臣
李鴻章，札委觀應辦理開平煤礦粤局，才結束了隱居生活。開平
粤局在他經營一年多的時光裏，很有成效。兩年後（一八九二），
因招商局督辦盛宣懷的推薦，重又回到招商局擔任總局幫辦，很
受重用。過了幾年，因張之洞創辦的漢陽鐵廠，連年虧損，無法
維持， 光緒二十二年（一八九六）， 盛宣懷奉命接辦這個爛攤
子，找不到好幫手，因誰都怕沾手，鄭觀應爲了報答盛氏知遇之
恩，遂鋌身而出，約定在不受薪的條件下，義務兼任鐵廠總辦，
全力加以整頓。

　　戊戌變法運動（一八九八）發生時，他正埋頭經營招商局和
漢陽鐵廠，曾一度參與康有爲（1858～1927）在上海辦的《強學

報》。當光緒皇帝下定國是詔時，有人問他：「政治能卽變否」？答覆是：「事速則不達，恐於大局有損無益」。變法運動失敗後，他寫信給何穗田：「幸康南海與梁君卓如聞風先出」，得以脫險，「弟雖與康南海時尙無交情，惟念其救國之心，罹此重禍，甚可扼惋！茲寄上洋壹百元，祈代送其老親，以表弟之微忱」。依鄭氏的想法，中國應先辦新式教育，以開民智，改革政制是以後的事。就當時的環境和條件而言，鄭氏的想法，不能說是保守。

光緒二十八年（一九○二），袁世凱（1858～1916）出任直隸總督兼北洋大臣，盛宣懷被排擠，鄭氏脫離招商局，由廣西巡撫王之春奏調到廣西，會辦鎭壓那裏的會黨。光緒二十九年八月又回到廣東，後協助盛宣懷辦理粵漢鐵路事宜，並被廣東七十二商行推舉爲商會會長。

經歷了義和團（一九○○）的大混亂，和日俄戰爭（一九○三），鄭氏對改革政制的想法漸有改變，主張開國會、設議院乃刻不容緩之事。光緒三十二年（一九○六），清廷下詔宣布「預備仿行憲政」，他積極參與了國會請願運動，這個運動是在清廷鎭壓下結束。這時候他的想法，如實行立憲，可避免「流血千里」，不幸理性的思考在歷史行程中，多半不發生作用，流血的革命還是發生了。

辛亥革命以後，他對政局的看法是：「民國以來，雖云變革，而所謂民之公僕者，猶與前清無異」。由於對現狀不滿，曾支持康有爲的孔教運動。在晚清生活過大半輩子的人，很少能適應民國新而混亂的局面，在無奈中，晚年的鄭觀應，也只好重新

回到童年道術的信仰中去。

觀應一生，大部分時間都在洋行買辦、獨立經商、官督商辦的企業中度過，所以能用於著作上的時間並不多。不過，他是一位喜歡思考、又有思考能力的商人思想家，在中國思想史上，可說獨樹一格，絕無僅有。

據《盛世危言增訂新編》的凡例：「是書隨時增刪，就正有道，分贈同志，以資磨勵，本不欲出以問世。溯自同治元年（一八六二），承江蘇善士余蓮村先生改正，卽付手民，名曰《救時揭要》，先傳至日本，卽行翻刻。同治十年(一八七一)，又將續集分上下本，名曰《易言》，寄請香港印務局王子潛廣文參校，不期亦付手民，風行日、韓。光緒元年（一八七五），遂請沈穀人太史、謝綏之直剌刪定，亦名《易言》，印數百部，分贈諸友。光緒十九年（一八九三）續集尤多，迭請家玉軒京卿、陳次亮部郎、吳瀚濤大令、楊然青茂才同爲修訂，改名《盛世危言》」。由此可見《盛世危言》這部名著，是在三十年間不斷增刪、不斷修訂而成。出版後就遇上甲午中日之戰（一八九四），「距作書僅年餘耳，而事已迥異，故未言者再盡言之」，於是又加增訂，正編之外又有續編，到了光緒二十六年（一九〇〇），又增訂新編，這才有了定本。

根據「凡例」所言，《易言》的稿子，於一八七一年就寄給香港的王子潛（卽王韜），但王韜爲《易言》所撰跋文是光緒六年（一八八〇），據跋文，王氏於一八七九年才讀到《易言》，這不僅涉及《易言》問世的年代問題，且關係到《易言》內容在思想史上的定位問題。這個問題經劉廣京的仔細考證，他「認爲

《易言》究竟有無一八七一年之原本，殊有疑問」，而「王韜遲至一八七九至一八八○年間始讀到」《易言》，「殆無疑問」。所以「研究中國近代思想史者應以同治末年光緒初年思想史之材料目之，而不應以同治年間思想史之材料目之」❽。

宣統年間，又出版《盛世危言後編》，內容包括序跋、條陳、集股公啟，以及寫給李鴻章、盛宣懷、張之洞、容閎、郭嵩燾、張謇、康有為、梁啟超、伍廷芳、徐世昌、李提摩太、馮國璋等人的書札，其中〈與子姪論商務書〉，把我國商務所以不及西方各國的原因，約之為缺商本、無商學、乏商才三項。又把商務上中國不及西人之處，很具體地列出十二條，這十二條內容，可稱之為「商業倫理」，或叫它為「商人行為十二遵則」，今天看來，一點也不過時，在中國歷史上也是絕無僅有的。信中誡子姪們生活要勤儉、謹慎、守信，完全是傳統訓子的精神；又要子姪們「讀書未畢業，或畢業無俯畜之資者，勿急娶妻」，又是現代人的觀點❾。

此外，還有《海行日記》與《南遊日記》二書，前者是鄭氏做招商局會辦時，視察沿江沿海各城市招商分局業務所寫的日記，並把他考察新加坡、檳榔嶼、小呂宋、暹邏、西貢等地的情形，附錄於後。後者是彭玉麟派他到西貢、南洋各地，偵探法國在越南活動的情況所寫的日記，其中討論到郵政、鴉片、南洋各地之苛待華人、設領事以保護僑民、華工、議院制度等問題，都

---

❽　劉廣京：〈鄭觀應《易言》——光緒初年之變法思想〉，見《清華學報》新 8 卷，第一、二期合刊，頁三七五、三七九。

❾　〈與子姪論商務書〉，見《盛世危言後編》卷八，頁四十五～四十六。

成爲他撰寫《盛世危言》所據經驗的一部分❿。

第二節 對洋務的批判

鄭觀應的思想，「重商」是其組成的重要部分。「商」在他思想中的涵義很廣泛，可包括經濟資源的開發、製造業、企業經營、金融、財政、貿易、交通等，總起來看，無異是以商業資本主義爲導向，以國家富強爲目標的建設藍圖。

基於特殊的因緣和人生的際遇，他從洋行買辦、到獨立經商、到官督商辦企業的會辦，一生經營過的事業，不勝枚舉，不但是位成功的商人，卽使在受制於官督的企業中，也屢次建功，因而爲洋務大員所倚重。也因爲這種獨特的經歷，使他對洋務的觀念和做法，以及洋務的種種缺失和侷限，無不瞭若指掌。從他闡發思想的過程中，可以明顯看出，他隨時都在針對洋務運動的各方面提出檢討與批判，這方面的工作，也成爲他思考問題、擴展思域的重要因素。在同時代的思想人物中，毫無疑問，他是很有資格爲這個運動做歷史見證的，因此，當史學工作者想要評斷洋務運動的成敗得失時，鄭氏的檢討與批判，應該有相當參考的價值。以下列舉的當然不會完備，但已足夠使我們了解洋務各種問題的所在。

（1）淺嘗輒止，有名無實：

「中外通商已數十載，事機迭出，肆應乏才，不於今日急求忠智之士，使之練達西國製造、文字、朝章、政令、風化（按：

---

❿　同前註❺，頁八。

指風俗、教化）， 將何以維大局， 制強鄰乎。 且天下事業、文章、學問、術藝，未有不積小以成高大， 由淺近而臻深遠者。……西人謂華人所學西法，皆淺嘗輒止，有名無實，蓋總其事者不精其學，未識師授優劣、課藝高下，往往爲人蒙蔽，所以學生所習， 每況愈下， 歷日雖久， 仍不如人」❶ 。

（2）遺其體而求其用:

「西人立國， 具有本末， 雖其禮樂教化遠遜中華， 然其馴致富強， 亦具有體用: 育才於學堂， 論政於議院， 君民一體， 上下同心， 務實而戒虛， 謀定而後動， 此其體也; 輪船、火砲、洋槍、水雷、鐵路、電線，此其用也。中國遺其體而求其用， 無論竭蹶步趨， 常不相及， 就令鐵艦成行， 鐵路四達，果足恃歟」❷ ？說西國富強， 「亦具有體用」， 是眞知灼見， 由此可見「中體西用」， 至少在知識的意義上必然不通。批評洋務「遺其體而求其用」， 也很正確，但對「體」「用」的詮釋則不對，因「論政於議院」與「輪船、火砲」等， 乃屬於不同性質、不同範疇的問題。假如對此不同範疇的問題， 一定要以「體」「用」來分析，那麼「論政於議院」的「體」， 應該是自由、人權、民主、法治， 而「論政於議院， 君民一體， 上下同心」才是「用」 （運作與功能）。就「輪船、火砲」等而言， 它們的「體」是基礎工程科學，而「輪船、火砲」等等，只是應用工程科學以下的技術層面之「用」。

---

❶　《增訂盛世危言正續編》 （以下簡稱《盛世危言》）， 卷一，〈西學〉，頁十四上～十四下。

❷　《盛世危言》初刊自序。

（3）**富强之本，不盡在船堅砲利：**

「應雖不敏，幼獵書史，長業貿遷，憤彼族之要求，惜中朝之失策。於是學西文、涉重洋，日與彼都人士交接，察其習尚，訪其政教，考其風俗利病得失盛衰之由，乃知其治亂之源、富强之本，不盡在船堅砲利，而在議院上下同心，教養得法。興學校、廣書院、重技藝、別考課，使人盡其才；講農學、利水道、化瘠土爲良田，使地盡其利；造鐵路、設電線、薄稅歛、保商務，使物暢其流」⓭。這是說，要學西方的富强，就要學他們的議會制度、育才方法、增加生產、減少人民負擔、建造新的交通工具，並保護本土的商業。可見鄭氏心目中的洋務，應是整體性的改革，單學其末技，於事無補。

（4）**知形戰而不知心戰：**

「惟中國不重商務，而士、農、工、商又各自爲謀，雖屢爲外人所欺，尚不知富强之術。籌餉則聚歛橫征，不思惠工商以興大利；練兵則購船售砲，不知廣學業以啟聰明。所謂只知形戰而不知心戰也」⓮。所謂「形戰」，是指「練兵將，製船砲」以備戰之義；所謂「心戰」、「蓋卽以知識競勝之意」⓯。就洋務的仿行西法而言，這是非常深刻的批評。培根說過：「知識卽是力量」。

（5）**不重藝學，不興商務：**

「年來當道講求洋商（按：「商」應是「務」之誤），亦嘗

⓭　同前。
⓮　《盛世危言》，〈商戰下〉，卷二，頁三十八上。
⓯　王爾敏：《中國近代思想史論》，頁二四四，六十四年（一九七五），臺北華世出版社總經銷。

造槍砲，設電線，建鐵路，開礦織布，以起而應之矣。唯所用機器，所聘工程，皆來自外洋，上下因循不知通變，德相卑士麥謂我國只知選購船砲，不重藝學，不興商務，尚未知富強之本，非虛言也」❻。此文作於光緒十八年（一八九二），洋務運動已進行三十年。藝學卽工藝之學，卽科技知識。就洋務而言，必須重藝學、興商務，對西方的挑戰，才算有效的回應。

（6）製造技術，率仗西匠：

「今中國旣設同文、方言各館，水師、武備各堂，歷有年所，而諸學尚未深通，製造率仗西匠，未聞有別出心裁，創一奇器者，技藝未專，而授受之道未得也」❼。製造仰賴西匠，在仿行西法的初階，無法避免，問題在所聘西匠是否高明，如所聘得人，名師易出高徒，中國技術自然會有進步。事實並非如此，以開礦技術為例，鄭氏就曾指出，「惜來者皆南郭先生一流人物，名曰礦師，實則毫無本領」❽。

⑺未能知彼知己：

「洋務之興垂六十載矣，求其知彼知己，不隨不激，能為國家立一可大可久之策者，有幾人哉」❾！洋務運動是中國近代史上第一個要求「知彼」的運動，主要的方式是派遣留學生出洋學習，如去法國習製造，赴英習駕駛，赴德習水陸軍械技藝❿。到了光緒二十五年（一八九九），光緒皇帝於上諭中對留學政策評

<hr>

❻　同前註⓬。
❼　《盛世危言》，〈學校〉，卷一，頁三下。
❽　《盛世危言》，〈開礦下〉，卷三，頁十二上。
❾　《盛世危言》，〈游歷〉，卷二，頁十二上。
❿　包遵彭等編：《中國近代史論叢》，第一輯，第七册，頁七，四十五年（一九五六），臺北正中書局。

論道:「向來出洋學生學習水陸武備外,大抵專意語言文字,其
餘各種學問,均未能涉及,即如農、工、商、礦務等項,泰西各
國講求有素,夙擅專長,中國風氣未開,絕少研於各種學問之人」
㉑。可見鄭氏批評的問題不但存在,且相當嚴重。嚴復(1853~
1921)是光緒三年(一八七七)的留學生,他後來有越出原初留
學計畫的成就,乃晚清留學生中之異數。

⑻奉派出國游歷考察之人未受重視:

「比年我中國亦知其益,故有派員游歷之舉,但聞每員薪水
僅二百金,以外洋用度之繁,應酬之巨,安得敷用,亦只深居簡
出,繙譯幾種書籍,以期盡職而已,未能日向各處探訪,時與土
人諮詢也。且承命而往者,皆微員末秩,回國以後,即便確有所
見,亦安能大展其才**㉒**」。派非外交人員出國考察,已是二十世
紀初年之事,其情況尚且如此。在洋務運動時期,如鄭氏所言:
「今之命為清流自居正人者,動以不談洋務為高見,有講求西學
者,則斥之曰名教罪人,士林敗類」**㉓**。郭嵩燾於光緒元年(一
八七五),出使英倫,郭氏乃一流人才,基於對國事的責任感,
將沿途所見所聞,絡續報告總理衙門,結果引起軒然大波,這些
文字遭到燬版。因被視為名教罪人,歸國後連進京的機會都沒
有,遑論重用!

⑼官商隔閡,洋商喧賓奪主:

「恭讀康熙五十三年諭曰:朕視商民皆赤子,無論事之鉅

㉑ 轉引自前註**㉒**之書,頁十。
㉒ 同前註**⑲**,頁十二下~十三上。
㉓ 《盛世危言》,〈西學〉,卷一,頁十三下。

細，俱當代爲熟籌。今官商隔閡，情意不通，官不諳商情，憚
與官接，如何能爲之代籌。故來自外洋，無關養命之烟、酒、蜜
餞、餅餌等物，進出通商各口，皆准免稅。而華商營運賴以養命
之米、麥、雜糧等項，經過隣壞外縣，皆須捐釐，遑問日用之百
物。試爲援比，大欠均平，皆因秉軸者不肯降氣抑志，一經心於
商務」❷。官商隔閡，主要原因之一，由於中國源遠流長的輕商
傳統。西方人爲通商遠涉重洋而來，商戰已打到跟前，我國官吏
卻渾然不覺。洋貨進出，皆准免稅，土貨流通，卻爲重重捐釐所
苦，不是因爲崇洋媚外，而是由於對商務、對利權的無知。這種
無知，導致洋商坐大、喧賓奪主：「方今門戶洞開，任洋商百方
壟斷，一切機器亦准其設廠舉辦，就地取材，以免釐稅，其成本
較土貨更輕，誠喧賓奪主，以攘我小民之利」❷。

⑽**輕視本國人才：**

「查京都無工藝書院，同文館只教外國語言、文字、算學，
各製造局洋匠縱有精通，然貪戀厚貨，未免居奇而靳巧，……且
華人之心力未必遠遜西人也，多有華人，習學日久，技藝日精，
而當道以其華人也而薄之，薪水不優，反爲洋人招去。教習無
法，考察無具，獎勵無方，一旦有事，製造無人，則歸咎於華人
之不可用。噫！豈華人果不可用哉，是主者之過也」❷。

以上十點，就洋務的缺失和偏限而言，都是很有參考價值
的。他的批判，除訴諸直接經驗之外，且運用概念來思考問題，

---

❷　《盛世危言》，〈商務一〉，卷二，頁十五下。
❷　同前，頁十五下～十六上。
❷　《盛世危言》，〈技藝〉，卷三，頁十四上～十四下。

「遺其體而求其用」，是運用古老傳統的概念，來分析新生的事物，「知形戰而不知心戰」，是創發新概念，對洋務做了深入的批判，令人印象深刻。但這些批判，仍未達到對洋務運動做整體評價的水平。要對洋務做整體評價，需要檢討領導人物的侷限，以及其所受政治制度、社會結構、經濟組織和文化因素的侷限❷，這對本身即是洋務中人的鄭觀應而言，未免太苛求了。

第三節 道器論的作用和意義

到了十九世紀八〇年代，「變法」的觀念已漸流行。其實，三十多年的洋務運動（就目標而言，也可稱之爲自強運動），基本上就是一個求變的變法運動，在演變的過程中，愈到後來變法的內容愈形擴大，變法的層次也愈加提昇。因此維新運動中的主題君主立憲，早在六〇年代便已萌芽，到八〇年代變法觀念流行，已預示著一個新時代即將來臨。

要求變法者，不可避免的，要面臨那些前文已提過，以不談洋務爲高見，對講求西學者，則斥之爲名教罪人、士林敗類，而又以清流自居者的抗阻。要對付這種保守派，勢必需要一套具說服力的說詞，這套說詞又必須依賴傳統的資源，且深植於保守分子的信念之中者。爲了這個需要，鄭觀應於是有〈道器〉篇之作。

---

❷ 參考張玉法對〈論清季自強運動的失敗與清廷中心領導層的關聯〉一文的評論，見《清季自強運動研討會論文集》，下冊，頁八七二，七十七年（一九八八）中央研究院近代史研究所。

《盛世危言增訂新編》凡例：「或問：書中皆言時務，何以首列〈道器〉？余曰：道爲本，器爲末，器可變，道不可變，庶知所變者富強之權術，非孔、孟之常經」。道、器在思想史上最早出之於《周易‧繫辭上傳》：「形而上者謂道，形而下者謂之器」。後來在宋、明理學中，成爲很重要的一對哲學範疇，張載（1020～1077）、二程（1032～1085，1033～1107）、朱熹（1130～1200）、王船山（1619～1692）等人都有所發揮。所以道、器不但能滿足屬於「傳統資源」、「深植於保守分子的信念之中」這兩個條件，且極具權威性。這一段話，鄭氏把他撰作〈道器〉的動機，已說得非常清楚，他希望抗阻者不必擔心仿行西法或吸收西學，會破壞孔、孟的道統，因爲可變的只是器，不是道。

鄭氏論道、器的關係，有兩個涵義：

（1）道、器不二不離：

「秦、漢以還，中原板蕩，文物無存，學人莫窺制作之原，循空文而高談性理，於是我墮於虛，彼徵諸實。不知虛中有實，實者道也；實中有虛，虛者器也。合之則本末兼賅，分之乃放卷無具」❷❽。宋儒對何者爲道，何者爲器，意見不同，但對道、器不相離這一點具有共識❷❾。引文的「我」指中國，「彼」指西方。「虛中有實」、「實中有虛」是言其不離；「實者道也」等於「器卽道」，「虛者器也」等於「道卽器」，是言其不二。

---

❷❽　《盛世危言》，〈道器〉，卷一，頁一下。
❷❾　參考張岱年：《中國古典哲學概念範疇要論》，頁七十～七三，一九八九年，北京中國社會科學出版社。

鄭氏提出這個理論，是爲中西文化的融合，提供哲學上的根據。「合之則本末兼賅，分之乃放卷無具」，可見在他心目中，中西文化之間，由交流而走向融合，是可以互補其長短的。

（2）器能弘道：

「夫道彌綸宇宙，涵蓋古今，成人成物，生天生地，豈後天形器之學所可等量而觀。然《易》獨以形上形下發明之者，非舉小不足以見大，非踐跡不足以窮神」❸⓪。在宇宙創生的意義上，道雖非器所可比擬，但道若不經由器，就根本無法顯現它的意義和價值，道若不經由器用世界的運作（踐跡），也就不能弘揚於世（窮神）。思想史上的道、器論，發展到王船山，認爲形下之器才是根本的，所謂「離器無道」❸①。章學誠（1738～1801）也有「六經皆器」❸②之說。鄭氏的「器能弘道」，又比王、章二氏更進一步。從思想史道、器優位的改變，可以看出十七世紀以降的思想家，對器用世界的逐漸重視。從這個背景，中國在十九世紀迎接西方文明，在理論上應該是沒有多大困難的。鄭氏運用並闡發傳統的道、器論，目的就是要消除中國人心理上的障礙，打開迎接西方文明的大門。

以上兩點之外，鄭氏又以固有的博、約，本、末的觀念來申論道、器的時代意義，如謂：「昔我夫子不嘗曰，由博返約乎，夫博者何？西人所鶩格致諸門，如一切汽學、光學、化學、數學、重學、天學、地學、電學，而皆不能無所依據，器者是也。

---

❸⓪　同前註❷⑧。
❸①　同前註❷⑨，頁七十一。
❸②　《文史通義》、〈原道中〉。

約者何？一語已足，包性命之原，而通天人之故，道者是也。今西人由外而歸中正，所謂由博返約。五方俱入中土，斯卽同軌、同文、同倫之見端也。由是本末具，虛實備，理與數合，物與理融，屈計數百年後，其分歧之敎必寖衰，而折入於孔、孟之正趣」❸。這段話也有兩點涵義：（1）就「由博返約」而言，是藉孔聖人之言，使西學在中國學統中獲得正當性的地位，所謂「今西人由外而歸中正」是也。（2）就「本末具，虛實備」而言，鄭氏與王韜一樣，對中西文化交流到中西融合，都有終將出現天下一家的遠景，所謂行同軌、書同文、人同倫是也。尚不止此，鄭氏且認爲數百年後，中西文化之融合，是在中國孔、孟正統的基礎上達成，這正是二十世紀中後期新儒家的基本信念，和思想上所走的路向。

鄭氏〈道器〉篇最後一部分，是希望皇上在「守堯、舜、文、武之法」的基礎上，「總攬政敎之權衡，博採泰西之技藝，誠使設大小學館，以育英才，開上下議院以集衆益，精理商務，藉植富國之本，簡練水陸，用伐強敵之謀」❸。這裏所說「泰西之技藝」、「設大小學館」、「開上下議院」、「精理商務」、「簡練水陸」等等，正是鄭氏變法思想的主要內容，也就是他所說「形器之學」，或簡稱之爲「器」。從這一段結尾的文字可以看出，他撰作〈道器〉篇，是爲了在中國道統的基礎上，吸收西方的形器之學，提供理論根據的用心，是十分明顯的。

剩下的問題是，鄭氏於前引「凡例」中說，「器可變，道不

---

❸　同前註❷，頁一下～頁二上。
❸　同前註❷，頁二上。

可變」，可是他在《易言・論公法》中，又盛言天道之變，當然，「天道」與「道」可以不同，但在〈道器〉篇中所言之「道」，是「足包性命之原，而通天人之故」，所以道器論中的「道」，亦同於「天道」。

觀應言天道之變的論證如下：「夫天道數百年小變，數千年大變。考諸上古，歷數千年以降，積羣聖人之經營締造，而文明以啟，封建以成。……洎秦始併六國，廢諸侯，改井田，不因先王之法，遂一變而爲郡縣之天下矣。……至於今，則歐洲各國兵日強，技日巧，鯨吞蠶食，虎踞狼貪，環地球九萬里之中，無不周遊販運，中國亦廣開海禁，與之立約通商，又一變而爲華夷聯屬之天下矣。是知物極則變，變久則通，雖以聖繼聖而興，亦有不能不變、不得不變者，實天道世運人事有以限之也」[35]。天道之變，可由兩種方式去把握，一是天道實現於歷史、歷史是變的，天道亦不得不變；一是在歷史中的天道、世運、人事，皆「有以限之也」，因此天道也不得不與世運、人事共消共長。

要解開道之變與不變的矛盾，應知可變之道與不可變之道，其涵義必然不同，可變之道，是如張橫渠所說，「有氣化，有道之名」[36]，道卽氣化，也就是說，道是氣的運動變化的過程。過程意義的道，才能實現於歷史之中。也因此，中國史家往往以氣數、氣運解釋歷史的興亡離合。而不可變之道，是如朱熹的「以理爲道」，則道卽理，道是指最高的規律或準則[37]。

---

[35]　《易言》上卷，〈論公法〉，轉引自前註[3]之書，頁三十七～三十八。

[36]　《正蒙・太和》。

[37]　同前註[29]，頁七十三。

就歷史而言的道或天道，是指過程；道器論中的道，是指規律。前者可變，後者不可變，因此並不矛盾。

第四節　重商主義之一：商的重要

鄭觀應「器」的世界包括「商務」，器既可變，有關商務的一切，當然也是可變的。這一部分的思想，以下將分三節，做重點式的展示。首先探討商的重要，在這個問題上，他不只是要提高商人的地位而已，而是在近代通商的歷史背景下，相當澈底而全面地思考了各種相關的問題，並為商在整個文化中的重要性，提出了一套全新的理論。

要論證商的重要，首先要處理的就是，在中國士大夫傳統中，根深柢固的「農本商末」的信念。應當指出，觀應在檢討這個傳統時，對「農本」並無敵意❸，他是以理性而客觀的態度在討論問題。這方面的討論，且舉兩個要點：一是在近代通商的背景下，為了完全處於劣勢的中國走向自強的需要，不能不改變一下這個傳統的觀念，他說：「中國以農立國，外洋以商立國。農之利本也，商之利末也，此盡人而能言之也。古之時，小民各安生業，老死不相往來，故粟布交易而止矣。今也不然，各國併兼，各圖己利，藉商以強國，藉兵以衛商，其訂盟立約，聘問往來，皆為通商而設。英之君臣，又以商務開疆拓土，闢美洲、佔

---

❸　關於這一點，不只是觀應如此，清季重商主義者皆然，可看李陳順妍：〈晚清的重商主義〉，見中央研究院《近代史研究所集刊》，第三期上冊，頁二一六。

印度、據緬甸、通中國，皆商人爲之先導。彼不患我之練兵、講武，特患我之奪其利權，凡致力於商務者，在所必爭。可知欲制西人以自強，莫如振興商務，安得謂商務爲末哉」❸！觀應在這裏，把農本商末的傳統，說得太簡單，尚未能觸及這個傳統形成的眞正原因❹，但這並非其要討論的重點，他的重點在論證現時代下商的重要，從這方面看，他的說詞是鏗鏘有力的。

另一個要點是，觀應以「援古證今」的方法，舉例說明在中外古今的歷史上，並不完全是以商爲末務，其中也有不少例外，只是一般士大夫未加注視罷了。例如在中國，「太公之九府圜法，《管子》之府海宮山，《周官》設市師以教商賈，龍門傳貨殖以示後世，……子貢結駟連騎，以貨殖營生，百里奚販五羊皮而相秦創霸，卽漢之卜式、桑宏羊，莫不以商業起家而至卿相，弦高以商卻敵而保國，呂不韋以商歸秦質子，鄭昭商暹羅逐緬寇而主偏陲」。在西方，美國總統中，有「躬營負販」者。俄皇彼得大帝，爲發憤爲雄，曾微服赴隣邦考求商情，而「歸強其國」。羅馬尼亞有商人在俄國，富甲一方，俄王與結昆弟。總之，在西方各國，「凡擁厚貲之商賈，輒目爲體面人，准充議政局員」，「可見中外古今不盡屛商爲末務，孰謂闤闠中竟無人豪，顧可一例目爲市儈哉」❹？

在晚清，不論是在朝士大夫，或是民間知識分子，爲了倡議改革，提倡變法，無不主張仿行西法。觀應不但有實際遊歷的經

---

❸　《盛世危言》，〈商務三〉，卷二，頁十九下。
❹　其中原因的探討，可看韋政通：《中國文化槪論》，頁二六五～七，五十七年（一九六八），臺北水牛出版社。
❹　以上引文皆見《盛世危言》，〈商務一〉，卷二，頁十五下。

驗，且能直接閱讀西文，因此對西法的引介，更是不遺餘力。對
商的重要，前文只說到商人在西方的地位如何突出，但更重要
的，是西方政府爲了重視商務而做的種種有利於商務的措施，這
才是中國更應效法的：「蓋西方尙富強，最重通商，其君相惟恐
他人奪其利益，特設商部大臣以提挈綱領；遠方異域，恐耳目之
不周，鑒察之不及，則任之以領事，衛之以兵輪；凡物產之豐
歉，出入之多寡，銷數之暢滯，月有稽、歲有考；慮其不專，則
設學堂以啟牖之；恐其不奮，則懸金牌以鼓勵之；商力或有不
足，則多出國帑倡導之；商本或慮過重，則輕出口稅扶植之；立
法定制，必詳必備，在內無不盡心講習，在外無不百計維持」❷。

　　這些有利於商務的措施，包括商務政策的策劃與制定；國外
資訊的提供；以海軍兵力作爲後盾；對國內的生產與進出口的數
量，按年按月都有統計；培養商務人才，並有獎勵辦法；國庫融
資；減輕出口稅；並一一予以立法，使種種措施都能制度化。近
代商務的要件，幾已悉備，如果不是因爲鄭氏具有豐富的貿易和
經營企業的經驗，絕難有如此詳實和周全的認識。以上的認識，
仍只是大綱大節，除此之外，他還分別就英、法、美、德、奧、
日本等國家重商的做法及其效果，一一加以介紹❸。他爲了使當
道剔除成見，早日正視商務對國家興亡的重要，甚至抬出康熙皇
帝這個權威，因康熙在聖諭中曾說過「朕視商民皆赤子，無論事
之鉅細，俱當代爲熟籌」❹的話。鄭觀應爲了使國人了解商的重

❷　《盛世危言》，〈商務二〉，卷二，頁十七上。
❸　見《盛世危言》，〈商務三〉，卷二，頁十九下～二十上。
❹　《盛世危言》，〈商務一〉，卷二，頁十五下。

要，眞是甚麼辦法都用到。中國近代反帝國主義之士，莫不痛斥
買辦，應知買辦中也有例外。

在西方各國政府通力支援配合商務的情形下，中國面臨的是
史無前例的新情勢：「今中國雖與歐洲各國立約通商，開埠互
市，然只見彼邦商舶源源而來，今日開海上某埠頭，明日開內地
某口岸。一國爭，諸國蟻附，一國至，諸國邐從，濱海七省，浸
成洋商世界，沿江五省，又任洋舶縱橫」 **⑤**。觀應還指出，西方
資本主義國家，所以必須以帝國主義的態勢東來的原因，是因
「各國商務日振，國勢日強，民生日富，然各國工力悉敵，出入
損益，厥勢維均，則不得不以亞洲各國爲取財之地、牟利之場，
此亦必然之勢也」 **⑥**。而亞洲各國中，中國最大，其次日本，因
此成爲資本主義侵略的主要目標。可是日本自明治維新後，大藏
省很快就憬悟到西方資本主義對本國經濟朘削之害，於是大藏大
臣開始遊歷各國，「窺見利病之故，乃下令國中，大爲振作，講
求商務，臣民交奮，學西洋之製造，以抵禦來源，仿中國之土
貨，以暢銷各國，表裏圖利，而國勢日興」 **⑦**，結果，「日本旣
避通商之害，反受通商之益」，亞洲受害最大之國，「惟中國而
已」！

通商以來，西方資本主義國家中實力最雄厚者，當然是工業
先進的英國。據觀應的探究，英國商務之所以興旺的原因有十三
端：（1）地氣清和。（2）礦產豐富。（3）國內水陸便利。（4）海

---

⑤　《盛世危言》，〈商務二〉，卷二，頁十八上。
⑥　同前註**⑬**，頁二十上。
⑦　同前。

口多。「此四者中國固有之無不可及者」。（5）百工技藝嫻熟。
（6）首創機器擅利獨多。（7）貲本甚鉅。（8）程法盡善、用人得
宜。（9）商船多。（10）五大洲皆有屬地。（11）言語爲商務通行。
（12）通商歷年最久。（13）近日出口貨無稅、進口貨亦不盡征。後
面九點，「他國亦有難兼，中國所未能驟及者也」⓯。未能及
者，大部分應是中國仿效和追求的目標，能及者，亦應善加開發
和利用。

　　其實，通商以來，中國與西方相比，不但缺乏有利於商務的
措施，不論是觀念和做法，反而爲商務帶來傷害：「中國不乏聰
明才智之士，惜士大夫積習太深，不肯講習技藝，深求格致，總
以工商爲謀利之事，初不屑與之爲伍，其不貪肥者，則遇事以遏
抑之，惟利是圖者，必藉端而腹削之。於是但有困商之虐政，並
無護商之良法，雖欲商務之興，安可得哉」⓯。所謂「困商之虐
政」，以內地爲例，約有三項：（1）釐卡日增，商販成本加重。
（2）卡丁差吏額外需索。（3）商夥任意舞弊，甚至拐騙盜規，不
得申訴嚴懲⓾。

　　由於中國缺乏利權觀念，再加上官商之間又「情意不通」，
使商人和商業的處境，更有甚於上述之情況者，莫如重外輕內利
人害己的不公平待遇，如洋商進口貨物，根本非我國所必須，可
是在各口岸，一律免稅；而本國商人營運的日用基本必需品，像
米、麥、雜糧，一到外縣，反爲重重釐卡所苦。結果是「任洋商

⓭　《盛世危言》，〈商務四〉，卷二，頁二十一下。
⓮　同前註⓯，頁十七下～十八上。
⓯　同前註⓯，頁十九上。

百方壟斷，一切機器亦准其設廠舉辦，就地取材，以免釐稅，其成本較土貨更輕」，使土貨根本喪失競爭力。造成這種奇特的不平等現象，除前述的原因之外，還因「我商人生長中土，畏官守法；彼西商薄視華官不諳外務，反得爲所欲爲」。而最根本之原因，是在「國家立法之未善」[51]。

現在再回到原先的問題上去。鄭觀應爲了證明商的重要，除廣引西方爲例之外，他還有獨創的理論。

首先他意識到商的定義，古今完全不同：「古人所謂商，商其所商，非今所謂商也」。中國古代以農爲本，是因「國無民不足以爲治，民無農不足以爲養」[52]，因此經濟政策的重心，完全放在農業上。古代商業簡陋，對國家經濟，從未產生舉足輕重的影響。近代的商務完全不同，它不但事務複雜，牽涉廣遠，且是國家能否富強決定性的因素。如能認識到這一點，則無論是理論上或是現實上，重商都是必然的趨勢。

至於古代何以以農爲本，現代何以以商爲本，其中的原因，觀應也有獨到的看法：「稽古之世，民以農爲本，越今之時，國以商爲本，何則？古之轉運維艱，一方不稔，則有告糴之勞，比歲不登，則有大飢之患。至於今，則輪舟、火車，飛輓無難，電報、郵傳，捷如影響，商務所趨，給民之食者十之一，給民之用者十之九也」[53]。古代以農爲本，是因受制於生產條件和生產工具，現在生產條件和生產工具既已改變，農本商末的觀念，自然

---

[51]　以上均見《盛世危言》，〈商務一〉，頁十五下～十六上。

[52]　《盛世危言》，〈商戰下〉附錄〈歐洲商務盈絀總論變通商務論〉，卷二，頁四十一上。

[53]　同前，頁四十一下。

也隨之改變。

　　針對這種改變的情勢，觀應就商與士、農、工之間的關係，提出一個新的理論：「商以貿遷有無、平物價、濟急需，有益於民，有利於國，與士、農、工互相表裏：士無商則格致之學不宏，農無商則種植之類不廣，工無商則製造之物不能銷，是商賈具生財之大道，而握四民之綱領也，商之義大矣哉！中國襲崇本抑末之舊說，從古無商政專書，但知利權外溢而不究其所以外溢之故，但知西法之美，而不究西法之本原，雖日日經營商務，而商務終不能興」❺❹。他反對中國崇本抑末之舊說，但並未情緒化地把舊說顛倒過來，而主張商本農末。他雖然把商提昇到「握四民之綱領」的地位，但他並非單單著眼於商，他是從整體考慮，只有在商務發達的同時，士、農、工才能在互依並進中獲得進步與發展。他的互相表裏的重商理論，在近代工商社會，是經得起考驗的。

　　此外，為了證明商的重要，觀應舉了兩個一正一反，但對當道同樣有說服力的理由，正面的理由是，商具有穩定政局的作用：「今西北各省，大有不可終日之勢，東南數省尚可支持者，則以巨賈豪商足與洋人爭利者踵相接耳。由是觀之，商固不綦重哉」❺❺。反面的理由是，不重商乃導致歷代衰亂的原因：「我中國自軍興而後，釐金洋稅，收數溢於地丁，中外度支，仰給於此。夫用出於稅，而稅出於商，苟無商何有稅，然中外司會計之

---

❺❹　《盛世危言》，〈商務二〉，卷二，頁十六下～十七上。又見前
　　　註❺❷之文，頁四十二上。

❺❺　同前註❺❷，頁四十一下。

臣，苟不留心商務，設法維持，他日必致稅商交困而後已。四海
困窮，民貧財盡，斯歷代之所由衰亂也」⑤。

　　從理論上、經驗上證明商的重要，固然有其必要，但要使重
商主義的理想，在一個一向不重視商務的國家落實下來，並使其
有所作爲，這是更進一步的問題，「或曰：商之宜重固如是矣，
其重商之道果如何哉？曰：非國家重視焉不可也」⑤。「國家」
是指「朝廷」，朝廷應如何去做呢？「朝廷欲振興商務，各督、
撫大臣，果能上體宸衷，下體商情，莫若奏請朝廷增設商部。以
熟識商務，曾環游地球，兼中西言語文字之大臣，總司其事，並
准各直省創設商務總局，總局設於省會，分局卽令各處行商，擇
地自設，總局則令各處行商每年公舉老成練達有聲望之殷商一人
爲總辦，由總辦聘一公正廉明熟識商務之紳士，常川住局，一切
商情，准其面商當道，隨時保護，如有要務，亦准其逕達商部大
臣代奏，請旨准行」⑤。觀應對六部之外增設商部，在〈商務〉
各篇中，曾言之再三，認爲這是政府重視商務最重要的步驟，
因爲有了商部及其分支機構，才可使商務在體制中取得法定的地
位，使本國商人可獲得政府的保護。不僅如此，有了商部及各級
分支機構，「則胥吏無阻撓之弊，官宦無侵奪之權，釐剔弊端，
百廢可舉，商人亦得仿照西例，承辦要務，必將爭自濯磨，使貨
物翻新，銷流暢旺，上以仰承國家之要需，下以杜絕外洋之厄
漏，安見商富而國不富耶」⑤。觀應又特別提醒，政府設立商

---

⑤　《盛世危言》，〈商務三〉，卷二，頁十九下。
⑤　同前註⑤，頁四十一下。
⑤　《盛世危言》，〈商務一〉，卷二，頁十六上～十六下。
⑤　同前，頁十六下。

部， 不是爲了控制， 而是協助， 最後要讓民間商務走向自由發展， 所以說， 「欲整頓商務，必先俯順商情，不強其所難，而就其所易，不強其所苦，而從其所樂，而後能推行盡利。凡通商口岸， 內省腹地，其應與鐵路、輪舟、開礦、種植、紡織、製造之處， 一體准民間開設，無所禁止， 或集股， 或自辦，悉聽其便，全以商賈之道行之，絕不拘以官場體統」⑩。

當然， 單靠政府的努力是不夠的，商人本身也應提高素質，經由教育， 增強處理商務的能力和效率。 觀應深知中國商人，「愚者多， 而智者寡；虛者多， 而實者寡；分者多， 而合者寡；因者多， 而創者寡；欺詐者多， 而信義者寡；貪小利者多， 而顧全大局者寡」⑪。 所以必須重視商務教育， 以培育新一代的人才。因中國並無商學傳統，這方面仍得仿行西法，想當年英國，本「僻處一隅，閉關自守，曾不百年，其興勃焉，則以極力講求商政故也。京都皆開商務學堂，教習通商規例，以便貿易遠方」⑫。 中國一旦於「商務局中兼設商學， 分門別類， 以教股商子弟」，自然就會產生「破其愚、開其智、罰其僞、賞其信、勸其創、戒其因、務其大、箴其小」等效果⑬。

觀應爲了振興商務，擢升商在文化中的地位，種種設想，可謂周全。令人驚訝的是，他曾仿西法，提出十二條他認爲「凡經商之人亦不可不知」的商人倫理，其內容類似韋伯所說的「資本主義的精神」。這種倫理，不僅如上述可提高商人素質，增強處

---

⑩ 《盛世危言》， 〈商務二〉， 卷二，頁十九上。

⑪ 《盛世危言》， 〈商務三〉， 卷二，頁二十上～二十下。

⑫ 同前註⑩，頁十七上。

⑬ 同前註⑪，頁二十下。

理商務的能力和效率，且可使傳統商人性格澈底脫胎換骨。今日看來，其內容仍有效，並不過時，特錄於下[64]：

(一)辦事時決不飲茶，故其事務室中不見有茶碗等物，客至亦不供茶。卽紙捲煙亦不酬應。

(二)計算價值無不用鉛筆及紙。顧客問價，則將某物數量若干、定價若干、運費若干、關稅若干、扣折若干，鉅細靡遺記載於紙，無論何時，無論幾次，莫不一律。

(三)辦事之人告假甚少，至不得已而告假，若爲日較久，則另請代理。所定辦事時刻，遵守極緊，自始至終決無五分之差。

(四)行中所僱傭僕，決不以個人私事擅自驅遣，若司理人以私事差遣僕人，亦須表感謝之意，以明乎職員及個人之別。就義務言，則可以指揮，就個人言則何所區別，蓋實行平等主義也。

(五)入事務室卽脫外套就席辦事，對於隣席朋友，不作無謂之寒暄，至於高談濶論、笑語驚人，更無論矣。就席以後，非至一定時刻決不離席，亦不預聞隣席所辦之事。

(六)公私混淆，世人通弊，社長司理人指使職員，命以個人私事，或職員於辦事時間內處理私事，下及僮僕亦乘間偸閒，是誠營業者之大患。歐人則公私判然，無此弊習。

(七)遷延爲人情之常，半日可畢之事，延至一日，費光陰於無用，乃最卑下之性根也。歐人則否，就時辦事，一事旣畢，更進而另辦他事，不懈怠也。

(八)凡辦一事，空論過多，於辦事上無甚益處。歐人不尙空談，其書函往來，於主要事件以外，決不雜陳他事。其在事務室

---

[64] 同前註[9]。

時，彼此接洽事務，語亦簡明。客至，於應議各事外無多言。

（九）一人所辦之事，其人各負責任，卽司理人不在事務室中，不加監察，斷不偷閒忽略，忽而呼茶，忽而欠伸，忽而吸煙，皆歐人所絕無者也。

（十）歐人最重公德心，雖行中一紙一筆之微細不肯浪費，時以公司之經濟爲念。

（十一）在事務室若將簿籍彼此移動，則辦事必致紊亂。歐人無此惡習，何簿置於何櫃，何書置於何架，有整然之規定。司理人欲調查某次賬目，必至管領此簿籍者之前親自檢查，閱畢仍置原處。

（十二）事務所非公事不會，如有緊急私事，卽會晤僅談數語而已，誠恐延誤公事。

如予簡化，其中包括專心、敬業、守時（一、三、五、十二）；熟悉業務、講求數據（二）；公私有別（四、六）；平等主義（四）；勤奮、惜陰（七）；重視效率（八）；自愛盡責（九）；有公德心（十）；簿籍文書井然有序（十一）。觀應認爲「以上十二條，我國商人多不遵守，亦商戰失敗之原因也」。從內容看，這套倫理，不止適用「經商之人」，實可應用於近代工商社會的所有職業，可以說是現代社會當普遍遵守的職業倫理。就中國傳統的倫理而言，無異是要在資本主義精神的主導下，進行一場精神的革命。

第五節　重商主義之二：商務與富強

　　觀應批評洋務，其中有一點是：「富強之本，不盡在船堅砲利」，已不算是新的見解，而是馮桂芬以下維新人物共同的看法。問題是：追求國家的富強，究竟還有那些比船堅砲利更重要的呢？馮桂芬與王韜都已討論到通商與商務的重要，但在這方面能提出一套系統化的思想，並明確主張商乃富強之本的，是鄭觀應。

　　這種主張的形成，主要是根據通商以來，他對西方各國的了解，尤其是英國：「英吉利商國也，恃商以富國，亦恃商以強國。曷爲曰商國也？專藉商舶以覓新地，闢新埠，縱橫五大洲，徧布於中國沿海沿江地方，其與國政相維繫者如此。藝術（按：指工藝）家日益精良，化學家日研新質，創耕稼新機以教農人，得糞溉新法以與樹藝，其與民情相維繫者如此」❺。商國是經由通商，才達到向世界擴張的目的，商與「國政」的關係是：商使國家富足，而向外通商則以國家的武力爲後盾，所謂「以商富國，以兵衛商」是也❻。商不僅「與國政相維繫」，同時也「與民情相維繫」；因商務繁盛，資金充裕，因此可資助士、農、工等各行各業，從事研究發展；另一方面，研究發展的成果，可提昇產業的水平，使商業更具競爭力，所謂「富出於商，商出於士、農、工三者之力」是也❼。由此可見，要成爲商務發達的「商國」，單靠商人的努力，是無濟於事的，必須靠政府與民間各業的通力合作、互相維繫，方能竟功。

---

❺　《盛世危言》，〈商務四〉，卷二，頁二十一上。
❻　《盛世危言》，〈商戰下〉，卷二，頁三十八上。
❼　同前。

在商與國政相維繫這一點上，觀應發展出「商戰」的理論；在商與民情相維繫這一點上，他提出改革科舉，發展西式教育的主張。這兩方面下文皆有專節探討，現在先看商務與富強的關係，也就是如何經由發達商務，而達致國家的富強。

雖然說「能富而後能強，能強而後能富」，二者關係密切，但在實際上卻是「非富不能圖強，非強不能保富」❻❽，所以在順序上，求富仍優先於求強，而「富出於商」。因此，如何振興商務，成為觀應求富求強的核心問題，也可以說，他提出了一套重商主義的富強說，這在晚清洋務、自強的新思潮中，是比較突出的。假如晚清朝野士大夫能切實了解鄭氏重商主義對中國改革的重大意義，並將它與政制改革看得同樣重要，中國走向現代化的歷程，可能要比較順利。

觀應說：「商務者，國家之元氣也；通商者，疏暢其血脈也」❻❾。這在中國歷史上，把商務看得如此重要，恐怕是破天荒的。對這樣重大的事務，要如何振興呢？針對這個問題，他提出的不是在商言商的單線思考，而是包括貿易、交通、製造、金融、礦業等在內，相當於現代國家經濟建設的建設藍圖。其目標是希望達成《盛世危言》初刊自序中所標舉的：人盡其才、地盡其利、物暢其流。

「然則至今日而言商務，我君臣上下無不欣然艷羨起而效之，獨奈何不揣其本，而師其末乎」❼❶！這個批評，指的已是甲

---

❻❽　同前。
❻❾　《盛世危言》，〈商務一〉，卷二，頁十五下。
❼❶　《盛世危言》，〈商務四〉，卷二，頁二十一下。

午戰後的情況。那麼，商務之本是什麼呢？他說除了設商部立商
務局諸大端之外，還有：（一）明大地貿易興旺之故：是說商人
要使貿易興旺，應就各地的氣候所產生的特產，予以加工生產，
使產品具特色，增加競爭力。（二）明城鎮口岸興旺之故：是說
商務發達的地方，必有它發達的條件：（1）地當孔道，位鎮中
央，如漢口。（2）江海相接，內通數省，如上海。（3）海口便於
泊舟，如香港。（4）支河一線，內外通海，如蘇彝士。（5）勢扼
河海要隘，如美國答陵灣。（6）兩海相夾，形如箕舌，南洋鎖
鑰，東西咽喉，如新加坡。再加希臘答陵灣，「以上七項，皆商
埠要區，能佔地勢之大利者也。既商地之利有七，凡爲商者，孰
不思得一地利以自居，倘或能兼數利，而商務不興旺者未之有
也」❼。

　　以上兩項屬於振興商務的自然條件，除此之外，還有更複雜
的人爲條件：「國家欲振興商務，必先通格致，精製造。欲本國
有通格致、精製造之人，必先設立機器、技藝、格致書院，以育
人才，並由商務大臣酌定稅則，恤商惠工，奏請朝廷頒示天下，
……如有新出奇器，准給獨造執照，及仿西法，頒定各商公司章
程，俾臣民有所遵守，務使官不能剝商，而商總、商董亦不能假
公以濟私，奸商墨吏均不敢任性妄爲，庶商務可以振興也」❼。
這些人爲的條件中，又以製造爲當前急務。洋務派已知通商、練
兵的重要，卻不知製造比此兩項更爲基本，更爲重要：「所謂通
商者，豈商賈懋遷，舟車通達而已乎？所謂練兵者，豈槍砲儲

---

❼　同前，頁二十一下～二十二上。
❼　同前，〈商務五〉，頁二十二下。

備，步伐整齊而已乎？間嘗探其原、圖其要，以爲製造一事爲通
商、練兵之綱領。泰西通商所以致富者，在材貨之充盈耳，泰西
練兵所以致強者，在器械之精利耳，材貨、器械，非製造不爲
功」[73]。西人在中國採購原料（如紡織），運至西洋，製成商品
再運到中國，仍有利可圖，如果中國製造業能發達起來，這些商
品能在中國自造，豈不獲利更厚？這樣不但可收回權利，且製造
業如能與開墾、種植、畜牧、開礦相輔而行，「非獨國家可致富
強，即貧民亦可資生活」，增加就業機會[74]。

　　前引文中，觀應建議「由商務大臣酌定稅則，恤商惠工」，
是針對「體恤洋商，恩施格外」，造成對華商極不公平的稅制而
發，例如「同一土貨，由香港來，則准其報半稅、無釐捐，若由
粵省來，則不准報子口稅，必報釐捐。同一洋貨，在洋人手則無
釐捐，在華人手則納釐捐，無異爲淵驅魚，爲叢驅爵」。於是產
生「洋商獲利，華商裹足不前，迫令納費洋人，託其出名認爲己
貨，洋商坐收其利」[75]的怪現象。觀應認爲，這是「先失保護己
民之利權，於國體亦大有關礙也」[76]。改善之道，他建議：「凡
我國所有者，輕稅以廣去路；我國所無者，重稅以遏來源。收我
權利，富我商民，酌盈劑虛，莫要於此」[77]。此外，「釐卡之
設，由於髮逆之亂，軍餉不繼，徵及毫芒，原屬朝廷不得已之
舉」，至今「垂三十餘年」，卻仍以「安置冗員」、「借名海

[73]　《盛世危言》，〈技藝〉附錄〈製造說〉，卷三，頁十六下。
[74]　〈勸辦廣東上下工藝院有限公司集股公啟〉，見《盛世危言後編》，卷七，頁十九～二十。
[75]　以上均見《盛世危言》，〈稅則〉，卷三，頁一上。
[76]　同前，頁一下。
[77]　同前，頁二上。

防」繼續徵收，實際上「釐抽十文，國家不過得其二三，餘則牛飽私囊、牛歸浮費」。對這種有害於商，無利於國的釐捐，觀應也主張「將無關緊要之卡，一律裁撤，旣可便民，亦可省費」⑱。

要振興商務，必須發展本國的製造業（工業），要發展本國的製造業，開礦就成爲當前急務。觀應基於對「泰西各國所由致富強者，得開礦之利耳」的認識，以及他親自主持礦務的經驗，他對開礦也做了專題討論。首先說明開礦與富強的關係：「居今日而策富強，開礦誠爲急務矣。夫金、銀所以利財用，鉛、鐵所以造軍械，銅、錫所以備器用，硫磺所以製火藥，石炭所以運輪軸，皆宇宙間不可一日或少之物，初不能雨之於天，要必采之於地，則礦務之興，有益於公私上下者非淺鮮也」。不幸自明代以來，官府掌理礦務者，多「借開采之名，爲搜括之實，海內流毒，天下騷然」。使豐富的礦藏，「大半封禁未開，良爲可惜」⑲。

今後發展礦業，據觀應的了解，有五難（障礙）必須掃除⑳：（1）缺乏有效的開採工具。（2）彼此猜忌，嫌疑不釋，則招股不前。（3）文書往來，動多詰駁，官吏踏勘，專事批剔，文法所拘，需索不免。（4）多設有司，重重鈐束，甚或布置私人，每干預，從中掣肘，慾壑不滿，風波橫生。（5）萬目眈眈，唯利是視，遇有利權，百喙噂沓，地方豪強，勾通胥吏，婪索無厭，

⑱　以上均見《盛世危言》，〈釐捐〉，卷八，頁二十四下。
⑲　以上均見《盛世危言》，〈開礦上〉，卷三，頁八下。
⑳　〈上晉撫胡蘄生中丞書〉，見《盛世危言後編》，卷十一，頁四～五。

搆訟不止。「積此五難，牢不可破，故明知礦有大利，率多觀望不前。我朝廷欲仿西法（指開採工具優良、集股容易、政府便民、官方不干預、官民之間少有搆爭），興天地自然之利，儲國家不匱之藏，必須掃除五難，設法協助股商，大集股本，精選有歷練之礦師開辦，方冀有成」。

　　要礦業發達，其相關的建設，最重要的就是廣築鐵路，有了鐵路，「各處礦產均可開採，運費省而銷路速」⑧。觀應在討論鐵路的專章中，主要著眼於國防，認為「人皆有鐵路（指英、法、俄三國爭造鐵路，以通中國），而我獨無，則必敗之道」⑧。於商務，一旦有了鐵路，則「商賈便於販運，貿易日旺，稅餉日增」⑧，自不待言。

　　此外，觀應把屬於金融業的銀行，也認為是商務之本。《易》云：「惟聖人能以美利利天下」。利於己不利於人，不算「美利」；利於民不利於國，也不算「美利」。天下行業中，既利己又利人，既利民又利國，莫若銀行。而清廷主持洋務者，卻無此識見：「自華洋互市以來，中國金錢日流於外，有心世道者，咸思仿行西法，以挽回補救之，而無如逐末忘本，得皮毛還精髓者，比比然也。夫洋務之興，莫要於商務，商務之本，莫切於銀行。泰西各國多設銀行以維持商務，長袖善舞，為百業之總樞，以濬財源，而維大局」。觀應於銀行的專章中，介紹了西方銀行的運作，反駁了對中國設銀行的疑難，列舉了利民利國者十項，

---

⑧　《盛世危言》，〈鐵路上〉，頁七上。
⑧　同前，頁六下。
⑧　同前註⑧。

利己利人者八項，結語是：「所謂以美利利天下者，莫要於斯」
⑧④。

在那樣的年代裏，觀應甚至主張把東三省、西藏等「強鄰時
欲侵佔」的地方，一律開放給外人投資經營，理由是：「與其留
爲外人蠶食鯨吞，不若大開門戶，凡與列強毗連之邊境及瓊廉地
方，均闢爲萬國公共商場，如有外人願入我國籍者，准其雜居，
招集公司，開辦各項實業。吸收外人財力，振興我國農、工，或
藉彼合力以保疆土，免爲外人侵奪」。藉外商之力以保疆土的想
法，雖不免過於天眞，但某些特殊地區開放外人投資，不能不說
是一解決問題的辦法。而且他也想到，要眞想這樣去做，還有一
個前提，卽「重定新律，收回治外法權」才行⑧⑤。

觀應爲振興商務以達致富強，幾乎事事皆主張仿行西法，同
時，他又時刻以發展民族工業，保護華商的利權爲念，在這二者
之間，對他而言，並沒有任何的矛盾。

第六節　重商主義之三：商戰

觀應在晚年寫信給考察商務大臣張弼士，信中說「初則學商
戰於外人，繼則與外人商戰，欲挽利權，以塞漏巵」⑧⑥。這些話
很適切地道出他一生奮鬥的目標，而這個目標又包括實務與思想

---

⑧④　以上均見《盛世危言》，〈銀行上〉，卷五，頁十四下～十五
上。
⑧⑤　以上均見〈與周壽臣觀察論強鄰侵佔邊省路礦擬闢爲萬國商場
書〉，見《盛世危言後編》，卷四，頁五十一。
⑧⑥　《盛世危言後編》，卷八，頁四十二～三。

兩方面。他與其他思想性人物不同之處是在：他的思想多半是由
實務出發的，如果沒有長期從事商務的豐富經驗，就不可能在晚
清思想史上，有如此突出的表現。

　　商戰的事實，自西國通商以來便早已存在，同治元年（一八
六二）曾國藩稱西洋爲商戰之國❽，是最早以此觀念來表達這一
事實。事實先於觀念，當觀應「初則學商戰於外人」時，他日日
面對的，是令人驚心動魄，使他寢食難安的商戰的事實，腦子裏
還沒有商戰這個觀念，證據是當他撰《易言・論商務》時，討論
的已是商戰問題，但仍未使用這個觀念❽。據王爾敏商戰詞彙引
稱表，觀應使用這個觀念約於1884～1892年之間❽，可以想見，
當此觀念在他意識中浮現時，在他思想發展的歷程中，實是一重
要時刻，因商戰觀念不僅可使他一切有關商務的思想獲得綱領，
也使他的重商主義思想凸顯出時代的重大意義，因十九世紀中國
面臨西方的挑戰，基本上就是商戰問題。

　　以下展示商戰理論，仍不可不略知商戰的背景：「洎乎海禁
大開，中外互市，創千古未有之局，集萬國來同之盛。輪舶雲
屯，貨賄山積，商之勢力大者，往往足以把持市價，震動同業。
下至淫巧奇技，亦領異標新，錐刀競逐。窮天地之精華，竭閭閻
之脂膏。熙熙而來者，不皆禹甸九州之人也，攘攘而往者，無復
震旦三教之士也。彼方以國護商，羣恃中華爲外府，吾猶以今況
古，不知商務之非輕，天下滔滔，誰爲補救哉」❾！這就是近人

❽　同前註⑮，頁二十一、六十六。
❽　參考前註❽之文，頁四〇一。
❽　同前註⑮，頁二四八。
❾　同前註52，頁四十一上。

習言「西方衝擊」的眞相，兵輪大砲初不過是爲了護商。所謂
「以今況古」，是說我滿朝士大夫，仍多以古代輕商的舊傳統，
來面對當今嚴峻的新情勢，而不知西人東來，已爲中國「創千古
未有之局」。由於這種認知上的差距，因此自通商以來，我國人
民仍「習故安常，四民之業，無一足與西人頡頏」❹，使商務蒙
受極大的損害，如鴉片，每年約耗銀三千三百萬兩；又如棉紗棉
布，每年約耗銀五千三百萬兩。鴉片之外又有雜貨，約共耗銀三
千五百萬兩；洋布之外又有洋綢、洋緞等洋貨數十種。「以上各
種類，皆暢行各口，銷入內地，人置家備，棄舊翻新，耗我貲
財，何可悉數，是彼族善於商戰之效……」❷。

　　所謂通商，「通者，往來之謂也」。而西方各國與我國之通
商，事實上是「彼通而我塞」，是「彼受商益，而我受商損」。
爲何會陷我如此一面倒的不利處境？這就必須了解商戰的重要：
「自中外通商以來，彼族動肆橫逆，我民受欺凌，凡有血氣，孰
不欲結髮厲戈，求與彼決一戰哉。於是購鐵艦，建砲臺，造槍
械，製水雷，設海軍，操陸陣，講求戰事不遺餘力，以爲而今而
後，庶幾水慄而陸讋乎，而彼族乃喾喾然竊笑其旁也。何則？彼
之謀我，噬膏血非噬皮毛，攻貲財不攻兵陣，方且以聘盟爲陰
謀，借和約爲兵刃，迨至精華銷竭，已成枯臘，則舉之如發蒙
耳。故兵之併吞，禍人易覺；商之掊克，敝國無形。我之商務一
日不興，則彼之貪謀亦一日不輟，縱令猛將如雲，舟師林立，而
彼族談笑而來，鼓舞而去，稱心饜慾，孰得而誰何之哉！吾故得

❹　《盛世危言》，〈商戰下〉，卷二，頁三十八下。
❷　同前，〈商戰上〉，卷二，頁三十五下～三十六上。

以一言斷之曰: 習兵戰不如習商戰」㊤。

由此可知, 觀應標舉「習兵戰不如習商戰」的觀念, 是得之於通商以來我國屢次受挫受辱的歷史教訓, 他希望能由這些慘痛的教訓, 喚醒當道者, 澈底改變洋務運動努力的方向。「習兵戰不如習商戰」的另外一個理由是: 「況兵戰之時短, 其禍顯; 商戰之時長, 其禍大」㊥。兵戰的禍患雖然嚴重, 總還有其限度, 商戰卻是要嘬我族之膏血, 使我國的精華銷竭, 長此以往, 帶給中華民族將是毀滅的命運, 爲此他「大聲疾呼, 使政界中人猛省」, 要他們知道什麼才是眞正「愛國保民之道」。

爲了增加說服力, 觀應又以「彈丸小國」日本爲例。日本是一島國, 出產不多, 近年因效法西方, 力求振作, 凡外來貨物, 悉令地方官極力研究, 招商集股, 設局仿造, 一切由商自主, 不加干擾, 因此百廢具舉, 所出絨布各色貨物, 不但足供內用, 且可運銷外洋, 並影射洋貨銷到我國, 在過去十三年中, 共耗我二千九百餘萬元。光緒四年至七年 (1878~1881), 日本與各國通商, 進出貨價相抵, 日本虧 (入超) 二十二萬七千元。光緒八年至十三年 (1882~1887), 進出相抵, 日本贏 (出超) 五千二百八十萬元。僅數年之間, 在國際貿易上, 不只是轉虧爲贏, 且有如此巨額的出超, 這便是日本懂得商戰, 並「用官權以助商力」所達到的效果㊦。

商戰既如此重要而有效, 那麼中國在商戰中, 應有那些具體

㊤　同前, 頁三十五上。
㊥　同前, 〈商戰下〉, 卷二, 頁三十八上。
㊦　以上均見《盛世危言》, 〈商戰上〉, 卷二, 頁三十七下。

的做法？以下是觀應所擬的方案：

首先應重振我國固有的絲、茶二業，着手裁減釐稅，多設繅絲局，以爭回印、日之利權。此外，先選擇十項重點❾，全力迎戰：

（1）鴉片戰：弛令廣種煙土，免徵釐捐，使進口鴉片無利可圖。

（2）洋布戰：廣購新機，自織各色布疋，一省辦妥，推之各省。

（3）日常用物之戰：購機器織絨氈、呢紗羽毛、洋衫褲、洋襪、洋傘等物，煉湖沙造玻璃器皿，煉精銅仿製鐘表。

（4）食物戰：上海造紙關東捲煙，南洋廣蔗糖之植，中州開葡萄之園，釀酒製糖。

（5）零星貨物戰：製山東野蠶之絲繭，收江北土棉以紡紗，種植玫瑰等香花製造香水洋胰等物。

（6）徧開五金、煤礦、銅、鐵之來源，可一戰而祛。

（7）廣製煤油，自造火柴，日用之取求，可一戰而定。

（8）整頓磁器廠，務以景德之細窘，摹洋磁之款式，工繪五彩，運銷歐洲，此足以對抗進口之玩好珍奇。

（9）以杭、甯之機法，仿織外國緞綢，料堅緻而價廉平，運往各國，投其奢靡之好，此足以對抗進口之零星雜物。

（10）更有無上妙著，則莫如各關鼓鑄金銀錢，分兩成色，悉與外來逼肖無二，鑄成分布，乃下令盡收民間寶銀，各色銀錠概令赴局銷毀，按成補水，給還金銀錢幣，久之市間既無各色錠

---

❾　同前，頁三十六下～三十七上。

銀，自不得不通用錢幣，我旣能辦理一律，彼詎能勢不從同，則又可戰彼洋錢，而與之工力悉敵者。

這個方案涉及人才、資金、技術、經營、政策、立法、官商關係調適等複雜問題，眞要執行，在當時必然困難重重。但要求振興商務，產業自主，防止白銀外流，在方向上無疑是正確的。觀應也意識到其中的困難：「或曰：如此興作誠善，奈經費之難籌何？則應之曰：我國講武備戰，數十年來所耗海防之經費，及購槍械船砲與建砲臺之價值，歲計幾何？胡不移彼就此，此以財戰不以力戰，則勝算可操」❾❼。「以財戰不以力戰」，如作爲對商戰重要性的強調，無可厚非，如主張以國防經費移作商戰之用，這將是一個爭議性很大的問題。「彼不患我之練兵講武，特患我之奪其利權」❾❽，觀應這話說得非常透澈。可是我國要振興商務，要產業自主，要防止白銀外流，無一不是要「奪其利權」。西方各國旣是「以商富國，以兵衛商」，一旦當其利權遭到威脅，豈不是又要挑起戰端，在隨時可面臨武力的威脅下，「以財戰不以力戰」的主張，怎能沒有爭議？這可以看出，商戰之說在現實環境下的困境。

第七節　對西學的認識

馮桂芬已有採西學的主張，他的主張主要落實在教育的規劃上。王韜對西方文明有很廣泛的認識，於〈西儒實學〉一文，只是列舉來華西人所傳西學的名稱，對西學本身則缺少反思。把西

---

❾❼　同前，頁三十七上。
❾❽　見《甕牖餘談》，卷五，頁一。

學當作一重要課題予以凸顯，討論它的重要與內涵，並涉及國人學習西學的態度和方法的，是鄭觀應。就觀應自身思想的發展而言，由重商主義到西學，在仿行西法的大目標上，則是更深一層的探索。

觀應的「泰西之強，強於學」❾，在中國吸收西方文化的歷程中，是一重要的自覺，洋務也好、自強也好，如不能自覺到這一步，無論你怎樣學習西洋，都將是無源之水，無根之本，永遠也學不到家的。

在〈西學〉篇中，開宗明義，他重西學的理由是：「今之命爲清流自居正人者，動以不談洋務爲高見，……且今日之洋務猶時務也，欲救時弊，自當對症以發藥。譬諸君父有危疾，爲忠臣孝子者，將百計求醫而學醫乎？抑痛詆醫之不可恃，不求不學，誓以身殉，而坐視其死亡乎？然則西學之當講不當講，亦可不煩言而解矣」❿。此中比喻，眞可謂慨乎言之，但絕非危言聳聽，蓋人類歷史的行程，到了近代，沒有一個國家能自外於西學而獲得復興或重振。問題是，就在眼前如何去說服那些抗阻變遷的「清流」？

如依〈西學〉篇所言，國家勢必廢除時文，而以西學爲考試科目，最重要的理由，是西學足以培植人才。針對此說，反西學者提出兩點質疑⓫：（1）數百年來並無西學，科舉制度下照樣人才輩出，以往的不說，最近如林則徐、胡林翼、曾國藩等人，他

---

❾　《盛世危言》，〈西學〉，卷一，頁十五下。
❿　同前，頁十三下～十四上。
⓫　同前，頁十五下。

們都爲國家立了大功，永垂不朽。（2）我國講求西學，京師有同文館，各省有廣方言館，此外還有水師武備學堂，可以說很重視以西學培植人才，何以至今未聞有傑出之士、非常之才，有裨於國計民生者出乎其間？

就以上的質疑，觀應有如下的答覆[102]：

（1）西方各國航海東來，實創我國千古未有之局，由變局產生錯綜複雜的交涉事項，乃數千年來未有之遭遇。面對如此巨變，如仍拘守舊法，蹈常習故，將何以禦外侮、固邦本。

（2）提倡洋務以來，雖設立學校開始學習西學，但以西學與時文相較，顯然是時文重而西學輕，因科舉仍在，絕大部分的士子，爲了功名利祿，仍必須學時文，而不屑於學西學。

（3）胡、曾諸公，皆少年登第，然後抛棄八股時文，精研經世之學，才能立大功、成大業，「是科第以斯人重，非人才從八股出也」。況且他們所平之亂皆烏合之眾，與西方與日本的現代化軍力不能相比，如胡、曾今日仍在，爲了抵禦外侮，亦必講求西學。

（4）至如廣方言館、同文館，雖羅致英才，聘師教習，主要是學習外國語文，其他如天文、地理、算學、化學只不過粗通皮毛而已。他如水師武備學堂，僅設於通商口岸，爲數無多，且皆未能遵照西法認眞學習，既招不到素質較好的入伍生，師資又差。如此學習西學，怎麼能培植出傑出之士、非常之才？

當時我國在官辦教育中所接觸的西學，既如此膚淺，那麼在

---

[102] 同前，頁十五下～十六上。

觀應心目中的西學內涵是什麼呢？他把西學分做兩類：第一類是據揚雄「通天、地、人之謂儒」⑩，將西學分爲三部分⑩：

（1）天學：

「以天文爲綱，而一切算法、歷（曆）法、電學、光學諸藝，皆由天學以推至其極者也」。

（2）地學：

「以地輿爲綱，而一切測量、經緯、種植、車舟、兵陣諸藝，皆由地學以推至其極者也」。

（3）人學：

「以方言文字爲綱，而一切政教、刑法、食貨、製造、商賈、工技諸藝，皆由人學以推至其極者也」。

稍具現代學科常識的人，一眼即可看出，如此區分，並不妥當。也可以看出傳統類別的觀念，旣不能精確、也無法充分涵蓋西方知識的複雜內涵，但可以代表依據傳統認知西學的過渡現象。

第二類是據傳統士、農、工、商的身分或職業，將西學分爲四種：（1）士有格致之學。（2）工有製造之學。（3）農有種植之學。（4）商有商務之學。這是說，西方不同的行業，都有它本身專精之學，所謂「無事不學，無人不學」⑩。

西學的內容繁多，爲了中國的富強，最急需的西學有二：一爲工藝之學：「夫泰西諸國富強之基根於工藝，而工藝之學不能不賴於讀書，否則終身習之，而莫能盡其巧，不先通算法——卽

---

⑩　《法言‧君子》。
⑩　同前註⑨，頁十四上。
⑩　《盛世危言》，〈商戰下〉，卷二，頁三十八上。

格致諸學，亦苦其深遠而難窮」。（原註：所以入工藝書院肄業生徒，皆須已通書算者，未通者不收。）下文介紹倫敦工程學堂學習情況，然後建議當道：「苟專設藝學一科，延聘名師，廣開藝院，先選已通西文、算法者學習讀書學藝，兩而化亦一而神，則小可開工商之源，大可濟國家之用」⑩。

一爲商務之學：「中國今日雖振興商務，要當取法泰西，蓋西人尚富強，最重通商」⑩。以下除敍說西國如何保護、獎勵、資助商務之外，並以英國爲例，如何從閉關自守，不百年間，便商務蓬勃發展，是因廣設商務學堂，並重商學。須知「商務極博，商理極深，商情極幻，商心極密」，因此，商學的內容很不簡單，以其所知的商學的書爲例，「書分四冊，首言貨物來源，次言工藝製造，三言古今商務興衰沿革更變，四言近今商務。凡歐洲通商之地，植物、生物、金石內所得，各物所生材質，皆分門別類，言之綦詳」⑩。

除了西學的內涵之外，並有理論上的探討。觀應已認識到西學有基礎科學與應用技術的區分：「論泰西之學，派別條分，商政、兵法、造船、製器，以及農、漁、牧、礦諸務，實無一不精，而皆導其源於汽學、光學、化學、電學，以操御水、御火、御風、御電之權衡，故能鑿混沌之竅，而奪造化之功」⑩。這在理論上就是「取泰西所製造者，求其理而窮其故」⑩，這一層次

⑩　以上均見《盛世危言》，〈技藝〉，卷三，頁十四上。
⑩　《盛世危言》，〈商務二〉，卷二，頁十七上。
⑩　同前。
⑩　同前⑨，頁十四下。
⑩　同前註⑦，頁十七上。

的西學，「深遠而難窮」，「斷非一蹴所可幾」⑪。

　　基礎科學可統稱之謂「格致」，從現實上求富強向深處追索，最後終必發現格致之學，才是最基本最重要的，這一點觀應確實把握得很清楚：「今夫保民之道，莫先於強兵，強兵之道，莫先於富國。然富國而不思理財，理財而不求格致，猶之琢玉而無刀鑿之利器，建屋無棟梁之美材也」⑫。他所說的格致，除上述基礎科學中所列舉的之外，由「不先通算法——卽格致諸學」云云，可知還包括數學，由「顧格致爲何？窮天地之化機，闡萬物之元理」⑬云云，可知還包括物理。觀應於〈西學〉篇附錄〈中國宜求格致之學論〉一文，透過希臘以來的科學史，說明希臘、中世回回國與近代歐美，莫不以格致爲富強之源⑭。這種論點是否正確，姑且不論，他宣揚西學的方法，是很有參考價值的。

　　環繞著西學問題，觀應還討論到學習西學的態度、方法。關於態度，他說：「夫所貴乎通儒者，博古通今，審時度勢，不薄待他人，亦不至震駭異族，不務匿己長，亦不敢回護己短，而後能建非常之業，爲非常之人。中外通商已數十載，事機迭出，肆應乏才，不於今日急求忠智之士，使之練達西國製造、文字、朝章、政令、風化，將何以維大局制強鄰乎」⑮。這是說學習西學的態度要不卑不亢。學習的方法有二：（１）由淺入深，順序漸進：「且天下之事業、文章、學問、術藝，未有不積小以成高

⑪　同前註⑩。
⑫　《盛世危言》，〈西學〉附錄〈中國宜求格致之學論〉，卷一，頁十七上。
⑬　同前，〈教養〉，卷八，頁十七上。
⑭　同前註⑫，頁十六下。
⑮　《盛世危言》，〈西學〉，卷一，頁十四上～十四下。

大，由淺近而臻深遠者，所謂合抱之木生於毫末，九層之臺起於

壘土，千里之行始於足下是也。……方其授學伊始，易知易能，

不以粗淺爲羞，反以躐等爲戒。迨年日長，學日深，層累而上，

漸沈浸於史記、算法、格致、化學諸門，此力學者之所以多，而

成名者亦彌眾也」❶❻。（2）各精一藝，各擅一長：「然則言西學

者，凡一切水學、火學、氣學、光學、聲學、電學、力學、算學、

化學、醫學、兵學、機器學、植物學、天文學，必別戶分門，設

科校士，各精一藝，各擅一長，而後西學可以大興也」❶❼。以上

方法（1），可謂老生常談，但方法（2）一向爲中國傳統較不重

視，而爲學習西學所必須。

　　吸收西學，翻譯西書是不可或缺的一種方式。到了晚清，從

事翻譯的中西人士漸多，討論翻譯問題的卻很少，觀應於〈西學〉

篇附錄〈華人宜通西文說〉一文中，討論了這個問題。首先他說

把西書譯成華文是不得已，而且就西學繁富的內容而言，總不過

一鱗半爪。其次談到翻譯之難：「況西書事物名目，往往爲中國

所無，而文辭語氣等，又與中國文法迥然不同，是故繙譯之書，

恆有辭不達意之患，似是而非之弊」。因此，要做好翻譯工作，

除精通外文，還要對所譯之學科專精，「如欲繙算學，必令中國

極精中西算法之人繙之，方能達其意得其解也。否則中西文理縱

極優長，無如算法不諳，則對之如隔簾幕矣，況繙譯而通其訓

哉」。不僅如此，一個理想的譯者，「必以我本國文字學問爲始

---

❶❻　同前，頁十四下。

❶❼　同前註❼❸，頁十六下。

基，而後能融會中西之學，貫通中西之理」⑱。所以翻譯不只是文字工作，也不只是爲了傳介，還具有文化上的重大意義。

連翻譯都要「能融會中西之學，貫通中西之理」，那麼在吸收西學的工程中，中學必然佔重要地位，自不待言。對這個問題，觀應以「本末」和「大本末」的概念來解答：「故泰西之強，強於學，非強於人也。然則欲與之爭強，非徒在槍砲戰艦也，強在學中國之學，而又學其所學也。今之學其學者，不過粗通文字語言，爲一己謀衣食，彼自有精微廣大之處，何嘗稍涉藩籬。故善學者，必先明本末，更明大本末而後可言西學。分而言之，如格致製造等學其本也，語言文字其末也。合而言之，則中學其本也，西學其末也。主以中學，輔以西學，知其緩急，審其變通，操縱剛柔，洞達政體，教學之效，其在茲乎」⑲。「泰西之強，強在學」，是《盛世危言》一書念茲在茲的重點之一，言「強在學中國之學」，是強調吸收西學，必須在「中國之學」的基礎之上，不可偏廢。專就西學而言（「分而言之」），西學自有本末，據〈盛世危言初刊自序〉，「本末」與「體用」乃同義詞，傳統哲學中「本末」有「先後」之義，在這裏，由上下文，不是指先後，而是指輕重。如把中學和西學合起來看，「則中學其本也，西學其末也」，這個「本末」當然也應該指「輕重」。「主以中學，輔以西學」，馮桂芬已說過，主輔也有輕重的涵義。這種形式主義的調和論，蓋是當時維新人物一般的想法。

⑱　以上均見《盛世危言》，卷一，頁十八下。
⑲　同前註⑮，頁十五下。

第八節　教育改革

　　西學旣如此重要，要比洋務時代更有效的吸收西學，就必須改革學制，這一點在十九世紀最後十年，已是維新人物的共識。觀應在這方面的主張不是最早的，但他從學校教育到國家取用人才，提出了整套的規畫。

　　學校教育在觀應心目中，不僅是「造就人才之地，治天下之大本」[120]，甚至攸關國家的興亡[121]。很不幸，我國教育卻長期爲八股所危害：「自學者騖虛而避實，遂以浮華無實之八股，與小楷試帖之專工，汩沒性靈，虛費時日，率天下而入於無用之地」[122]。這種教育造就出來的人物，多半成爲士林敗類，魚肉鄉里：「士子身入庠序，宜守臥碑，乃幸得一衿，卽爾作橫鄉曲，魚肉善良，抗糧不完，結黨恃私，出入衙署，交通官吏，甚至與差役朋比爲奸，差役恃爲護符，張其牙爪，聯作腹心，有利則瓜分，藉以訛詐鄉愚，聚賭抽頭，視爲常事。浸假而爲擧人焉，浸假而爲進士焉，所作所爲，亦復如是。名分愈高，聲勢愈大，貪吻亦愈張。士爲四民之表率，今若是，又奚賴焉」[123]！觀應對這種現象，感到十分痛心，他主張爲了革除「士流之弊」，只有一個辦法，那就是「殺」！

---

[120]　《盛世危言》，〈學校〉，卷一，頁二上。

[121]　同前，〈教養〉，卷八，頁十六下。

[122]　同前，〈西學〉，卷一，頁十五上。對八股的批判，又見卷一，頁十九下，卷八，頁十六下。

[123]　《盛世危言》，〈革弊〉，卷九，頁九上。

我國教育到了晚清，百弊叢生，無一是處，確已到了非澈底改革不可的時候：「《易》曰：『窮則變，變則通，通則久』。千古無不敝之政，亦無不變之法。中國文試而不廢時文，武試而不廢弓矢，所學非所用，所用非所學。……而國家猶勉策駑駘，期以千里，株守成法，不思變通，以此而言富強，是欲南轅而北其轍耳」⑫。那麼究竟要如何改革呢？

《盛世危言》首篇是〈道器〉，次篇即〈學校〉，可見教育改革實乃一切改革的基礎。〈學校〉主要在介紹西方學制，包括學校等級、幼年的強迫教育、分科教學、大學科目、各種專科學校等，文後又附錄了〈德國學校規制〉、〈英法俄美日本學校規制〉、〈英德法俄美日六國學校數目〉等文。此外，於〈致督辦南洋公學盛京卿書〉中，又簡介了日本自德川以來，學習西學，尤其是教育仿行西法所獲得的成就，「迺知日本工業之根本，蓋首在振興學校，陶冶人才。英國名士斯琩邊遨遊日本，返國之後，論日本諸學校咸臻美善。東京庠序中最大者有生員千餘人，皆仿歐美良法，比英國上等學校罔分軒輊。蓋日人鑑於英、德、法、瑞諸學而節取其長，故日本中等學校亦超英國之上也」⑫。英人的報導，或有溢善之嫌，但已有越來越多的證據顯示⑫，在甲午之戰以前，日本的吸收西學與教育的改革，確已遠遠走在中國之前。

先進的西方，也許一時難以企及，後進的日本、俄國西化的

---

⑫　同前，〈考試下〉，卷一，頁二十二下——二十三上。

⑫　《盛世危言後編》，卷二，頁四～五。

⑫　參考前註❶之書，頁三〇四。

經驗， 對我國應有啟廸作用：「如我國能仿俄國或日本衰弱之時，痛除積痼，幡然一變，各省亦援照西法，廣開學堂書院，認眞講求，較盛觀察，所設者規模宏敞，則各藝人材何患不出，自足與泰西爭強競勝矣」⑫。

爲了使學制改革減少困難和阻力，因此在新學制的規畫上，觀應考慮到一些不影響實質效果的變通辦法，例如中國州縣、省會、京師本有學宮書院，「莫若仍其制而擴充之，仿照泰西程式，稍爲變通」。又如「於登進之階級，如秀才、舉人、進士、翰林之類」，因是代表身分地位的符號，所以不妨「一仍舊稱」。此外必須排萬難加以改革者，是學校的等級和學科的專門化。學校宜文武分途發展，但都應分大中小三等，小學設於各州縣，中學設於各府省會，大學設於京師。文校包括文學、政事、言語、格致、藝學、雜學六科；武校包括陸軍、海軍兩科。此外，「各鄉亦分設家塾、公塾，無論貧富，皆可讀書習藝」。教育的重心，一反以往重通才的傳統，而注重自「入學之始，必令於文武各科，自擇一科，專其心志，一其趨向」⑫。

施行的次第，他建議先令各直省建西學書院，選聘精通西方天文、地理、農政、船政、算、化、格致、醫學之類，及各國輿圖、語言文字、政事、律例者數人爲教習，出洋官學生學成回國者，亦可聘爲教習。入學學生年齡限定在十五至二十，且必須已通中外文理者，就其性之所近，專習一藝，以三年爲期，一律公費，考試成績優良者，俟大比之年，咨送京都大學堂錄科，准其

參加鄉試會試。於文武正科外，可特設專科以考西學、西藝，成
績佳者，可與正科諸士同賜出身⑫。為糾正我國一向不重視培植
商務人才，故宜開設商務學堂⑬。

學制既變，取用人才的考試，亦必隨之有所更張，觀應規畫
的文試分西學與非西學兩類：非西學類要考三種科目：（1）考經
史以覘學識。（2）策時事以徵抱負。（3）判例案以觀吏治。西學
類又分三科：一試格物、算、化、光、電、礦、重諸學。二試天
文、地理、輿圖。三試內外醫科、藥劑、農科。考西學是希望於
制藝外，習一有用之學。相對於分類考試，「舉人」名稱亦可分
「政學舉人」、「藝學舉人」，制藝優勝者名為「文學舉人」。
文學舉人一如西方牧師的角色，「使其專以著述，宣揚孔、孟之
教，導以訓民化俗」。西學與中學，各有所司，可以並行不悖。
文試之外，尚有武試，武試分三等：一為「能明戰守之宜、應變
之方」的將才。二為「能施火器」、「駕駛戰舶」的技術人才。
三為「建築營壘砲臺」的工程技術人才⑭。此外，被觀應視為
「衰世之政」、「終南捷徑」的「捐納之途」，他認為必須加以
廢除⑮。

在改革教育的大目標下，觀應又關心女教問題，於〈女教〉
篇中，他大聲疾呼為中國女同胞鳴寃，他斥責婦女裹足為全世界
所無的「澆風」，是「戕賊人以為仁義」。他主張立限一年，以
後仍有裹足者，「罪其家長」。朝廷應「通飭各省，廣立女塾，

---

⑫　《盛世危言》，〈考試上〉，卷一，頁二十下～二十一上。
⑬　同前，〈商務二〉，卷二，頁十九上。
⑭　以上均同前註⑫，頁十九下～二十上。
⑮　《盛世危言》，〈捐納〉，卷三，頁五下。

使女子皆入塾讀書」⑱。於〈復蔡毅若觀察書〉中，又建議「奏
請朝廷擇其切音易、筆畫簡者」，編成「簡字漢文蒙學五千字課
圖」，「通飭各省州縣官紳設立學堂，凡年六歲者，無論貧富子
女皆須入學」⑲。又可見觀應乃中國近代史上，平民教育運動的
先驅。他與二十世紀二、三十年代的平教運動者的目標完全一
致，卽掃除全國文盲。

第九節　政治改革

觀應講西學，是爲富強提供學術基礎，講議院（國會）是爲
富強提供政治基礎。要有計畫、有步驟、有效率的吸收西學，必
須改革教育；要實行議會制度，必須辦理民選，要辦理民選，又
必須普及教育，以提昇國民的素質。針對要求國家富強的總目
標，西學、西政、新制教育三者環環相扣，缺一不可。當然，這
些思想自魏源、龔定庵以來，經過許多人點滴的努力，到鄭觀應
才有匯總的表現。由於他思想較具深度，以及系統化的表現，的
確爲晚清思想拓展出超越洋務派的新格局。

就西政而言，自四十年代的魏源以來，對西方議會制度已有
多人介紹，到七、八十年代的王韜，雖然一再爲文強調君民不
隔、上下相通的好處，但尚未公開鼓吹「立憲政治」⑱。到了鄭
觀應，不但公然鼓吹，且對議會制度本身相關的問題，做過相當

---

⑬　同前，〈女教〉，卷八，頁二十一上。

⑭　《盛世危言後編》，卷二，頁二十三。

⑮　汪榮祖：《晚清變法思想論叢》，頁一七四，七十二年（一九八
三），臺北聯經出版公司。

深入的思考。

觀應說：「富強之本，不盡在船堅砲利，而在議院上下同心，教養得法」⑬。議會制度不僅是富強的政治基礎，於〈議院上〉篇中且認為是國家致治（長治久安）之本，這是對議會制度的價值，更深一層的認識。為了萬民的福祉，富強仍只能算是工具性價值，長治久安才是民主的終極價值。

觀應的西政思想，主要探討兩個問題：一是議會制度的功能，一是中國為何必須實行議會制度。

他對議院的界說是：「議院者，公議政事之院也，集眾思，廣眾益，用人行政一秉至公」⑬。以此理解為基礎，他認為議會有如下的功能：（1）君民不隔：「無議院，則君民之間勢多隔閡，志必乖違」⑬。（2）團結民心：「蓋有議院攬庶政之綱領，而後君相臣民之氣通，上下堂廉（簾？）之隔去，舉國之心志如一，百端皆有條不紊，為其君者恭己南面而已」⑬。（3）制衡權力：「故自有議院，而昏暴之君無所施其虐，跋扈之臣無所擅其權」⑭。（4）責任政治：「故自有議院，……大小官司無所卸其責」⑭。（5）舉賢才：「夫國之盛衰係乎人才，人才之賢否，視乎選舉。議院為國人所設，議員即為國人所舉。舉自一人，賢否或有阿私，舉自眾人，賢否難逃公論」⑭。為了真正能選出賢

---

⑬　《盛世危言》初刊自序。
⑬　《盛世危言》，〈議院上〉，卷四，頁一上。
⑬　同前。
⑬　同前，頁一下。
⑭　同前。
⑭　同前。
⑭　同前，頁二上。

才，被選者他認爲應有條件上的限制：「且選舉雖曰從衆，而舉主非入本籍至十年以後及年屆三十，並有財產身家、善讀書、負名望者」⑭。選出之後，還要有輿論監督：「考泰西定例，議員之論，刊布無隱，朝議一事，夕登日報，俾衆咸知，論是則交譽之，論非則羣毁之」⑭。

中國所以必須實行議會制度，除了上述五點功能之外，還有兩個重要的理由：

（1）爲使國際公法能行於中國，使中國的權益也能爲公法所保護：

「故欲行公法，莫要於張國勢，欲張國勢，莫要於得民心，欲得民心，莫要於通下情，欲通下情，莫要於設議院」⑭。觀應之意，蓋謂中國必須有「集衆思、廣衆益，用人行政一秉至公」的議院，才有資格、有力量要求公法，所以接下去又說：「中華而自安卑弱，不欲富國強兵，爲天下之望國也則亦已耳！苟欲安內擴外，君國子民持公法以永保昇平之局，其必自設立議院始矣」。

於公法，觀應有專章討論。「公法者，萬國之大和約也」。所以要行公法，首先必須自覺中國不過是世界衆多國家中之一國，天子一統天下的觀念必須放棄。公法是建立在「相維繫而不能相統屬」的基本認知之上，公法的精神是平等相待：「彼遵此例以待我，亦望我守此例以待彼」。可是中國在列強屢次的侵略

---

⑭　同前。
⑭　同前。
⑭　同前，頁二下。

下，每次所訂名爲和約，內容無不喪權辱國，毫無平等可言，爲此觀應慨歎：「種種不合情理，公於何有！法於何有」！於是他一方希望淸廷盡可能 爭取修約重議的機會， 一方面警告國人：「國之強弱相等， 則藉公法相維持， 若太強太弱， 公法未必能行」。 這個世界本來就是弱肉強食， 絕非一紙公法所能約束，「然則公法固可恃而不恃者也。」歸根究柢，還是要回到老課題上來：「是故有國者，惟有發憤自強，方可得公法之益，倘積弱不振，雖有公法，何補哉！噫」**⑯**！

（２）爲了振興商業，不可不速開國會：

「近年來海外之商業 旣已不能擴張， 內地之商業 又日見摧萎，全國商權幾盡在外人之手，凡我商人，將並陷於勞動之地位矣。揆厥原由，蓋緣外人之商業有政府以爲後援，我國之政府對於我商人，非惟不知保護，反多障礙，如幣制之不定，商法之不行，關稅之不速改良，金融機關之不完備，無一不足以絕我商人之命脈，而阻商業之進步，此我國商業所以日居於失敗也。夫國家對於商業，何以無確定之政策，則以政府無確定行政之方針；政府何以無確定行政之方針，則以無監督政府之機關，而政府不負責任故。 此卽行政之關於商業者言之， 不可不速開國會也」**⑰**。而且他認爲在朝爲官者，不應輕視商人，商人受重視，「則人將以商務爲正路，而眄勉以圖」。商人中如有品行剛方、行事中節者，也可舉爲議員**⑱**。

---

⑯ 以上均見《盛世危言》，〈公法〉，卷四，頁八上～九下。
⑰ 《盛世危言後編》，卷一，頁五～六。
⑱ 《盛世危言》，〈捐納〉，卷三，頁六下。

　　議會制度只是西政中之一環，並非西政的全部。比議會制度
更根本的問題是：中國究竟要實行那種形態的西政？他和王韜的
了解一樣，認爲西政有三種類型：一爲君主之國，其特徵爲權偏
於上。二爲民主之國，其特徵爲權偏於下。三爲君民共主之國，
其特徵爲權得其平：「凡事由上下院議定，仍奏其君裁奪，君謂
然卽簽名准行，君謂否則發下再議」⓯。在觀應心目中，顯然是
以英國式的君主立憲政治爲典範，認爲這種政治立法最善，思慮
最密，正是我國所應取法的。觀應對民主之國與君民共主之國的
特徵的了解雖不很正確，但他和其他維新人物皆認同於君主立憲
政治，是有其文化心理上的因素的，從悠久歷史的權威政治文
化，要轉向民主，如果不是有滿、漢情結夾雜其中，採行君主立
憲的政治形態，被國人接受的可能性應該較大。

　　在觀應，議會制度或君主立憲，大抵仍止於理論上的討論，
對這套制度在中國現實的環境中，是否能落實，他不但感到困
惑，且有矛盾。爲了振興商業，他主張速開國會。於光緒十年
（一八八四）中、法戰爭時，他也曾「上書政府，請開國會」
⓰。可見他對政治變法是很積極的。但於〈議院下〉篇，雖反駁
議院不可行之說，「惟必須行於廣開學校，人材輩出之後，而非
可卽日圖功也」⓱。於〈公舉〉篇又說：「我國學校尙未振興，
日報僅有數處，公舉議員之法，殆未可施諸今日也」⓲。既主張
速開國會，又覺得中國當時沒有條件實行，這是矛盾。他平日大

⓯　同前，〈議院下〉，卷四，頁三上。
⓰　〈致潘蘭史徵君書〉，見《盛世危言後編》，卷三。
⓱　同前註⓯。
⓲　《盛世危言》，卷四，頁七下。

聲疾呼中國非「亟行」議院制不可，甲午戰後，當康有為輩發動
維新運動，把實行君主立憲的議院制提到日程上來時，他不僅認
為「不可操之太急」，且與康等劃清界線❸，他心中必有困惑。
矛盾的產生，是因現實無法與理想配合，是因感情與理智不能協
調。困惑的產生，或是由於他知道這個運動沒有成功的可能❹，
或是由於他不願歷險。這種矛盾與困惑，豈不也正是近百年來許
多嚮往民主的知識分子，內心掙扎的寫照？

第十節 影 響

　　在個別的維新思想家中，十九世紀九十年代之前，沒有人能
像鄭觀應那樣，建立一套規模宏大，且有相當深度的思想體系，
基於他對西方文明衝擊下，中國面臨的複雜問題全面性的思考，
他已為中國如何走向現代化，鉤畫出一幅完整的藍圖，其中包
括：經濟現代化、學術現代化、教育現代化和政治現代化，這是
他比七、八十年代其他維新思想家產生較大影響力的主要原因。
　　觀應思想方面的影響，可分幾方面來看：
　　（一）據他在〈盛世危言增訂新編〉凡例中說，《易言》於
同治十年（一八七一）稍後，曾風行日本和韓國。《盛世危言》
刊行後，鄧華熙等人把它進呈光緒皇帝，光緒在書上加朱批，並
發到總署，印了二千部，分給各省有司，「聞各省書坊輾轉翻

❸　同前註❸，頁三四五。
❹　《盛世危言後編》，卷十五，〈致經君蓮珊書〉中有人問：「政
　　治能即變否」？他答道：「事速則不達，恐於大局有損無益。譬
　　如大指與尾指交，二、三、四指不扶助，能舉重否」？

刻，已售至十餘萬部之多」❺。由於這部書的內容豐富、見解新穎，自科舉考試要考時務策論，它遂成爲當時應考舉子，或想通曉時事洋務者，必不可少的讀物❺。《盛世危言》中曾多次提到西方各科各業都有它們自己的學會，彼此交換經驗，鼓勵研究。又正確地指出：「泰西之強，強於學」，光緒二十一年（一八九五）分別在北京、上海成立的「強學會」，可能受此觀念的影響，觀應本人也曾一度參與過上海強學會所辦《強學報》的活動❺。

　　（二）觀應的思想，在甲午戰後的一、二十年間，曾獲得中國近代史上幾位重要人物的欣賞，並對他們產生不同程度的影響：

　　（1）張之洞：據蘇雲峯的研究，中國最早建議模仿西方教育制度的是容閎（1828～1912），但影響較大的，可能是鄭觀應與傳教士李提摩太（1845～1919）等人，他們的書籍和建議，顯然已影響到康有爲、梁啟超、譚嗣同等維新份子，與張之洞本人❺。胡秋原認爲張之洞「中學爲體，西學爲用」，「西藝非要，西政爲要」等語，皆本於鄭氏，鄭氏所說「中學其本，西學其末」，「主以中學，輔以西學」，即張氏體用說之所本❺。

　　（2）蔡元培：蔡氏於光緒二十二年（一八九六）在《雜記》

---

❺　同前註❸，頁三五五。

❺　同前註❺，頁三二二～三三。

❺　同前註❸，頁三二二。

❺　《張之洞與湖北教育改革》，頁二十九～三十，六十五年（一九七六），中央研究院近代史研究所，專刊(35)。

❺　五十四年（一九六五），臺北學術出版社重印《盛世危言》，胡秋原：〈重印《盛世危言》緣起〉，頁十。

手稿中寫道：「《盛世危言》，香山鄭觀應（陶齋）著，以西制
為質，而集古籍及近世利病發揮之，時之言變法者，條目略具
矣」⑯。他的話有助於我們了解鄭氏在維新運動時代的地位與影
響。

（3）康有為、梁啟超：據鄘柏林的研究，維新運動的領導者
康有為，在多次上清帝書中，提出的政治上設議院；經濟上實行
「富國之法」──鈔法、鐵路、機器、輪舟、開礦、鑄銀、郵政，
「養民之法」──務農、勤工、惠商、恤貧；文教上提倡學習西
方科學文化知識，改革科舉制等等；可以說是繼承和發展了鄭觀
應的改良思想⑯。孫會文也指出，雖然我們在康、梁等人的年
譜和著作中，找不到鄭觀應或《盛世危言》影響的直接痕跡（證
據），但是我們只要比較鄭觀應和康、梁等人的變法主張，不論
是對庶政改革、經濟制度以及君憲政體等問題的態度，就可以看
到鄭觀應思想的影響。而且梁啟超所列的西學書目表，就明白地
把《盛世危言》列進去了，可見梁啟超認為《盛世危言》是了解
西學的必讀書籍⑯。

（4）孫中山：根據馮自由《中國革命運動二十六年組織史》，
孫中山在香港雅麗士醫校學習時，就曾與鄭觀應通信，「研討改
革時政意見」⑯。關於二人的見面，陳少白《興中會革命史要》
說是在上海，另據吳相湘推測，是在一八九〇年經陸皓東介紹見

⑯　轉引自前註❸之書，頁三五五～六，
⑯　同前，頁三五六。
⑯　同前註❺，頁三十二。
⑯　轉引自前註❸之書，頁三五六。

於故里香山⑯。觀應對中山影響的確鑿證據，見於孫氏〈上李鴻章書〉：「竊嘗深維歐洲富強之本，不盡在於船堅炮利、壘固兵強，而在於人能盡其才，地能盡其利，物能盡其用，貨能暢其流。此四事者，富強之大經，治國之大本也」。這段話本於《盛世危言》初刊自序，僅增加了「物能盡其用」一句，遂成為孫氏早期改革思想的綱領。孫到北方因沒能見著李鴻章，悶悶不樂的回到上海，鄭觀應看到這情形，就替他想辦法到江海關去領了一張護照，請他出國去，孫氏遂離開上海乘輪到檀香山去了⑯。

（5）毛澤東：據埃德加・斯諾《西行漫記》，毛氏回憶他青少年時曾講過，他那時「讀了一本叫做《盛世危言》的書，這本書我非常喜歡」，並說：「《盛世危言》激起我想要恢復學業的願望」⑯。

（三）商戰是觀應思想中最精彩、最具創見的部分。他一心倡議的商務部，終於在一九〇三年實現，就經濟政策看，這是一件劃時代的大事，因為這是中國第一次真正成立專門機構，實行保護商人獎勵商業的政策⑯。王爾敏認為，在晚清眾多涉及商戰觀念的人物中，「惟其中鄭觀應可謂為最傑出之中堅人物，是為此一時代商戰思潮之先知，商業競爭之導師。……『商戰主義』亦並出於鄭氏所倡議，立為創置商會之宗旨，自更可見鄭氏信念之深切。以其所抒論之透闢完備，與親身從事商戰，挽救國家權

---

⑯　吳相湘：《孫逸仙先生傳》，頁七十八，七十一年（一九八二），臺北遠東圖書公司。

⑯　見前註⑯，胡秋原文附錄陳少白《興中會革命史要》、〈上李鴻章書之經過〉。

⑯　轉引自前註❸之書，頁三五七。

⑯　同前註❸，頁二一九。

利，拯救民族生存之奮鬥，百折不回之精神，奔走呼號喚醒國人之熱忱，當可與古今百代英豪賢哲，同爭千載光輝」⑯。李陳順妍於〈晚淸的重商主義〉專文的結論中說：「綜觀整個的晚淸重商主義運動，我們可得到如此的結論：它是因西力的衝激而由西方移入的，因之可視爲淸季中國近代化運動的一部分」。而「在重商主義的學者中，鄭觀應是一個重要人物」⑯。

---

⑯　同前註⑮，頁二六〇～二六一。
⑯　同前註⑱，頁二二〇、二一六。

第十五章　嚴　　復

　　在十九世紀後半，六十年代的馮桂芬，七十年代的王韜，八十年代的鄭觀應，在西方文明衝擊下的思想反應中，都具有代表性。這三十年正是晚清史上著名的洋務或自強運動時期，值得注意的是，三人在這運動期間，各自的遭遇和處境雖不相同（馮雖在官僚體制之中，卻不得志，王長期流浪在邊陲的香港，鄭則在官辦洋務企業中，扮演重要角色），但卻先後一致地對這個運動做了反省。更重要的是，就在他們相繼的檢討和批判中，逐漸醞釀並發展出包括西方憲政制度的維新思想新動向。這一新的動向，到了九十年代，在甲午之戰失敗的刺激下，在嚴復一鳴驚人的警世之作中，獲得進一步的突破。就在這中國面臨危亡的世紀末葉，思想史終於超越洋務思想，進入維新思潮的新時代。這一波的思想變動，猶如地震的震央，它的震波貫串百年來的中國，至今仍餘波盪漾。

　　維新思想的醞釀與發展，與對西方的認識息息相關，上述四人中，缺乏西方直接經驗的馮桂芬，能發出「人無棄材不如夷，地無遺利不如夷，君民不隔不如夷，名實必符不如夷」的警人悟解，算是特例。王韜對英國社會有廣泛接觸，且觀察敏銳，但因

不懂英文，對西方學術所知尚淺。鄭觀應除親歷西方，並長期與
洋人打交道的經驗之外，還通英文，多少閱讀了一些西方典籍，
因此他不僅深知西學的重要，且討論了它的內涵，以及國人學習
西學的態度與方法。到了嚴復，他不但在英國接受大學正規教
育，在國外和回國後，且長期鑽研西方近代學術名著，這是他在
維新思想上能進一步突破的主要原因。殷海光說：「近代中國知
識分子中，……眞正是『學貫中西』的以嚴復爲第一人。眞正立
身嚴正不流並用理知思考問題的以嚴復爲第一人。眞正能將西方
近代典型的學術思想介紹到中國來的也以嚴復爲第一人」❶。由
此可知他在十九世紀末思想史上角色的重要。

第一節　生平與著作❷

嚴復（1854～1921）❸，原名體乾，入馬江船政學堂時改名
宗光，字又陵，又字幾道，登仕後改名爲復，所譯《天演論》風
行一時，因自號「天演宗哲學家」。

嚴復先世本居河南固始，唐末，始祖嚴懷英（諱仲杰）以朝

❶　殷海光：《中國文化的展望》，一九六六年，文星版，頁二九
　　四。一九八八年，桂冠版，頁三二二。
❷　嚴復生平除另注外，皆參考：（1）吳相湘：《民國百人傳》中
　　〈天演宗哲學家嚴復〉。（2）《中國近代著名哲學家評傳》中默
　　明哲：〈嚴復〉。（3）《中國歷代思想家》中郭正昭：〈嚴復〉。
　　（4）華嚴：〈吾祖嚴復的一生〉，文見七十九年（一九九〇）十
　　一月十八日《聯合報》副刊。
❸　嚴復生於咸豐三年十二月初十（一八五四年一月八日），許多作
　　者因未注意其出生的月份，遂據咸豐三年將他的生年定爲一八五
　　三，自然是錯的。

議大夫隨王潮到了福建，定居於侯官（今閩侯縣）陽岐鄉，在上岐地帶蓋了一幢房子，稱爲「大夫第」。曾祖父名秉符，業醫，以「精詣仁心」名聞鄉里。父名振先，繼承父業，人稱「嚴半仙」。他們在福州南臺蒼霞洲的寓所，當地人習慣地稱爲「醫生館」，嚴復就是在這裏出生。他的童年便是與父親、母親陳氏、兩位幼妹，一同在館裏度過。

嚴復的一生，大抵可分五個階段來了解:

（一）從早年的傳統教育到海軍教育

七歲前父親親自教他識字、背詩，七歲那年進了私塾。九歲奉父命回陽岐進他的胞叔嚴厚甫的私塾，教讀《大學》、《中庸》，厚甫雖是位舉人，但因爲人嚴肅，教法呆板，引不起他讀書的興趣。十一歲那年，父親又將他召回福州，聘宿儒黃少岩爲師，黃氏是位學者，治學漢、宋並重，正課經學之外，常常躺在鴉片舖上，一管煙槍在手，講述東林掌故與宋、明儒學行，少年嚴復聽得津津有味。黃夫子教導很認眞，有時候因附近謝神演戲，他便令嚴復先上床睡覺，等到鑼鼓聲歇，再叫起來讀書。這樣的教育約兩年，因黃氏病逝而中斷。由於這段教育背景，促使人推測，嚴復後來把對斯賓塞形上學的熱忱與對穆勒歸納邏輯和經驗方法的熱忱結合起來，在某種程度上正反映了他的老師把漢學與宋學的價值觀結合起來的努力❹。

嚴復十四歲（同治五年，一八六六），父親因治霍亂病人被

---

❹ 許華茨（臺灣譯爲史華慈）著、滕復等譯:《嚴復與西方》，頁十八，一九九○年，北京職工教育出版社。

感染而去世。他父親生前每天出診，大都屬義診性質，並無積蓄，因此去世後，少年嚴復不但無法繼續求學，連蒼霞洲的寓所也不能再住下去，一家人只好遷回陽岐故鄉。就在這生活困窘，學業難以爲繼的情況下，恰好福州造船廠新設船政學堂招考免費生，應試者多屬附近地區家境清寒子弟，入學試題：〈大孝終身慕父母論〉，嚴復以第一名錄取，從此獲得新的學習機會。

同治六年（一八六七）初春入學，在學的情形，據他自己的回憶，「當是時，馬江船局司空草創未就，借城南定光寺爲學舍，同學僅百人，學旁行書算，其中晨夜伊毗之聲，與梵唄相答，……回首前塵，塔影山光，時猶呈現於吾夢寐間也。已而，移居馬江之後學堂」❺。所謂「後學堂」與學制有關，船政學堂學生分兩種：一種是培養造船的「良工」，主修法文並研讀法國造船術；一種是培養馭船的「良將」，主修英文並研讀英國的馭船術。法文班稱爲「前學堂」、英文班稱爲「後學堂」，嚴復進的是「後學堂」。在學五年期間，除策論、《孝經》、《聖諭廣訓》課目之外，主要是經由英文學習了算術、幾何、代數、解析幾何、割錐、平面三角、弧三角、代積微、動靜重學、水重學、電磁學、光學、音樂、熱學、化學、地質學、天文學、航海術等。船政學堂的學習，與早年的傳統教育，爲他打下學貫中西的初步基礎，這在當時的知識分子中，是比較少見的。

嚴復十九歲（一八七一）以最優等畢業於船政學堂，隨卽被派上軍艦實習，先前在建威號、揚武號工作五年，到過星加坡、檳榔嶼、直隸灣、遼東灣、黃海、日本、臺灣。服役期間的工作

---

❺ 見嚴復爲池仲祐《海軍大事記》所作弁言。

表現，頗獲揚武號英籍船長德勒塞的讚賞，德氏辭職回國時，贈言嚴復：「蓋學問一事，並不以卒業為終點，學子雖已入世治事，此後自行求學之日方長，君如不自足自封，則新知無盡」。這番話激起他更上一層樓的願望，但到一八七七年三月才有機會以公費起程赴英留學。

（二）留學期間

嚴復與同學十二人，由學監李鳳苞，隨員馬建忠等人率領到英後，其他同學皆登艦實習，惟嚴復例外，他先進朴資茅斯大學院，旋又轉入格林威治海軍大學，在校進修的主要課程有數理、高等算術、氣象、化學、物理、駕駛、海軍戰術、海戰公法、鎔鍊槍砲和營壘等。嚴復在第一屆留英海軍學生中被如此特別安排，顯示當局針對嚴之個性、特長而因材施教，使其注重理論，乃有計畫地培植使其成為教育後進之領導人才。

嚴復在倫敦兩年，就學習而言，當然不夠充分，因正值英國維多利亞盛世，其富強的景象，帶給這位好學深思青年的衝擊之大，不難想像。他曾到法院旁聽審案，據他回憶，「觀其聽獄，歸邸數日，如有所失」。他把這個經驗面告郭嵩燾，並發表感想：「英國與諸歐之所以富強，公理日伸，其端在此一事」。他的觀察相當深刻，郭氏也「深以為然」❻。嵩燾其時正在英任公使，非常賞識嚴復，他們一老一少常在公使館談論中西學術政制之異同，結為忘年之交，郭氏在給朋友的信中說：「有出使茲邦，惟嚴君能勝其任。如某者，不識西文，不知世界大勢，何足

❻　以上見《法意》第六章案語。

以當此」❼。

（三）主持海軍教育與甲午後的轉變

一八七九年六月，嚴復自英返國，即被聘爲母校教習。福州船廠與船政學堂，本爲左宗棠、沈葆楨創辦，當年入學時，嚴復即爲沈氏看重。光緒初年，葆楨在兩江總督任上，擴展南洋海軍，與李鴻章的北洋海軍，成爲海軍兩大勢力。出身於船政學堂又從英國留學回來的嚴復，在沈氏集團應不難出人頭地。無奈就在他歸國同一年的冬季，葆楨病逝，南洋海軍勢力很快爲李鴻章併吞。翌年，嚴復也被調任天津北洋水師學堂總教習，實際上負總辦之責。因他不屬於北洋系統，辦學成績雖被肯定，但始終「不預機要，奉職而已」。他在給兒子嚴璩的信中，有這樣的想法：「自惟出身不由科第，所言多不見重，欲搏一第，以與當事周旋，既已入其彀中，或者其言較易動聽」。爲此，一八八八年至一八九三年共應鄉試四次，均不第。他的想法顯然表示他對當時的政局和政情認識不清，嚴復所敬重的郭嵩燾便是眼前的例子。郭氏進士出身，人望極高，與曾國藩等人關係極深，還不是照樣不見重用，一生命運多乖。

嚴復回國的頭幾年，學堂工作之外，還在研讀斯賓塞的《羣學肆言》，從他後來多次應試的行徑看來，至少在甲午前仍未有以譯述爲志業的打算。直到一九〇二年，他仍說過「當年誤習旁

---

❼ 王蘧常：《嚴幾道先生復年譜》，頁七，七十年（一九八一），臺灣商務印書館。

行書，舉世相視如毫蠻」❸，可見到將近半百之年，於仕途與學
術之間的矛盾掙扎，迄未完全解除。

甲午（一八九四）爆發的中日之戰，翌年中國之慘敗，他在
給長子的家書中有痛切的反省：「大家不知當年打長毛、捻匪諸
公，係以賊法子平賊，無論不足以當西洋節制之師，即東洋得其
緒餘，業已欺我有餘。中國今日之事，正坐平日學問之非，與士
大夫心術之壞。由今之道，無變今之俗，雖管、葛重生，亦無能為
力也」。這種覺悟終導致他人生的轉變，一八九五年所發表一系
列主張維新變法的文章，成為戊戌前新思潮中的警世不朽之作。

（四）以譯述為志業

當年魏源在鴉片戰爭刺激下，發憤著《海國圖志》，嚴復也
是在甲午之戰時開始譯述赫胥黎的《天演論》，與所譯斯賓塞
〈勸學篇〉，均曾於《國聞報》上陸續發表，該報由嚴復與夏曾
佑、王修植等於一八九七年夏所創辦，次年正月並發表〈上皇帝
萬言書言變法亟務〉。一八九八年九月十四日，光緒帝召見嚴
復，對話間嚴提到上書，光緒說：「他們沒有呈上來，汝可錄一
通進來，朕急欲觀之」。嚴答：「臣當時是望皇上變法自強，故
書中多此種語，今皇上聖明業已見之行事，臣之言論已同贅旒」。
光緒：「不妨，汝可繕寫上來，但書中大意是要變甚麼法」？
嚴：「大意請皇上於變法之先，可先到外洋一行，以聯各國之
歡；並到中國各處，縱人民觀看，以結百姓之心」。光緒不禁慨

---

❸　《瘉壄堂詩集》，卷上，頁一。

嘆:「中國就是守舊人多,怎好」❾?!嚴退出後,很快就將上書繕進。不料,召見後七日,卽發生戊戌政變,譚嗣同等六君子被斬,嚴復幸得大學士王文韶秘密通知,卽日返回天津,事後曾有詩表達其憂憤:「求治翻爲罪,明時誤愛才,伏尸名士賤,稱疾詔書哀,燕市天如晦,宣南雨又來,臨河鳴犢嘆,莫遣寸心灰」❿。

《天演論》雖始譯於甲午期間,一直到一八九八年才正式出版。他譯此書的目的,是藉進化論所謂「物競天擇,適者生存」的原理,向國人敲起國家危亡的警鐘。它所以能風行一時,最主要的原因,當時中國正是瓜分危機最嚴重的時候,嚴復除了分析中國危亡的原因之外,更呼籲國人:只要發憤,變法自強,中國仍然可以得救,存亡死生,其權仍操之在我⓫。

一九〇〇年的義和團亂,學堂解散,使嚴復結束了二十年的海軍教育生涯。一八九七年至一九〇八年間,他最主要的工作,是翻譯西方近代名著,《天演論》外,依時序他翻譯了⓬:(1)亞當·斯密《原富》,其「譯事例言」謂此書「所指斥當軸之迷謬,多吾國言財政者之所同然,所謂從其後而鞭之」。又說:「夫計學者(指《原富》),切而言之,則關於中國之貧富,遠

---

❾　光緒二十四年八月初四(九月十九)《國聞報》。

❿　同前註❼,頁四十八。

⓫　以上譯《天演論》的目的,與風行的原因,見郭正昭:《嚴復》,頁三三、三八、三九。

⓬　嚴復譯書及出版時間,可看(1)鄭學稼:《中共興亡史》第一卷,頁一〇三,五十九年(一九七〇),臺北中華雜誌社。(2)陳越光、陳小雅編著:《搖籃與墓地——嚴復的思想與道路》,頁四四~五,七十六年(一九八七),臺北谷風出版社,臺灣版。

而論之，則係乎黃種之盛衰」。許華茨（林毓生譯爲史華慈）也認爲，「嚴復的讀者從這部著作中獲得的主要教益，與其說是經濟個人主義的特別啓示，倒不如說是一般經濟發展的福音」❸。

（２）斯賓塞《羣學肄言》，據郭正昭的了解，嚴復譯此書的目的有二：其一乃是以哲學思想作爲科學訓練的基礎；其二則以此爲「治平」的準則❹。在〈原強〉一文中他就說過：「斯賓塞者，宗天演之術以闡人倫治化之事，又用近今格致之理術，以致修齊治平之境」❺。譯序中有段話仍值得一讀：「竊念近者吾國，以世變之殷，凡吾民前者所造因，皆將於此食其報，而淺譾剽疾之士，不悟其所從來如是之大且久也，輒攘臂疾走，謂以旦暮之更張，將可以起衰，而以與勝我抗也。不能得，又搪撞號呼，欲率一世之人，與盲進以爲破壞之事。顧破壞宜矣，而所建設者，又未必其果有合也，則何如其稍審重，而先咨於學之爲愈乎」。這雖是針對十九世紀末葉之國人而言，移視二十世紀中國的變化，又何嘗不是如此！特別是「先咨於學」的警語，至今仍是眞知灼見。可以想見，他之所以以譯述爲志業，一部分原因便是基於這種認識。

（３）穆勒《羣己權界論》，序文中說明譯此書的動機是：「十稔之間，吾國考西政者日益眾，於是自繇（由）之說常聞於士大夫。顧竺舊者既驚怖其言，目爲洪水猛獸之邪說，喜新者又

---

❸　同前註❹，頁一〇九。
❹　郭正昭：《嚴復》，頁五十九。
❺　《近代中國對西方及列強認識資料彙編》（以下簡稱《對西方認識資料》）第四輯、第一分冊，頁四九三，七十七年（一九八八）中央研究院近代史研究所。

恣肆泛濫，蕩然不得其誼之所歸。以二者之皆譏，則取舊譯英人
穆勒氏書，顏曰《羣己權界論》，……學者必明乎己與羣之權界，
而後自繇之說乃可用耳」。此書原名《論自由》(on Liberty)，
於〈譯凡例〉對言論自由有相當精闢的詮釋：「須知言論自繇，
只是平實地說實話求眞理，一不爲古人所欺，二不爲權勢所屈而
已。使眞理事實，雖出之讐敵，不可廢也。使理謬事誣，雖以君
父，不可從也。此之謂自繇」。許華茨（史華慈）雖承認嚴復
「把穆勒這本書所構築的龐大綜合體系中的一個重要方面闡述清
楚了」，但仍覺得「我們在這裏發現很多通過翻譯來解釋自己觀
點的例子」⑯。嚴復的翻譯，基本上仍是「運動型」的文字，不
是學術上的範例。

（4）孟德斯鳩《法意》，嚴復於〈孟德斯鳩傳〉有謂：「孟
氏居倫敦者且二稔，於英之法度尤加意，慨然曰：惟英之民，可
謂自繇矣」。這話完全適用於嚴復自己。有健全的法治，人民才
能享有自由，這是任何一個嚮往自由民主的社會，首先應該了解
的，也是嚴復把《法意》介紹給國人的主要用意。透過孟德斯
鳩，使他認識到西方法律的非人格性和普遍性，這一步認識，又
使他對儒學傳統中的「賢人之治」及其價值觀做了批判。人類經
過多次進化才發展出民主，民主是人類政治發展中的最高目標，
這一了解使他觸及中國如何由「人治」轉向「法治」的重大課
題。

（5）甄克思《社會通詮》，甄氏此書把人類歷史發展簡化爲
「圖騰崇拜」──→「宗法制」──→「國家」或「政治社會」的幾

⑯　同前註❹，頁一一一、一一三。

個階段，很合乎信奉斯賓塞進化觀者嚴復的口味。西方之所以強盛，因它已進化到「國家」或「政治社會」階段，中國之所以落後，是進化到宗法之後，便停滯不前。假「使一旦幡然，悟舊法陳義之不足殉，而知成見積習之實爲吾害，盡去腐穢，惟強之求」❼，中國仍有強盛的希望。嚴復一生始終相信，社會的進化是漸進的，因此他對反改革的清廷，與革命運動，均同樣反對，他所希望的是體制內的改革。

（6）《穆勒名學》。在義和團運動時，嚴復便在上海籌設「名學研究會」倡導名學，同時也開始翻譯《穆勒名學》。到一九〇五年出版時仍只是前半部八篇，部分原因是在譯語上有了困難，另一原因是他發覺耶芳斯的《邏輯學入門》（嚴譯《名學淺說》），更能符合他傳播這門學問的要求，所以一九〇九年又把它翻譯出版。

自馮桂芬以降的維新人物，無不重視西方科學，到嚴復才知道西方科學成就的背後，還有一門「科學中的科學」的學問——名學。《穆勒名學》注重歸納，他用這種方法批判傳統思想，特別是其中的良知學說。不僅如此，中國追求富強必須學習西方的科學，歸納邏輯既是「科學的科學」，因此也就成爲促使中國富強重要的法門。

（五）晚　年

一九一二年民國建立，嚴復認同的滿清王朝結束了，如果他是一位智者，應知他的時代過去了，想免於受辱，只有閉門讀書

---

❼　《社會通詮》，頁一四六。

之一途。他雖然對西方近代思想有過長期探索，但傳統士大夫的
習性，仍然根深柢固，好像不沾點權勢，就很難安心立命。民國
成立後，他便接受袁世凱任命，做了半年的北京大學校長，辭職
後又任袁政府顧問。一九一三年十二月袁解散國民議會召開約法
會議，他做了約法會議議員，旋成立御用參政院，他被任命爲參
政，一九一五年他做了憲法起草委員會委員。與袁政府的關係既
如此密切，當支持袁當皇帝的籌安會成立時，不拖他下水，那才
是怪事。爲此事嚴雖曾自責，總難免留下污點，爲後世詬病。

嚴復晚年，一直爲哮喘病所苦，一九二〇年八月，終於回到
福州定居，直至翌年九月二十七日去世。臨終前手書遺囑：

....

須知中國不滅，舊法可損益，必不可叛。

須知人要樂生，以身體健康爲第一要義。

須勤于所業，知光陰時日機會之不復更來。

須勤思而加條理。

須學問增益知能，知做人分量，不易圓滿。

事遇羣己對待之時，須念己輕羣重，更切毋造尊。

....

嚴復的著作，翻譯方面，一九三〇年商務印書館有《嚴譯名
著叢刊》，納入「新中學文庫」出版，並附有「中西名表」，書
中所引之人名地名，均分別注明。臺灣商務把《天演論》、《羣
學肄言》、《法意》、《原富》收入人人文庫。其他著作有《嚴
幾道詩文鈔》（臺灣文海有影印）。此外《英文漢詁》、《政治
講義》、《瘉壄堂詩集》，最初皆由商務出版，現在很難找到。

早年刊於《學衡》的《嚴幾道與熊純如書札節抄》，對了解嚴
復，是很重要的資料。

第二節　認識危機

在甲午戰爭期間（1894～1895），嚴復翻譯《天演論》的工
作與〈世變之亟〉一系列論文，幾乎同時在進行，以他當時仍是
水師學堂總辦的身份，說不定原先只打算以譯述《天演論》來發
表對國是的見解。可是在一連串敗仗的刺激下，不免使他覺得情
勢已十分緊急，要等到譯作完成出版，實在緩不濟急，還不如以
單篇論文的形式先行發表，可以乘機喚醒國人。

正因翻譯工作與論文同時進行，因此二者之間的關係相當密
切。如果「嚴復可以說完全是在危機意識的精神基礎上翻譯《天
演論》的」⓭，那麼毫無疑問，這一系列警世之作，也是在同一
意識的驅使下寫成。廣泛地說，中國十九世紀的思想家，在不同
程度上都有危機感，到甲午戰敗，使危機意識昇到最高點，嚴復
在達爾文「物競天擇」、「適者生存」理論的影響下，使他對列
強侵略下中國面臨的危機，做了較前人更深入而全面的反思。所
謂警世之作，正是中國危亡的宣告。

這些論文裏的基本觀點，以及其中的重要主張，所受達爾
文、斯賓塞、赫胥黎等人思想的影響，斑斑可見，後來所譯各名
著當時所能掌握的，已經消化在各篇論文之中。〈原強〉一開始

⓭　郭正昭：〈從演化論探析嚴復型危機感的意理結構〉，中央研究
院《近代史研究所集刊》，第七期，頁五三五。

便紹述：「達爾文者，英之講動植之學者也，……而著一書曰《物種探原》。自其書出，歐美二洲幾於家有其書，而泰西之學術政教一時斐變。論者謂達氏之學，其一新耳目，更革心思，甚於奈端（牛頓）氏之格致天算，殆非虛言」❿。又說：「斯賓塞爾者，亦英產也，與達氏同時，其書……則宗天演之術，以大闡人倫治化之事，號其學曰羣學，……而於一國盛衰之故，民德醇漓興衰之由，則尤三致意焉」❷。這些話既是促使他翻譯《天演論》、《羣學肄言》等書的原因，同時也是他必須寫這些論文的理由。以後所譯各書，一方面是為自己維新變法的主張，提供理論基礎，一方面也可藉介紹西學的形式，擴大這套主張的效果，二者的目的是一致的，即挽救中國的危亡。

嚴復對甲午後中國危機的認識及分析，可分兩部分來了解：

第一，危機現象的反思

（1）自鴉片戰爭以後，特別是六十年代以後，到二十世紀初年，對變局認識的言論，據統計不下六十六人❷，這些言論都多少反映了危機意識。嚴復〈論世變之亟〉第一句：「於乎！觀今日之世變，蓋自秦以來，未有若斯之亟也」❷，其溢於言表的緊急、迫促之感，是以往類似言論中所少有的。主要是因在甲午慘痛教訓之後，他仍看不到朝野有何振興之舉，因此痛切地感到有

---

❿　同前註❻，頁四九二。
❷　同前註❻，頁四九三。
❷　王爾敏：《中國近代思想史論》，頁三八四～四〇一，六十六年（一九七七），臺北華世出版社總經銷。
❷　同前註❻，頁四八九。

卽將亡國之慮，所謂「歲月悠悠，四鄰眈眈，恐未及有爲，已先作印度、波蘭之續」㉓。今天這種惡劣的局面，是由於我們這一代不努力種下的惡因，沒有什麼可抱怨的，可是因此還得禍延後代子孫呀：「於乎！吾輩一身無足惜，如吾子孫與四百兆之人種何」㉔？甲午時，嚴復就有一種預感：「噫！今日倭禍，特肇端耳，俄、法、英、德，旁午調集，此何爲者，此其事尙待深言也哉」㉕？從一八九五——八的僅三年間，列強對中國的瘋狂侵略，及其在中國掠奪的海港、土地和種種權益，使他的預感一一成爲事實㉖。

（2）甲午之戰，使首善之地的北京震動，可是其他地區，卻是「四海晏然，視邦國之顚危，猶秦越之肥瘠，合肥（李鴻章）謂以北洋一隅之力，禦倭人全國之師，非過語也。此君臣勢散，而相愛相保之情薄也」。國人對日本的侵略戰爭表現如此冷漠，

㉓　同前註⑮，頁四九六。
㉔　同前。
㉕　同前註⑮，頁四九二。
㉖　如膠州灣、旅順、大連、廣州灣、威海衞、九龍半島，都是在這個時候喪失的。同時因投資關係，列強在中國所取得鐵道的建築與管理權，已多至六千四百二十英里（英二千八百哩、俄一千五百三十哩、德七百二十哩、名義是比利時實際爲俄法六百五十哩、法四百二十哩、英三百哩）。尤其，依據光緒二十二年四月二十二日（一八九六年六月三日）李鴻章在莫斯科所簽的中俄密約，俄國在我東北乃攫奪了一條中東鐵路，加上護路警察及沿路的若干土地與礦產，開設了一個有名華俄道勝銀行，等到他佔了旅順、大連以後，乃更加上一條南滿路和更多土地。至於依據馬關條約，使列強援用最惠國待遇，得在中國各通商口岸購用土地設廠從事工業製造，因而他們對中國的經濟侵略，也就構成一種突飛猛進的形式。此外，使得中國人感到眞有亡國危險的，還有由列強分別指定的所謂「勢力範圍」！以上見左舜生：《中國近代史四講》，頁七九～八十，一九六二年，香港友聯出版社。

使他難以釋懷，不禁使他興起「南北雖屬一君，彼是居然兩戒」❷的慨嘆。

（3）甲午戰後，清廷內部有所謂「后黨」與「帝黨」之間的明爭暗鬥，朝廷大臣雖分屬兩黨，但大都皆「寧視其國之危亡，不以易其一身一瞬之富貴」之輩。這批誤國的臣子，在嚴復看來，「其端起於士大夫之怙私，而其禍可至以亡國滅種四分五裂而不可收拾」❷的地步。如把這些爲人臣者細加區分，那麼「謀謨廟堂，佐上出令者，往往翹巧僞汙濁之行，以爲四方則效」；「顧問獻替之臣，則不獨於時事大勢，曾未有知，乃至本朝本國，其職分所應知者，亦未嘗少紆其神慮」。守舊者如此，那些自以爲是新派的，也不過是「趨時者流，自許豪傑，則徒剽竊外洋之疑似，以熒惑主上之聰明」。等而下之的，「其尤不肖者，且竊幸事之糾紛，得以因緣爲利」而已。一個國家的精英階層，頹墮到如此地步，那裏還配「自詡冠帶之民，靈秀之種」❷？

（4）在各種危機之中，嚴復甚至已感受到，由於西方人和西方文明的入侵，中國文化已面臨瓦解的命運，他說：「蓋自高顙深目之倫，雜處此結衽編髮之中，則我四千年文物聲明已渙然有不終日之慮，逮今日而始知其危，何異齊桓公以見痛之日爲受病之始也哉」❸？事實上甲午以後，維新思想日趨激烈，並公開宣揚西方民治思想，直接間接地攻擊君主制度，否定傳統政治秩序，顯示綱常名教的思想已受到嚴重的挑戰，儒家的社會倫理在

---

❷　以上見《對西方認識資料》，第四輯、第一分冊，頁四九五。
❷　以上均同前，頁四九二。
❷　以上均同前，頁四九五。
❸　同前，頁四九〇。

基礎上已經動搖。張之洞發表《勸學篇》（一八九八），正是他已察覺到這種危機，才揭起衞道的大旗❸。在這一點上，嚴復敏銳的感受，實表現出他的洞見。

第二，危機原因的探討

（１）於〈世變之亟〉中，嚴復提出這樣的問題：「卽如今日中倭之搆難，究其來由，夫豈一朝一夕之故也哉」？也就是說，今天遭逢甲午空前的危機，有其歷史傳統的原因，他共列舉了五點：（ａ）從價值觀方面來看，西方之所以「優勝」（日本之優勝，亦因其能善學西方所致），是因「西之人力今以勝古」，故能不斷進化；中國之所以「劣敗」，是因「中之人好古而忽今」，因而使進化停滯。（ｂ）從歷史觀方面，「中之人以一治一亂、一盛一衰爲天行人事之自然」，不免流於宿命。（ｃ）在知識方面，總以爲「人心之靈，苟日開瀹也，其機巧智能，可以馴致於不測也」，因此「不以爲務」，有關「生民之道，期於相安相養而已」，此不免流於反智。（ｄ）在人生教養方面，總以爲「天地之物產有限，而生民之嗜欲無窮，孳乳浸多，鑱讒日廣，此終不足之勢也」。「故寧以止足爲教，使各安於樸鄙顓蒙，耕鑿焉以事其長上」。這自然使人安於現狀，不求進化。（ｅ）在人才制度方面，「宋以來之制科，其防爭尤爲深且遠」，目的不過「是舉天下之聖智豪傑，至凡有思慮之倫，吾頓八紘之綱以收之」，這眞是「聖人牢籠天下，平爭泯亂之至術」。這種制度自然無法培養

---

❸　張灝：〈晚清思想發展試論——幾個基本論點的提出與檢討〉，見中央研究院，《近代史研究所集刊》，第七期，頁四八二。

出眞正的人才。 總而言之， 以上這些原因， 所導致的結果是:
「民力因之以日窳，民智因之以日衰」。一旦遭遇到強盛的西方，
或是學西方而有成的日本，「至不能與外國爭一旦之命」❸，以
應付其危機。

（2）六十年代，內有太平天國之亂（1850～1864），外有英
法聯軍之入侵 （1857～1860）， 在內外交困下， 於是有洋務運
動。這個運動就傳統的種種缺失而言，是要增益其所不能。可是
號稱洋務，對西洋的了解，卻非常淺薄，中國方面總以爲「凡吾
王靈所弗屆者，舉爲犬羊夷狄」，而不知「今之夷狄，非猶之古
之夷狄也」。其次，洋務中所重視的「汽機兵械之倫，皆其形下
之粗迹，所謂天算格致之最精，亦其能事之見端，而非命脈之所
在。其命脈云何？苟扼要而談，不外於學術則黜僞而崇眞，於刑
政則屈私以爲公而已」❸。因對西洋所知所學皆淺，雖運動三十
多年，在甲午之戰中，終於眞相大白，醜態畢露：「將不素學，
士不素練，器不素儲，一旦有急，則蟻附蠡屯，授之以扞格不操
之利器，曳兵而走，轉以奉敵。其一時告奮將弁，牛皆無賴小
人，覬覦所支饟項而已。至於臨事，且不知有哨探之用，遮蔽之
方，甚且不識方員古陳，……卽當日之怪謬，苟紀載其事傳之，
將皆爲千載笑端，而吾民覤然固未嘗以之爲愧也」❸。洋務運動
之所以不濟，在嚴復看來，是因「盜西法之虛聲，而治中土之實
弊，此行百里者所以牛九十里也」❸，自然無力應付如此嚴重的

---

❸ 以上均見《對西方認識資料》，第四輯、第一分册，頁四九〇。
❸ 以上均同前，頁四九〇。
❸ 同前，頁四九五。
❸ 同前，頁五一一。

危機。

（3）自西力東來，有識之士如郭嵩燾，已知此乃「天地之機，一發不可復遏」，除了迎頭追趕，別無良策。不幸滿朝文武百官，大都甘爲駝鳥，以拒變是尙，「士大夫自怙其私，求抑遏天地已發之機，未有能勝者也。自蒙觀之，夫豈不能勝之而已，蓋未有不反受其禍者也。惟其遏之愈深，故其禍之發也愈烈。……三十年來，禍患頻仍，何莫非此欲遏其機者階之屬也」❸❻。嚴復對這種拒變的士大夫，斥之爲「狂易失心之人」❸❼。

（4）除了以上各點之外，嚴復又藉「物競」、「天擇」、「優勝」、「劣敗」的演化原理，來解釋危機所以形成的原因。在過去，歷代也有夷狄入侵，因夷狄的文化不如中國，「故雖經累勝而常自存」。自西方文化入侵之後，在遭遇的過程中，中國文化就顯得「頹隳朽蠹」，交手之下，很明顯「則彼法日勝，而吾法日消矣」。「此天演家所謂物競天擇之道固如是也」❸❽。

第三節 中與西：優勝劣敗的論證

一個稍能思考問題的中國人，如果他對西方社會有親身的經歷，或者他能透過西方文字去了解西方，不可避免地，他會用中西對比的方式，去重組他以往的經驗。特別是在十九世紀中葉以後，在落後的中國與進步的西方強烈的印象之下，更容易激起中

---

❸❻ 以上均同前，頁四九一。
❸❼ 同前，頁四九二。
❸❽ 以上均同前，頁四九八。

西對比的意念。在這時期，郭嵩燾是用這種方式表達自己見解較早的一位。他不懂英文，由於他對洋務一向關懷，以及他對洋務問題的深入思考，使他有機會做了中國第一位派駐西方（英國）的使節，他就是根據親身的觀察、體驗做中西比較。在前文討論郭嵩燾的專章中，曾將這一部的言論，稱之爲「西化主義的先驅」。王韜對英國社會的了解比嵩燾更廣泛，鄭觀應對西學的認識已超越前人，但基本上他們三人熱心介紹西方的種種，只是要向思想封閉、觀念保守的國人，傳達一些新的信息，希望國人早日認淸向西看齊、向西學習的重要性。

嚴復對西方的了解，比他們又都要更深一層，他除了有親身的經驗，還用心研讀了一些近代名著，這些在西方流行的學說，成爲他發展自己思想的重要工具。達爾文簡明的演化公式，加深了他對中國的危機意識，也驅使他善用中西比較的方式來討論各種問題。雖然比較的方式要較單向性宣揚西方，更能引起讀者的興趣和注意，但嚴復眞正的意圖，並不在「比較」本身，而是要爲中國的遭遇和處境，提供「優勝」、「劣敗」的論證。

〈世變之亟〉一文，大半是用中西比較的方式進行討論，前文已提過「中之人好古而忽今，西之人力今以勝古」，以及「於學術則黜僞而崇眞，於刑政則屈私以爲公」。有關後者，嚴復認爲不論是中國或西方，在道理上彼此都公認，「顧彼行之而常通，吾行而常病者，則自由不自由異耳」[39]。由於這方面的差異，「於是羣異叢然而生」，例如（1）「中國最重三綱，而西方首重平等」，是說中國以強調上下尊卑的三綱爲行爲規範，而西方

---

[39]　同前，頁四九〇～一。

是以平等的法制爲行爲規範。（2）「中國親親，而西人尙賢」，此就用人而言，在理論上，尙賢也爲中國一向所重視，實際上卻相當注重血緣和裙帶關係，不過這是相對的，其差異只有在程度有所不同。（3）「中國以孝治天下，而西人以公治天下」❹，所謂孝治，依熊十力言，卽以尊君忠君爲天經地義❹，故中西治道的差異，一爲專制，一爲民主。（4）「中國尊王，而西人隆民」，此乃專制與民主之屬性。（5）「中國貴一道而同風，而西喜黨居而州處」，「一道同風」指思想上要求統一，要求獨尊，而西方人不論是言論和生活皆喜自主，而表現爲多元開放。（6）「中國多忌諱，而西人眾議評」❹，此蓋就言論自由而言。

在財用方面的差異是：（1）「中國重節流，而西人重開源」，重「節流」是「匱乏經濟」的特色，重「開源」是「豐裕經濟」的特色。（2）「中國追淳樸，而西人求驩虞（同歡愉）」❹，乃上述兩種不同經濟形態反映在人民生活中的特色。

在人際關係（接物）上的差異是：（1）「中國美謙屈，而西人務發舒」，「謙屈」指禮讓和自我克制，「發舒」指自我表現，二者在中國與西方，也是相對的。（2）「中國尙節文，而西人樂簡易」❹，「節文」蓋言其重禮節與文飾，而不免流於繁文縟節，「簡易」者簡截明了，則無此弊。

在爲學上的差異是：「中國誇多識，而西人尊新知」❹，

---

❹　以上均同前，頁四九一。
❹　《原儒》，頁六十八，六十年（一九七一），臺北明倫出版社。
❹　以上均見《對西方認識資料》，第四輯、第一分册，頁四九一。
❹　同前。
❹　同前。
❹　同前。

「誇多識」蓋就「一事不知，儒者之恥」之傳聞而言，漢學家中容或有此現象，正宗儒者，在德性優位的前提下，從無人以「多識」而值得誇耀的。在這裏，嚴復的本意大概是認爲中國學者不重視科學。

在面臨災禍時，反應上的差異是：「中國委天數，而西人恃人力」❹，此言宿命與反宿命之別。

以上中西比較中之所謂「西人」，全是指近代的西方，「中國」則涵蓋秦、漢以來兩千多年，如此比較，在方法上卽有可議之處。在這段印象式的比較之後，嚴復的結語是：「若此之倫，舉有以中國之理相抗以並存於兩間，而吾實未敢遽分其優紬也」❹。若以近代的標準來看，其中除「謙屈──發舒」、「節文──簡易」，也許眞是不易「遽分其優紬」，其餘各項的差異，其優劣是很明顯的。假如以上中西比較中所列「中國之理」，眞足以與西方「相抗」，「以並存於兩間」，那麼維新變法的主張，豈不成爲無的放矢。我們無意揣測他爲何有此「言不由衷」的「曲筆」，但在一八九五年發表的其他諸文中，對中西文化做進一步討論時，有充分證據可以判定，他的眞正意圖是爲「優勝」、「劣敗」提供論證。

（一）中國以士爲獨尊，西方則四民並重

嚴復認爲，語言文字，「係生人必具之能」，像西國，一般民眾，包括婦女走卒，「原無不識字知書之人，類且四民並重，

---

❹　同前。
❹　同前。

從未嘗以士爲獨尊，獨我華人，始翹然以知書自異耳」。在西洋的理財家心目中，不論是農、是工、是商，「皆能開天地自然之利，自養之外，有以養人」，對社會各有其貢獻。在中國，那些在社會上被獨尊的士子，卻不事生產，淪爲「開口待哺」之輩，成爲「民之蠹」。「唯其蠹民，故其選士也，必務精而最忌廣，廣則無所事事，而爲游手之民。其弊也，爲亂、爲貧、爲弱」❹。必須說明，這裏所說的「士」，乃戕害人才的八股制下的產物，故視之爲「民蠹」，並不過分。

（二）西方「無法」、「有法」皆優勝於中國

嚴復說：「至於今之西洋，則與是（指歷史上的夷狄）不可同日而語矣。何則？彼西洋者，無法與法並用，而皆有以勝我者也。自其自由平等以觀之，則捐忌諱、去煩苛、決壅蔽，人人得其意，申其言，上下之勢不相懸隔，君不甚尊，民不甚賤，而聯若一體者，是無法之勝也。自其官、工、兵、商法制之明備而觀之，則人知其職，不督而辦，事至纖悉，莫不備舉，進退作息，皆有常節，無間遠邇，朝令夕改，而人不以爲煩，則是以有法勝也」❹。所謂「無法」，似指自由、平等的精神已深入民心，已形成政治文化上的共識與默契，因而使整個社會成爲一動態和諧的社會。所謂「有法」，是指西方法治社會而言，在這樣的社會，各行各業皆有法制可循，至於個人，人人皆知其可享的權利，以及應盡的義務和責任。政府施政，因以民意爲依歸，所以

❹ 以上均同前，頁五〇六～七。
❹ 同前，頁四九七～八。

縱然「朝令夕改，而人不以爲煩」。

（三）從人民與國家之關係論中西之優劣

在〈世變之亟〉中，雖已提出「中國尊主，而西人隆民」之說，但語焉不詳，在〈原強〉中才有進一步的闡述，使專制統治下的中國，與民主之治下的西方（英國），凸顯出強烈的對比。他除對中國的臣民完全受宰制的情況加以描述之外，更深刻地指出中國的人民何以對人主及國家疏離的原因：「蓋自秦以降，爲治雖有寬苛之異，而大抵皆以奴虜待吾民；雖有原省，原省此奴虜而已矣；雖有煦咻，噢咻此奴虜而已矣。夫上既以奴虜待民，則民亦以奴虜自待。夫奴虜之於主人，特形劫勢禁，無可如何已耳，非心悅誠服，有愛於其國與主而共保持之也」❺⓿。西方人因實行民主法治，因此人民與國家的關係與中國大不相同：「且彼西洋所以能使其民，皆若有深私至愛於其國若主，而赴公戰如私仇者，則亦有道矣。法令始於下院，是民各奉其所自主之約，而非率上之制也。宰相以下，皆由一國所推擇，是官者民之所設以釐百工，而非徒以尊奉仰戴者也，撫我虐我，皆非所論者矣。出賦以庀工，無異自營其田宅；趨死以殺敵，無異自衛其家室。吾每聞英人之言英，法人之言法，以至各國之人之言其所生之國土，聞其名字，若我曹聞其父母之名，皆肫摯固結，若有無窮之愛也者。此其故何哉？無他，私之以爲己有而已矣」❺❶。其所以不同的原因，是在「西之教平等，故以公治眾而貴自由，……東

---

❺⓿　同前，頁五〇四。
❺❶　同前。

之教立綱，故以教治天下，而首尊親」❷。因「貴自由」，所以
人民視其國若「私之以爲己有」，這正是「合天下之私以爲公」。
因「首尊親」，則必因私而害公。中國兩千多年前，就有「天下
爲公」的理念，如《呂氏春秋・貴公》：「昔先聖王之治天下也
必先公，公則天下平矣，平得於公。……天下非一人之天下也，
天下〔人〕之天下也」。但中國把這種理想期待於聖王，遂成永
遠無法實現的烏托邦。這種理想只有經由民主法制才可能落實。
值得注意的是，嚴復所說「民各奉其所自主之約」與「率上之
制」之不同，正是中西「法治」根本差異之所在。「法令始於下
院」，使立法有民意爲基礎，這種法基本上是保障人民權利，使
它不被政府侵奪。「率上之制」下的法，不過是人君統治人民的
工具而已。

(四) 從民力、民智、民德論中西之優劣

「是以西洋觀化言治之家，莫不以民力、民智、民德三者斷
民種。種之高下，未有三者備而民生不優，亦未有三者備而國威
不奮者也」。因此西方國家「發政施令之間，要其所歸，皆以其
民之力、智、德三者爲準的。凡可以進是三者，皆所力行；凡可
以退是三者，皆所宜廢」❸。這是導致西方富強、優勝的基本原
因。而在中國，依嚴復看來，簡直是反其道而行，結果是「民力
已荼，民智已卑，民德已薄」❹，這樣的國家，與強盛的西方相

---

❷　同前。
❸　同前，頁四九四。
❹　同前，頁四九六。

遇，怎麼能不慘敗？

（五）從學術論中西之優劣

嚴復提出兩個標準以衡斷優劣，其實這兩個標準皆以科學為標的，已有科學主義的傾向。其一是研究自然與研究書本的差異：「夫西洋之於學，自明以前，與中土亦相埒耳。至於晚近言學，則先物理而後文詞，重達用而薄藻飾。且其教弟子也，尤必使自竭其耳目，自致其心思，貴自得而賤因，善喜疑而慎信。故其名、數諸學，則藉以教致思窮理之術；其力、質諸學，則皆以導觀物察變之方；而其本事，則銓蹄之於魚兔而已矣。故赫胥黎曰：讀書得智，是第二手事，唯能以宇宙為我簡編，名物為我文字者，斯學耳。此西洋教民要術也。而回觀中國則如何？夫朱子以卽物窮理釋格物致知是也，至以讀書窮理言之，風斯在下矣。且中土之學必求古訓，古人之非旣不能明，卽古人之是亦不知其所以是。記誦詞章旣已誤，訓詁注疏又甚拘，江河日下，以至於今日之經義八股，則適足以破壞人才，復何民智之開之與有耶」❺❺？其二是有用無用、有實無實的差異，嚴復認為，中國傳統的詞章、考據，「一言以蔽之曰：無用。非真無用也，凡此皆富強而後，物阜民康，以為怡情遣日之用，而非今日救弱救貧之切用也」。至於義理，「一言以蔽之曰：無實。非果無實也，救死不贍，宏願長賒，所托愈高，去實滋遠，徒多偽道，何裨民生也哉」？總而言之，中國學術，「均之無救亡危而已矣」❺❻。「然

---

❺❺　同前，頁五〇三。
❺❻　以上均同前，頁五〇八。

而西學格致，則其道與是適相反，一理之明，一法之立，必驗之物物事事而皆然，而後定之爲不易。其所驗也貴多，故博大；其收效也必恆，故悠久；其究極也必道通爲一，左右逢源，故高明❺❼」。總而言之，只有西方晚近的科學，才是富強之本，才能挽救中國的危亡。這種科學救國論，到後來「五四」時代更是風行。就學術言，因宣揚科學救國而反傳統，大有可議之處，但這種言論出之於救亡的迫切感，自具有時代的意義。❺❽

第四節　嚴復與傳統

　　由以上兩節，可明顯地看出，嚴復對傳統的各方面，都表現相當強烈的不滿，有些言論比之「五四」新文化運動時期的反傳統者，並不遜色，但他絕非反傳統主義者。嚴復一生與中國傳統之間的問題，恐怕不是用「激進」、「保守」這種觀念所能概括，其中交織著相當複雜的因素，除了危機意識所引發的迫切感之外，他早年的傳統教育，以及他在傳統學術上的深厚學養，使他與傳統之間，始終有著難以割捨的感情。此外，西方理論的訓練，雖使他了解中國問題的癥結，而加強了他的迫切感；另一方面，正因有這方面的素養，使他在重大問題上，他的思考是相當理智的，這一點可從他對科學、對民主態度的差異上看出來。科

---

❺❼　同前，頁五〇九。

❺❽　以上五點之外，嚴復於〈上皇帝萬言書〉中，曾就西方於羅馬之後，「歐洲散爲十餘國」，而中國「其治終歸於一統」的情況，探討中西優劣之故，讀者可參看，文見王蘧常：《民國嚴幾道先生復年譜》，頁四三～五。

學與民主相比，中國吸收科學要比民主來得容易，阻力也較少，因此他對科學的宣揚，以及他當時所了解的科學理論的譯介，可謂不遺餘力。但對民主，他當然希望有一天能在中國實現，然始終反對革命，也不認為中國現狀具備實行民主的條件，這種見解前後是相當一貫的。

以下從八股、專制、學術三方面來探討他與傳統之間的問題。其中對八股是全盤否定的，對專制、對學術，他表現的就不是一條鞭地激情，這方面的言論，他是有所斟酌的。

（一） 八　　股

八股是科舉制度的產物，宋代朱熹（1130～1200）就已說過，在科舉制下，「上之人分明以盜賊遇士，士亦分明以盜賊自處」。到了明末，顧亭林（1618～1682）〈生員論〉，斥責科舉制下的生員，「士不成士，官不成官，兵不成兵，將不成將」。因而主張「廢天下之生員而官府之政清，廢天下之生員而百姓之困蘇，廢天下之生員而門戶之習除，廢天下之生員而用世之材出」。科舉制本來就是專制帝王牢籠全國士子之術，它最大的問題，如嚴復所言，「害在使天下無人才」。附帶的弊病，多到不可勝數。到了十九世紀中期以後，在維新思想人物中，廢除八股已成共識。不過像王韜，雖主張廢除時文八股，但並未反對科舉制度，只是希望以比較有用的科目代替時文八股。而嚴復在廢八股的論述中，其意圖明顯是連帶產生八股的制度也一併否定了，成為十年後（一九○五）清廷正式宣告廢科舉的先聲。

據嚴復的了解，八股有三大害：

（1）錮智慧：

他把科舉制下士子的一生，從垂髫童子，到入學練八股，到考場應試，到獲取功名，到出任官吏，其無知與荒謬，描述得維妙維肖。這種人並無實學，卻自視甚高，自以爲「做秀才時無不能做之題，做宰相自無不能做之事」，寓悲哀於諷喩之中。這種人經歷如此之學程與仕途，一旦爬上高位，處理國事，所作所爲「謬妄糊塗，其曷足怪」⑲。

（2）壞心術：

八股考試以四書爲範圍，四書之傳、注、疏皆當無所不知。「夫無所不知，非人之所能也」。應之之術，「勦說是已」。於是使士子「當其做秀才之日，務必使之習爲勦竊詭隨之事，致令羞惡是非之心且暮楛亡，所存濯濯，又何怪委贄通籍之後，以巧宦爲宗風，以趨時爲祕訣，否塞晦盲，眞若一丘之貉，苟利一身而已矣，遑惜民生國計也哉」？每逢考期，闈內闈外，所張貼的文告，無不根據國憲王章，堂而皇之，實際在試場之內，「關節頂替」者有之，「倩槍聯號」者有之，「寡廉鮮恥」，無所不用其極。「是故今日科舉之事，其害不止於錮智慧、壞心術，其勢且使國憲王章漸同糞土，而知其害者果誰也哉」⑳?!

（3）滋游手：

通過科舉考試，獲得秀才、舉人等功名的士子，多半不能更上一層樓，或在仕途求取發展，其中固不乏潔身自好以教書爲生

---

⑲　以上均見《對西方認識資料》，第四輯、第一分册，頁五〇五～六。
⑳　以上均同前，頁五〇六。

者，但更多的是不事勞動，游手好閒，甚至在地方上滋生事端，嚴復稱這類士子爲「民之蠹」。除此之外，「況乎盆之以保舉，加之以捐班，決疣潰癰，靡知所屆。中國一大豕，羣蝨總總，處其奎蹄曲隈，必有一日焉」。「悲夫！夫數八比（同八股）之三害，有一於此，則其國鮮不弱而亡，況夫兼之者耶」❻¹！

嚴復痛陳八股之害的結論是：「總之，八股取士，使天下消磨歲月於無用之地，墮壞志節於冥昧之中，長人虛驕，昏人神志，上不足以輔國家，下不足以資事畜，破壞人才，國隨貧弱。此之不除，徒補苴罅漏，張皇幽眇，無益也」。然則於痛除八股之後，要用什麼來取代？他主張今後應「大講西學」❻² 。

（二）專　　制

反暴君、反專制的言論，在中國思想史上源遠流長，史不絕書❻³，嚴復〈闢韓〉一文中的反專制思想，完全是承繼這個傳統，所不同者，他已吸收了一些西方的民主理論，他知道要改革專制，只有通過變法，走西方民主之路才有希望。但在這篇文章裏，並未深入探討這個大課題，他只是藉闢韓痛斥專制之害，對人民「自由」、「自治」的民主有所嚮往而已。

其實韓愈（768～824）〈原道〉一文的重點不在專制，而是發揚道統以排佛，文中所言之「君」，是指理想中之聖君，所謂

---

❻¹　以上均同前，頁五〇六～七。

❻²　以上均同前，頁五〇七。

❻³　這方面的演變，可看韋政通主編：《中國哲學辭典大全》，韋政通撰〈反專制〉條（頁一九七～二〇四），七十二年（一九八三），臺北水牛出版公司。

「帝之與王，其號各殊，其所以爲聖，一也」。至於「是故君者、出令者也；臣者、行君之令而致之民者也」云云，這在儒統知識分子意識中，根本就是天經地義的，歷史上攻擊專制最著名的黃梨洲（1610～1695），也沒有攻擊到這一點。所以〈闢韓〉一文，只能說是藉題發揮，取材上並不恰當。

〈闢韓〉反專制言論最重要的有二，其一：「老（應是莊子）之言曰，竊鈎者誅，竊國者侯。夫自秦以來爲中國之君者，皆其尤強梗者也，最能欺奪者也」❻❹。其二：「秦以來之爲君，正所謂大盜竊國耳。……既已竊之矣，又惴惴然恐其主之或覺而復之也，於是其法與令蝟毛而起，質而論之，其什八九皆所以壞民之才，散民之力，漓民之德者也」❻❺。在嚴復心目中，專制之危害國家最大的，就在壞民才、散民力、漓民德，因此，如何「求所以進吾民之才、德、力者，去其所以困吾民之才、德、力者」❻❻，就成爲國家當務之急。要朝這個目標去努力，首要之務，就是讓人民「悉聽其自由」，人的心智必須解除其束縛，才可能發揮其潛力，何況「民之自由，天之所畀也，吾又烏得而靳之」❻❼？人民享有自由，才可能做到自治，人民能自治，自能掌管政權。到那時候，人民成爲「天下之眞主」，王侯將相成爲「通國之公僕」❻❽。

值得注意的是，嚴復雖嚮往西方的自由、民主，但他考慮到

---

❻❹　麥仲華編：《清朝經世文新編》，卷十八上，頁一四四〇，臺北文海出版社。

❻❺　同前，頁一四四二。

❻❻　同前，頁一四四一。

❻❼　同前。

❻❽　同前，頁一四四二。

中國的現況：「然則及今而棄吾君臣可乎？ 曰：是大不可。何則？其時未至，其俗未成，其民不足以自治也。……民之弗能自治者，才未逮、力未長、德未和也」❻。也就是說，中國在那年代，既不具備實行民主的條件，同時時機也未成熟。這種理解，決定了他在「百日維新」時期的態度，也是許華茨說他「這篇文章既包含了嚴復的最激進的『民主主義』的主張，同時也包含了他的『保守主義』的前提」❼的原因。

〈闢韓〉一八九五年原發表於《直報》，次年梁啟超於《時務報》轉載，引起湖廣總督張之洞（1837～1909）的注意，以爲洪水猛獸，命屠仁守撰文反駁，謂「闢韓者溺於異學」。當時嚴復仍任水師學堂總辦，文字風波使他身陷險境，經鄭孝胥等從中疏通，始告緩和❼。

（三）學　術

嚴復對傳統學術的批判，是以西學爲參考架構，爲追求中國的富強，遂採用實用與實效的觀點，對當時學風所下的針砭。他是有條件的反對傳統，與西化主義、反傳統主義皆無關。

他從不具「救弱救貧之切用」，反對考據、詞章，從無益民生反對義理——特別是陸、王之學，他甚至主張：「不獨破壞人才之八股宜除，與凡宋學、漢學、詞章小道，皆宜且束高閣也」

---

❻　同前，頁一四四一。
❼　《嚴復與西方》，頁五十六。參前註❹。
❼　吳相湘：《民國百人傳》第一册中〈天演宗哲學家嚴復〉，頁三四〇，六十年（一九七一），臺北傳記文學出版社。

❼。二十八年後（一九二三），吳稚暉（1865～1953）仍有相同但更激烈的主張將線裝書「非再把他丟在毛廁裏三十年，現今鼓吹成一個乾燥無味的物質文明」❼。這已是在新文化運動以後，尚有此言論，不難想像在戊戌前中國一般學風是如何的保守、封閉、僵化。激烈的言論是爲了打開僵局，轉移學風，激烈的情緒使他們無法平心靜氣就學術討論學術。

嚴復並沒有全盤否定傳統學術的價值，他雖判定考據、詞章無用，但「非眞無用也，凡此皆富强而後，物阜民康，以爲怡情遣日之用」。又說：「若夫詞章一道，本與經濟（經世濟民）殊科，不妨放達。故雖極蜃樓海市，惝恍迷離，皆足移情遣意」❼。他雖判定義理「無實」（非實學），但認爲「卽吾聖人之精意微言，亦必旣通西學之後，以歸求反觀，而後有以窺其精微，而服其爲不可易也」❼。由此可見，嚴復不僅沒有全盤否定傳統學術，甚且對其中「聖人之精意微言」，還寄以厚望。只是目前中國已面臨危亡，靠傳統學術實無濟於事。從「非果無實也，……其高過於西學而無實」❼之言看來，嚴復完全了解中國傳統的義理與西學格致，是屬於不同層次的學術。因此，在理論上中國的義理之學與西學格致並不衝突，可是在守舊的學風中，守舊學者總以爲「夫格致何必西學，固吾道《大學》之始基也」❼，於

---

❼　《對西方認識資料》，第一輯、第一分册，頁五〇八。

❼　〈箴洋八股化之理學〉，見《吳敬恆選集》（哲學），頁一三四，五十六年（一九六七），臺北文星書店。

❼　同前註❼，頁五〇九。

❼　同前註❼，頁五一一。

❼　同前註❼，頁五〇八。

❼　同前註❼，頁五〇七。

是有了衝突。嚴復在一八九五年系列論文中，不時以「客謂」、「難者曰」，引的就是這批守舊學者的說法，這才是他真正要反駁的對象。他們雖「謬妄糊塗」，在當時卻代表主流，他們又喜訴諸傳統的權威，嚴復遂不得不一併加以駁斥。

　　守舊學者喜訴諸權威，嚴復也以子之矛，攻子之盾，擡出清聖祖康熙和他們對抗，「嗟嗟！處今日而言救亡，非聖祖復生，莫能克矣」。聖祖當年，「乃勤苦有用之學，究察外國之事，亙古莫如」，還聘請洋教士做顧問，終於「奠隆基，致太平」。「不獨制藝八股之無用，聖祖早已知之；卽如從祀文廟一端，漢人所視爲絕大政本者，聖祖且以爲無關治體，故不許滿人從祀孔子廟廷，其用意可謂遠矣」。這些話對付守舊學者與官僚是有用的。在這裏，嚴復的結語是：「處今日世變方殷，不追祖宗之活精神，而守祖宗之死法制；不知不法祖宗，正所以深法祖宗」⑦⑧。這種話，在將近百年後的今天，仍不失其爲有意義的忠告，有啟發的言論。

第五節　變法思想

　　一八九五年的系列論文，代表嚴復對變法維新的系統思考。就四篇論文而言，〈世變之亟〉是序論，〈原強〉提出變法維新的方案，〈救亡決論〉與〈闢韓〉對〈原強〉做了重要的補充。此外，〈上皇帝萬言書〉的主要論點，仍是根據這些論文，因是上書性質，所以針對特定對象做了具體建議。爲了彰顯以上諸文

---

⑦⑧　以上均同前註⑦⑫，頁五一二。

的理論內涵，我們把這些文字加以重組，前文三節：認識危機、
中與西：優勝劣敗的論證、嚴復與傳統，是爲變法維新的系統思
考，做了必要的預備工作，要點在喚起國人的危亡意識，消除變
法維新的障礙，使國人對變法維新能早日建立起共識。

下文要探討嚴復對這一攸關中國變革的重大課題，他的積極
主張是甚麼？茲分三點加以陳述：

（一）變法的必要

嚴復向國人大聲疾呼：「天下理之最明，而勢所必至者，如
今日中國不變法則必亡是已」**⑲**！所謂「理之最明」者是甚麼
呢？中國必須變法的理由有三：

（1）世界大勢所趨：

「萬國蒸蒸，大勢相逼，變亦變也，不變亦變也。變而變
者，變之權操諸己；不變而變者，變之權讓諸人」**⑳**。在西洋與
東洋的相繼侵略下，中國要做大幅的變革，已絕不能免。變有兩
種方式，主動的變與被動的變，嚴復主張，與其被動的變，不如
採取主動，方爲上策。

（2）時機不可錯失：

「早一日變計，早一日轉機，若尙因循，行將無及」。像日
本，他們並非不深惡西洋，可是「於西學則痛心疾首，臥薪嘗膽
求之」者，是因「知非此不獨無以制人，且將無以存國」**㉑**。日

---

⑲　同前，頁五〇五。
⑳　同前。
㉑　以上均同前，五一二。

本能不錯失時機，爲何中國不能呢？

（3）變才能強：

「繼自今中法之必變，變之而必強，昭昭更無疑義，此可知者也」。嚴復對變法可致富強這一點，深信不疑。但接下去說，「至變於誰氏之手，強爲何種之邦，或成五裂四分，抑或業歸一姓，此不可知者也」❷，是否已表示對清廷的改革缺乏信心呢？實不敢妄加揣測。但他顯然認爲變法的後果難以預測。

嚴復言變法，已在甲午之後，人們會問：甲午之前朝野不是都早已講求變法，爲何並未收效？嚴復在〈上皇帝萬言書〉回答了這個問題，同時也由此可看出他對洋務運動的檢討：「邇歲以來，朝野之間，其言變法以圖自強者，亦不少矣，或曰固圉爲急矣，則請練陸營而更立海軍；或曰理財最優矣，則請造鐵路、開各礦，而設官銀號；又以事事雇用洋人之不便也，則議廣開學館，以培植人才；大抵皆務增其新，而未嘗一言變舊」❸。究實而言，「增新」的同時，不可能完全不「變舊」，嚴復的意思，是指表面的變、流於形式的變，等於未變，「然使由今之道，無變今之俗，十年以往，吾恐其效將不止貧與弱而止也」❹。可知「變舊」是指風俗教化，這方面變了，國家才能有根本的改變，「有其本則皆立，無其本則終廢」，「不然，是瑣瑣者，雖百舉措無益也」❺。「鼓民力」、「開民智」、「新民德」，是嚴復變法維新思想的基本方案，也就是這個「本」的展現。

---

❷　同前。

❸　王蘧常：《嚴幾道先生復年譜》，頁四十六。

❹　《對西方認識資料》，第四輯、第一分冊，頁五〇〇。

❺　同前，頁五〇五。

（二）變法的方針

先看下面幾則言論：（1）有關西學：「總之，驅夷之論，既為天之所廢而不可行，則不容不通知外國事，自不容不以西學為要圖。此理不明，喪心而已。此吾所以決言救亡之道在此，自強之謀亦在此」⑧。（2）有關西政：「方今之計，為求富強而已矣，彼西洋誠富誠強者也，是以今日之政，非西洋莫與師」⑧。（3）有關格致：「蓋欲救中國之亡，則雖堯、舜、周、孔生今，捨班孟堅（名固，公元32～92）所謂通知外國事者，其道莫由。而欲通知外國事，則捨西學洋文不可，捨格致亦不可」⑧。又：「西學格致非迂途也，一言救亡，則將舍是而不可」⑧。由以上的言論，加上對系列論文的綜合印象，可知嚴復的變法方針，是以西學為標的，以西學中的西政（民主）與格致（科學）為重點，而以使國家富強為目標。

有關西政的見解，主要見之於一九○五年於上海青年會所講的《政治講義》，與一九○六年出版的孟德斯鳩《法意》。有關格致，一九○五年出版的穆勒《名學》，是當作一種科學訓練來介紹的；甲午時便開始翻譯的《天演論》，並非達爾文的《物種原始》，而是赫胥黎紹述達爾文思想的《演化與倫理》，科學方面嚴復並無專著和論文。

一八九五年的系列論文，〈原強〉的「新民德」事項中論及

---

⑧　同前，頁五一二。
⑧　同前，頁五○○。
⑧　同前，頁五一○。
⑧　同前，頁五○九。

西政，「開民智」事項中論及格致（見下文）。這一時期嚴復的
變法思想，有一基本的觀念做引導，這基本觀念也是我們把握系
列論文精髓之鑰。這基本觀念是：不論是西政、西學、格致、或
是西方富強，莫不「以自由爲體，以民主爲用」。「以自由爲體」，
從下面的引文中，似乎包括以自由爲基本精神、基本原理，以及
以自由作爲判準的觀念等涵義。例如他列舉西方在各方面——包
括體形、德慧術知、農業、紡織、畜牧、刑政、戰備、郵政、交
通，無一不較中國爲優勝時，它的根本原因，卽在「自由不自由
之間異耳」❾⓪。也就是說，西方之所以「優勝」，是因他們人民
有自由，中國之所以「劣敗」，是因中國人沒有自由，在這裏，
自由顯然是判定中西優劣的準據。

又如他評論洋務運動中所吸收的西法，「皆其形下之粗迹」，
「而非命脈之所在」。西方文化的命脈，扼要地說，「不外於學
術則黜僞而崇眞，於刑政則屈私以爲公而已。斯二者與中國理道
初無異也，顧彼行之而常通，吾行之而常病者，則自由不自由異
耳」❾①。西學中的求眞精神，西政中以公意爲基礎的刑政，皆因
其有自由作爲基本精神或基本原理。接下去又就中西情況，對
「自由不自由異耳」一義加以申論：「夫自由一言，眞中國歷古
聖賢之所深畏，而從未嘗立以爲教者也。彼西人之言曰：惟天生
民，各具賦畀，得自由者乃爲全受。故人人各得自由，國國各得
自由，第務令無相侵損而已。侵入自由者，斯爲逆天理、賊人
道，其殺人傷人及盜蝕人財物，皆侵人自由之極致也。故侵人自

---

❾⓪　同前，頁四九八。
❾①　同前，頁四九〇～一。

由，雖國君不能，而其刑禁章條，要皆爲此設耳」❾。這裏所說
的自由，有權利、人權的涵義，「國國各得自由」，是指國家的
主權，都是「以自由爲體」的「體」中分化出來的觀念。

又如國家的富強，也得以自由爲始基：「夫所謂富強者，質
而言之，不外利民云爾。然政欲利民，必自民各能自利始；民各
能自利，又必自皆得自由始」❸，一個國家如能依據自由精神或
自由原理立國，那麼國家的制度必然以保障人民的權利爲優先，
同時因人民享有自由，也必能憑自身的能力去創造財富。人民權
利有保障，又有機會去創造財富，此之謂「民各能自利」。所以
一個眞正能利民的國家，不依賴政府的恩賜，端賴其是否能給予
自由。人民自由，才能使國家富強。

關於「民主爲用」，在「新民德」事項中仍有涉及，但不是
這一時期思想的重點，嚴復深知中國當時絕不具備政體變革的條
件，最重要的工作應落實在培養這種條件。所以這一時期，有關
自由、民主，他做的是屬於思想啟蒙的工作。

（三）變法的方案

變法的目標，是希望中國富強，要使中國富強，必須學習西
政與格致，而西方國家所以科學昌明，實行民主，「皆其力、其
智、其德誠優者也。是以今日要政統於三端：一曰鼓民力，二曰
開民智，三曰新民德」❹。「此三者，自強之本也」❺。「夫人

---

❾　同前，頁四九一。
❸　同前，頁五〇一。
❹　同前。
❺　同前，頁五〇五。

才者，民力、民智、民德三者之徵驗也」❾❻。「是故國之貧富強
弱治亂者，其民力、民智、民德三者之徵驗也」❾❼。以上這些言
論，嚴復於〈原強〉長文中，復之再三，如果說〈原強〉是一八
九五年系列論文中最重要的一篇，那麼由這三點所形成方案，就
是他這一時期思想上最大的貢獻。

（1）鼓民力

「蓋一國之事，同於人身，今夫人身逸則弱，勞則強者，固
常理也。然使病夫焉日從事於超距贏越之間，以是求強，則有速
其死而已矣」❾❽。所以強國必先強種，「鼓民力」所討論的，就
是中國的強種問題，因「今日論一國富強之效，而以其民之手足
體力爲之基」❾❾，如果連這個基礎都沒有，「雖有富強之政，莫
之能行」❿。這個道理古人很清楚，可由「庠序校塾不忘武事」
❿❶看出來。很不幸，漢以來的「中國禮俗，其貽害民力，而坐令
其種日偷者，由法制學問之大，以至於飲食居處之微，幾於指不
勝指」❿❷。而在今天，其「沿習至深，害效最著者」，一是吸食
鴉片問題，一是女子纏足問題。這兩大戕害民力的惡習，正是使
中國「種以之弱，國以之貧，兵以之癃」的根本原因，這兩大惡
習如不加以革除，「則言變法者皆空言而已矣」❿❸。

---

❾❻　同前，頁四九五。
❾❼　同前，頁四九九。
❾❽　同前，頁五〇〇。
❾❾　同前，頁五〇一。
❿　同前，頁五〇〇。
❿❶　同前，頁五〇一。
❿❷　同前，頁五〇二。
❿❸　以上均同前。

　　要如何才能革除呢？關於鴉片，他建議由上位下手，「假令天子親察二品以上之近臣大吏，必其不染者而後用之」，然後層層向下監督，「務使所察者人數至簡，以期必周，如是定相坐之法，而實力行之，則官兵士子之染祛」。假如能做到「舊染漸去，新染不增」，那麼，「三十年之間，可使鴉片之害盡絕於天下」。至於纏足，他主張不妨由「天子下明詔，爲民言纏足之害」，並宣告限期，朝廷官吏之家，凡在限期之外所生女子仍纏足者，「吾其毋封」。官宦之家如能率先奉行，民間「夫何難變之與有」❿？

（2）開民智

　　這方面嚴復的基本主張是講西學、廢科舉。西學所以能開民智，而中學不能，有兩個原因：一是研究方法不同，「且中土之學必求古訓，古人之非既不能明，即古人之是亦不知其所以是。記誦詞章既已誤，訓詁注疏又甚拘，江河日下，以至於今日之經義八股，則適足以破壞人才，復何民智之開之與有耶」？而近代西人言學，則「先物理而後文詞」，「且其教弟子也，尤必使自竭其耳目，自致其心思，貴自得而賤因，善喜疑而愼信」，因此，他們是「以宇宙爲我簡編，名物爲我文字」❺。另一原因是，中西之間不僅學問的內容不同，事功的性質不同，學問與事功的關係尤其不同。在中國，「尙學問者，則後事功；而急功名者，則輕學問，二者交失實」。在西洋，「學問之士倡其新法，事功之士竊之爲術而大有功焉」。例如「制器之備，可求其本於

---

❿　以上均同前。
❺　以上均同前，頁五〇三。

奈端（牛頓）；舟車之神，可推其原於瓦德；用電之利，則法拉第之功也；民生之壽，則哈爾斐之業也。而二百年學運昌明，則又不得不以柏庚（培根）之摧陷廓清之功爲稱首」⑩。從這些例子，不僅說明西學足以開民智，也證明西學乃西方富強之源。

洋務運動中，早就設學校、講西學，洋務官僚總以爲這樣辦下去，「十年以往，中國必收其益」，嚴復認爲未必，爲什麼？「舊制尙存，而榮途未開也」。「舊制」指科舉，科舉一日不廢，雖講西學，來學者多半是窮家子弟，而且人數極少，既不能吸引眞正人才，也不爲朝廷和社會尊重，如此以小兒科心態，以小媳婦方式辦西學，何足以開民智？所以中國欲開民智，固然非講西學不可，而欲使西學昌明，首要之務，必須廢除科舉，「另立選舉之法，別開用人之塗」⑩不可。

（3）新民德

「至於新民德之事，尤爲三者之最難」⑩，因爲他牽涉到政教的變革，至今我們仍陷入這種變革的陣痛之中，這方面的改造是否能完成、能成功，仍是未定之天。

嚴復在此檢討了中國人民失教與敗德的現象，關於失教：「至於吾民，則姑亦無論學校之廢久矣，卽使尙存如初，亦不過擇凡民之俊秀者而教之。至於窮簷之子、編戶之氓，則自襁褓以至成人，未嘗聞有執教之者也。『孟子曰：飽食煖衣，逸居而無教，則近於禽獸』。夫飽食煖衣之民，無教尙如此，則彼饑寒逼

⑩　以上均同前，頁五〇二。
⑩　以上均同前，頁五〇三。
⑩　同前，頁五〇三。

軀，救死不瞻者，當何如乎？後義先利，詐僞奸欺，固其所耳」
❿。由於失教，所以失德，這在常情常理上還容易理解，但中國
人的敗德，有出乎常情常理之外者：「曩甲午之辦海防也，水底
碰雷與開花彈子，有以鐵滓泥代火藥者。洋報議論，謂吾民以數
金錙銖之利，雖使其國破軍殺將辱地傷師不顧，則中國今日之敗
衂，他日之危亡，不可謂爲不幸矣，此其事足使聞者髮指，顧何
待言」⓾。在軍中爲少數人的小利，而置國族之大利於不顧的情
事，早在鴉片戰爭期間就發生，包世臣當年卽曾予以譴責。類似
的情況，在西方帝國主義的侵略下，不勝枚舉，問題是中國的民
德爲何如此敗壞？照嚴復的看法，是因自秦以來二千多年中，統
治階級「大抵皆以奴虜待吾民」，「夫上既以奴虜待民，則民亦
以奴虜自待」。因此，「使形勢可恃，國法尙行」，「一旦形勢
既去，法所不行，則獨知有利而已矣」⓫。這是說，在專制的統
治下，是培養不出眞正愛國心的。

　　西方民德之所以優勝於中國，一是由於他們實行以民意爲基
礎的議會政治；一是由於他們奉行「在上帝之前人人平等」的宗
教；所謂「西之教平等，故以公治眾而貴自由」。這是中國近代
思想史上，首次跳出傳統倫理的框架，從全新的觀點來討論民德
問題，開啟了倫理革新的先聲。

　　在西方，「人無論王侯君公，降而至於窮民無告，自教而觀
之，則皆爲天之赤子，而平等之義以明。平等義明，故其民知自

---

❿　　同前，頁五〇三～四。
⓾　　同前，頁五〇四。
⓫　　同前。

重，而有所勸於爲善」。在嚴復看來，西方宗教的效果，在「不愧於屋漏」的「束身自好」方面，一般信教誠篤的人民，與中國大人君子所能做到的，並沒有兩樣⑫。

此外，西方人的愛國情操，是由於他們實行法治、民主：「且彼西洋所以能使其民，皆若有深私至愛於其國若主，而赴公戰如私仇者，則亦有道矣：法令始於下院，是民各奉其所自主之約，而非率上之制也。宰相以下，皆由一國所推擇，是官者民之所設以釐百工，而非徒以尊奉仰戴者也。撫我虐我，皆非所論者矣。出賦以庀工，無異自營其田宅；趨死以殺敵，無異自衛其家室。吾每聞英人之言英，法人之言法，以至各國之人之言其所生之國土，聞其名子，若我曹聞父母之名，皆肫摯固結，若有無窮之愛也者。此其故何哉？無他，私之以爲己有而已矣」⑬。因爲在法治、民主的社會，每個公民都自覺到自己是國家的主人，所以對國家自然產生「深私至愛」，視國家若「私之以爲己有」，這種發自每一個體內心深處的愛國私情，正所以成就「合天下之私以爲公」。

到此我們可以了解，嚴復主張的「新民德」，除「束身自好」的個體道德之外，更重要的是攸關國家社會的公德。令人不能不敬佩的是，他已深刻地認識到，法治、民主乃國家建立或發展公德的必經之路，這個道理到今天我們的知識分子有幾人眞正能理解？

根據西方人提昇民德的經驗，再回到中國的現況，嚴復認爲

⑫　以上均同前，頁五○三。
⑬　同前，頁五○四。

「居今之日，欲進吾民之德，於以同力合志，聯一氣而禦外仇，則非有道焉，使各私中國不可。……然則使各私中國奈何？曰：設議院於京師，而令天下郡縣，各公舉其守宰」⑭。也就是要走民主之路，使人民能做國家的主人。「是道也，欲民之忠愛必由此，欲教化之興必由此，欲地利之盡必由此，欲道路之闢、商務之興必由此，欲民各束身自好而爭濯磨於善必由此」⑮。這些話雖不免推演過甚，他眞正想說的，恐怕是只有在一個法治、民主的國家裏，人民才能發揮他們各方面的潛能而已。

　　前文說過，嚴復並不認爲中國在當時有實行民主的條件，因爲「其時未至，其俗未成，其民不足以自治也」。「民之弗能自治者，才未逮、力未長、德未和也」⑯。所以變法方案可以說是爲了培養這些條件。可是在方案的「新民德」事項中，要培養人民的公德，又必須推行法治、民主才能達到，這大概是他意識到「至於新民德之事，尤爲三者之最難」的一個原因吧。在這裏也可以了解，實行民主與培養民主的條件，並非截然不同的兩回事，只要眞正是有利於民主成長的因素，在培養的同時，便已邁向民主之路。

第六節　《天演論》及其影響

　　嚴復譯述《天演論》，與一八九五年發表的系列論文，都是

---

⑭　同前。
⑮　同前，頁五〇四～五。
⑯　同前註❻，頁一四四一。

因甲午之戰失敗，悲憤心情下的產物。二者之間的關係，除前文
提到的，同是在危機意識驅使下寫成之外，大家都知道，《天演
論》是系列論文的理論依據。但從另一個角度來看，代表他這一
時期維新思想的作品，畢竟是系列論文，而不是《天演論》，
《天演論》也不妨視爲系列論文的注腳。

　　嚴氏所以要把達爾文的進化論介紹給中國讀者，除了甲午、
危亡等外因，從〈原強〉紹述達爾文的引言看，顯然還有學術上
的原因。他是用這樣的句子開頭的：「今之扼腕奮盻，講西學譚
洋務者，亦知近五十年來，西人所孜孜勤求，近之可以保身治
生，遠之可以經國利民之一大事乎」❶？接著簡介達爾文在歐美
的風行、影響及基本學說之後，又說：「至於證闡明確，犖然有
當於人心，則非親見其書者莫能信也」❶。絕大多數的中國讀
者，當然無法「親見其書」，這話無異是他譯述《天演論》的一
項承諾，原因是希望中國讀者，能知道一些眞正高水準而又具革
命性功能的西學。值得我們注意的是，達爾文的《物種原始論》
（嚴譯《物種由來》或《物種探原》），屬於生物科學。據說他
爲了擔心如過分強調人的進化，很可能導致社會拒絕接受他的全
部理論，因此故意將人的起源部分略而不說。可是嚴復的主要興
趣，並不在其生物科學，而是在「近之可以保身治生，遠之可以
經國利民」❶，他在《天演論》最後一篇甚至說，「天演之學，

---

❶　《對西方認識資料》，第四輯、第一分冊，頁四九二。
❶　同前，頁四九三。
❶　同前，頁四九二。

將爲言治者不祧之宗，達爾文眞偉人哉」⑳！西方的一位生物科學家，在嚴復的筆下，竟轉化成一位能經世濟民的政治哲學家，這種話如讓達爾文知道（達氏已於一八八二去逝），必定始而驚訝，繼而大笑。所以在中國十九世紀末葉出現的達爾文，我們只能說是「嚴復的達爾文」。恐怕反而是因爲這種差異，才在中國近代史上產生巨大影響。

我們了解了嚴復的主要興趣，可斷言卽使他有能力翻譯達爾文的《物種原始論》，他大概也不會去做，因爲那樣科學性的著作，在中國沒有幾個人能卒讀的。在《天演論》中，嚴復多次以斯賓塞的理論反駁赫胥黎，斯氏把天演學說擴展到對人類社會做廣泛的解釋，〈原強〉把這種學說，概括稱之爲「羣學」，不論在品味和需要上，他都是更能欣賞斯賓塞的。至於他爲何不譯斯氏的《綜合哲學》，反選擇了赫胥黎的《演化與倫理》作爲譯介進化論的藍本，他自坦承是因斯著「爲論數十萬言」，「其文繁衍奧博，不可猝譯」⑫，而選譯赫書的原文不過七十多頁（原著前二篇），內容又簡明通俗。更重要的理由，是此書「所論與吾古人有甚合者」，比較容易附會己意、借題發揮。《演化與倫理》被嚴復譯爲《天演論》的這本小書（連長篇大論的案語，共九十九頁），當然不是一般的譯作，其中無論是達爾文的學說，或赫胥黎、斯賓塞的，經由中國的術語、中國的文采，和中國人喜比喻的表達方式，加上強烈的危機意識，都相當程度的維新化

---

⑳　卷下，論十七〈進化〉，頁五十，三十六年（一九四七），商務印書館第四版。

⑫　《天演論》，卷上，導言二〈廣義〉，頁六。

了。

《天演論》全書最末一段，很可以幫助我們了解嚴復譯述此書的苦心孤詣：「吾輩生當今日，固不當如鄂謨所歌俠少之輕剽，亦不學瞿曇黃面，哀生悼世，脫屣人寰，徒用示弱，而無益來葉也。固將沉毅用壯，見大丈夫之鋒穎，彊立不反，可爭可取而不可降。所遇善，固將寶而維之，所遇不善，亦無懵焉。早夜孜孜，合同志之力，謀所以轉禍爲福，因害爲利而已矣」⑫。在此，嚴復向國人鄭重宣告，當國家面臨危亡的時刻，灰心、喪志、示弱無濟於事，我們必須志氣昂揚地振作起來，同心協力，共同奮鬥，而《天演論》正是爲我國的「轉禍爲福、因害爲利」，提供了方法和途徑。

在嚴復心目中，沒有一種學說更比天演能將中國當時所遭遇的「禍」、「害」，做生動而又深刻表達的。爲了加強國人對此學說的印象，並普及其宣傳的效果，嚴復在介紹時，運用了多種的方式和技巧。

（1）歷史的

《天演論》第一篇，嚴復加了近六百字的案語，很扼要地簡介了天演學說在近代西方的演變。以往的生物學者，討論物種由來，「皆主異物分造之說」。近百年來，這方面的專家，人才輩出，如法國蘭麻克、爵弗來，德國方拔，萬俾爾、英國威里士、格蘭特、斯賓塞、倭恩、赫胥黎等，開始懷疑古說，經過他們的「窮探審論」，達到的共識是：「知有生之物，始於同，終於異。造物立其一本，以大力運之，而萬類之所以底於如是者，咸

⑫　同前，卷下，頁五十一。

其自己而已，無所謂創造者也」。可是這種新說，並未風行。到一八五九年（咸豐九年），達爾文《物種由來》出版後，「眾論翕然。自茲厥後，歐美二洲治生學者，大抵宗達氏」。後來出現的新證據，也證明「達氏之言乃愈有徵」，使達爾文在生物學的地位，相當於歌白尼在天文學的地位。

　　達爾文之外，嚴復格外推崇斯賓塞，說他「亦本天演著天人會通論，舉天地人形氣心性動植之事而一貫之，其說尤爲宏富」。特別是斯氏《綜合哲學》中，「乃考道德之本源，明政教之條貫，而以保種進化之公例要術終焉」的第五書，使他衷心拜服，其中一部分曾予以譯述。在嚴復看來，《綜合哲學》五書，乃「歐洲自有生民以來，無此作也」❿。

（2）哲學的

　　〈原強〉以簡明扼要的文字，介紹了達爾文的基本觀念：「其一篇曰物競，又其一曰天擇。物競者，物爭自存也；天擇者，存其宜種也。意謂民物於世，樊然並生，同食天地自然之利矣。然與接爲搆，民民物物，各爭有以自存。其始也種與種爭、羣與羣爭，弱者常爲強肉，愚者常爲智役。及其有以自存而遺種也，則必強忍魁桀，趫捷巧慧，而與其一時之天時、地利、人事最相宜者也。此其爲爭也，不必爪牙用而殺伐行也，習於安者使之爲勞，狃於山者使之居澤，以是以與其習於勞狃於澤者爭，將不數傳而其種盡矣。物競之事，如是而已」❿。在這裏，嚴復傳達給國人的，是「物競天擇」、「適者生存」、「自然淘汰」等

---

❿　以上歷史的介紹，均同前註書，導言一〈察變〉，頁三～四。
❿　《對西方認識資料》，第四輯、第一分冊，頁四九二～三。

哲理性的觀念，不是生物演化的事實，爲「嚴復的達爾文」又一
佐證。

（3）文學的

《天演論》導言七〈善敗〉：「天演之說，若更以墾荒之事
喩之，其理將愈明而易見。今設英倫有數十百民，以本國人滿，
謀生之艱，發願前往新地開墾，滿載一舟，到澳洲南島達斯馬尼
亞所。棄船登陸，耳目所觸，水土動植，種種族類，寒燠燥濕，
皆與英國大異，莫有同者。此數十百民者，篳路襤縷，闢草萊、
烈山澤，驅其猛獸蟲蛇，不使與人爭土，百里之周，居然城邑
矣。更爲之播英之禾，藝英之果，致英之犬羊牛馬，使之遊且字
於其中，於是百里之內與百里之外，不獨民種迥殊，動植之倫，
亦以大異。凡此皆人之所爲，而非天之所設也。……而其土之天
行自若也，物競又自若也」。嚴復透過此一近似小說的故事，進
一步申論他所理解的天演學說：「以一朝之人事，闖然出於數千
萬年天行之中，以與之相抗」，他假設相抗的結果有三種情況，
一是「小勝而僅存」，卽僅能保種而無進化；二是「大勝而日
闢」，不僅能保種，且能進化；三是「負焉以泯而無遺」，卽連
種也保不住，終遭自然淘汰。相同的一羣人，在相同的自然環境
裏，爲何會有三種不同的結果？答案是：第一種情況，是因他們
到了新環境，模仿土著生活，只求「與舊者俱化」。第二種情
況，是因這羣人能「通力合作，而常以公利爲期。養生送死之事
備，而有以安其身；推選賞罰之約明，而有以平其氣。則不數十
百年，可以蔚然成國」。第三種情況，是因「數十百民惰窳鹵
莽，愚闇不仁，相友相助之不能，轉而麋精力於相伐，則客主之

勢旣殊，彼舊種者得因以爲利，滅亡之禍，且暮間耳」⑫。導言
十五〈最旨〉，爲上卷十四篇分別說明其旨意，〈善敗〉的旨意
是：「更以墾土建國之事，明人治之正術」⑫。講的雖是天演學
說，嚴復眞正關心的還是人治。

　　通過以上各種方式與技巧，嚴復所要傳達給國人的訊息，是
十分明顯的：一方面警告國人，中國確已面臨滅亡的危機；一方
面他要國人重建「人定足以勝天」的信念，只要能憤發圖強，及
時變法維新，就可以「轉禍爲福，因害爲利」。

　　在《天演論》一書中，這種危機意識，隨處可見，並成爲推
動其思考的力量，如導言四〈人爲〉的案語：「本篇有云，『物
不假人力而自生，便爲其地最宜之種』。赫胥黎氏於此所指爲最
宜者，僅就本土所前有諸種中，標其最宜耳。如是而言，其說自
不可易」。可是在嚴復看來，其說「然不知分別觀之則誤人」。
所謂「不知分別觀之」者，是言赫氏未將「本土所前有諸種」與
外來加入的新種，分別加以討論。所謂「誤人」，是因「僅就本
土所前有諸種中，標其最宜耳」，只能符合中國過去的情況，卻
不能說明中國當前的處境。「然使是種與未經前有之新種角，則
其勝負之數，其尙能爲最宜與否，舉不可知矣」。這才是中國當
前的處境。「外種闖入，新競更起，往往年月以後，舊種漸湮，
新種迭盛」⑫。這是他爲中國當前處境最深的憂慮。

　　嚴復的憂慮是有事實做根據的，你看「中國二十餘口之租

界，英人處其中者，多不逾千，少不及百，而制度蘫然，隱若敵
國矣」。而另一方面「吾閩、粵民走南洋、非洲者，所在以億
計，然終不免爲人臧獲被驅斥也」⑫。這種盛衰強弱的情勢，不
正好印證了天演學說中「優勝劣敗」的規律嗎？同時也是「此洞
識知微之士，所爲驚心動魄，於保羣進化之圖，而知徒高睨大談
於夷夏軒輊之間者，爲深無益於事實也」⑫。

〈原強〉：「今雖有聖神用事，非數十百年薄海知亡，君臣
同德，痛鋤治而鼓舞之，將不足以自立。而歲月悠悠，四鄰眈
眈，恐未及有爲，已先作印度、波蘭之續，將斯賓塞之術未施，
而達爾文之理先信」⑬。後面二句很清楚地告訴我們，嚴復是藉
達爾文天演之理警醒國人，並策勵自己和「洞識知微之士」；至
於「保羣進化之圖」，則有賴於「斯賓塞之術」。

《天演論》於導言十八篇中，有多處藉「人事」、「人治」、
「人擇」等觀念闡說或發揮斯賓塞的羣學或羣道。但比較能集中
而又扼要地介紹其學說的，仍推〈原強〉，該文「號其學曰羣
學，猶荀卿言人之貴於禽獸者，以其能羣也，故曰羣學。凡民相
生相養，易事通功，推以至於刑政禮樂之大，皆自能羣之性以
生」。方法上，「又用近今格物之理術，以發揮修齊治平之事，
精深微妙，縟富奧嬗。其論一事、持一說，必根據理極，引其端
於至眞之原，究其極於不遁之效。於五洲殊種，由狉榛蠻夷以至
著號開明之國，揮斥旁推，什九罄盡」。其學要旨，「則宗天演

---

⑫　同前，頁二十。
⑫　同前，頁十一。
⑬　《對西方認識資料》，第四輯、第一分册，頁四九六。

之術，以大闡人倫治化之事」。「而於一國盛衰強弱之故，民德淳漓與衰之由，則尤三致意焉」[131]。總之，「學問之事，以羣學爲要歸，唯羣學明而後知治亂盛衰之故，而能有修齊治平之功。於乎，此眞大人之學矣」[132]。大人之學在儒家傳統是指內聖外王之學，此以斯賓塞之「羣學」爲「大人之學」，足徵十九世紀九十年代觀念上所起的重大變化，爲變法維新提供了新的空間。

以上是就斯賓塞的《綜合哲學》而言，「斯賓塞爾全書之外，雜著無慮數十篇，而〈明民論〉、〈勸學篇〉二者爲最著。〈明民論〉者，言教人之術也；〈勸學篇〉者，勉人治羣學之書也。其教人也，以濬智慧、練體力、屬德行三者爲之綱」[133]。此卽嚴復變法思想三大綱目「鼓民力、開民智、新民德」之所本，也是他所受斯賓塞影響中最大的啟發。《天演論》導言八〈烏托邦〉云：「故欲郅治之隆，必於民力、民智、民德三者之中求其本也」[134]。此義暢發於〈原強〉，已見前文，這才是所謂「斯賓塞之術」的核心，也是嚴復獻給國人的維新法寶。

由嚴復同時代人的讚譽[135]，以及民初新文化運動時代一位具

---

[131]　以上均同前，頁四九三。
[132]　同前，頁四九四。
[133]　同前，頁四九三。
[134]　《天演論》，卷上，頁二十一。
[135]　康有爲：「《天演論》爲中國西學第一者也」。（《康有爲與張之洞書》，見《戊戌變法》第二冊，頁五二五。）梁啟超亦稱讚嚴復「於中學西學皆爲我國第一流人物」（見王栻《嚴復傳》，頁四十三），以上皆轉引自《中國近代著名哲學家評傳》，上冊，頁五〇六，一九八二年，濟南齊魯書社出版。

代表性知識分子的回憶●，《天演論》對十九世紀末到二十世紀
初年的知識界，無疑曾產生相當大的影響。郭正昭說：「這種生
物演化的科學原理，經『社會達爾文主義』學派的始祖斯賓塞推
衍爲一種極富籠罩力的社會決定論。這一思潮不僅震撼著當時歐
洲的學術界，且更進而支配了二十世紀初年中國社會文化運動達
三十年之久」●。不過，至遲到新文化運動時代(1915～1924)，
中國思想界已是五光十色、百花齊放，達爾文主義之外，有社會
主義、無政府主義、共產主義、國家社會主義、自由主義、實驗
主義、傳統主義，因此，達爾文主義是否仍具有「支配」性的地
位，值得懷疑。

天演論爲何一經嚴復介紹宣揚，卽獲得當時中國一般知識分
子的普遍接受和狂熱的崇信呢？郭正昭曾提出三點解釋：（1）就
廣大的、悠久的中國傳統文化的背景而言，「理性主義」（Ra-
tionalism）與「存疑論」（Agnosticism）的存在，實提供了達爾
文主義本土化的「同質」（Homogeneity）的基礎。（2）晚清時
代承染樸學遺風，講求實證，而且公羊說有復興的趨勢，深具
變遷的觀念。（3）甲午喪師辱國，一戰而敗於「島夷」日本，一

---

⑱ 胡適：「《天演論》出版之後，不上幾年，便風行到全國，竟做
　　了中學生的讀物了。讀這書的人，很少能了解赫胥黎在科學史和
　　思想史上的貢獻，他們能了解的只是那『優勝劣敗』的公式在國
　　際政治上的意義。在中國屢次戰敗之後，在庚子、辛丑大恥辱之
　　後，這個『優勝劣敗，適者生存』的公式確是一種當頭棒喝，給
　　了無數人一種絕大的刺激。幾年之中，這種思想像野火一樣，延
　　燒著許多少年的心和血，『天演』、『物競』、『天擇』等等術
　　語都漸漸成了報紙文章的熟語，漸漸成了一班愛國志士的口頭
　　禪」。見《四十自述》，頁四十九～五十，五十一年（一九六
　　二），臺北遠東圖書公司。
⑱ 《中國歷代思想家》中的《嚴復》，頁十四。

種受挫的羣體情緒與種族存亡的危機感乃猝然爆發❸。這三點解釋，其中還是以（3）可能是最重要的原因。至於（1）則仍可商榷。「存疑論」（一般譯爲「不可知論」）在中國傳統思想中是有，如荀子，但未成爲思想的主流。「理性主義」如果是西方哲學中的意義，那麼這種一味強調理智的思想，在中國一向少見。前文已提過，假如嚴復譯述的是達爾文的《物種原始論》，大概不可能在中國風行。在中國風行的是「嚴復的達爾文」，他運用儒家的外王觀念，經由斯賓塞，把達爾文主義轉化成具有治平功能的大人之學，這種改造社會的強烈願望，才是狂熱接受達爾文主義的傳統文化背景。

❸　同前，頁一一〇。

第十六章　康　有　為

　　如果說，十九世紀後期的維新思想，到嚴復已獲得進一步的突破，那麼到康有為則已達到高潮。康有為與嚴復不同，嚴復雖也對變法提出一套見解卓越，且具前瞻性的方案，但他扮演的是一位傳播西方的思想與觀念，和啟蒙思想家的角色；而康有為在年輕時，便希望領袖羣倫❶，「以經營天下為志」❷，對變法這個時代的大課題，他不僅有理論、有方法、有步驟，更重要的，他還有堅強的意願，無與倫比的熱情，要使變法的大工程，親身加以實行。因此，在十九世紀九十年代裏，他扮演的角色，不只是一位變法的理論家，更是一位變法的實行家。

　　康有為的性格和思想，都同樣複雜而富變化。在近代中國思想人物中，很少人像他那樣，對現實的改革與超現實的渺遠理想同時具備高度的熱情，前者使他成為維新變法運動的主導者，和推動立憲政治的先驅，後者使他成為一位「世界級的烏托邦思想

---

❶　《康子內外篇・闔闢篇》：「吾方欲有為也，德行志節之士，苟非遯世無悶者，亦將俛首從我，而吾視其德器之大小而禮貌之」。見《萬木草堂遺稿》外編上，頁四，一九七八年，臺北成文出版社。

❷　《康南海自編年譜》（以下簡稱《年譜》），頁十一，光緒五年，二十二歲。

家」（蕭公權語）。

光緒二十四年（一八九八），「百日維新」以悲劇收場，康氏於九死一生中逃離中國，那年他四十一歲。從以後的生活看來，他似乎並未因這幕悲劇，而受到嚴重的創傷，他照樣遨遊世界各國，享受人生的歡樂。而且精力充沛，一本本的新著，源源而出。儘管革命的時代已經到來，他卻始終堅持原先的改革理念。所以，他雖然在中國近代史上導演了一幕悲劇，他卻不是一位悲劇性的人物。他多彩多姿的一生，以及波瀾壯闊的生命情調，他實在是一位戲劇性人物，他從不願錯失任何時機，製造輿論，鼓動風潮，他總是能自搭舞臺，自己表演，很少寂寞。他常感情用事，卻自信心十足，對做過的事很少後悔。他促進了十九世紀末葉思想上的解放，而他自己的心靈深處，對以民族文化爲中心的認同感，卻從不動搖。因此，要對這號人物有正確、深刻的認識，實在不是件容易的事。

第一節　生平與著作

康有爲（1858～1927），原名祖詒，字廣廈，號長素，戊戌政變後，易號更生，廣東南海縣人。祖父名贊修（號述之），贊修以上三代，卽曾祖康式鵬（字雲衢）、高曾祖康輝（字文耀），皆好程、朱之學。文耀通過鄉試，後來成爲極具聲望的教師。雲衢無功名，但講學於鄉，號稱醇儒。述之中道光丙午（一八四六）舉人，歷任廣東合浦、靈山、連州訓導，欽州學正。父名達初，字植謀，號少農，曾就學於名儒朱九江（1807～1882）之

門，因追隨叔父廣西巡撫國器（有為叔祖）督軍閩、廣，草檄謀議有功，為江西補用知縣。母親勞連枝，有為乃長子，弟名廣仁（名有溥，號幼博）。

據有為自述：「余小子六歲而受經，十二歲而盡讀周世孔氏之遺文，乃受經說及宋先儒之言」❸。他的話或許誇大，但他自幼聰慧，又好讀書，則無可疑。幼小時，他與祖父的關係很親密，除祖父教讀之外，他的兩位叔祖又提供了極佳的讀書環境，使他終身感念。一位叔祖名懿修（又名國熹），以軍功受知於左宗棠，蓋受祖先詩書傳家的影響，雖為軍人，然家中藏書萬卷，使有為自幼便得「雜覽羣書」。另一位名國器，亦從事軍旅，因平定太平軍累功至廣西布政使、護理巡撫、福建按察使等要職，衣錦還鄉後，建築了華麗園林，其中有兩萬卷藏書樓與澹如樓，有為青少年時，經常讀書園中❹。

同治七年（一八六八），父親去世，於是「家計驟絀，僅用一婢，老母寡居，手挽幼弟，與諸姊妹治井竈之事」❺。但讀書生活並未因此中斷，從他的《自訂年譜》來看，十歲以後的十餘年間，於中國傳統的文、史、哲，幾乎無書不讀。二十四歲那年（一八八一）他寫道：「讀書鄉園，跬步不出，又無賓友，……苦身力行，以明儒吳康齋之堅苦為法，以白沙之瀟灑自命，以亭林之經濟為學，……是時讀書日以寸記，專精涉獵，兼而行之。

❸　《中庸注》序。
❹　以上參考蕭公權原著，汪榮祖譯：《康有為思想研究》，頁五～六，七十七年（一九八八），臺北聯經出版公司。
❺　《年譜》，頁五。

是年讀書最多，久坐積勞，……吾精力之虧自此始矣」❻。以他那過人的天資，學問仍是從苦功中得來。

他因自幼不喜八股文，爲祖父輩所逼，勉強應考，童子試與鄉試均多次受挫，直至三十六歲（一八九三），才鄉試中式第八名，三十八歲中進士第五名。當年，他不願考科舉，母親說：「汝祖以科第望汝，汝不可違」。成進士後，母親說：「宦途多危，吾欲常見汝，不可仕也」❼。可見母親並不了解這位胸懷大志的兒子，做兒子的後來也並未遵守母訓。

光緒二年（一八七六），有爲與自幼訂婚的張雲珠（字妙華）結婚，雲珠比他大三歲。婚後有爲常不在家，一八九八年起亡命海外的十餘年間，均由妻子奉養其母，宣統元年（一九〇九）才在鉢眹（Penang）重聚。在此之前，有爲已兩次納妾，思想上他主張男女平等，這一點頗遭後人非議。

家世之外，有爲的生平，可分三個階段來了解：

（一）早期教育

除了家教與個人自修，早期受教最重要的經驗，是十九歲（一八七六）到同邑禮山草堂從朱九江（1807～1881）學習。朱氏爲「粵學」名儒，乃有爲祖父之畏友，由於這層關係，有爲的父親和伯叔父，都曾是九江的弟子。朱氏教來學者，有所謂「四行五學」❽，四行是：敦行孝悌、崇尚名節、變化氣質、檢攝威

---

❻　同前，頁十二。
❼　《哀烈錄》，卷一，頁二，轉引自《康有爲思想研究》，頁六～七。
❽　《年譜》，頁八。

儀；五學是：經學、文學、掌故、性理、詞章。講學宗旨，主
「掃去漢、宋之門戶，而歸宗於孔子」，這一點給有為很大的啟
發。後來有為回憶，自從受朱氏的教誨後，「如旅人之得宿，盲
者之視明，乃洗心絕欲，一意歸依，以聖賢為可期」❾。可以想
見，在禮山三年的學習生涯，朱氏的確給他一次關鍵的影響。

不過，有為的性格與他的老師畢竟不同，他不可能做一位純
粹的學者。就在二十一歲那年，他生命中起了波瀾，起先是當著
老師的面批評韓愈（768～824）「道術淺薄」、「空疏無有」，
連韓氏著名的〈原道〉，「亦極膚淺」、「浪有大名」，九江
「乃笑責其狂」，「同學漸駭其不遜」❿。其實，他敢於向權威
挑戰，正是他思想上要求獨立自主的徵兆。繼而在同一年的秋多
時，自覺「日埋故紙堆中」的生活，不免「汨其靈明」，漸感厭
倦。於是「絕學捐書，閉戶謝友朋」，開始「靜坐養心」。有一
天，「靜坐時忽見天地萬物皆我一體，大放光明，自以為聖人，
則欣喜而笑，忽思蒼生困苦，則悶然而哭」。同學們看他「歌哭
無常」，「以為狂而有心疾」⓫。真正的原因，可能是因為長時
間專注於讀書，一時無法承受這種心理的壓力，極思從故紙堆中
解放出來，經由心理的反作用，所經歷的一次上下跌宕的意識活
動。這次奇特的經驗，依照中國傳統思想的邏輯，很自然地把他
追尋的方向，導入道、佛之書的講求。當然，在這種狀況下，他
已別無選擇，只有告別「尚躬行，惡禪學」的九江先生。

---

❾　同前。
❿　同前，頁九～十。
⓫　同前，頁十。

次年，因西樵山水幽勝，可以習靜，「正月遂入樵山，居白雲洞，專講道佛之書，養神明，棄渣滓，……常夜坐彌月不睡，恣意游思，天上人間，極苦極樂，皆現身試之。始則諸魔雜沓，繼則諸夢皆息，神明超勝，欣然自得。習五身道，見身外有我，又令我入身中，視身如骸，視人如豕」⓬。他後來那渺遠的大同理想，極可能卽萌芽於這次習靜超俗的經驗之中。

習靜生活使有為紓解了對中國古籍一時的厭倦心理，這段「恣意游思」的生活結束之後，很快便進入另一段長達數年的新知探索的歷程。根據自述，他十七歲時，便已涉獵有關西學之書⓭，但眞正想研讀西學，是二十二歲（一八七九）遊香港開始的。這位飽讀傳統詩書而又敏感的青年，一到香港，「覽西人宮室之瑰麗，道路之整潔，巡捕之嚴密」，思想上立卽受到衝擊，「乃始知西人治國有法度，不得以古舊之夷狄視之」⓮。於是在香港買了地球圖和西學之書，回南海後，又重讀了《海國圖誌》、《瀛環志略》等書。

二十三、四歲時，因家中「生計日絀，不能出遊，不能購書，乃至無筆墨」，只好在家侍奉母親，並教諸弟讀經。他自己也十分用功，除經、史、宋儒之書外，開始治公羊學⓯。二十五歲那年（一八八二）到北京應順天鄉試，南歸途中，暢遊揚州、鎮江名勝，「道經上海之繁盛，益知西人治術之有本，大購西書

⓬　同前。
⓭　《年譜》，頁七。
⓮　《年譜》，頁十一。
⓯　同前，頁十一～十二。

以歸，……自是大講西學，始盡釋故見」❶。二十六歲那年，又購《萬國公報》，並「大攻西學書」，包括聲、光、化、電、重學、各國史志及外人所撰遊記❶。

二十七歲時，因有「法越之役，粵城戒嚴」，遂還鄉獨居澹如樓，俯讀仰思，因顯微鏡和望遠鏡的經驗，使他漸形成宇宙無窮大無窮小的宇宙觀，和「以勇、禮、義、智、仁五運論世宙，以三統論諸聖，以三世推將來，而務以仁爲主，故奉天合地，以合國、合種、合教一統地球」的歷史觀、世界觀，以及「務致諸生於極樂世界」的終極關懷。更重要的，他此刻已有了「合經子之奧言，探儒佛之微旨，參中西之新理」，以建構一套綜合古今中西的哲學雄心，並爲此「浩然自得」，興奮不已❶。由於西學的刺激，使他在這一年思想上有了進展，在以後兩年中，並相繼寫成《人類公理》、《康子內外篇》二書，奠定了大同理想和變法的思想初步基礎。

（二）播種造勢到維新變法

十九世紀六十年代以後，爲維新思想播種的人已不算少，能像康有爲那樣爲變法運動造勢的人，則絕無僅有。能以無比熱情，始終鍥而不捨地推動變法，有爲在當時也是獨一無二的。這些活動將他人生發展帶向高潮。

（1）講 學

---

❶ 同前，頁十二～十三。
❶ 同前，頁十三。
❶ 《年譜》，頁十四～十五。

　　光緒十六年（一八九〇）以後的數年間，康氏開堂講學，先
是有陳千秋、梁啟超來學，二人本就學於學海堂，千秋在一次拜
訪康氏之後，告訴梁：「其學乃爲吾與子所未夢見」[19]，於是相
約向康執弟子禮。光緒十七年，康氏於廣州長興里（即所謂萬木
草堂）正式開講，先後來學的弟子中，陳、梁之外，著名的還有
韓文舉、梁朝杰、曹泰、王覺任、麥孟華等。康撰〈長興學記〉
作爲學規，要點是：「天下道術至衆，以孔子爲折衷；孔子言論
至多，以《論語》爲可尊；《論語》之義理至廣，以志於道、據
於德、依於仁、游於藝四者爲至賅」[20]。

　　講學期間，康氏完成多種著作，並著手撰寫《新學僞經考》、
《孔子改制考》。他聲稱不談政事，潛心學術，實際他的講學和
學術等活動，都是爲他的變法維新運動作積極的理論和人才的準
備[21]。

　　播種需要有與時代脈動相應的學問，接引人才需要個人的魅
力，據梁啟超的一些回憶，康有爲的確具備這些條件，如〈三十
自述〉：「時余以少年科第，且於時流所推重之訓詁、詞章學頗
有所知，輒沾沾自喜。先生乃以大海潮音，作獅子吼，取其所挾
持之數百年無用舊學，更端駁詰，悉舉而摧陷廓清之。自辰入
見，及戌始退，冷水澆背，當頭一棒，一旦盡失其故壘，惘惘然
不知所從事。且驚且喜，且怨且艾，且疑且懼，與通甫（陳千

---

[19]　梁啟超：〈三十自述〉，見《梁任公文存》，頁五十三。

[20]　楊克己編：《康長素梁任公師生合譜》，頁六十四，七十一年
　　　（一九八二），臺灣商務。

[21]　喻松靑、鄺柏林：〈康有爲〉，見《中國近代著名哲學家評傳》。
　　　上冊，頁五二二，一九八二年，濟南齊魯書社出版。

秋）聯牀竟夕不能寐。明日再謁，請為學方針，先生乃教以陸王心學，而並及史學、西學之梗概，自是決然舍去舊學。自退出學海堂，而間日請業南海之門，生平知有學自茲始」[22]。三十多年後，梁氏撰〈南海先生七十壽言〉，仍記得當年在萬木草堂的同學，每次聽老師講完，「則各各歡喜踴躍，自以有創獲」的情景。從這些憶述中，不難想像康有為講學的風格，他在播種的同時，已孕育著一種新的風氣。

（2）上　書

康氏第一次上書光緒皇帝，是在光緒十四年（一八八八），這一年以應鄉試到京。於中、法之戰失敗後，他有感於「國勢日蹙，中國發憤，只有此數年閒暇，及時變法，猶可支持，過此不治，後欲為之，外患日逼，勢無及矣」[23]。遂以布衣之身不計後果伏闕上書，建議「變成法、通下情、愼左右」。這次上書竟使得「舉京師之人，咸以康為病狂」[24]，復因大臣的阻格，終未能上達。這次他在京逗留了一年多，眼看在「外侮日逼」的國勢下，朝臣們依舊「酣嬉偷惰，苟安旦夕」，只好失望地暫回故里，專心著述、講學。

光緒二十一年（一八九五）春，康氏偕梁啟超進京會試，時正值甲午之戰慘敗，向日求和，京師震動，師徒遂合力發動六百另三人簽署之「公車上書」（第二書），除「拒和」「遷都」外，對變法提出了較全面性的方案。這次上書，都察院因和議已

---

[22]　同前註[19]，頁五十三～四。
[23]　《年譜》，頁十八。
[24]　梁啟超：《戊戌政變記》，頁一。

成，拒不接受，但因各省士子聚集北京，有很大的宣傳效果。

「公車上書」後不久，康會試中式，成進士後，授以工部主事，他拒任這個小官。但進士曾是嚴復夢寐以求而不可得的身分，康氏因具備了這個身分，於同年五月十二日（六月四日）上清帝第三書，終於使光緒看到了。第三書提出富國、養民、教士、練兵作爲雪恥自強之策，光緒看後，卽命複抄四份，一份呈慈禧太后，一份置乾清宮南窗小篋，一份放在手邊，一份由軍機處抄發各省都撫將軍議處㉕。

第三次上書，給康氏極大的鼓舞，緊接著於同年閏五月八日（六月三十日）又上第四書，要點爲「下詔求言」、「開門集議」、「闢館顧問」、「設報達聽」、「開府闢士」，書中已建議「設議院以通下情」。此書因工部侍郎李文田、督辦處榮祿等人均不願代遞，未能上達。

光緒二十三年（一八九七）十一月，因德國強佔膠州灣，康氏聞訊，兼程北上，到了北京立卽上了第五書，書中疾呼中國已面臨被列強瓜分的危機，若再不變法，「恐自爾之後，皇上與諸臣雖欲苟安旦夕，歌舞湖山而不可得矣」！此書已提出「自茲國事付國會議行」的主張。

第五書雖因工部長官淞滗從中作梗，未能及時遞上。但因給事中高燮曾的抗疏急薦，請求光緒召見康有爲，恭親王奕訢進諫謂，「本朝成例，非四品以上官不能召見，今康有爲乃小臣，皇

㉕ 湯志鈞：《戊戌變法史論叢》，頁一八五，一九八六年，臺北縣中和市谷風出版社。

上若有所詢問，命大臣傳語可也」㉖。於是在光緒二十四年正月初三（一月二十四日）有康氏舌戰諸大臣（李鴻章、翁同龢、榮祿、廖壽恆、張蔭桓）的一幕㉗。此時第五書也呈給光緒皇帝，光緒並命將所著《日本明治變政考》、《俄彼得變政記》等書進呈。康氏當然知道，此刻已到了變法的緊要關頭，他不眠不休地工作，幾天之後（正月初八），便呈上〈應詔統籌全局摺〉（第六書），「請皇上斷自聖心，先定國是」，並「以俄大彼得之心爲心法，以日本明治之政爲政法」。又建議成立制度局，作爲變法制度上的依據。同月又上第七書，率陳中國之積弱，弄到今天百病齊發、百弊叢生的地步，皆由體制所造成。

在此期間，康氏掌握住這來之不易的較有利情勢，也爲了使變法的氣氛不致冷卻，他仍不斷上摺子。在他的催生下，加上朝內有御史楊深秀、侍讀學士徐致靖等人上奏章配合，光緒皇帝終於在四月二十三日（六月十一日）下詔定國是，五日後並召見了

㉖ 同前註㉔，頁十。

㉗ 據《年譜》記載（頁四十二──三），問答內容如下：「榮祿曰：『祖宗之法不能變』。我答之曰：『祖宗之法，以治祖宗之地也，今祖宗之地不能守，何有於祖宗之法乎？卽如此地爲外交之署，亦非祖宗之法所有也。因時制宜，誠非得已』。廖（壽恆）問『宜如何變法』？答曰：『宜變法律，官制爲先』。李（鴻章）曰：『然則六部盡撤，則例盡棄乎』？答曰：『今爲列國並立之時，非復一統之世，今之法律官制，皆一統之法，弱亡中國，皆此物也，誠宜盡撤，卽一時不能盡去，亦當斟酌改定，新政乃可推行』。翁（同龢）問籌款，則答以：『日本之銀行紙幣，法國印花，印度田稅，以中國之大，若制度旣變，可比今十倍』。於是陳法律、度支、學校、農商、工礦政、鐵路、郵信、會社、海軍、陸軍之法，並言日本維新，仿效西法，法制甚備，與我相近，最易仿摹，近來編輯有《日本變政考》及《俄大彼得變政記》，可以採鑑焉。至昏乃散，榮祿先行」。

康有爲，並面諭「著在總理衙門章京上行走」，特許專招奏事，從此變法運動進入緊鑼密鼓的階段。

(3)組織學會

第四次上書（一八九五）受挫後，有感於「思開風氣、開知識，非合大羣不可，且必合大羣而後力厚也，合羣非開會不可」 ㉘。於是仿李提摩太（1845～1919）等創立的廣學會（一八八七），發起組織強學會（陰曆七月），共同發起人還有陳熾、沈曾植、沈曾桐、袁世凱、楊銳、丁立鈞、張孝謙、梁啟超、麥孟華，學會宗旨便是開風氣、開知識、合大羣，三日集會一次（一說十日），會中有人演講㉙。強學會成立之前二月，康等已發行《中外紀聞》日報，成立後納入強學會繼續出版㉚。同年十月又成立上海強學會，刊行《強學報》。這樣的活動，當然不是守舊派所能容忍，經由楊崇伊出面彈劾，強學會與《中外紀聞》遂遭封禁，上海方面運用學會經費辦了《時務報》（一八九六）。風氣既開，稍後湖南成立南學會，出版《湘報》，創辦時務學堂，使變法運動由京師擴延到地方㉛。

（三）戊戌變法以後

一八九八年「百日維新」結束時，康氏才四十一歲，到去世還有將近三十年的歲月。就學術思想而言，一九〇一～三，三

㉘　《年譜》，頁三十四。
㉙　王爾敏：〈清季學會彙表〉，見《晚清政治思想史論》，頁一三五，五十八年（一九六九）自印本，學生書局經銷。
㉚　同前，頁一六二。
㉛　詳見王爾敏〈南學會〉一文，同前，頁一〇一～一三三。

年間，是他學術生涯的又一高峯，除完成《大同書》，還寫成《禮運注》、《中庸注》、《孟子微》、《大學注》、《論語注》。這五部作品，誠如黃俊傑所言，「代表了處於思想發展第三階段中的康有爲重建儒學所下的努力；也在相當程度內反映了戊戌變法受到挫折後，康氏亡命海外、浪跡異邦的生活經驗；此外更彰顯了康氏以儒學爲基礎綜羅佛學與西學，而自成一家之言的胸襟」㉜。

　　就政治改良而言，戊戌變法已是滿淸王朝最後的機會，喪失這次的機會，革命風潮已難避免。所以，當歷史的舞臺已變，對擅長在舞臺上表演的康有爲這個角色，漫長的三十年，實是一歷史的殘酷。當時代的風潮與自己所持的理念距離越來越遠時，康氏如能全力投入學術，必可再創人生的新境，讓時代的流變最後證明你是對的。當歷史舞臺已變，仍勉強要在舞臺上演出，結果，不論是保皇會，或是復辟，或是天遊，都不免成爲歷史上的丑角。梁啟超的抉擇，與他的老師顯然有所不同，梁之所以在中國近代史上享有不朽的聲名，是因他晚年專心於學術，尤其重要的，是當世紀之交的一二十年間，他在思想啟蒙方面有絕大的貢獻。

　　康有爲的著作，在蕭公權原著，汪榮祖譯成中文時改名爲《康有爲思想研究》一書引用書目甲：「康有爲編著之部」，所列書目多達十頁以上。王樹槐所著《康有爲》（臺灣商務版《中

㉜　黃俊傑：〈從《孟子微》看康有爲對中西思想的調融〉，見《近世中國經世思想研討會論文集》，頁五七九，七十三年（一九八四），中央研究院近代史研究所。

國歷代思想家》第四十七冊）一書所列康氏著作比較簡要，也有三十六種之多，在此不擬一一列出。作爲變法理論基礎的《新學僞經考》、《孔子改制考》，後文將予討論。至於《大同書》，蕭公權的鉅著中，已有精細的探討，本書因限於十九世紀，而《大同書》的完成已在二十世紀初年（1902～1903），所以不打算正面處理。當然，康氏大同思想在形成和發展的過程中，與變法思想不可能完全沒有關係，但在推動變法運動的過程中，並不重要。在這裏，也許可以提一個假設，他對烏托邦思想的興趣持續那樣久，這烏托邦世界可能是他每次改革運動──不只是維新變法❸──受挫後內心的一個避風港，有助於他恢復健康、恢復精力。

喬治・凱特布（George Kateb）說：「烏托邦思想受著一種『秩序狂』所控制。烏托邦的強力動因之一，是要使世界盡可能免於混亂，免於失去秩序。烏托邦是一種對於秩序、安靜與平和的夢想，人之所以有這種夢想，是因爲歷史的事實過於動盪不安，可以說烏托邦的夢想是以歷史的夢魘爲其背景」❸。這段話多少可以幫我們理解，康有爲的大同思想何以會在內外交迫的晚清出現。

至於對《大同書》的評價，蕭公權所說，我想是很恰當的：

---

❸ 光緒九年（一八八三），曾發起不裹足會，參加的人甚多，後以集會犯禁而逐漸散去。光緒十九年（一八九三），他率領萬木草堂的學生，干預地方團局貪污事，與惡勢力鬥爭，幾乎使他送命。參考王樹槐：《康有爲》，頁十～十一。光緒十九年事詳見本書下文。

❸ 喬治・凱特布編，孟祥森譯：《現代人論烏托邦》，頁十四，六十九年（一九八〇），臺北聯經出版公司。

「他有意無意借自前人，但他所借者融合得十分徹底，合之以極多的想像，遂成其獨創的思想，他創造了『一個新理想』，因此他可自稱爲中國最偉大的烏托邦思想家，與西方傑出的烏托邦主義者匹敵」㉟。

第二節　康有爲的性格

在這一章開頭的引言中已說過，要對康有爲這個人有正確、深刻的認識，不是件容易的事。這一節我想嘗試對他的性格做一些描述和分析，這些了解是否正確，則不敢說，但達到某種程度的深刻，應該可以做到。

（1）專心一志

一個人能相當長時間的把注意力集中，從事心智的工作，或是爲了達到一個目標，能始終鍥而不捨去奮鬥，都是專一能力的表現。根據康氏的《自訂年譜》，他幼小時便廣涉羣籍，後來雖從學於名師朱九江，他一生的學問，泰半來自自學，沒有很強的專一能力，是辦不到的。二十四歲那年：「是時讀書日以寸記，專精涉獵，棄而行之。是年讀書最多，久坐積勞，至七月臀起核刺，割之不效，十月出城就醫焉」㊱。苦讀到積勞成疾，純書生型的人中，並不稀罕，一個野心勃勃的青年，能讀書專心到這地步，就格外不容易。何況他的苦讀並非爲追求功名，而是一種自發的興趣。這種能力也表現在他著作生涯中，驚人數量，代表著

㉟　《康有爲思想研究》，頁四七四。參看前註❹。
㊱　《年譜》，頁十二。

長期的專一精神，特別是在二十世紀最初的二、三年中（已詳見前文）。

在中國歷史上，大概從未有人像康有爲那樣，爲了政治的革新，所付出的熱情，幾乎到了瘋狂的地步；爲了一個根本無法達成的目標，始終不懈地去奮鬥的。七次上書之外，僅於百日維新期間，就有幾十個摺子[37]，如此國家大事，好像只有他一個人在賣命，他眞是做到捨我其誰。到了變法的工作有些眉目的最後幾個月，在危機四伏的環境裏，更是無分晝夜，力排眾議，全心投入，這當然也是專注能力的高度表現。

（2）具有與惡勢力鬥爭的膽識

這件事發生在光緒十九年（一八九三）[38]，康氏三十六歲。康的伯祖康國熹在平紅匪時，曾於南海創立團練局，範圍三十二鄉，人丁五萬。曾任知府的張蒿芬，因遭罷譴還鄉，遂執掌團練局，竟與盜匪勾結分肥。盜匪因有張做後臺，在地方上打家劫舍，十分囂張，無人敢過問。康與張本舊識，應鄉人之請，不顧舊好，出面主持公道，「乃號於三十二鄉之紳，合三十餘人攻張」，要他交出局印，結果被張一再聚眾威脅，幾乎喪命。這事

---

[37] 汪榮祖：〈康有爲章炳麟合論〉：「所謂在百日維新期間，康有爲上疏甚少，乃是一種誤解。此一誤解很可能源自一九五八年出版的《戊戌變法檔案資料》。該資料編者的前言中曾說：『這個運動的主角——康有爲的條陳卻很少，僅存他建議辦報的二件』。故論者輒以麥仲華所謂：『（南海）先生撰奏摺都六十三首』，『累年搜輯，鈔存得二十篇』，爲誇張不實之言。今孔祥吉據故宮舊檔考得百日維新期間，康有爲所上或代上奏摺與條陳，計有六十五件之多，很可能尚有未考出者，至少已經超出麥氏『誇張』之數」。見七十五年（一九八六），中央研究院《近代史研究所集刊》，第十五期上冊，頁一四七~八。

[38] 《年譜》，頁二十六~七。

件發生後，傳聞鄉里，弄得「謗言騰沸」，反被張挾怨控告，使康遠走桂林。在此之前（約一八八九）康氏寫信給刑部沈子培，信中引用張居正（1525～1582）的名言表達心聲：「吾平生學在師心，不但一時之毀譽有所不顧，雖萬世之是非，有所不計也」❸。就是憑著這種信念，他才能不計後果與惡勢力作戰，表現出過人的膽識。先後長達十年由康氏主導的維新變法運動，也不過是與國家機器中最大的惡勢力——后黨鬥爭而已。事後他為此不勝感慨：「十里之地與萬里之地，五萬之民與四萬萬之民，相去萬倍，而欲矯而易、救而治之，其謗議同，其險難同，其幾死同，而傷我良人同，小有成功而傾覆同。嗚呼！任事之難如此，宜人爭講老氏學，保身養妻子，坐視生民之傾覆顛連而不恤也」❹。

（3）狂　傲

康有為年輕時，曾於樵山「徘徊散髮，枕臥石窟瀑泉之間」❶，那是一種狂放的生活，狂放是自我的放肆。狂傲又不同，它是表現在人際關係之中的。有為童子時，因能賦詩，便被人目為神童。又常以歷史上的著名學者、文人自況，可見他自幼就很自負❷。後來在朱九江門下，因批評韓愈「浪有大名」，九江「乃笑責其狂」。據其自述，自初見九江，便「諄諄戒吾傲」❸，而他這種狂傲的性格一直未改：

---

❸　轉引自蕭公權：《康有為思想研究》，頁十八，參前註❹。
❹　《年譜》，頁二十七。
❶　《年譜》，頁十。
❷　《年譜》，頁五。
❸　《年譜》，頁十。

（a）二十二歲居樵山時，編修張延秋與朝士四、五人來遊，張君素以文學著名於京師，在山中見到有爲，二人因議論不合，有爲竟然「大聲呵詆」，且「拂衣而去」❹。

（b）三十一歲時因到京鄉試，同鄉許姓和李姓二位侍郎，怪他不去拜訪他們，康的答覆是：「彼若以吾爲賢也，則彼可來先我，我布衣也，到京師不拜客者多矣，何獨怪我，卒不謁」❺。

（c）三十一歲的順天鄉試，本已中式列第三名，被侍郎孫詒經認出他的卷子，大學士徐桐說：「如此狂生，不可中」！遂被抑置副榜，房官爭之，徐更怒，抑置謄錄第一❻。可見他的狂傲已很出名。

（d）三十六歲時再度赴京應鄉試中式，本置第二名，因他的試卷，有違朱註，降爲第八名，有爲覺得很不公平，遂打破慣例，不奉考官房官爲師，弄得「時論大譁」❼。

（e）三十八歲，他到 南京 去找 兩江總督 張之洞 （1838～1909），要求贊助強學會的南方分會，這時張氏也有意變法，待康如上賓，但很不贊成《孔子改制考》中的論點。康有爲拒絕修改或放棄他的任何意見，說他的意見來自大原則，不能因兩江總督的禮遇而改變❽。

（f）戊戌那年，他四十一歲，被光緒皇帝歷史性的召見之後，剛毅建議讓他在總理衙門行走，康卻認爲此職有辱於他，乃

---

❹ 《年譜》，頁十一。
❺ 《年譜》，頁十八。
❻ 《年譜》，頁二十一。
❼ 《年譜》，頁二十五。
❽ 蕭公權：《康有爲思想研究》，頁二十二。

拒絕赴任㊾。

由於以上這些狂傲的性格，因此在許多人心目中，他是一個十足的妄人。就廣義的儒學而言，康有爲仍可稱作儒士，但難以將他劃入任何一種儒林宗派㊿。這種性格反映在思想上，遂表現出好高矜奇、決破羅網，且時有大膽不經的觀念。

（4）強烈的自信心

蕭公權認爲，強烈的自信心，幾近乎自誇，是康有爲性格最顯著的特徵。他很難自認有錯誤，當別人不同意他一些事時，他總認爲是別人的錯。他在認知上毫無疑惑，遇到問題可以馬上作出決定，可以用幾句話打發很複雜、很困難的事務。這種性格固然給予他道德的勇氣和學問上的堅持，也因而常受制於教條主義。這種教條式的心態，使他有時看不見現實，例如戊戌年（一八九八）當皇帝下詔變法明定國是時，許多保守的官僚士大夫加強抵制康有爲的活動，他卻說：「舉國懽欣」！又如庚子那年（一九〇〇），他宣稱籌有巨款和相當數目的軍隊勤王，事實並沒有這回事。過於自信，竟使他流於幻想，以至於自欺㈤。

（5）秉性奇詭

梁啟超曾說他，「自發明一種新理想（指《大同書》），自認爲至善至美，然不願其實現，且竭全力以抗之遏之，人類秉性之奇詭，度無以過是者」㈤。奇特、詭譎，令人難解，康氏一生中

㊾　《年譜》，頁五十一。

㊿　同前註㊲，頁一一九、一二四。

㈤　同前註㊽。

㈤　梁啟超：《清代學術概論》，頁一三六，六十年（一九七一），臺北水牛出版社。

類似的例子正多，「他每天戒殺生，而日日食肉；每天談一夫一妻，而自己卻因無子而娶妾；每天講男女平等，而其本家之女子未嘗獨立；每天說人類平等，而自己卻用男僕女奴」❺❸。他一生都喜歡過奢侈享樂的生活，可是一種「伊壁鳩魯式的制力」，也始終出現在他的一生中❺❹。他信仰科學，也相信看相、風水❺❺。梁啟超說：「先生爲進步主義之人，夫人而知之。雖然，彼又富於保守性質之人也」❺❻。總之，康有爲生命中，混雜著太多矛盾不協調的因素，這不僅使他一生中理論與實際常不一致，甚至是理想與現實的兩極端❺❼。

第三節　爲何能成爲變法運動的主導者

　　蕭公權在其研究 康有爲思想 的著作中， 曾四次提到王安石（1021～1086），其中三次是與康氏相提並論：（1）二人都具有不能容忍旁人意見的專斷性格。（2）二人都曾被反對者指爲非儒家人物。（3）二人在推行新政時，都遭遇到新政的人才問題❺❽。

　　在儒家兩千多年的傳統中，以一位儒家學者而實際推動變法運動，只有王安石與康有爲，這兩位儒家外王精神的實踐者，除上述三點之外，還眞有一些巧合和共同之處。巧合是指康有爲公

❺❸　陸乃翔、陸敦騤：《康南海先生傳》，頁四十八，轉引自前註❹❽之書，頁三十一。
❺❹　同前註❹❽，頁六、二十七——八。
❺❺　同前註❹❽，頁二十六。
❺❻　梁啟超：《康南海先生傳》，頁八十八。
❺❼　王樹槐：《康有爲》，頁八十二。
❺❽　同前註❹❽，頁二四、四十、三八一。

車上書時是三十八歲，王安石〈上仁宗皇帝言事書〉，也是相同年紀。此外，他們在年輕時便有志於改造社會政治，而且對自己的想法和做法都充滿自信而有勇氣；二人都有歷史的進化觀；更妙的是，二人都是利用講學期間發展變法的理論，也同樣是經由經學建立新經義，作爲變法的理論根據❺❾。

當然，十一世紀與十九世紀的歷史環境與變法性質，都大不相同，但由兩相對照，可以看出二位變法者，都做了長時間的準備，並想有計畫的改革。在戊戌變法的前十年中，朝野似尚無第二人做過像康有爲那樣的努力，他之所以能成爲變法運動的主導者，絕非偶然。

至於梁啟超提出「運動之原動力及其中堅，乃在不通西洋語言文字之人」，因而認爲西洋留學生全體未參加此一運動，乃大不幸之事，且「深有負於國家」❻⓪。汪榮祖對梁啟超的看法不以爲然，他指出若是就變法言論活動而言，西洋留學生並非全體未嘗參加，如嚴復在甲午之後，就積極倡導變法，戊戌變法起，他又有上皇帝書，暢言變法。其他留學生如容閎（1828～1912）、何啟（1859～1917）、胡禮垣（1848～1916），也都參與變法的思想活動。梁氏所謂的運動若僅指戊戌變法，則西洋留學生全體確不曾直接參與，之所以如此，並不是有意「有負於國家」，而是他們的變法思想與康、梁一派有異同，他們並不反對民權與議

---

❺❾　王安石這些方面的經歷與思想，見韋政通：《中國思想史》，第三十一章〈王安石〉，頁一○○三～一○三八，六十九年（一九八○），臺北大林出版社。

❻⓪　同前註❺❷，頁一六二～三。

會,而反對卽刻實施,因尙非其時⑥。

戊戌政變之後,嚴復雖視康、梁爲此幕之禍首,但也承認「吾國自甲午、戊戌以來,變故爲不少矣,而海內所奉爲導師以爲趨勢標準者,首屈康、梁師弟」⑥。所以康有爲乃變法運動的主導者,應不成問題。可進一步探討的是,康氏爲何能成爲變法運動的主導者?與留學生相比,除了思想的因素之外,我想個人的條件是很重要的。

說到個人的條件,首先就是康有爲的性格,蕭公權說:「許多歷史因素導致戊戌變法的慘敗,但我們不能不設想,康有爲的性格使變法成功的希望更加渺茫。不過,還有一個問題:假如康有爲不那樣莽撞,不那樣感情用事,不那樣自信,他能夠發動這一變法運動嗎」⑥?如與嚴復在變法中所扮演的角色相對照,嚴氏不論是變法的方案,以及對民主的態度,都是出於理智的思考和理性的態度,因此,他不會那樣莽撞、那樣感情用事。但是,要發動像變法這種政治性的運動,需要冒險與冒進的衝力,不可避免的會夾雜一些非理性的因素。理性與非理性在歷史進程中有很複雜的關係,也代表兩種不同的價值,不同價值的體現,往往決定於不同的性格。

其次,前文在講康氏生平時,已就講學、上書說明他播種造勢的能力。能開思想的風氣,也是一種造勢,但康氏的目的不止

⑥ 汪榮祖:〈論戊戌變法失敗的思想因素〉,見《晚清變法思想論叢》,頁一一五,七十二年(一九八三),臺北聯經公司。
⑥ 轉引自前註⑥之書,頁一一八。
⑥ 《康有爲思想研究》,頁二十。

於此。胡適曾說他自己「但開風氣不爲師」❻❹，因此他只能成爲一個啟蒙思想家，不會成爲實際推動政治改革的政治運動家，他如早生於維新時代，實際的表現可能與嚴復相似。康有爲不同，前面已提過，他早年便已有領袖羣倫之志，他是一心一意想要得君行道，梁啟超說他的老師「以爲我不入獄，誰入地獄、救此眾生」❻❺？在專制時代，要實現這種志趣，最有效的途徑，便是挾天子之力，他不斷造勢的目的也在此。就這一點而言，康有爲是成功的。

當康氏推動變法運動時，變法思想仍在初步發展的階段，在思想界顯得扞格不入，尚不能形成「氣候」。第一次造勢——公車上書，所以能震動朝野，固由於甲午慘敗、羣情激憤的時機，但爲何只有康有爲能乘機崛起，成爲運動的主導者，不能不說是因他有其他知識分子所不及的能力，除了「議論縱橫」、「風靡羣倫」的魅力之外，還有賴於他的不計成敗、「雖天下謗之而不顧」的勇氣與自信❻❻。

雖然，被學者稱之爲「石破天驚之論」的新經義——《新學僞經考》、《孔子改制考》，曾「引發多方責難，並屢遭禁毀，於變法的政治活動實害多利少」❻❼。獨造新經義，本是爲變法服務的，後來卻成爲變法的障礙，恐怕爲康氏始料所不及。但因這套新鮮的思想，是由經學堡壘內部發難，極具震撼性❻❽，「使其

---

❻❹　《胡適之先生年譜長編初稿》第二册，頁五八五，七十三年（一九八四），臺北聯經公司。

❻❺　同前註❺❻，頁四十六。

❻❻　參考前註❻❶之書，頁一〇三～四。

❻❼　同前註❻❶，頁一一四。

❻❽　同前註❸❼，頁一一七。

他學者可以拒斥或譴責，但不能忽視」⑲，就造勢而言，仍有其
一定的效果。

　　康氏的新經義，如翁同龢謂其「眞說經家一野狐」⑳，是可
以的，如斥爲「非聖無法」㉑，便不相干。作爲一個變法的行動
家，「非聖無法」應該不是貶詞，而是讚詞，變法的前輩王安
石，不也說過「天變不足畏，祖宗不足法，人言不足恤」㉒嗎？

　　康氏除了變法的理論，還有整套的變法計畫，前者使他成爲
政治思想家和個人的行動綱領，後者爲政治運動家所不可缺，且
成爲政府推行變法的政策依據。光緒皇帝在「詔定國是」後，如
雪片般紛紛而下的「上諭」中，差不多都是根據康有爲的迭次上
書及「詔定國是」後的專摺建議而頒佈的。其中雖亦有受了別人
的奏疏而頒發的「上諭」，而這些建議，或係由康所授意，或係
由康所代擬㉓。照這個過程來看，晚清末造如無康有爲其人，至
少在戊戌年代，就不可能發生維新變法運動。

第四節　《僞經考》在思想史上的意義

　　康有爲變法理論的代表作有二：《新學僞經考》、《孔子改
制考》，如果說，前一書的主要內容和目的是爲了「證明」劉歆
僞造經典，從而湮滅了孔子的「微言大義」，那麼，後一書就正

⑲　同前註㉖，頁九十七。
⑳　同前註㉑，頁一一一。
㉑　「非聖無法」乃給事中余晉珊彈劾康有爲之詞，見《年譜》，頁
　　二十八。
㉒　新校本《宋史》，卷三二七，〈王安石傳〉，頁一〇五五〇。
㉓　湯志鈞：《戊戌變法史論叢》，頁二七六。

是要正面來說明和闡發這種「大義」。前一書如果是「破」，則後一書是「立」 ❼ 。「破」是要打倒劉歆代表的古文學派。所謂湮滅了孔子的「微言大義」，是因劉歆僞造經文，奪孔子六經以與周公，抑孔子爲傳，以左氏破公羊之微言大義，掃除孔子改制的聖法，使《春秋》被後人視爲「斷爛朝報」。康氏欲尊孔子，復公羊傳，則必先打倒僞經，然後可以推出《孔子改制考》 ❼ 。

梁啟超說：「有爲早年，酷好《周禮》，……後見廖平所著書，乃盡棄其舊說」 ❼ 。這只說明康氏思想轉變的一個線索，《僞經考》產生的背景，並不如此簡單，此書立意破壞偶像，叛離傳統，絕非一時的衝動，而是經過長時間的醞釀和準備工作。《僞經考》成書於光緒十七年（一八九一），準備工作是指前一年即著了《王制義證》、《毛詩僞證》、《周禮僞證》、《說文僞證》、《爾雅僞證》等書，考證古文經。醞釀是指於光緒十年（一八八四）至光緒十三年（一八八七）間，所著《康子內外篇》、《人類公理》，思想轉變已見端倪。

據李三寶的研究，康氏在這兩部早年的作品中，已對傳統之禮教觀、價值觀作整體之再評估 ❼ 又說康氏「曾目擊環境之大變，力做創新性之反應，其所揭櫫昌言者，實遠超出傳統倫理及

---

❼ 李澤厚：〈康有爲思想研究〉，見《中國近代思想史論》，頁一六九。

❼ 《新學僞經考》敍目繫辭，及王樹槐：《康有爲》，頁四十七。

❼ 《清代學術概論》，頁一二六。

❼ 李三寶：〈經世傳統中的新契機——康有爲早期思想研究之一〉，見《近世中國經世思想研討會論文集》，頁五六二，七十三年（一九八四），中央研究院近代史研究所。

宇宙觀之外，可不稱其爲『思想自由』之鬥士」 **⑱**？以如此思想爲背景，《僞經考》出現任何石破天驚之論，還有什麼可奇怪的？此外，康氏撰《僞經考》還有政治的背景，因清帝國情況日壞，使他深信唯有及時改革才能免於西方列強的瓜分，可是如不先排除傳統內部的思想阻礙，有效的改革是不可能的 **⑲**。《僞經考》的目的，便在排除這方面的障礙，以促進思想的解放。

《新學僞經考》出版後，海內風行，上海及各直省五次再版，徐仁鑄督學湖南時，曾以試士 **⑳**。所謂「僞經」，「謂《周禮》、《逸禮》、《左傳》及《詩》之《毛傳》，凡西漢末劉歆所力爭立博士者」。依《僞經考》：

（1）《詩》只有三百零五篇，無所謂《毛詩》。

（2）《書》只有伏生背出的二十八篇（非《史記》所述二十九篇，《史記》中之「九」字係後人所改），孔安國所得古文《尚書》，皆爲劉歆僞造。

（3）《禮》只有高堂生傳的十七篇，《逸禮》、《周官》、〈明堂〉、〈陰陽〉等皆爲劉歆所僞造。

（4）《易》以伏羲畫八卦，文王重六十四卦，孔子爲之繫辭上下兩篇，十翼中的其他八篇皆非孔子所作。

（5）《春秋》爲孔子所作，唯有《公羊》、《穀梁》二家之傳。《左傳》多爲劉歆自《國語》中抄出 **㉒**。

---

⑱ 同前，頁五七四。
⑲ 蕭公權：《康有爲思想研究》，頁六十七。
⑳ 《新學僞經考》後序，頁三八一。
㉑ 同前註**⑯**，頁一二七。
㉒ 王樹槐：《康有爲》，頁四十六。

又爲何稱「新學」？「謂新莽之學，時清儒誦法許、鄭者，自號曰『漢學』，有爲以爲此新代之學，非漢代之學，故更其名焉」❸。此書之要點，梁啟超說得很清楚：（1）西漢經學，並無所謂古文者，凡古文皆劉歆僞作；（2）秦焚書，並未厄及六經，漢十四博士所傳，皆孔門足本，並無殘缺；（3）孔子時所用字，卽秦、漢間篆書，卽以「文」論，亦絕無今古之目；（4）劉歆欲彌縫其作僞之迹，故校中秘書時，於一切古書多所羼亂；（5）劉歆所以作僞經之故，因欲佐王莽篡漢，先謀湮亂孔子之微言大義❹。

《僞經考》的目的是要復興孔子的微言大義，所謂「冀以起亡經，翼聖制」，其中包括葉德輝斥爲謬妄的「黜君權、伸民力」❺。在保守派看來，此書與《改制考》乃「僞六籍，滅聖經也；託改制，亂成憲也；倡平等，墮綱常也；伸民權，無君上也」❻。因此遭到給事中余晉珊的彈劾，罪名是「惑世誣民，非聖無法」，並令其自行燬版❼。

有關《僞經考》、《改制考》與廖平〈闢劉篇〉、〈知聖篇〉的關係，錢穆曾細述康、廖二氏交涉經過，並肯定康書之剽竊❽。梁啟超也說：「其人（指廖平）固不足道，然有爲之思想

---

❸　同前註❼6，頁一二七。
❹　同前。
❺　同前註❼4，頁一六六、一六七。
❻　《翼教叢編》蘇輿序，頁二。
❼　《年譜》，頁二十八。
❽　《中國近三百年學術史》，頁六四二、六四四～六五一，四十六年（一九五七），臺灣商務臺一版。

受其影響，不可誣也」❽。「剽竊」與「影響」是大不相同的，「剽竊」好像法官審案，已予以定罪的判決。「影響」可以有好幾種情況。一種是思想上受其啟發；一種是康也獨自發展出一些想法，因廖說而獲得印證；一種是康雖有一些想法，仍屬於片段的、模糊的，因廖說而獲得明確而完整的想法。

以上三種情況，那一種比較可能呢？從康氏撰《僞經考》以前的思想背景看，如果說《僞經考》的思想完全得之於廖的啟發，不免低估了康的能力。從廖平對二人交往的敍說中，似乎對了解其中原委，提供了一些線索：「廣州康長素，奇才博識，精力絕人，平生專以制度說經。戊己（？）間，從沈君子豐處得《學考》（指廖著《今古學考》），謬引爲知己。及還羊城，同黃季度過廣雅書局相訪，余以〈知聖篇〉示之。馳書相戒，近萬餘言，斥爲好名鶩外，輕變前說，急當焚毀。當時答以面談再決。後訪之城南安徽會館，兩心相協，談論移晷。明年，聞江叔海〈與兪蔭老書〉，而《新學僞經考》成矣」❾。其中「謬引爲知己」，似與上述第二種情況相合，但僅限於《今古學考》。等到讀了廖的〈知聖篇〉，康卻寫信斥廖「好名鶩外，輕變前說」，並勸他「急當焚毀」。如康的確寫過這樣的信，則表示二人在廣雅書局會面時，康氏《改制考》與《僞經考》中的一些基本想法尚未形成，或想法已有還不敢自信。等到在安徽會館再次會面，二人竟然談得「兩心相協，談論移晷」，這只有一種可能，即康完全被廖所說服。如果是這樣，則與上述第三種情況相合。

---

❽　《清代學術概論》，頁一二七。
❾　見前註❽之書，頁六四四。

不論是那種情況，康有爲不僅受廖平的影響，且襲用其說，這一點應可定案。既襲用其說，書中既未予注明，事後又不承認，這當然應受到批評。不過，「康襲用其說，但用之於極不相同的目的」，因「廖的興趣僅止於學術，而康則主要在實際變法」⑨。廖平在揭發此事時說：「外間所祖述之《改制考》，卽祖述〈知聖篇〉，《僞經考》卽祖述〈闢劉篇〉，而多失其宗旨」⑨。也正說明二人的目的不同。錢穆說：「蓋長素《僞經考》一書，亦非自創，而特剽竊之於川人廖平」⑨。顯然也未想到二人「用之於極不相同的目的」這一點，而不同目的的部分，正爲康氏所「自創」。我們在思想史上所以要討論《僞經考》，並不是著眼於經學本身，而是因爲這部書起了排除傳統內部的思想阻礙，有助於推行變法的作用。

梁啟超認爲《僞經考》所產生的影響有二：第一，清學正統之立腳點，根本動搖；第二，一切古書，皆須重新檢查估價，此實思想界之一大颶風也⑨。此書出版後，的確引起強烈反彈，包括官員的彈劾，以及傾向改革的張之洞、陳寶箴、孫家鼐等人的反對⑨。儘管在十九世紀九十年代，傳統內部發生了思想變動，但由《翼教叢編》眾多作者思想上的反應來看，當時的學術思想仍彌漫在崇古、衛道的氣氛之中，絕尚未達到「根本動搖」的地步。蕭公權說康氏有關古典的著作，「成爲疑古派的主要啟示」，

---

⑨ 同前註⑲，頁六十五。
⑨ 見前註⑱，頁六四五。
⑨ 見前註⑱，頁六四二。
⑨ 同前註⑲，頁一二八。
⑨ 詳見前註⑲，頁九十五～六。

「他在懷疑古文經非眞之餘，無意間洞開了懷疑整個儒學傳統的大門」❾，這對《僞經考》等書所起作用的理解，才是比較符合實情的。梁啓超說這話，是在一九二〇年，那正是古史辨運動興起的年代，他的論斷更適用於古史辨運動所起的作用，他把二十世紀二十年代思想界的感受，錯置到十九世紀九十年代去了。這兩個階段在思想史的關係，正如王汎森所指出的：「歷史的發展常是弔詭地進行著：像康有爲與廖平，他們『本意尊聖』，但最後『乃至疑經』（余聯沅語），其意圖與結局之間就已是相當弔詭的了。但更弔詭的是，他們的疑古思想被意圖層面完全不同的反傳統人士接收下來，其尊孔意圖被全部捨棄，成爲一個爲完全不同的意圖（反傳統）服務的工具。所以古史辨運動，雖然在相當程度上是清末民初傳統思潮影響下的產物，卻很快地與民初的反傳統運動合流了」❾。

第五節　《改制考》：對儒學傳統的創造轉化

《僞經考》是企圖爲變法清除思想上的障礙，《改制考》則更進一步希望利用儒學的資源，發展出一套植根於傳統的變法理論，作爲現實上推行維新變法運動的依據。

據康氏自述，此書於光緒十二年（一八八六）已開始起稿，

---

❾　同前註❼，頁一二一、一一九。
❾　王汎森：〈從傳統到反傳統──兩個思想脈絡的分析〉，見臺北《當代》月刊，十三期，頁四十九。

十五年在京師，「旣謝國事」，又繼續進行❸。此書大部分的工作，有賴於資料的收集，到光緒十八年（一八九二）在弟子們的分工合作下，大體已完成。可能是受到《僞經考》被禁毀（一八九四）的影響，《改制考》延至光緒二十二年（一八九六）才完稿，次年由上海大同書局出版。戊戌政變後第一次被禁，二年後再次被禁。

此書編纂的過程，蓋先由康氏定下一些選材的準則（編例），由弟子們根據這些準則，在羣籍中選錄相干的資料，再由康氏裁奪、編次，然後加上他自己的案語。《改制考》的思想，主要都表達在案語之中。他的案語對所引文獻的曲解、武斷、以偏概全，隨處可見，他是採用考證的形式，闡發他自己所需要的一套變法思想。

他爲此書所定的編例（可能是在編纂過程中逐漸形成）是❸：

（1）孔子定說，以《春秋·公羊》、董氏《繁露》、《禮·王制》、《論語》、《孟子》、《荀子》爲主。

（2）三統說：孔子每立一制，皆有三統，若建子、建寅、建丑，尙白、尙黑、尙赤，鷄鳴、平旦、日午爲朔，託之夏、殷、周者，制雖異而同爲孔子之正說，皆可從也。

（3）存舊：周初遺制，諸國舊俗，皆雜見於諸子，而《管子》最多，劉歆所採以爲禮者，然可以考舊制，故次焉。

（4）闢僞：劉歆僞撰《周禮》、《左傳》及諸古文經之說，向來竄亂於諸經之中者，辭而闢之。

---

❸ 《年譜》，頁二十四。
❸ 《年譜》，頁二十四。

（5）傳謬：自劉歆以後，諸儒輾轉附會訛傳者。

由「編例」大抵可看出取捨的標準，由「目錄」便可知康氏編纂此書的主要觀念，如〈諸子改制託古〉、〈儒教爲孔子所創〉、〈六經皆孔子改制所作〉、〈孔子爲制法之王〉、〈孔子創儒教改制〉、〈孔子改制託古〉、〈孔子改制法堯、舜、文王〉，取之羣書的材料及案語，就是要印證與論證這些觀念。

在進一步探討《改制考》的意義之前，康有爲與本世紀初公羊學派的關係，應略加交代。據孫春在的研究，本世紀初公羊學派中的劉逢祿，已以三統強調改革，以公羊說五經、《論語》，並質疑古文經。宋翔鳳已以制度判分今古文，注重三世及太平。龔自珍已以三世詮釋古史、五經，並將三世由理念而模式化，繁複的三世模式也已在他思想中出現。魏源已強調董仲舒倡改制變法，今古文在他的思想中已壁壘顯化⑩。康有爲雖很少提及這批公羊學的前輩，事實上以上各家公羊思想的要點，幾全部吸納於《改制考》中，成爲他進一步創造轉化的起點。

所不同者，是三世在龔自珍、魏源等人，仍只是用來解釋古史，當歷史現象複雜到無法以單純的三世來統御時，他們也很自然地把三世模式複雜化，使能周全地詮釋古史。但到龔、魏爲止，絕未把未來作階段式的規劃，他們即使提倡變法改制，仍侷限於傳統的撥亂起治，也未將當世劃作歷史進程中的某一階段，而將理想定位於一段距離之外的「太平世」⑩。這幾方面正爲康

---

⑩　孫春在：《清末的公羊思想》，頁二四七，七十四年（一九八五），臺灣商務。
⑩　同前，頁六十～六十一。

有爲所一一突破，賦予公羊三世思想以全新的意義，成爲維新變法的理論基礎。

十九世紀初的公羊學派和經世思想，在龔、魏思想中形成匯流，成爲本世紀改革思潮的源頭與動力，洋務或自強運動代表改革思潮的第一波，維新變法是第二波。第一波中最具代表性的思想家是郭嵩燾，第二波中最具代表性的思想家是康有爲。郭嵩燾是洋務運動中思想上的導師，康有爲是變法運動的主導者。

如果把《改制考》當作爲變法尋求理論的思想體系來看，那麼它的中心論旨就是改制，也就是變法維新。其中一個重要觀念是「世運既變，治道斯移」，因此根據「聖人之意」，必須依新時代的需要，「隨時立法」[102]。在這個前提下，遂使傳統的三世有了突破性的轉化，因歷史是隨著變動的世運，將治道不斷予以改進，它的歷程是經由「據亂世」，而「升平世」，達到「太平世」，愈改進便愈進步，政治也愈接近理想。這一具前瞻性的轉化，勢必要爲當世在三世中的位置加以定位，據康氏《日本書目志》：「法爲羅馬之宗邦，美開民主之新義，……自巴力門倡民權而君民共治，撥亂世而升平」[103]。照這樣說，變法維新所要實行的「君民共治」的君主立憲，就相當於「升平世」，民主相當於「太平世」，尙無民權的「當世」，自然就相當於「據亂世」了。康氏的困擾，是無法如此明說，把清廷統治下的「當世」宣佈爲「據亂世」，是嚴重犯忌的，於是《改制考》採用迂迴的孔子託古改制的方式：「孔子撥亂升平，託文王以行君主之仁政，

[102]　《孔子改制考》自序。
[103]　見該書，頁一三四。

尤注意太平，託堯、舜以行民主之太平」❿。又：「《春秋》始
於文王，終於堯、舜，蓋撥亂之治爲文王，太平之治爲堯、舜」
❿。又「堯、舜爲民主，爲太平世」❿。堯、舜旣爲民主的「太
平世」，孔子當身的春秋時代爲「據亂世」，爲孔子所託「撥亂
之治」的文王自必相當於君主立憲的「升平世」。問題是「堯、
舜爲民主」，有「堯、舜禪讓」的老觀念可以附會，文王爲君主
立憲卻沒有。反正在《改制考》裏，說得通的固然要大肆發揮，
說不通的也要說。因爲那是「孔子的聖意」，孔子的改制大義與
微言，有許多只是口傳，口傳的道理那能處處周延。

孔子的改制大義，爲何要託古？（1）因人有貴古賤今的心
理：「榮古而虐今，賤近而貴遠，人之情哉！耳目所聞視則遺忽
之，耳目所不視聞，則敬異之，人之情哉」❿！（2）訴諸先王的
權威，容易使人相信：「無徵不信，不信民弗從，欲徵信莫如先
王」❿。（3）可以避禍：「布衣改制，事大駭人，故不如與之先
王，旣不驚人，自可避禍」❿。孔子託古於先王，康有爲託古於
孔子，他的眞正用意，不過是假藉孔子，宣傳自己改制的主張，
這點用心可謂路人皆知。

儒家傳統的人格世界裏，最高的典範是聖王，荀子說：「聖
也者，盡倫者也；王也者，盡制者也；兩盡者，足以爲天下極

---

❿　《孔子改制考》，卷十二，頁一下。
❿　同前，頁二下。
❿　同前，頁一上。
❿　同前，卷四，頁一下。
❿　同前，卷十一，頁一上。
❿　同前，卷十一，頁一下。

矣」⑩。盡倫爲人道之極，盡制爲事功之極，能兼之者謂之聖王。孔子有德而無位，因此歷代儒學中，通常只視孔爲「盡倫」的聖者，而非「盡制」的王者。康有爲爲了改制的需要，竭力凸顯「盡制」的一面，把孔子塑造成一位「改制立法」的王者。這一點並非他憑空揑造，而是得之於孟子「孔子懼，作《春秋》，《春秋》天子之事」⑪；和董仲舒「是故孔子立新王之道」⑫，「《春秋》作新王之事」⑬，這類言論的啟發。

　　《改制考》以一卷的篇幅闡發「孔子爲制法之王」。首先他武斷地說，孔子這位天縱之聖王，「不爲人主，而爲制法王，天下從之，民萌歸之，自戰國至後漢八百年間，天下學者，無不以孔子爲王者」⑭。孔子「不爲人主」，這是事實，不爲人主的，又怎麼可以稱之爲王呢？康氏的回答是「天下歸往謂之王」，孔子雖非人主，但因他能盡人道之極，他崇高的人格，使天下人都自願歸順、嚮往，並對他表示尊敬，歷史的人主那個能做到這一點的？「孔子有歸往之實，卽有王之實，有王之實」，自當「有王之名」。歷史上那些「以勢力把持其民」的人主，根本不配稱王，依孟子的看法，他們只能稱之爲霸⑮。

　　自戰國至後漢，旣無不以孔子爲改制立法的王者，爲什麼在這之後，如此重要的微言大義會失傳呢？康氏認爲這都要歸咎於劉歆的僞造經書：「劉歆以左氏破公羊，以古文僞傳記攻今學之

⑩　《荀子・解蔽篇》。
⑪　《孟子・滕文公下》。
⑫　《春秋繁露・王杯》。
⑬　《春秋繁露・三代改制質文》。
⑭　《孔子改制考》，卷八，頁一下。
⑮　以上均同前註，頁一下，頁二上。

口說,以周公易孔子,以述易作,於是孔子遂僅爲後世博學高行之人,而非復爲改制立法之教主,聖王只爲師統,而不爲君統,詆素王爲怪謬,或且以爲僭竊,盡以其權歸之人主,於是天下議事者引律而不引經,尊勢而不尊道。其道不尊,其威不重,而教主微,教主既微,生民不嚴不化,益頑益愚,皆去孔子素王之故」●。這些話當然不是在做經學考證,康氏爲了建立一套改制的學說,拿劉歆做箭靶子,藉以達到宣傳的效果。「尊勢而不尊道」之說,雖然指出歷史眞實的一面,但造成這一現象,並非由於「皆去孔子素王之故」,而是另有其原因●。「聖王只爲師統,而不爲君統」,是因劉歆僞造經書而導致的不幸演變。依康氏的想法,像孔子這樣的王者,影響所及,不應只限於師統,也應包括君統。包括君統並不是要孔子做人主、做天子,而是要做「改制立法的教主」,以主宰君統。在這裏,似乎無意間透露了康有爲內心強烈的願望。

歷來經古文家,對孔子與六經的關係,一向主「述而不作」,康氏既認定孔子爲制法之王,當然否定這種說法,而主張六經皆孔子所作。不僅如此,還進一步認定六經皆孔子爲改制而作,這正是董仲舒所說,「是故爲《春秋》者,得一端而多連之,見一宜而博貫之,則天下盡矣」●的做法。在當時一般熟讀經書的士子、官僚看來,自然是無稽之談。他們當然無法了解康有爲要使

---

⑯ 同前註⑭。

⑰ 如宋儒李覯所說:「孔子之言滿天下,孔子之道未嘗行。……師其言不師其道,故得其言者爲富貴,得其道者爲餓夫,悲夫」!見《李泰伯先生全集》,卷二十,〈潛書〉。

⑱ 《春秋繁露・精華》。

傳統儒學適應當前變法需要的一番苦心，所以此書出版之後，其命運與《偽經考》一樣，先是引起廣泛的抨擊⑪，然後遭到禁燬。

自梁啟超以降，對《偽經考》、《改制考》的評論已不少，據我所知，最富同情，而且見解深刻的，是蕭公權的論斷，他說：「我們必須承認，康氏對經書的處理並不客觀，但是這並不使他的努力毫無價值。因不客觀雖是史家所最忌，並不影響一個哲學家的成就。康氏從未以史家自居，他依從公羊學的傳統，對事實並不重視，而認為追尋真理乃是最正當的學術目的。因此，批評康氏漠視或曲解證據，不過是顯示他並未給孔子學說以正確的說明，但並不減少他『武斷』解釋的理論意義，因為我們不以『客觀』為標準來估量它，而是從歷史環境的邏輯來衡量」⑫。

第六節　變法思想大要及其演變

從康有為的七次上書，和《偽經考》、《改制考》成書時間來看，他並不是先建立一套改制的理論，然後才發展其變法的思想，實際上這兩個不同層次的工作，多半是在同一時期在進行。改制理論是希望培養一種新的「思想氣候」，以有利於變法工作的推動，基本上是屬於「啟蒙」性的。在三次不同階段中，針對清廷的現況所發表的變法思想，都是由於外力入侵的刺激而引起，因此所有上書為國事建言，基本上是屬於「救亡」性的工

⑪　《孔子改制考》引起的抨擊，可看蕭公權：《翁同龢與戊戌維新》，頁一〇八～一一一，七十二年（一九八三），臺北聯經公司。

⑫　《康有為思想研究》，頁八十八。

作。在康有爲，不但集「啟蒙」與「救亡」於一身，借用張灝的
觀念，在這一時期，「傳統的衝擊」與「西方的衝擊」⑫，也正
交會於他的心靈之中。這些因素的相互激盪，相信與這時期豐沛
的思想及行動上的衝力，有很大的關係。

　　植根於傳統的改制理論，與針對現狀的變法思想，工作的性
質雖不同，但目標與精神是一致的，那就是要改變傳統的成法。
值得注意的是，康氏思想中這一主要的取向，在八十年代中期的
早年作品中已見端倪。據李三寶的研究，《康子內外篇》的道德
系統中，康氏反對最力者無過於「安於故習」，他譏諷坐井觀
天、妄自尊大的「曲巷陋儒」、「京邑文儒」，甚至他所謂的
「大人魁儒」。他認爲士大夫有「衝破故習」的必要。這個觀
念應用於治道，他主張：「凡言治者，非徒法先王從後王可以爲
治」。因此，身爲人主者亦必求「開塞之術」或「闔闢之術」。
「闔闢」一詞源出於《易》，乃變化無窮之意，這種尚變的意識
也就成爲康氏經世觀的核心⑫。此外，康氏於《實理公法全書》
（《人類公理》）手稿中，已主張一個眞正能適應世界潮流的社
會，必須是一個「權歸於眾」，而且人人皆有「自主之權」的民
主社會⑬。

　　由上所說，可知康有爲改制及變法的思想，曾經過長期的醞
釀，而且早就定下人生奮鬥的目標，所等待的就是時機。從光緒

---

⑫　張灝：〈晚清思想發展試論──幾個基本論點的提出與檢討〉，
　　見中央研究院《近代史研究所集刊》，第七期，頁四七七，六十
　　七年（一九七八）臺北。
⑫　同前註⑰，頁五六五～六。
⑬　同前，頁五七一。

十四年（一八八八）到二十四年（一八九八），這十年之間，康氏從未錯失重要時機，也是他一生中同時爲著作辛勞、爲國事奔走的高潮期。下面就七次上書來了解變法思想的大要及其演變⓴。

一八八八年首次上書，大背景是中、法戰後，直接的時機乃因「祖陵山崩」⓲。根據公羊傳統中的「災異」思想，這無異是對腐敗清廷的警告，和國家危亡的預兆。

此次上書，除陳述面臨的種種危機之外，有三個要點：（1）變成法。一般士大夫總「以爲祖宗成法，莫敢言變」，事實上這些祖宗遺制，不過是承繼「六朝、唐、宋、元、明的弊政」。舊制度早已是問題重重，在應付外患的過程中，更是一無是處，現在已到非變不可的時候。要怎樣變呢？康氏建議效法日本以「變法興治」，且認爲這樣去做，十年之內「富強可致」，三十年便可雪恥。（2）通下情。這是要求皇帝廣開言路，打開進言的管道，使下情能夠上達。（3）愼左右。國家已到如此地步，那些接近皇上的大臣們，仍在「欺上以承平無事」，康氏很率直地指出，當今皇上「猶壅噎底滯者，得毋左右皆宦官宮妾，壅塞聰明」，因此建議今後宜「愼近習之選」。

甲午戰後，國勢更加危急，〈上清帝第二書〉：「法人將問滇、桂，英人將問藏、粵，俄人將問新疆，德、奧、意、日、葡、荷皆狡焉思啟，有一不與，皆日本也，都畿必驚」。爲此，康氏於兩月之內，連上三書。第二書分四項：「下詔鼓天下之

⓴　康氏七次上書，前五書見《戊戌變法文獻彙編》（二），後二書見《戊戌奏稿補錄》，行文中不再一一註明。

⓲　《年譜》，頁十八。

氣」、「遷都定天下之本」、「練兵強天下之勢」、「變法成天下之治」。重要的是第四項：「竊以爲今之爲治，當以開創之勢治天下，不當以守成之勢治天下；當以列國並立之勢治天下，不當以一統垂裳治天下」。爲何要「開創」，不要「守成」？因當前的國勢，已到「非變通舊法，無以爲治」的地步。爲了增強說服力，康氏舉了國外一正一反的例子：「近日土耳其爲回教大國，不變舊法，遂爲六大國割地廢君，而柄其政。日本一小島夷耳，能變舊法，乃能滅我琉球，侵我大國。前車之轍，可以爲鑒」。可是在第二書中，有關變法的重點，卻是以富國爲先，其次養民，其次教民，與前輩的維新思想相比，這些方面並無新義。第二書比較突出的，是將第一書的「通下情」做了進一步的發揮，提出公舉方正直言之士，和會議於太和門的具體主張。由此可知，要眞正做到「通下情」，就必須「變成法」，朝設置議院的路上去走。

第三書的綱領是：「乞及時變法：富國、養民、教士、治兵，求人材而愼左右，通下情而圖自強，以雪國恥而保疆圉」。富國、養民、教士、通下情大抵是重複第二書。治兵一項是將第二書中「練兵強天下之勢」，做進一步發揮，愼左右第一書已提過。關於「求人才而擢不次」，這在中國歷史上每逢危難的時刻，是常見的說法，康氏卻建議皇帝「專求草澤，禁薦顯僚」，倒相當新鮮，可看出他對在位者很不信任。爲此，他又希望皇上「夫無事之時，雖勳舊之言不能入；有事之世，雖芻蕘之言或可採」。這些話多少也反映他對前兩次上書爲羣僚所阻隔，未能上達的不滿情緒。

　　值得指出的是，第三書提出「今國勢貧弱至於危迫者，蓋法弊致然」的問題，並就學校、兵、農、工商、京官、堂官等方面一一指證，在他看來，清廷的官僚系統，無一不弊，在痛心疾首之餘，他放言無忌地說出「若使仍以八具勒舊法爲治，則我聖清豈能久安長治乎？不變法而割祖宗之疆土，馴至於亡」的重話。不知甚麼緣故，這次上書光緒卻看到了。讓皇帝知道自己的想法，是康有爲前半生一大願望，第三書中有些話，就是針對皇帝說的：「凡上所陳，其行之者，仍在皇上自強之一心，畏敬之一念而已」。「自古非常之事，必待大有爲之君」。「伏乞皇上遠鑒《詩》、《易》之所戒，近鑒俄、土之興衰，獨攬乾綱，破除舊習，勿搖於左右之言，勿惑於流俗之說，……權其重輕，……斷自聖衷，更新大政，宗廟幸甚！天下幸甚」！對在位者旣不信任，對政府各方面的行政措施又覺得一無是處，對一位年輕、無權又孤立的皇帝，卻寄以如此大的希望，這大概就是所謂「知其不可而爲之」⑫㊀的精神吧！還有，假如一位皇帝，眞如康有爲所說的那樣「大有爲」，怎麼可能容忍設置議院這樣的事發生呢？到此時，康氏對最足以通下情的議院之路，大概尙無定見。

　　〈上淸帝第四書〉：「迺蒙皇上天地包容，不責其僭妄之罪」，是對前次上書，不但沒有降罪，反而四處抄發，表示感恩。此番上書，除闡述「立爵賞以勸智學」、「設議院以通下情」，又提到日本因變法而致富強，希望刺激皇帝，早日下定變法的決心──「速行乾斷」。然後提出五點具體建言：（1）「下詔求言」。（2）「開門集議」。（3）「闢館顧問」。（4）「設報

⑫㊀　《論語・憲問》。

達聰」。（5）「開府辟士」。其中「開門集議」，是爲設議院提
出具體辦法，議會不但京師應「立卽施行，其省府州縣咸令開
設，並許受條陳，以通下情」。中、法戰後，鄭觀應、陳虯、陳
熾等已相繼提出設立議院的主張，但是第一次直接向皇帝提出
的，卻是康有爲的〈上淸帝第四書〉⑫。

〈上淸帝第五書〉，因是在德國強佔膠州灣之後，因此一開
頭照例陳述了國家的危險處境，然後提了三點建議：（1）取法
俄、日以定國是。（2）大集羣才而謀變政。（3）聽任疆臣各自變
法。明確主張「明定國是，與海內更始，自始國事付國會議行」。
國家早已面臨危急之秋，可是在朝廷依舊是「諸臣泄泄」、「一
切諱言，及事以來，相與惶恐，至於主辱臣死，雖焚身灰骨，天
下去矣，何補於事」！因此希望「皇上若能少採其言，奮發維
新，或可圖存。否則沼吳之禍立見，裂晉之事卽來，職誠不忍見
煤山前事也」。這無異是對皇帝提了最嚴厲的警告，因而觸怒了
工部大臣淞湃，後經過一番周折，才遞到光緒跟前。此次上書所
陳各點，較前四書又前進一步。

〈上淸帝第六書〉（〈應詔統籌全局摺〉），是多次上書中
最簡要、最有條理，針對變法的緊要部分，提出具體方案，可代
表康氏變法思想的結晶。首先他以近世各國爲例，說明「變法則
強，不變則亡」的道理，再落實到中國的現狀，他痛心地指出，
「今祖宗之地既不守，何有於祖宗之法乎」？這幾十年來，在帝
國主義侵略之下，不斷割地、賠款，「雖無亡之形，而有亡之實
矣」。因此，今日中國處於列國競爭之世，唯有變法一途，別無選

---

⑫　湯志鈞：《戊戌變法史論叢》，頁一八五。

擇，而且必定是「能變則全，不變則亡；全變則強，小變仍亡」。

皇上如決定變法，第一步要做的工作，便是下詔定國是，也就是定出變法的架構和方針，作爲政策的依據。這方面康氏「請皇上以俄大彼得之心爲心法，以日本明治之政爲政法」。這是要光緒效法彼得大帝，拿出乾綱獨斷的魄力，推行變法，同時以日本明治維新爲範例。一旦維新之舉開始後，應優先做三件事：（1）「大誓羣臣以定國是」。（2）「立對策所以徵賢才」。（3）「開制度局而定憲法」。具體做法是：（1）在天壇、太廟或乾清門，集合羣臣，由皇上親自向國人宣告，朝廷決心「除舊布新，與民更始」。（2）爲了使國人一新耳目，並藉以激厲眾志，必須革除舊習，於午門設立「上書處」，「許天下士民皆得上書」，每天輪派御史二人監收，「不得由堂官代遞」，以免被阻撓。上書中如有「稱旨」者，即「召見察問，量才擢用」。（3）在內廷設立制度局，作爲決策機構，負責訂立新章，「選天下通才十數人入直其中」，由皇上每日親臨督導。制度局下再分設十二局，作爲執行機構，十二局分掌法律、度支、學校、農、工、商、鐵路、郵政、礦務、游會、陸軍、海軍。

中央的革新，地方也必須有所配合，康氏於是提出實施地方自治的辦法：（1）每道設一民政局，選通才督辦，官不論大小，皆可出任，並「准其專摺奏事，體制與督撫平等」。民政局有自辟參贊、隨員之權，並應「先撥釐稅，俾其創辦新政」。（2）每縣設民政分局，由中央派員會同地方紳士督辦，除刑獄、賦稅暫時仍歸知縣外，凡地圖、戶口、道路、山林、學校、農、工、商務、衛生、警捕，皆由民政分局掌管。工作的進行，定有時間

表:「三月而備其規模,一年而責其成效」。康氏認為,「如此
內外並舉,臂指靈通,憲章草定,奉行有準,然後變法可成,新
政有效也」。

在這些重點工作之外,他也提醒皇上,新政推行後,其他如
派親王大臣出國考察、廣譯西書、選留學生到國外吸取新知,變
通科舉以育人才,也應斟酌優先實行。最後並建議清廷仿照日
本,「立局以造紙幣」,設銀行,「大籌數萬萬之款」,「以足
維新之用」。以上這些計畫如能一一施行,「則氣象丕變」,
「雖不敢望自強,亦庶幾可以自保」。

在上第六書的同時,附帶呈上《日本變政考》等與變法相關
書籍數種。過不多久,為了補呈《俄彼得變政記》,又上了第七
書,希光緒及早拿定主意,效法彼得大帝,推行變法。

以上各次上書,從第一書的通下情,到第四書的設立議院,
到第五書的大集羣才而謀變政,應是康有為變法思想中的緊要部
分,但在最後統籌全局中,設立議院之說並未落實,只建議在午
門設立上書所。在統籌全局中,所謂「開制度局而定憲法」,對
開制度局提出了一套辦法,要如何定憲法,也無著落。地方自治
是相當突出的構想,但所設民政局,究竟是行政機構,抑是民意
機構,似又混淆不清。如果是行政機構,顯與現行的道、縣體制
重疊,豈不造成現行行政系統的混亂;如是民意機構,又怎可指
派官吏參與?

一八九八年夏,康有為代友人草擬奏章,主張開國會及起草
帝國憲法,他認為議會與立憲政府使西方強盛,而專制則是中國
積弱的主因,因此,救國的唯一途徑便是實行「三權分立」,使

行政、立法、司法三權不再集中於一人或一機構之手⑩。假如這個奏章眞是出於康氏手筆，那麼與多次上書中的變法見解，是有相當差距的，第一，一個對三權分立有清楚概念的人，在統籌全局的制度設計中，爲何不表現出來？第二，在多次上書中，他再三再四強調的一點，就是要光緒皇帝，乾綱獨攬，力排眾議，效法俄之彼得大帝，這樣的一位具有霸氣的皇帝，豈能容忍三權分立的制度？

此外，康氏於所呈《日本變政考》的按語中，雖極爲贊成日本議院，認爲是「民選議院之良制，泰西各國之成法，日本維新之始基」，但也覺得在「中國風氣未開，內外大小多未通達中外之故，惟有乾綱獨斷，以君權雷厲風行，無有不變者，但當妙選通才，以備顧問，……用人議政，仍操之自上」。他相信以皇權卽可達成變法的目的。又如：「人主意之所向，如牧者之養牛，惟鞭所指，隨意東西，升原降阿，無不如意」。今日中國，「學校未成，知識未開，遽與議會者，取亂之道也」⑫。這與七次上書中的見解相當一致，同時使我們知道，設立議院雖曾一度建議，於統籌全局時不再提出的理由，但與上述代友人草擬奏章的內容，顯然有矛盾。就當時的環境和條件，七次上書中所表現的整體見解，雖與君主立憲的政治形態，仍有很大距離，毋寧是較負責任的做法，因政治的改革，比較妥當的方式，仍是順序漸進。在這一點上，康有爲與嚴復的想法，就很接近。當然，康氏要求改革的幅度之大，在嚴復看來，仍不免太激進了。

---

⑫　蕭公權：《翁同龢與戊戌維新》，頁九十一。
⑫　以上均見王樹槐：《康有爲》，頁六十四。

第七節　康有爲的評價

像康有爲這樣複雜的人物，要對他做評價，首先要看你採那個角度。戊戌變法結果是失敗，作爲這個運動的主導者，近百年來，遭到各種的抨擊。問題是，他變政的企圖雖然失敗，但他的變法理論、變法思想，以及推動的維新運動，在思想史上卻有其意義，他在這方面的歷史地位，也並不因失敗而動搖。這才是值得我們檢討的地方。

他在思想史上的意義在那裏？從理論、思想方面看，李澤厚於五十年代，從相當不同的觀點，檢討康氏的思想，也認爲「康有爲的思想畢竟是中國的哲學史上一個重要的關鍵和環節，是近代中國一個思潮的主要代表，深入研究這一思想體系及其哲學基礎，對於了解中國近代史有重要意義」[130]。

所謂關鍵、環節，所謂哲學基礎，蕭公權在研究康氏的鉅著中，引介美國學者的評論及其補充，說得更加明確：「二十年前，一位美國歷史學者曾說，康有爲是一有能力而能獨創的學人，在清帝國末葉，試圖將儒學與專制政體分離，以求儒學的復蘇。十年後，另一美國學者又謂康係一偉大的改革者，重建儒學，作爲近代中國的宗教。這兩種說法都說得不錯。但我們必須補充說，康氏之重建、或重新詮釋儒學，事實上帶動了影響深遠的思想維新。我們可推想到他之目的，乃是要爲革新制度立下一

---

[130]　同前註[74]，頁一二七。

哲學基礎」⑬。在這裏，還可以進一步說，康氏要求儒學的復蘇，和重建儒學作爲近代中國的宗教，雖都沒有結果，他要爲革新制度立下一哲學基礎的「哲學」，雖也十分粗糙，但其中除儒學宗教化，極富爭議性之外，其餘兩項豈不正是二十世紀思想史上努力的兩大課題？康氏於一百多年前所努力的方向與目標，在思想史上豈不是有重大意義？

蕭公權的高足汪榮祖，從另一角度指出康氏在思想史上的意義，他說：「康有爲是集晚清變法思想之大成者，他超越華夷之界的文化觀點尤其顯著，且更有系統，他的先天性情與學術背景都有利於『屬於世界性觀點』的鑄造」⑬。整個十九世紀，是中西衝突、中西交會日漸加劇的時代，要面對這樣一個巨變時代的種種問題，培養世界性的觀點應是首要之務，否則無法了解中國在世界近代史上的處境，以及中國的革新要從何處著手。十九世紀的思想家，自魏源以降，特別是馮桂芬以來的維新思想家，對世界性觀點的鑄造，都有貢獻，康有爲則更加顯著。他在〈應詔統籌全局摺〉中說：「處列國競爭之世，而行一統垂裳之法，此如已夏而衣重裘，涉水而乘高車，未有不病喝而淪胥者也」。可見世界性觀點，也是他強烈要求變法的動因之一。

再從維新運動方面看。維新運動失敗後，梁啟超逃亡日本時，便已對康氏這方面的活動，做了歷史性的評價：「先生生平言論行事，雖非無多少缺點，可以供人摭拾之而詆排之者。若其理想之宏遠照千載，其熱誠之深厚貫七扎，其膽氣之雄偉橫一

---

⑬　同前註⑬，頁三十九。
⑬　同前註㊲，頁一二七。

世，則並時之人，未見其比也。先生在今日，誠爲舉國之所嫉
視，若夫他日有著二十世紀新中國史者，吾知其開卷第一葉，必
稱述先生之精神事業，以爲社會原動力之所自始」**⑬**。維新運動
成爲十九世紀改革的絕響，卻又爲二十世紀的立憲和民主運動揭
開序幕。無疑的，這是中國在西方文化衝擊下必須要走的道路，
也是中國文化重建中極艱鉅的精神事業。今天已到了二十世紀的
末葉，過去百年中，中國人爲此一理想目標，前仆後繼，犧牲不
可謂不大，但憑中國人的智慧與勇氣，究竟能否完成這一精神事
業，至今似乎仍在未定之天！

任何偉大的事業，肇始畢竟是困難的，康氏在其他方面無論
有多少缺點，他之成爲這一偉大事業的拓荒者的歷史地位，是永
遠也不會動搖的。戊戌變政的運動，卻因政變而結束，此一結果
蓋已注定大清帝國的滅亡，康氏的活動，不僅爲革命提供契機，
也爲革命開創了新的空間，這方面的功績是不應該被抹煞的。

何啟與胡禮垣，對變法思想雖有卓見，但對康氏的評論，就
不及梁啟超有遠見。康在保國會演說時有謂：「四萬萬人，人人
熱憤，則無不可爲者，奚患於不能救」？何、胡卻覺得康不免
「以救時之心，爲趨時之說」。又認爲康之熱憤適足以趨黨爭、
演黨禍，「今事未辦，黨已先成，崩敗可爲預決」，理由是「新
舊相若則不相能，相勝則不相下，故局一設則論必異，論一異則
黨必成，黨一成，則禍必起。且使新進之士，言聽諫行，舊日諸
員視同疣贅。然一人謀之，十人起而阻之；一人策之，十人合而

---

⑬ 《南海康先生傳》，頁五十九。

敗之，未有能濟者也」❸❹。這些道理說得都對，問題是，假如康
有爲、孫中山都像何、胡一樣冷靜、理智，中國近代史上還會有
維新運動和辛亥革命嗎？從這裏最不難看出思想人物與行動人物
之不同，也可以使我們認識到，了解歷史與開創歷史，畢竟是兩
回事。

---

❸❹　以上均見汪榮祖：《晚清變法思想論叢》，頁一一八～九。

第十七章　譚　嗣　同

　　在十九世紀九十年代的維新思想人物中，譚嗣同的舊學不如康有爲，對西方的新知識，更無法與嚴復相比，但他的思想獨樹一幟，探索問題的方向，顯已越出所謂改良主義的範疇，他的反滿思想，和革命家的性格，使他成爲開革命風潮的先驅。

　　在他獨特風格的思想中，他有強烈的西化傾向，甚至爲西方侵略者辯護❶，但他沒有主張全盤西化；他對傳統中的名教與專制的批判，已接近「五四」反傳統思想的深度，但他並未流於反傳統主義的極端❷。他曾提出「理一」和「分殊」的觀念，作爲思考「中外之辨」的準據❸，可惜在他短暫的生命中，僅遺留端

---

❶　這類言論，不止一端，茲僅舉一例，如《仁學》云：「幸而中國之兵不強也，向使海軍如英、法，陸軍如俄、德，特以逞其殘賊，豈直君主之禍不可思議，而彼白人焉、紅人焉、黑人焉、棕（棕）色人焉，將爲準噶爾，欲尚存噍類焉得乎？故東西各國之壓制中國，天實使之，所以曲用其仁愛，至於極致也。中國不知感，乃欲以挾忿尋仇爲務，多見其不量，而自窒其生矣」。見《譚嗣同全集》（以下簡稱《全集》），頁六一，六十六年（一九七七），臺北華世出版社。

❷　嗣同說：「孔子教何嘗不可徧治地球哉，然教則是，而所以行其教者非也」。（《全集》頁三二四～五）他始終維護孔教，問題是孔教並未在中國歷史上實行，中國歷史上實行的乃「暴秦之弊法」，參閱《全集》，頁一二八、一三二、三九四～五。

❸　見〈報貝元徵〉，《全集》，頁三九三。

緒，未能有進一步的發展。

譚嗣同認爲康有爲乃「三代以還一人，孔子之外無偶」❹，可謂備極推崇，甘以師禮事之。康氏的公羊思想和大同理想，對嗣同雖有一定的影響，但在他整體的思想中，並不是很重要。嗣同不論是對傳統的反省，或是對當代問題的洞察，實有康氏所不及之處。

甲午戰後，康氏成爲維新變法的風雲人物，嗣同於革新改良工作的推動，雖也多方參與，但因人微言輕，大半流於紙上作業，且際遇淒涼，生活困窘，遊走四方，住無定所。他對現實、對滿清早已絕望，百日維新的最後一月，卻抱病入京，這一幕對他而言，根本不是幹一番轟轟烈烈事業的舞臺，而是踏入一個結束生命的陷阱。

變法運動以悲劇收場後，康有爲流亡海外，卻始終忠於清室，成爲民國時代保皇黨的重鎮。譚嗣同卻成爲革命志士崇拜的對象，在中國近代史上，留下完全不同的歷史形象。

第一節　生平與著作

譚嗣同（1865～1898）字復生，號壯飛，湖南瀏陽人。父親譚繼洵，字敬甫，咸豐九年（一八五九）進士，曾任戶部主事、員外郎，甘肅道員，光緒十五年（一八八九）做到湖北巡撫。

嗣同十二歲時，生母便因北京流行白喉疫疾喪生，父親素寵妾，使他在少年生活中備受虐待，無家庭溫暖可言，父子之間，

---

❹　《全集》，頁三三七。

僅維持著一種表面的關係。十九歲與李閏女士結婚，李氏曾爲中國女學會倡辦董事，似是一位新女性，但由婚後十年中，嗣同經常浪跡天涯的情形看，婚姻並未改善他不愉快的家庭生活。

教育方面，他「五歲受書」，老師爲畢蒓齋。八歲時於北京宣武城南一私塾就讀，塾師爲韓蓀農。十歲那年，父親由戶部員外郎升任郎中，遂請同鄉內閣中書歐陽中鵠（字節吾，號瓣薑），在家中教嗣同讀書，並主持家務❺。譚繼洵雖是一位守舊的官僚，可是聘請的這位家教歐陽先生，不但是位傑出的詩人，對西學中的算學、自然科學也很有興趣，與嗣同之間，眞可謂「一日爲師，終身爲師」，在以後二十多年中，始終保持密切的關係。在《譚嗣同全集》裏，保留下來給歐陽師的二十八封書信，其中第二與第二十二兩封長函，是研究譚嗣同的重要文獻。

歐陽氏敬仰中國十七世紀的兩大思想家：王夫之與黃宗羲，這方面也影響了他的弟子。嗣同於二十五、六歲時，曾鑽研過《船山遺書》和《明夷待訪錄》等書❻，他認爲「惟國初船山先生，純是與民權之微旨，次則黃梨洲《明夷待訪錄》，亦具此義；顧亭林之學，殆無足觀」❼。所謂「民權之微旨」，主要指反專制思想，以此爲準，十九世紀初期被奉爲經世之學典範的顧亭林，在他看來已無可觀。嗣同在王、黃二氏思想的啟迪下，不但爲十九世紀九十年代的思想史，提出新的論題，也表明十九世

---

❺ 見〈先妣徐夫人逸事狀〉，《全集》，頁一九八。
❻ 楊廷福：《譚嗣同年譜》（以下簡稱《年譜》），頁五四、五六，一九七二年，崇文書店。
❼ 見〈上歐陽師二十二書〉，《全集》，頁三二三。

紀末，知識分子所追求的價值，已與世紀初大不相同。

　　當然，嗣同的思想資源，絕不止於此，他思想的來源相當博雜，於《仁學》一開頭，對仁學所做二十七條界說，其中第二十五條有謂：「凡爲仁學者，於佛書當通《華嚴》及心宗、相宗之書；於西書當通《新約》及算學、格致、社會學之書；於中國當通《易》、《春秋・公羊傳》、《論語》、《孟子》、《莊子》、《墨子》、《史記》，及陶淵明、周茂叔、張橫渠、陸子、王陽明、王船山、黃梨洲之書」❽。這是說，在新潮衝擊的時代裏，凡從事仁學者，當講求旁通博取，才能賦予新時代的意義。同時也告訴讀者，他的這部《仁學》，就是吸取了中外古今各種思想而成。

　　嗣同對儒、佛、耶三教異同的問題，很有興趣，涉及的文字不少❾。佛教在他心目中，似乎比較佔優勢，因「佛法之大，固無所不包涵」❿，所以「言佛教，則地球之教可以合而爲一」⓫。不過，《仁學》中還是以「仁」統合三教。至於西學，據《年譜》，雖然十六歲已從歐陽先生習算學，以及格致之類的自然科學⓬，但廣泛閱讀中譯西書，大約要到二十九歲。這一年，嗣同於上海和正在江南製造局任編譯的傅蘭雅（1839〜1928）相識，西方的一些科技成品，如算器、X光照像，使他大開眼界。

---

❽　《全集》，頁九。
❾　見《全集》，頁三七、三八、五三、五五、六八、八一、八七、三二〇。
❿　《全集》，頁九二。
⓫　《全集》，頁三二四。
⓬　《年譜》，頁三八。

於是大量購買了江南製造局翻譯館所譯的自然科學書，廣學會譯的外國史、地、政治和耶穌教神學，及《西國近事彙編》、《環游地球新錄》等書⑬。他對學尙格致，政尙民權的西方國家，十分嚮往，覺得「今中國之人心風俗、政治法度，無一可比數於夷狄」⑭，「嘗謂西人之治之盛幾軼三代而上之」⑮。不過，因環境的侷限與資訊的短缺，使他「平日於中外事，雖稍稍究心，終不能得其要領」⑯。

此外，關於春秋大義，有承繼康說，以孔子立教爲「黜古學，改今制」者⑰；有揭示其反專制之義者⑱；有以《周易》經文闡說升平世、太平世者⑲；有據之以糾正國人之夷狄觀者⑳；皆引而未發，公羊學在嗣同的思想裏，已不是重要的論題。至於《論》、《孟》所代表的儒學，在嗣同看來，乃「暢宣民主之理」者㉑。他很欣賞《莊子》裏「聞在宥天下，不聞治天下」之言，認爲「在宥」蓋「自由」之轉音，而「在宥天下」，「殆彷彿〈禮運〉大同之象焉」㉒。至於《墨子》，他嚮往的是其人「摩頂放踵之志」㉓。嗣同所提歷史上的人物，他承繼了張橫

---

⑬　《年譜》，頁六三。
⑭　《全集》，頁四三二。
⑮　《全集》，頁一四一。
⑯　《全集》，頁四二五。
⑰　《全集》，頁五四。
⑱　《全集》，頁五一。
⑲　《全集》，頁八八。
⑳　《全集》，頁一三一。
㉑　《全集》，頁五三。
㉒　《全集》，頁八五。
㉓　《全集》，頁四。

渠、王船山的易學，王船山的道器論❷，王船山與黃梨洲的反專
制思想，其餘對他的思想，並無顯著影響。

　　爲了取得正科出身，「十年中至六赴南北省試」❷，皆不
第，可謂受盡折磨。一度曾遠赴新疆在巡撫劉錦棠幕中工作。光
緒二十二年（一八九六），由父親花錢買了一個江蘇候補知府，
到金陵後，當地的官員與名士，因他是入資的候補官身分，皆拒
不接見，只有楊仁山（1837～1911）願和他往來，並趁機向楊氏
學佛❷。在金陵，這已是太平天國滅亡三十二年之後，可是仍
「見滿地荒寒氣象」，探究其原因，並非因太平軍建國於此，而
是因湘軍於破城之後，瘋狂地燒殺擄掠，使元氣盡喪，很難恢復
❷。湘軍因平定太平天國，爲清廷立下大功，因而造成湘人在京
師排擠外省人，加劇了官場中的派系鬥爭。爲此，譚嗣同評論
道：「湘軍名震天下，通盤打算，其利甚少，而人心風俗之受

---

❷　有關道器，嗣同繼船山「道者器之道，器者不可謂之道之器也」
之說，加以申論：「故道、用也，器、體也，體立而用行，器存
而道不亡。自學者不審，誤以道爲體，道始迷離徜恍，若一幻
物，虛懸於空漠無朕之際，而果何物也耶？於人何補，於世何
濟，得之何益，失之何損耶？將非所謂惑世誣民異端者耶？夫苟
辨道之不離乎器，則天下爲器亦大矣。器旣變，道安得獨不變？
變而仍爲器，亦仍不離乎道，人自不能棄器，又何以棄道哉？且
道非聖人所獨有也，尤非中國所私有也，……彼外洋莫不有之，
以私諸中國，則大不可。以彼處乎數萬里之海外，……與中國通
商互市，易器物而用之，又未嘗不各相宜也」。（《全集》三九
○～一）器爲體，道爲用，代表在西方器用文化衝擊下，中國
哲學根本觀念以及世界觀的改變。「器旣變，道安得獨不變」云
云，可見嗣同的新道器論，是要爲打破中西隔閡，促進中西文化
交流，提供理論的基礎。可惜這個理論僅具雛型，未能暢發。

❷　〈三十自紀〉，《全集》，頁二〇六。

❷　上歐陽師二十二書，《全集》，頁三二八。

❷　同前，頁三二六。

害，殆不可勝言」❷⑧。

光緒十年（一八八四）至光緒二十年（一八九四），他「來往於直隸（河北）、新疆、甘肅、陝西、河南、湖北、江蘇、安徽、浙江、臺灣各省」❷⑨，所經過的路程，「合數都八萬餘里，引而長之，堪環繞地球一周」⑳，經歷的大山、小水無數，頗爲自豪，有的史家稱之謂「十年漫遊」。其實，根據〈三十自紀〉，他十幾歲時，便往來於南北各省，光緒二十二年（一八九六），又有所謂「北遊訪學」㉛，「遊」成爲他一生生活的主要部分。在長年漫遊過程中，由於他的俠士性格，結識一些祕密會社的人物，是有可能的，但促使他浪跡天涯主要恐怕還是由於缺乏家庭溫暖，以及「六赴南北省試」等因素，不必過分強調它的「遊俠」性質。不難想像，在他的漫遊生涯中，充滿著焦慮、不安和矛盾。另一方面，漫遊使他對人民的疾苦與災難，官場的腐化與黑暗，遠比一般知識分子有更深的認識。他對中國的現況，常有「大劫將至」的預感㉜，這不能僅當作悲觀憤慨之言來了解，他是有相當的經驗做根據的。

甲午中日之戰，在嗣同看來，簡直「如泰山壓鷄子，如腐肉齒利劍，豈有一幸乎」㉝？由於湘軍往事，他甚至認爲「向令戰勝日本，於中國全局初無裨益，而人心之疵癘永終於深痼，故敗者未必非幸，和者尤當務之爲急，但不當敗至如此地步，和至如

㉘　同前，頁三二七。
㉙　梁啟超：〈譚嗣同傳〉，《全集》附錄，頁五二一。
㉚　同前註㉕。
㉛　《全集》，頁三一六。
㉜　見《全集》，頁七三、三二一、三二六。
㉝　上歐陽師第二書的注文，《全集》，頁二九〇及頁四〇六。

此地步，雖有善者無如何耳」㉞！他對中日和議條款的感想是：
「嗟乎！誰爲爲之？不圖才數月，使天下大局，破裂至此，割心
沉痛，如何可言！夫不獲已而和，是也，而利權、兵權、製造之
權，駸駸乎及於用人行政之權，一以授之敵，無短籬之不撤，有
一網而俱盡，直合四百兆人民之身家性命而亡之，卽何能爲今之
條約解矣」㉟？

　　中日之戰，使「五大洲全局皆爲掣動」㊱，戰後，中國面臨
的將是被列強瓜分的命運，作爲一個知識分子，要如何自處呢？
「士生今日，亦只有隱之一法。然仕有所以仕，隱尤當有所以
隱，爲天地立心，爲生民立命，以續衡陽王子之緒脈，使孔、
孟、程、朱之傳不墜於地」㊲。這大概就是嗣同在戰後，在並不
安定的金陵時期，仍潛心撰成《仁學》的原因吧。

　　光緒二十三年（一八九七）十月，嗣同結束了「如仙人降
謫，困辱泥塗」㊳的金陵候補官生活，回湖南參與新政，撰〈壯
飛樓治事十篇〉，闡述變法維新的具體計畫和進行的步驟㊴。次
年正月，在漢口會見日本特務神尾光臣等三人㊵，日本特務向嗣
同進言：「中日唇齒相依，中國若不能存，彼亦必亡，故甚悔從
前之交戰，願與中國聯絡，救中國亦自救也。並聞湖南設立學

㉞　《全集》，頁二九二。
㉟　《全集》，頁三八九。
㊱　《全集》，頁三三六。
㊲　《全集》，頁二九四。
㊳　《全集》，頁三五四。
㊴　《年譜》，頁一〇六。
㊵　《年譜》，頁一〇九。

會，甚是景仰，自強之基，當從此起矣」❹。日本特務與嗣同接
觸的眞正目的，雖無從揣測，但動機絕不單純，也絕不會如嗣同
所了解的是「憂及我國」，從這些地方可看出，在國際事務上，
他不免是一單純的書生。

　　光緒二十四年四月二十三日（一八九八，六，十一），光緒
帝下定國是詔，推行變法。二十五日（六月十三日）侍讀學士徐
致靖上奏保薦嗣同，疏文云：「江蘇候補知府譚嗣同，天才卓
犖，學識絕倫，忠於愛國，勇於任事，不避艱難，不畏謗疑，內
可以爲論思之官，外可以備折衝之選」❹。當時朝中能站在光緒
這邊，並熱衷於維新的人，實在太少，像譚嗣同這樣的人才，當
然求之不得。不巧此時嗣同正在病中，未能卽時應召。光緒等了
一個多月，十分焦急，於六月十二日（七月三十日）急命「劉坤
一、張之洞等速飭黃遵憲、譚嗣同二員來京，送部引見」❹。假
如譚嗣同想要推辭，病可使他有充分的理由。年輕的譚嗣同，生
活受盡屈辱，理智上雖然反對滿清，可是在主觀意識中卻無法排
除「皇恩浩蕩」的誘惑，終於奉命兼程赴京，於七月二十日（九
月五日）「扶病入覲」，獲「超擢四品卿銜軍機章京」❹，到八
月初六（九月二十一日）發生政變，在朝不過十七天。

　　政變當天的晚上，梁啟超已避入日本使館。這一天，嗣同
「竟日不出門，以待捕者，捕者既不至，則於明日入日本使館」

---

❹　於湖南南學會第一次講義：〈論中國情形危急〉，《全集》，頁
　　一二七～八。

❹　《年譜》，頁一一一。

❹　《年譜》，頁一一二。

❹　同前註❹，頁五二二。

與梁相見，勸其東遊，並將「所著書及詩文辭稿本數册家書一
篋」交他帶走❹。直至八月初十（九月二十五日）始被捕，假如
他想出走，應不成問題，被捕前一天，日本人仍勸他避難日本，
他堅不出走，「再四強之」，他說：「各國變法，無不從流血而
成，今日中國未聞有因變法而流血者，此國之所以不昌也；有
之，請自嗣同始」❻。此言較可信，梁啟超傳述二人訣別時，所
謂「不有死者，無以酬聖主」，則未必可信❼。爲變法而殉難，
自然是很正當的理由，不過嗣同的輕生，也有他個人的因素，他
說過：「吾自少至壯，徧遭綱倫之厄，涵泳其苦，殆非生人所能
任受，瀕死累矣，而卒不死。由是益輕其生命，以爲塊然軀壳，
除利人之外，復何足惜」❽。變法不但利人，且可利國，他爲變
法而死，在這裏是不難索解的。

　　八月十三日（九月二十八日），嗣同與康廣仁、楊深秀、楊
銳、林旭、劉光第同時被斬於北京菜市口刑場。他絕沒有料想
到，「大劫將至」的預感，竟先應驗在自己的身上。事後，康有
爲有長詩哀悼，首四句爲：「復生奇男子，神劍吐光瑩；長虹亘
白日，紫瀾捲蒼溟」❾。嚴復作〈感時詩〉咏其事：「求治翻爲

---

❹　同前，頁五二四。
❻　同前。
❼　邱榮舉：〈晚清政治思想界裏的彗星——譚嗣同〉，見周陽山、
　　楊肅獻編：《晚清思想》，頁六二五，六十九年（一九八〇），
　　臺北時報出版公司。
❽　《仁學》自敍，《全集》，頁三。此外《仁學》中討論生死時，
　　一則謂：「好生而惡死，可謂大惑不解者矣」。再則謂：「知身
　　爲不死之物，雖殺之亦不死，則成仁取義，必無怛怖於其夷」。
　　（見《全集》，頁二三、二五）亦有助於我們了解他何以勇於面
　　對死亡。
❾　《全集》，頁五二七。

罪，明時誤愛才。伏尸名士賤，稱疾詔書哀。燕市天如晦，宣南
雨又來。臨河鳴瀆嘆，莫遣寸心灰」❺⓪。

譚嗣同的著作，有臺北華世出版社出版的標點本《譚嗣同全
集》，是根據大陸三聯書店的版本，如《全集》的編後記所說：
「本書中以《仁學》、〈三十自紀〉、〈上歐陽中鵠〉第二（卽
〈興算學議〉）及第二十二兩札，和〈報貝元徵〉、〈報唐佛
塵〉等長書為最重要」❺①。《仁學》據梁啟超說，「亦題曰《臺
灣人所著書》，蓋中多譏切清廷，假臺人抒憤也」❺②。此稿由梁
氏帶往日本，從一八九九年一月二日起，陸續發表於日本橫濱出
版的《清議報》，同年出版線裝單行本❺③。

嗣同於撰《仁學》時，深為辭難達意所苦❺④。他在思想表達
上，確有許多缺點，如概念不清、層次不明、理路混亂，思考是
跳躍性、放射性的，缺少邏輯觀念。但想像力極為豐富，見解相
當深刻，李澤厚說：「比起譚嗣同，康的大同理想和歷史進化論
比譚是遠為深刻博大的，但在哲學的深度上，康則不如譚」❺⑤。
此言非虛。

第二節 譚嗣同的性格

在譚嗣同短暫的一生中，對改革的工作有高度的興趣，但成

---

❺⓪　《嚴幾道詩鈔》，轉引自《年譜》，頁一二一。
❺①　《全集》，頁五三三。
❺②　梁啟超：《清代學術概》，頁一五一，六十年（一九七一），臺
　　　北水牛出版社。
❺③　李華興：《中國近代思想史》，頁二一七，一九八八年，浙江人
　　　民出版社。
❺④　《仁學》自敍，《全集》，頁四。
❺⑤　李澤厚：《中國近代思想史論》，頁一二七。

效有限；思想方面雖有相當深刻的見解，但他並非一位具規模有系統的思想家。在一般歷史中，他的地位與維新運動是分不開的。在思想史上，他的魅力，除了思想之外，還有突出的個性，他那躍然紙上而又強烈的個性，使讀他書的人，無不留下永遠難忘的印象。

光緒二十三年（一八九七）梁啓超寫信給康有為，提到在北京初次見嗣同的印象是「才識明達，魄力絕倫」❺❻。嗣同殉難後，梁氏為他作傳，其中仍有「君資性絕特」❺❼的話，可見他的個性在現實生活中的確能給人一種顯明的感受。

嗣同兄弟共三人，他的二哥嗣襄於光緒十五年（一八八九）死於臺灣，這使他對臺灣有一份特殊的感情。甲午戰敗，臺灣被割讓給日本，他不但關心臺灣人的抗日情勢，為割讓一事，也對顢頇的清廷，表達了極大的憤慨。嗣襄歸葬後，他撰〈先仲兄行述〉，說他的為人豪邁、講義氣、好交遊、重然諾、有經世之志❺❽，可看出兄弟二人的性格極為相似。

最早了解嗣同個性的，是他的母親徐五緣。七歲那年，徐氏從北京帶著他的長兄嗣貽回湖南瀏陽成婚，嗣同因年幼，不便同行。母親離去後，因受庶母歧視，鎮日沉默不語，後來因日夜思念母親致疾，人也一天天瘦了下去❺❾。次年，母親回到北京，問他生活情形，他隱忍不言，母親微笑著對家人說：「此子倔強能

---

❺❻　〈梁啓超等與康有為書〉，見《翼教叢編》附錄，頁四六一。
❺❼　《全集》，頁五二五。
❺❽　《全集》，頁二〇〇～三。
❺❾　《年譜》，頁二五。

自立，吾死無慮矣」❻。十二歲時，母親、二姊、長兄皆因傳染喉疾，相繼去世，這是他一生中第一次受到嚴重的打擊，愛護他的人，都離他而去，今後在家庭中的處境，其困難不難想見。父親爲了他的前程，於是督促他努力學習時文制藝，他竟然在課本上寫下「豈有此理」四字❻，這恐怕不只是因爲他「鄙薄時文」，還包括對處境的不滿吧——這是他倔強個性的初次表露。

　光緒二十二年（一八九六）四月二十三日（六月五日），嗣同在北京拜見翁同龢，暢談洋務，這一天翁氏在日記中寫道：「譚嗣同……通洋務，高視闊步，世家子弟中桀傲者也」❻。在同輩梁啟超的心目中是「魄力絕倫」，在老一輩的翁同龢看來，便成爲「桀傲」，可以想像他幼年時的倔強，到成年思想成熟後，已轉變成充滿自信，和不可一世的氣概。嗣同是湖南人，張朋園在討論湖南人性格時，引經據典，追溯到《隋書》，已開始用「勁悍決烈」來形容湖南人，其他的史書形容湖南人性格的詞語，諸如「勁直任氣」、「人性勁悍」、「任性剛直」、「剛勁勇悍」等❻。照這樣看，譚嗣同可以說是湖南人的典型，因他生活中豪邁任俠的一面，把湖南人的性格表現得淋漓盡致。

　梁啟超於〈譚嗣同傳〉中，說他「少倜儻有大志，淹通羣籍，能文章，好任俠，善劍術」❻。歐陽予倩（1889～1962，歐

---

❻　〈先妣徐夫人逸事狀〉，《全集》，頁二○○。

❻　《年譜》，頁三二。

❻　《年譜》，頁七六。

❻　張朋園：《中國現代化區域研究：湖南省，一八六○～一九一六》，頁三三八，七十二年（一九八三），中央研究院近代史研究所。

❻　《全集》，頁五二一。

陽中鵠之孫）也說「他於文事之暇，喜歡技擊，會騎馬，會舞劍」[65]。嗣同亦自謂「弱嫻技擊，身手尚便，長弄弧矢，尤樂馳騁」[66]。因此，他具有俠士的能耐，自無可疑。不僅如此，在劍術方面，還著有〈劍經衍葛〉一卷[67]。此外，因「先仲兄喜論兵，嗣同承其意爲〈兵制論〉」，此稿雖未完成，但從《石菊影廬筆識》中，可見其內容概略，主要論點是：「匪用兵之難，選與養之實難，養之不得其道，患無以禦寇；選之不得其人，是亦寇而已矣。……是故兵可用不可用，先觀其有制無制」[68]。所以〈兵制論〉是以如何選、如何養的問題爲重點，企圖爲國家的軍隊建立起一套制度。

在〈三十自紀〉裏，嗣同曾敍述如何從少年時代學習桐城派古文，到後來的自悔，以及自名壯飛的原委[69]。以壯飛爲名，正表示他對豪邁任俠生活的衷心嚮往。他「性不喜詞，以其靡也」[70]。但好作詩，自述學詩的經過，有「拔起千仞，高唱入雲」之句[71]，蓋詩豪邁奔放，足以表達他慷慨悲歌的心境。十八歲時作〈望海潮〉詞自題小照有云：「曾經滄海，又來沙漠，四千里外關河，……拔劍欲高歌，有幾根俠骨，禁得揉搓」[72]！嗣同第一次隨父到甘肅任所，是十四歲，十八歲那年是第二次，所以說

---

[65] 《年譜》，頁三十二。

[66] 〈與沈小沂書〉，《全集》，頁四三一。

[67] 《年譜》，頁五五。

[68] 《全集》，頁二六七。

[69] 《全集》，頁二〇四。

[70] 《全集》，頁二七七。

[71] 〈致劉淞芙書〉，《全集》，頁三八〇。

[72] 同前註[70]。

「又來沙漠」。在以後的七年中，又曾五度到甘肅⑦，湖南到甘肅，關山遙隔，跋涉萬里，他不辭勞苦，往返奔波，探望父親固是正當理由，甘肅一望無際的大沙漠之地，對他有無比的吸引力，恐怕才是眞正的原因。

嗣同於〈劉雲田傳〉中，對他在沙漠中的豪邁生活，有極生動的描述：「安定防軍，隸大人部，嗣同閒至軍，皆橐鞬帛首以軍禮見，設酒饌軍樂、陳百戲，嗣同不一顧。獨喜強雲田（其父僕從）並轡走山谷中，時私出近塞，遇西北風大作，沙石擊人，如中強弩，明駝咿嚘，與鳴雁嗥狼互畣，臂鷹睪弓矢，從百十健兒，與凹目凸鼻黃須雕題諸胡，大呼疾馳，爭先逐猛獸。夜則支幕沙上，椎髻箕踞，芻黃羊血，雜雪而咽。撥琵琶，引吭作秦聲。或據胍匡，羣相飲博，讙呼達旦」⑦。另外一次，則更加刺激、驚人：「往客河西，嘗於隆多朔雪，挾一騎兵，間道疾馳，凡七晝夜，行千六百里，巖谷阻深，都無人跡，載飢載渴，斧冰作糜。比達，髀肉狼藉，濡染褌褶，此同輩所目駭神戰，而嗣同殊不覺」⑦。這種豪邁到近乎瘋狂的行徑，絕非一般讀書人所能想像，嗣同卻甘之如飴。壯飛！壯飛！其行果如其名。

豪邁者未必任俠，任俠者必然豪邁，譚嗣同的性格中，二者實兼而有之。關於他任俠精神的表現，邱榮舉已先我而言，他指出，光緒二十一年，當康有爲倡辦強學會總會、分會時，譚嗣同「既不求入會，亦無人來邀」，完全採取「均未與聞」的旁觀態度。但是到了強學會總會、分會遭受嚴禁，眼見那些「名士」經

⑦　據〈三十自紀〉，《全集》，頁二〇五~六。
⑦　《全集》，頁一七一。
⑦　同前註⑥。

不起風險，「遽爽然欲退」之時，他卻挺身而出，轉思「獨逢其禍」， 擬暫藉耶穌之名， 結成湖南強學分會， 從此可以得見其「任俠精神」的一斑⑯。

在中國史上，最早了解游俠的價值及其精神特色的，是司馬遷（前 145～前 86），在《史記》自序中， 他敍述寫〈游俠列傳〉的旨趣是：「救人於厄，振人不贍，仁者有乎；不既信，不倍言，義者有取焉」。在司馬遷的心目中，游俠是充滿救世熱誠的仁人義士⑰。此外，發現墨子的思想在漢代並沒有消失，它不過是經由戰國墨俠的發揚，轉化而深藏在漢代游俠精神之中的，也是司馬遷⑱。譚嗣同為仁學做界說，明言凡為仁學者，當通之各宗、各派、各家思想中，包括《史記》在內⑲， 也就是說，《史記》也曾是他發展新仁學所憑藉的思想資源之一。這一點在《仁學》自敍中，看得更清楚：「墨有兩派：一曰任俠，吾所謂仁也，在漢有黨錮，在宋有永嘉，略得其一體；一曰格致，吾所謂學也，在秦有《呂覽》，在漢有《淮南》，各識其偏端。仁而學，學而仁，今之士其勿為高遠哉」⑳！嗣同在個人志趣上，是「私懷墨子摩頂放踵之志」㉑，在任俠的了解上，則承繼了司馬遷《史記》的傳統。

根據《史記》的〈游俠列傳〉，重視平民社會並為平民抱不平的游俠，不僅與統治者是對立的，與那些擁護統治者的儒林人

⑯　同前註㊼。
⑰　賴明德：《司馬遷之學術思想》，頁三七五，七十二年（一九八三），臺北洪氏出版社增訂再版。
⑱　同前，頁三七七。
⑲　《全集》，頁九。
⑳　《全集》，頁三。
㉑　《全集》，頁四。

物也是對立的，這一點嗣同也很清楚，他說：「西漢民情易上達，而守令莫敢肆，……彼吏士之顧忌者誰歟？未必非游俠之力也」。又說：「儒者輕詆游俠，便比之匪人，烏知困於君權之世，非此益無以自振拔，民乃益愚弱而窳敗，言治者不可不察也」 **⑧**。到十九世紀九十年代，中國不論是政府和民間，都「愚弱而窳敗」到了極頂，然而剝極必復，依照嗣同的觀察，「以時考之，華人固可以奮矣」。要他們奮起做甚麼呢，他主張，假如有機可乘，「志士仁人求爲陳涉、楊玄感，以供聖人之驅除，死無憾焉」。「若其機無可乘，則莫若爲任俠，亦足以伸民氣，倡勇敢之風，是亦撥亂之具也」 **⑧**。這才是他一生倡導並實踐豪邁之情與任俠精神的眞正目的。他的主張是超越維新時代的，因此深深影響了革命黨人。他爲維新而殉難，他的性格、他的精神卻成爲革命黨人的典範 **⑧**。

---

⑧ 以上均見《仁學》，《全集》，頁六一。

⑧ 同前。

⑧ 一個明顯的例子，就是對鄒容的影響，據杜呈祥：〈鄒容的思想演變及其在中國現代革命史上之地位〉一文說：「在清末參加維新運動的人物當中，給予鄒容影響最大的，是譚嗣同，因爲譚嗣同不但著有《仁學》一書，主要衝決網羅，打破一切傳統思想的束縛，頗博得一般青年之愛好，而且他是戊戌政變中的一個壯烈犧牲者，在清末的維新志士當中，他是被看作富有『俠』的氣味的人物。當時有許多青年，確是把《仁學》當作維新運動的『聖經』，而且把譚嗣同個人看成偶像。清末的革命志士蔣大同（有『關外大俠』之稱），曾經在戊戌政變後，因爲讀了《仁學》，極慕譚嗣同的爲人，改號慕譚，就是一個好的例子。鄒容更是一個非常崇拜譚嗣同的人，他常把譚嗣同的遺像懸在他的座旁，並且做了一首贊美譚嗣同詩：『赫赫譚君故，湖湘士氣衰。惟冀後來者，繼起志勿灰』。他這樣崇拜譚嗣同，……我們可以斷言，他在後來參加革命運動時的那種發揚蹈厲的態度，以及自動入獄的各種表現，都是深受譚嗣同的影響有關的」。見吳相湘主編：《中國現代史叢刊》第一冊，頁一九二～三，七十四年（一九八五），正中書局初版第四次印行。

第三節 《仁學》的基本觀念

嗣同於光緒二十二年（一八九六）六月二十九日到達金陵，因拜會當地官吏和名士，四處碰壁受辱後，幸遇楊仁山和他時常往來，並向他學佛，且學到「漸漸自能入定」。金陵的環境，對他而言，可謂惡劣至極，「凡此諸般若惱困辱，皆能以定力耐之」。學佛、參禪，不但能使他超脫現實人生的煩惱，漸漸地使他感到，精神上也能「堅強自植，勇猛精進」⑧⑤。嗣同就是在這種處境和心境下，開始撰寫《仁學》。

由《仁學》自敍：「故言仁者不可不知元，而其功用可極於无，能爲仁之元而神於无者有三：曰佛，曰孔，曰耶」⑧⑥。可知嗣同撰《仁學》的心願，是要用仁的觀念，來統合三教，藉以建立一既具有時代的意義，又符合時代需要的新仁學。自敍一開始，不但以「元」釋「仁」，且以「无」釋「仁」，爲甚麼「言仁者不可不知元」？因「元」在儒家宇宙論的傳統裏，爲萬物之本，乃在乎天地之前，是天地之原始⑧⑦。爲何仁的「功用可極於无」？因在古代道家是以超越一切相對的絕對爲「无」⑧⑧。仁既爲「天地之原始」，又是「超越一切相對的絕對」，在嗣同的了解中，必須把仁提昇到這個層次，方足以統合三教，任何在過程

---

⑧⑤ 以上均見上歐陽師二十二書，《全集》，頁三二一、三二八。

⑧⑥ 《全集》，頁三。

⑧⑦ 張岱年：《中國古典哲學概念範疇要論》，頁五七，一九八九年，北京中國社會科學出版社。

⑧⑧ 同前，頁七九。

中產生的相對觀念，均不足以擔當這個任務❽。

他所以要統合三教建立新仁學，因他對教本身極具信心：「二三豪傑，亦時切亡教之憂，吾則竊不謂然，何者？教無可亡也，教而亡，必其教之本不足存，亡亦何恨？教之至者，極其量不過亡其名耳，其實固莫能亡」❾。基於這種信心，才使他興奮地感到，從事新仁學建立的工作，對挽救中國當前的劫難，有重大的意義。

新仁學的終極目標，是希望達成「度盡諸苦厄」、「道通爲一」的大同世界❾，實現的途徑，一方面要衝決重重網羅，這些網羅包括利祿、俗學、詞章、全球羣學、君主、倫常、天、佛法❾；一方面要中外通、上下通、男女內外通、人我通❾。這兩種途徑的說法雖異，但其作用和目的是一致的，都是希望消除人間世的一切自限和障礙。

《仁學》雖僅約五萬字，但內容龐雜，有關衝決倫常、君主網羅，以及反清等問題，將留到下文結合《仁學》以外的文字，分節予以討論。在這裏，我只就其中的幾個主要觀念，如仁、以太、心力等，檢視其核心理論。

（一）仁

仁有下列幾種涵義:

---

❽ 《仁學》：「仁一而已，凡對待之詞，皆當破之」。《全集》，頁七。

❾ 《全集》，頁四。

❾ 同前。

❾ 同前。

❾ 《全集》，頁六。

（1）「仁爲天地萬物之源， 故唯心」。「不生不滅， 仁之體」⑭。仁之所以爲天地萬物之源，如前所說，因爲仁卽元。仁旣爲天地萬物之源， 那麼它必然是在沒有天地萬物之前便已存在。它旣然是在天地萬物之前， 自無生滅之過程可言。「仁之體」旣然是「不生不滅」，它當然是先驗的，也就是形上學的意義。嗣同爲了使一般人都能了解「不生不滅」的道理，他以化學之理加以證明：「本爲不生不滅，烏從生之滅之，譬於水加熱則漸涸，非水滅也，化爲輕氣養氣也。使收其輕氣養氣，重與原水等，且熱去而仍化爲水，無少滅也」⑮。當然，形上學的道理是否能成立，並不依恃經驗的證明，如謂「仁爲天地萬物之源， 故唯心」，表示嗣同對具有無窮精神力量的仁心，充滿信心，它不但生天生地，且可與萬物相感通。這是儒家式的形上信念，不必要由經驗加以證明。

（2）是經由倫理的觀念， 論證「天地間亦仁而已矣」的命題。例如仁與知：「仁之至，自無不知也。牽一髮而全身爲動，生人知之，死人不知也。傷一指而終日不適，血脈貫通者知之，痿痹麻木者不知也。吾不能通天地萬物人我爲一身，卽莫測能通者之所知，而詫以爲奇；其實言通至於一身，無有不知者，至無奇也。知不知之辨，於其仁不仁，故曰：天地間亦仁而已矣，無智之可言也」⑯。「痿痹麻木者不知也」，本於程明道《語錄》所謂「醫書言手足痿痹爲不仁」，「不知」卽「不仁」。張橫渠

---

⑭　以上見《全集》，頁七。
⑮　《全集》，頁二二。
⑯　《全集》，頁十三。

將「知」區分為「見聞之知」與「德性所知」：「見聞之知，乃物交而知，非德性所知；德性所知，不萌于見聞」[97]。「德性所知」乃「《易》謂窮神知化」之「知」，指對天地神化的認識。「牽一髮而全身為動，生人知之，死人不知也」的「知」，乃感性之知，與「見聞之知」屬同類，因耳聞目見也是基於感性作用。而「吾不能通天地萬物人我為一身，即莫測能通者之所知」的「知」，則非感性之知，應是橫渠所說的「德性所知」，這種知要靠道德修養方能達致。這兩種「知」，既不同性質，也不同層次，嗣同所說「仁之至，自無不知也」的「知」，必然是「窮神知化」的「德性所知」的「知」，才能說得通，他在這裏顯然是把「通至於一身」的「知」，與「能通天地萬物人我」的「知」，予以混淆了。因此，「言通至於一身」，即可達到「無有不知」，這個推論也是錯誤的。

以下再看仁與勇：「孔曰：『仁者必有勇』。手足之捍頭目，子弟之衛父兄，其事急，其情切，豈有猶豫顧慮而莫敢前者。勇不勇之辨，於其仁不仁，故曰：天地間亦仁而已矣，無勇之可言也」。「仁」之中涵有「勇」，因有孔子的話為證，是很清楚的。至於義：「義之為宜，出於固然，無可言也」。至於信：「信之為誠，亦出於固然，無可言也」。至於禮：「禮者，即其既行之跡，從而名之。至於禮，抑末矣」。結語是：「其辨皆於仁不仁，故曰：天地間亦仁而已矣」[98]。所謂義、信「出於固然」，蓋本於孟子「仁、義、禮、智，非由外鑠我也，我固有之

---

[97]　《正蒙·大心》。
[98]　以上均見《全集》，頁十三。

也」❾❾。「天地間亦仁而已矣」的「仁」，經由嗣同的論證，可知仁不僅是在絕對的層次上，而且是統貫眾德的。這一意義的仁，到孔子才發展出來，孔子以前的仁，只不過是諸德之一而已。仁既統貫眾德，信、義又是人固有之德，自必涵攝在仁之中，這個聯想還算合理。但對禮的解釋，與論題並不相干，其實孔子回答顏淵問仁的「克己復禮爲仁」，這個「仁」就包涵著「禮」。嗣同在論證上雖有缺點，其意圖卻很明顯，即只有「統貫眾德」和「天地萬物之本」這兩種意義的仁，才足以統合佛、孔、耶三教。

（３）天地萬物之本的仁，爲統合三教的形上基礎，統貫眾德的仁，爲統合三教的倫理基礎。仁的第三種涵義，是經由仁的界說，發現植根於人性的仁之本性及其功能，使統合三教不但有實際的可能，且有實踐的途徑。

「仁以通爲第一義」❿，「仁者寂然不動，感而遂通天下之故」⓿。通爲仁的第一屬性，言第一，表示任何其他的屬性，都沒有通來得重要。仁或仁者之所以能通，由於能感。感是仁的本性，通是仁的功能，感通是一體的，單言通，感已在其中。

通既如此重要，嗣同做了多重的詮釋：「通之義，以『道通爲一』爲最渾括」⓫。道能貫通天地萬物而爲一，是對道的功能做形上意義的表詮，因是形上的，所以「渾括」。在道家言「道

---

❾❾　《孟子·告子上》。

❿　《全集》，頁六。

⓿　《全集》，頁七。

⓫　《全集》，頁六。

通爲一」，在儒家卽「仁者渾然與物同體」⑩，其所以可能，是因道與仁都具有感通的能力，不感不通，旣非道，亦非仁。以上的詮釋，對一般人來說，比較難解，他又從常識上加以補充：「通者，如電線四達，無遠弗屆，異域如一身也」⑩。

「通則必尊靈魂」，「靈魂，智慧之屬也」，「智慧生於仁」⑩。靈魂的觀念，得之耶教，在耶教中，靈魂爲上帝所賜，所以叫做「聖靈」⑩。聖靈富有各種的意義與能力，嗣同所了解的是「愛人如己」、「視敵如友」的愛的能力⑩。耶教中的愛可分三種：神對人的愛、人對上帝的愛、人與人間的愛⑩。嗣同重視的，是人與人間的愛，因爲只有這種愛，才能稱之爲「智慧之屬」，才會「生於仁」。所以「通則必尊靈魂」，是教人要重視愛的能力。通旣是仁的功能，「尊靈魂」則賦予這種功能以具體的內容。仁的功能旣然是發揮愛的能力，所以說，「苟仁，自無不通。亦惟通，而仁之量乃可完」⑩。

要使仁充量發揮，由一身一家而達致全球，在實際上要如何進行呢？嗣同提出「四通」之說，卽前文已提過的中外通、上下通、男女內外通、人我通。先看人我通，通的反面是塞，通是仁，塞則不仁，所謂「是故仁不仁之辨，於其通與塞；通塞之

---

⑩　程明道：〈識仁篇〉。

⑩　《全集》，頁十一。

⑩　以上均見《全集》，頁六。

⑩　黎加生編著，湯張瓊英、朱信中譯：《聖經神學辭典》，頁五七○～五七二，一九七五年，香港基督教文藝出版社再版。

⑩　《全集》，頁九。

⑩　同前註⑩，頁二八四～九。

⑩　《全集》，頁十一。

本，惟其仁不仁」⑩。從反面來說，人與我之間所以難通，是因
「妄分彼此，妄見界域，但求利己，不恤其他，疾痛生死，忽
（忍？）不加喜戚於心，反從而忌之、蝕之、齮齕之、屠殺之」
⑪。更具體一點說，例如「彼鄙夫駿豎，得一美衣食，則色然
喜，喜其得於我也。其時乍見有我之力量，遂止於此，而不能通
之於人；爭奪之患起，雖父子兄弟，乾餱以愆矣」⑫。縱有「少
賢」之人，能通於一家，卻不能通於一鄉一縣，能通於一鄉一
縣，又不能通於一國，仁愛的能力因有重重的侷限，很難充其
量。要怎樣才能消除人我之間不能相通的障礙呢？嗣同仍寄望於
精神力量的廣運上，所謂「且下掘地球而通之，華之鄰卽美也，
非有隔也。更廣運精神而通之，地球之鄰，可盡虛空界也，非有
隔也」⑬。

　　此外，要達到男女內外通，有待於衝決倫常之網羅；要達到
上下通，有待於衝決君主之網羅。至於中外通，已涉及中國當時
面臨的中外關係的嚴重問題，嗣同根據他新仁學的觀點加以檢
討，並提出解決之道：「數十年來，學士大夫，覃思典籍，極深
研幾，罔不自謂求仁矣。及語中外之故，輒曰『閉關絕市』，曰
『重申海禁』，抑何不仁之多乎！夫仁，以太之用，而天地萬物
由之以生，由之以通。星辰之遠，鬼神之冥，漠然將以仁通之；
況同生此地球，而同爲人，豈一二人私意所能塞之？亦自塞其仁
而已。彼治於我，我將師之；彼忽於我，我將拯之。可以通學，

---

⑩　同前。
⑪　同前。
⑫　《全集》，頁十二。
⑬　同前。

可以通政， 可以通教， 又何況於通商之常者乎」⑭！「閉關絕市」、「重申海禁」， 是針對西方資本主義的侵略，所提的對策， 對策雖不可取， 但斥之爲「不仁」， 不免流於道德理想主義。從仁學的立場，提出中外關係全面開放的理想，雖有時代的意義， 對照中國的現狀， 未免走得太遠， 也太不切實際。理想與現實，不但有距離， 而且有衝突。

「四通」是希望消除人與人、國與國之間互通的障礙，以建立一種平等的關係， 所謂「通之象爲平等」⑮。 這種平等的關係，自有助於三教的統合。

（二）以 太

以太是英文字 ether 的音譯， 它是十九世紀西方物理學的一個中心概念，代表一種無所不在的無形物質⑯。可是以太在《仁學》中，卻成爲幾乎與仁相當，又僅次於仁的重要觀念。以往儒家傳統中的宇宙論所使用的概念， 爲陰陽與五行，嗣同引用以太的概念來說明自然界的物理現象，不但代表新學與舊學融通的新趨向，也使他企圖建立的新仁學，在實質上有了新的內容。他雖提到「以太之體與用」⑰， 在《仁學》中主要的意義， 還是在「用」不是在「體」。仁雖以通爲第一義，但感通畢竟只能解釋精神層面與人世間的現象，而以太則既具有精神的特性，又具有

---

⑭　同前。
⑮　《全集》，頁六。
⑯　張灝：《危機中的中國知識分子》（*Chinese Intellectuals in Crisis*），頁八六，一九八七年，柏克萊加州大學。
⑰　《全集》，頁十。

物質的特性。因具有物質的特性，它不但可以解釋物理現象，且是物理現象動力的來源。

以太是什麼呢？先看下面這一段：「徧法界、虛空界、眾生界，有至大之精微，無所不膠粘、不貫洽、不筦洛，而充滿之一物焉。目不得而色，耳不得而聲，口鼻不得而臭味，無以名之，名之曰『以太』。其顯於用也：孔謂之『仁』，謂之『元』，謂之『性』；墨謂之『兼愛』；佛謂之『性海』，謂之『慈悲』；耶謂之『靈魂』，謂之『愛人如己』、『視敵如友』；格致家謂之『愛力』、『吸力』；咸是物也。法界由是生，虛空由是立，眾生由是出」⑩。這段文字首先使我們了解，以太是無所不在的，這與「天地間亦仁而已矣」的命題很相似。同時以太是超感性的，這一特質與仁也相同。此外，「法界由是生，虛空由是立，眾生由是出」，則「以太」與天地萬物之源的「仁」，也已類似。就在這些意義上，我們說它的地位與仁相當，也因而具有「體」的意義。當以太「顯於用」時，則與孔、墨、佛、耶的基本觀念相當，這是賦予以太高度的精神特性。他把科學上的概念，也在此相提並論，表示在嗣同的世界觀裏，亦如傳統的儒家，精神界與自然界往往是渾淪不分的。

在一篇命名為〈以太說〉的文章裏，對以太的說明，與上引《仁學》那段文字的前半部分完全相同，於「其顯於用也」以下則有所不同：「以太，其顯於用也，為浪、為力、為質點、為腦氣。法界由是生，虛空由是立，眾生由是出。無形焉，而為萬形之所麗；無心焉，而為萬心之所感；精而言之，夫亦曰仁而已

---

⑩ 《全集》，頁九。

矣」⑲。將這兩段文字做一比較，除仍強調以太的精神特性之外，以太同時也「爲浪、爲力、爲質點、爲腦氣」的物理現象，則更加顯著。仁純就精神而言，以太除精神特性之外，又爲物理現象，因此，二者在天地萬物創生的意義上雖相當，畢竟有「精」、「粗」的不同。

根據嗣同的了解，以太還不只是代表物理現象，「其間之聲、光、熱、電、風、雨、雲、露、霜、雪之所以然，曰惟以太」⑳。可見以太也是物理現象動力的來源。中國傳統的宇宙觀，把天地萬物的變化，往往只視之爲「自然」，即自然而然，不再加以深究。嗣同因受到西方自然科學的啟發，現象之外，還要追究其所以然，意圖由此能充實仁的世界觀，使它成爲相應新時代的一種新的世界觀。下面這一段足以表明其意圖：「日新烏乎本？曰：以太之動機而已矣。獨不見夫雷乎？虛空洞杳，都無一物，忽有雲雨相值，則含兩電，兩則有正有負，正負則有異有同，異則相攻，同則相取，而奔崩轟硠發焉。……因之而時和，因之而年豐，因之而品彙亨通，以生以成，夫孰非以太之一動，而由之以無極也，斯可謂仁之端也已」㉑。

嗣同在充實仁的世界觀的意圖中，尚不止於此，這方面他最重要的開拓，是由「以太之用」來說明天地萬物何以由仁而生？前面說過，以太是超感性的，既是超感性的，所以無生滅可言。既無生滅可言，又如何發揮「以太之用」呢？在此他提出「微生

---

⑲　《全集》，頁一二一。
⑳　《全集》，頁十。
㉑　《全集》，頁三六。

滅」的觀念，所謂「不生不滅烏乎出？曰：出於微生滅，……乃以太中自有之微生滅也」⓵⓶。「微生滅」說明以太的不生不滅永遠只能存在於以太本身的變動中，於是借著「微生滅」而轉化出「生滅」的關於事物運動、變化、發展的觀點⓵⓷。

有了微生滅的觀念，使以太的作用，足以說明自然界秩序之所以形成：「月與地互相吸引，不散去也。地統月，與金、水、火、木、土、天王、海王爲八行星；又有無數小行星，無數彗星，互相吸引，不散去也。金、水諸行星，又各有所繞之月，互相吸引，不散去也。合八行星與所繞之月與小行星與彗星，繞日而疾旋，互相吸引不散去，是爲一世界」。這自然界的種種，所以「皆互相吸引不散去」，而形成有秩序的運動和變化，「曰惟以太」⓵⓸。以太由微生滅的作用，不但足以說明自然界秩序之所以形成，同時也可說明人間秩序之所以形成：「由一身而有夫婦，有父子，有兄弟，有君臣、朋友；由一身而有家，有國，有天下，而相維繫不散去者，曰惟以太」⓵⓹。「夫仁，以太之用，而天地萬物由之以生」⓵⓺，以太的作用，就是仁的作用，以太之所以形成者，也就是仁之所以形成者。就「體」而言，以太與仁是同質的；就「用」而言，由「以太中自有之微生滅」所起的作用，可說明天地萬物何以由仁而生；這大概就是嗣同爲何要強調

⓵⓶　《全集》，頁二八。
⓵⓷　林載爵：《譚嗣同》，頁三八，臺灣商務《中國歷代思想家》第四八册。
⓵⓸　以上見《全集》，頁十。
⓵⓹　《全集》，頁九。
⓵⓺　《全集》，頁十二。

「學者第一當認明以太之體與用，始可與言仁」[127]的緣故吧。

（三）心　力

嗣同說：「以心挽劫者，不惟發願救本國，並彼極強盛之西國，與夫含生之類，一切皆度之」[128]。「心力」的觀念，即相應挽救人類劫難的宏願而提出，這也是他建立仁學的終極目標。「我之心力，能感人使與我同念，故自觀念之所由始，即知所對者品詣之高卑」[129]。「仁以通爲第一義，……心力也，皆指出所以通之具」[130]。可知心力原始的意義，是指感通的能力。這種能力是天賦的，人人具備，所以也是原始的。這種能力本身，無所謂善惡，在實際的行事中，爲什麼有人用之爲害？要如何才能使這種能力用之爲善呢？這是下面要討論的。

嗣同把「心力」先做了一番中性的描述和分析：「心力可見否？曰：人之所賴以辦事者是也。吾無以狀之，以力學家凹凸力之狀狀之：愈能辦事者，其凹凸力愈大；無是力，即不能辦事，凹凸力一奮動，有挽強持滿，不得不發之勢，雖千萬人，未或能遏之而改其方向者也」[131]。就人身而言，「凹凸力」即生命力。人的生命力有強有弱，一般來說，生命力愈強者，愈能任事，愈能勇往直前。接著他列舉了這種力表現的十八種樣態，然後問：「此之所謂力者，皆能挽劫乎」？答案是「不能」。爲何不能？

---

[127]　《全集》，頁十。
[128]　《全集》，頁七五，又見頁三二〇。
[129]　《全集》，頁十一。
[130]　《全集》，頁六。
[131]　《全集》，頁八十。

因生命力如無方向、無意義、無理想，它是盲目的。誠然，強大
的生命力，乃「天賦人以美質」，可是人們往往「假之以相鬥，
故才智愈大者，爭亦愈大，此凹凸力之爲害也」。要如何才能使
其爲善呢？「曰：何莫併凹凸力而用之於仁」，也就是賦予生命
力以仁的意義和理想。「仁之爲道也凡四，曰上下通，……曰中
外通，……曰男女內外通，……曰人我通。此三敎之公理，仁民
之所謂仁也」⑬。如能將生命力用之於四通，消除人間世的一切
自限與障礙，這便是仁道的實現。

　　進一步的問題是：要循何種方法或途徑才能做到四通？以人
我爲例，要求彼此相通，應知不通的原因，「原夫人我所以不通
之故，腦氣之動法各異也」⑬。「夫腦氣動法，旣萬有不齊，意
識乘之，紛紜而起。人與人、地與地、時與時、事與事，無所往
而不異，則人我安得有相通之理」⑬？因此，嗣同根據佛敎唯識
論的觀點，認爲「凹凸力之爲害，卽意識之爲害也」⑬。照這個
思路，他應依循佛敎「轉識成智」的方法或途徑來解決人我如何
相通的問題。可能是因佛敎「轉識成智」的一套理論太複雜了，
於是依照他自己的了解，簡化爲：「今求通之，必斷意識；欲斷
意識，必自改其腦氣之動法：外絕牽引，內歸易簡，簡之又簡，
以至於無，斯意識斷矣。意識斷，則我相除；我相除，則異同
泯；異同泯，則平等出；至於平等，則洞澈彼此，一塵不隔，
爲通人我之極致矣。……此其斷意識之妙術，腦氣所由不妄動，

---

⑬　以上均見《全集》，頁八一。
⑬　同前。
⑬　《全集》，頁八二。
⑬　同前。

而心力所由顯，仁矣夫」❶❸❻！

　　盲動的意識斷滅越澈底，「用之於仁」的心力則越大，也因此出現了新的問題：「惟其大也，又適以召阻險」❶❸❼。因心力強大的人，必勇於任事，因勇於任事，其所遭遇的困難亦必相對地增加，如「格致盛而愈多難窮之理，化電盛而愈多難分之質，醫學盛而愈多難治之證（症），算學盛而愈多難取之題，治理盛而愈多難防之弊」❶❸❽。這種現象且是「愈進愈阻，永無止息」。遭遇困難，發現弊端，這正是社會進行改革，要求進步的效驗，也是革新必須付出的代價。依照這個道理，嗣同認為在三十多年的洋務、自強運動中，那些思想閉塞，觀念僵化，死守祖制的反對者，他們「畏難而偷安，防害而不知興利，動援西國民黨之不靖，而謂不當學西法」❶❸❾，他們完全不能了解，西方國家政黨代表在議會中的爭辯，「正其治化日進之憑據」。一個要求改革、要求進步的國家，「即有小亂，當統千萬年之全局觀之」，有了前瞻性的眼光，因改革縱有小亂，是算不了什麼的。不然，像保守、頑固者那樣，「徒童闚於一孔，謂頭痛當醫頭，腹痛當醫腹，遂並置全局於不顧，此其心力，誠不足道矣」❶❹❺。

　　嗣同把這種抗阻改革的現象，稱之為「劫運」，劫運之形成，則由於「機心」：「吾觀中國，知大劫行至矣，不然，何人心之多機械也。西人以在外之機械製造貨物，中國以在內之機械

---

❶❸❻　同前，頁八二～三。
❶❸❼　《全集》，頁七四。
❶❸❽　同前。
❶❸❾　同前。
❶❹❺　同前。

製造劫運」⑭。要轉化機心，有賴於「用之於仁」的心力的培養。在這裏，他對培養心力提出較具體的做法：「心力不能驟增，則莫若開一講求心之學派，專治佛家所謂願力」⑭。若能「合眾人之心力爲之」，他相信這一點是不難做到的，像古代各教教主，他們還不是靠個人的願力在創教。

因嗣同相信「心」具備一種「天地不能比擬」的神奇力量，相信「心當無有做不到者」⑭，他曾主張創立孔教，希望中國也能有位馬丁·路德⑭，以仁統合三教的仁學，大概就是他期待中的新孔教的理論。根據這個理論，必須有能統合三教的仁學，它才能成爲萬國的公理，才能使孔教成爲世界性的宗教。這個新教的教主，也必須有放眼世界的胸懷，「不可自說我是某國人，當自命爲天人，俯視萬國皆其國、皆其民也」。「以此居心，始可言仁」，仁民愛物的願力，是沒有國界的。只有靠這種巨大的心力，「以之感一二人，而一二人化，則以感天下，而劫運可挽也」⑭。

第四節　「衝決網羅」之一：反名教

就心力而言，中國劫運之形成，是由於「今之人莫不尙機心」⑭。若就歷史傳統而言，則中國今日之劫運，與兩千多年來

---

⑭　《全集》，頁七三，又見頁三二六。
⑭　《全集》，頁七四，又見頁三二七。
⑭　《全集》，頁三一九。
⑭　《全集》，頁五五、三二五。
⑭　以上均見上歐陽師二十二書，《全集》，頁三二〇。
⑭　《全集》，頁七三、三二六。

文化中的重重網羅有極爲深切的關係。因此，要挽救中國的劫運，衝決網羅同樣也成爲實現此一宏願的重要工作。應衝決的網羅，嗣同雖提到八種之多，但《仁學》中比較著重的，是衝決倫常的網羅，和衝決君主的網羅。前者反名教，後者反專制，如果說，以仁統合三教的思想是建設性的，那麼，這方面的工作是破壞性的。反名教、反專制的思想，要到二十年後的「五四」時代，方蔚然成風，成爲思想的主流，所以譚嗣同是民國以後反傳統思想的先驅。

這一節先探討反名教的思想。傳統典籍在使用「名教」一詞時，有時用其狹義——同於禮教；有時用其廣義——同於儒教⑭。在嗣同的思想裏，名教包含禮教、三綱、五倫，他不但反對禮教、三綱，也批判五倫⑭。

嗣同因出生於官僚家庭，因此對「日糜其有用之精力，有限之光陰，以從事無謂之虛禮」的現象，深有體會，在他看來，那些「自命爲守禮」之士，不過是「以習俗所尙，聊僞以將之云耳」⑭。在性格上，他不喜歡受拘束，這使他與官僚家庭的生活方式格格不入。他的見解，雖不能說沒有一點道理，但他顯然不了解，他們所崇尙的習俗與虛禮，乃代表官僚階層身份地位的一種標記，禮教之所以成爲問題，主要並不在此。

嗣同反禮教的言論中，重要的一點在：「自禮明親疏，而親

---

⑭　韋政通：《中國哲學辭典》，頁二七六，一九七七年，臺北大林出版社。
⑭　《全集》，頁十四。
⑭　以上見《全集》，頁二八。

疏於是乎大亂」❺。所舉的理由是：「心所不樂而強之，身所不便而縛之；縛則升降拜跪之文繁，強則至誠惻怛之意泪；親者反緣此而疏，疏者亦可冒此而親」❺。這個理由也明顯有著他「徧遭綱倫之厄」的痛苦為背景。嗣同的親生母親早逝，使他備受父親的小妾虐待，小妾又被父親所寵愛，使他們父子之間的關係很不和睦，因而造成「親者反緣此而疏，疏者亦可冒此而親」的現象。此就嗣同個人來說，這問題是真實的，但問題之所以形成，是由於家庭的特殊狀況，與「禮明親疏」並無直接關係。儒家傳統主張仁愛有差等，落實到社會體制上，人與人之間的關係則有親疏之別，這方面的禮教，代表社會秩序的設計，也顯現中國傳統社會「差序格局」的特色。到了近代，在中國現代化的過程中，發現親疏體制的問題是，重義務不重權利，重私德不重公德❺。嗣同個人遭遇的問題，在現代社會照樣會有，這也說明「而親疏於是乎大亂」的現象，與親疏的體制無關。

嗣同所崇尚的生活，是重親愛不重權威，重實質不重形式，重自然不重虛偽，所以說：「夫禮依仁而著，仁則自然有禮，不特別為標識而刻繩之，……不必嚴立等威而苛刻之也」❺。「夫禮依仁而著」，是一個理想，「仁則自然有禮」，在個人也是可能的。但禮不只是為個人而立，它代表社會公眾的規範，既是公眾的規範，如沒有一定的權威性，就無法維持其效能，因此，它

---

❺ 同前。
❺ 同前。
❺ 參考費孝通：《鄉土中國》中〈差序格局〉、〈維繫著私人的道德〉等文。
❺ 《全集》，頁二八。

多少帶有強制性。如因強制而造成「心所不樂」，造成「強則至誠惻怛之意泪」，這也是少數個人的問題，並不是普遍的問題。

嗣同反禮敎，尤反對三綱。在中國歷史上，三綱的內容，雖在董仲舒以前便已出現⑤，但三綱一詞的使用，卻始於董氏，如謂：「天爲君而覆露之，地爲臣而持載之；陽爲夫而生之，陰爲婦而助之；春爲父而生之，夏爲子而養之；王道之三綱，可求之於天」⑤。三綱，約而言之，卽君爲臣綱，父爲子綱，夫爲妻綱。王船山說：「大臣聽於天子，綱也」⑤。所以「綱」就是「順從」，而且是絕對的順從。在中國思想傳統裏，攻擊專制的言論，大都由民本思想，揭發專制君主之私有天下，以三綱爲抨擊對象的，則較爲罕見，嗣同是否是首先發難者，雖不敢斷言，但使這個問題在中國近代思想史上成爲一重要論題，則是從他開始的。他說：「俗學陋行，動言名敎，敬若天命而不敢渝，畏若國憲而不敢議。嗟乎！以名爲敎，則其敎已爲實之賓，而決非實也。又況名者，由人創造，上以制其下，而不能不奉之，則數千年來，三綱五倫之慘禍烈毒，由是酷焉矣。君以名桎臣，官以名軛民，父以名壓子，夫以名困妻，兄弟、朋友各挾一名以相抗阻，而仁尙有少存焉者得乎」⑤！這段話是抨擊三綱綜合性的導言，指出三綱的三種特性：權威性、荒謬性、慘烈性。以下就君臣、父子、夫婦分別予以考察。

---

⑤ 　如《韓非子・忠孝》：「臣事君，子事父，妻事夫，三者順則天下治，三者逆則天下亂」。
⑤ 　《春秋繁露・基義》。
⑤ 　《讀四書大全》卷二七。
⑤ 　《全集》，頁十四。

　　由上面的引文中可以看出，在嗣同心目中，名教、三綱、五倫，都不過是君主對臣民的「箝制之術」、統治天下的工具而已。這種君主，根本就是「獨夫」、「民賊」，他們「固甚樂三綱之名，一切刑律制度皆依此爲準」，無一不是爲了方便自己的統治❿。明明是竊據天下，不得不「積以威刑」，採取高壓手段，由於粗暴的方式，「於箝制之術不便，故不能不有忠、孝、廉、節，一切分別等衰之名」，作爲包裝，然後得以責臣、子：「爾胡不忠！爾胡不孝！是當放逐也，是當誅戮也。臣、子縱然有所據，意欲詰訴，而終不敢忠孝之名爲名教之所上」。三綱之下的君臣關係，臣子只有絕對服從，否則便是犯上，犯上就會被加以「怨望」、「觖望」、「怏怏」、「腹誹」、「訕謗」、「亡等」、「大逆不道」等莫須有的罪名，或遭放逐，或被誅戮。爲此，嗣同不禁憤慨地指控：畜生被人屠殺時，「猶奮邁呼號，以聲其痛楚」，而爲人臣者，遭君責難，不能辯駁，蒙不白之冤，除默默承受，還要「被之以惡名」❿，眞所謂「名之所在，不惟關其口，使不敢昌言，乃並錮其心，使不敢涉想」❿。國人長期面對著這種披著名教外衣，施以政治暴力的現象，不僅未加責難，早已視爲當然：「施者固泰然居之而不疑，天下亦從而和之曰：得罪名教，法宜至此」。在這樣的國度裏，歷代不知無謂犧牲了多少眞正有用的人才，使他們「銜冤飲恨於萬古之長夜，無由別白其冤」。「此其黑暗，豈非名教之爲之蔀耶」❿！

<hr>

❿　《全集》，頁六六。
❿　以上均見《全集》，頁十五。
❿　《全集》，頁六五。
❿　以上均見《全集》，頁十五。

三綱的名教，在刑律制度爲後盾的情況下，使天下臣民「敬若天命」、「畏若國憲」。在名教的掩護下，爲人父者，可公然施暴於其子，爲人夫者，可公然施暴於其婦。不過，「此在常人，或猶有所忌而不能肆」。可是君主這一角色，在名教方面，佔有所有的優勢地位，君之外，他旣是父、又是夫，「獨兼三綱而據其上」，不僅施暴於天下臣民，卽於「父子、夫婦之間」，亦「視爲錐刀地耳」⑯。

還有一「天下轉相習不知怪」的怪現象，君主以三綱倫常箝制天下，他自己卻完全無視於倫常，「尤可憤者，已則瀆亂夫婦之倫，妃御多至不可計，而偏喜絕人之夫婦，如所謂割勢之閹寺與幽閉之宮人，其殘暴無人理，雖禽獸不逮焉」⑯。眼見這種「殘暴無人理」的現象，不但無人提出抗議，反而有「工於獻媚者，又曲爲廣嗣續之說，以文其惡」。嗣同反問：「然則閹寺宮人之嗣續，固當殄絕之耶」？說到這裏，他對中國人的廣嗣續之說，也深不以爲然：「且廣嗣續之說，施於常人，且猶不可矣；中國百務不講，無以養、無以教，獨於嗣續，自長老以至弱幼，自都邑以至村僻，莫不視爲絕重大之事，急急以圖之，何其惑也⑯」！

對這種「殘暴無人理」的君主，國人卻「俯首帖耳，恬然坐受其鼎鑊刀鋸」，卻「不以爲怪」的怪現象，已足令人驚怪，更有「大可怪」之事，則爲「君之亡猶顧爲之死節」。嗣同認爲，

---

⑯　以上均見《全集》，頁六六。
⑯　同前。
⑯　以上均同前。

「君亦民也，且較之尋常之民而更爲末也。民之於民，無相爲死之理，本之於末，更無相爲死之理」。他並不是原則上反對死節的道理，他只是反對死君，像上古之時，君由人民共舉，「猶得曰吾死吾所共舉，非死君也」，「後世之君，皆以兵強馬大力征經營而奪取之」，憑甚麼還要人「爲之死節」？若果有人「爲之死節」，豈非「本末倒置，甯有加於此者」？如想使死節合理化，那「止有死事的道理，決無死君的道理」⑯。

在歷史上，「爲之死節」者叫「忠」，於是「禱之、祠之、俎豆之、尸祝之」，在嗣同看來，不過是君主利用名教以愚民而已，其眞正用心，還不是「欲後之人之爲我死」吧了。可是沒有人去拆穿它，仍異口同聲地說他是「忠臣忠臣」⑯！古人所說的忠，並非如此：「古之所謂忠，以實之謂忠也。下之事上當以實，上之待下乃不當以實乎？則忠者共辭也，交盡之道也，豈又專責之臣下乎」？「古之所謂忠，中心之謂忠也。撫我則后，虐我則讎，應物平施，心無偏袒，可謂中矣，亦可謂忠矣」⑯。可見古人所說的忠，是無私的、平等的。後世對那些「犬馬土芥乎天下之民」的獨夫民賊，「而猶以忠事之，是輔桀也，是助紂也，……嗚呼！三代以下之忠臣，其不爲輔桀助紂者幾希」⑯！

君臣既應平等相待，父子也不例外：「子爲天之子，父亦爲

---

⑯　以上均見《全集》，頁五七。
⑯　《全集》，頁五七～八。
⑯　以上均見《全集》，頁五八。嗣同「古之所謂忠」，是有根據的，如《左傳》文公六年：「以私害公，非忠也」。又如《忠經》天地神明章：「忠者中也，至公無私」。
⑯　《全集》，頁五八。

天之子，父非人所得而襲取也，平等也」⑯。既然是平等的，因此，「君父以責臣子，臣子亦可反之君父」⑰。在嗣同反對三綱的言論中，於君臣、夫婦所佔的篇幅，不相上下，獨於父子涉及的很少，這一點頗耐人尋味，但也很難妄加揣測，有一個原因或許可能，卽嗣同對孔子相當尊敬，孔子所說的「父爲子隱，子爲父隱」⑰的教言，說不定對他起了作用。

關於夫婦，嗣同探討的重點，主要在揭發中國婦女在三綱名教的壓迫下，所產生的種種不幸與悲劇，爲女性鳴不平，因而提出一些超時代的先進觀念，可謂現代新女性主義論者的先驅。《仁學》引《禮記》：「婚姻之禮廢，夫婦之道苦」。他對這種古訓，頗不以爲然，他的看法是：「本非兩情相願，而強合漠不相聞之人，縶之終身，以爲夫婦，夫果何恃以伸其偏權而相苦哉？實亦三綱之說苦之也。夫旣自命爲綱，則所以遇其婦者，將不以人類齒」⑰。其中「偏權」卽偏面的權利，是有了權利意識自覺後提出的新觀念，與平等權、自主權相對。夫所以施暴於其婦，不把婦當人待，是依恃傳統的三綱所賦予的權威，所以三綱是造成婦女種種不幸與悲劇的根本原因。「本非兩情相願」云云，可以想像他理想中的夫婦關係，應是建立在自由戀愛的基礎之上。

從歷史上看，夫婦關係古代並非如此，「於古有下堂求去

⑯　《全集》，頁六五。
⑰　《全集》，頁十五。
⑰　《論語・子路》。
⑰　《全集》，頁六五。

者，尙不失自主之權也」⑬。那麼這種關係的轉變，是從甚麼時候開始的？「自秦垂暴法，於會稽刻石，宋儒煬之，妄爲『餓死事小，失節事大』之瞽說，直於室家施申、韓，閨闥爲岸獄：是何不幸而爲婦人，乃爲人申、韓之，岸獄之」⑭！這個看法自然是有歷史根據的。

婦女在歷史上的種種不幸與悲劇，嗣同還提到「重男輕女」，他斥之爲「至暴亂無禮之法」。因重男輕女，使中國民間有「溺女之習」，他認爲這種行徑「爲蜂蟻豺虎之所不爲」⑮。婦女不僅在精神上受虐待，還要殘害其肢體，對纏足的風氣，他斥之爲「大惡」。「苟明男女同爲天地之菁英，同有無量之盛德大業，平等相均⑯……」，他是主張男女平等的。「太監」、「小腳」、「餓死事小，失節事大」，是「五四」時代反傳統者常提到的傳統罪狀，這些論題於十九世紀九十年代，譚嗣同已發之於先，他眞是中國現代思想史上，反傳統思想的先知先覺。

在三綱名教的壓迫下，「男則姬妾羅侍，放縱無忌，女一淫卽罪至死」⑰，傳統中國的士人，對這種道德上的雙重標準，早已視爲習常，絕少提出質疑。嗣同因主張男女平等，於是大膽地提出「淫」的問題，這在中國正統的思想史上是破天荒的。所謂「淫」的問題，卽現代人一直很熱門的性道德、性心理問題。自古以來，這方面一直被視爲思想的禁地，嗣同試圖揭開其中的黑

---

⑬　同前。
⑭　《全集》，頁六五～六。
⑮　以上均見《全集》，頁十九。
⑯　同前。
⑰　《全集》，頁十九。

幕，並提出一些相當開放的觀念。

首先，他認為所謂「淫」不過是習俗問題：「向使生民之初，卽相習以淫為朝聘宴饗之鉅典，行之於朝廟，行之於都市，行之於稠人廣眾，如中國之長揖拜跪，西國之抱腰接吻，沿習至今，亦孰知其惡者」[178]。在當時的中國，似乎還沒有這方面人類學的知識傳入，這個觀念應是他的創見。

其次，他覺得傳統中國「立淫律」、「禁淫書」、「恥淫語」的消極防淫之道，不但不會產生防淫的效果，反而有「適以召人於淫」[179]的反效果。對這一點，他提兩項論證：其一：「夫男女之異非他，在牝牡數寸間耳，猶夫人之類也。今錮之、嚴之、隔絕之若鬼物、若仇讎，是重此數寸之牝牡，翹之以示人，使知可貴可愛，以豔羨乎淫。然則特偶不相見而已，一旦瞥見，其心必大動不可止，一若方苞之居喪，見妻而心亂。直以淫具待人，其自待亦一淫具矣，復何為不淫哉」[180]！其二：「童而精少，老而閉房，鳥獸方春而交，輪軸緣汽而平，平澹無奇，發於自然。……今懸為厲禁，引為深恥，沿為忌諱，是明誨人此中之有至甘焉，故為之秘之，使不可卽得，而迫以誘之」[181]。前者是以心理學的觀點，說明對「男女構精」之事，隱諱之不當；後者是以生理學的觀點，說明用道德有色眼光看淫的問題，反而增加它的神秘性，對人產生誘惑。

傳統的消極防淫之道，旣然不對，積極方面我們要如何去做

---

[178] 《全集》，頁十七。

[179] 《全集》，頁十九。

[180] 同前。

[181] 《全集》，頁二十。

呢？嗣同主張：（1）在觀念上應知「所謂色者，粉黛已耳，服飾已耳，去其粉黛、服飾，血肉聚成，與我何異，又無色之可好焉。則將導之使相見，縱之使相習，油然相得，澹然相忘，猶朋友之相與往還，不覺有男女之異，復何有於淫？淫然後及今可止也」❿。（2）在態度上應知「藏物於篋，懼使人見，而欲見始愈切，坦坦然剖以相示，則且曰（日）熟視而若無覩矣」❿。（3）重視性教育：「多開考察淫學之館，廣布闡明淫理之書，使人人皆悉其所以然」❿。

　　此外，到現代才受到重視，並經常討論的通姦、性變態、娼妓等問題，嗣同皆曾有所論述。關於通姦：「俗間婦女，昧於理道，奉腐儒古老之謬說爲天經地義，偶一失足，或涉疑似之交，即爲人劫持，箝其舌，使有死不敢言。至於爲人玩弄，爲人脅逃，爲人驔販，或忍爲婢媵，或流爲娼妓，或羞憤斷吭以死」❿。這是傳統社會未婚與寡居婦女，偶一與男性發生性關係的悲慘境遇與下場，正是「五四」時代魯迅與吳虞所謂「吃人的禮教」所造成。這一類「失足」之事，在嗣同看來，不過是「男女構精，特兩機之動，毫無可羞醜，而至與人間隙也」❿。

　　關於性變態：「殺人者，將以快己之私，而洩己之欲，是殺念即淫念也。淫人者，將以人之宛轉痛楚，奇癢殊顫，而爲己之至樂，是淫念即殺念也。同一女色，而髫齡室女，尤流俗所涎

---

❿　《全集》，頁十九。
❿　《全集》，頁十九～二十。
❿　《全集》，頁二十。
❿　同前。
❿　同前。

慕，非欲創之至流血哀啼而後快耶?，殺機一也⑱」。嗣同將「淫」與「殺」相連結，認為「淫念即殺念」，二者「其情相反，其事相因」，「其勢相成，其理相一」。解決之道：「斷殺必先斷淫，不斷淫亦必不能斷殺」⑱。但斷淫並非絕欲：「遇斷淫之因緣，則徑斷之。無其因緣，蓋亦奉行天地之化機，而我無所增損於其間」。又引佛說「視橫陳時，味同嚼蠟」，以為如此「雖不斷猶斷也」⑱。似乎把解決這類的問題，寄望於佛教的修持。

關於娼妓，嗣同也認為這是禁不了的，「子不見西國乎，治化不為不盛，而娼妓日多，卒無術以禁之，遂成為五大洲通行之風俗」⑲。既不能禁，他主張把娼妓公開化、制度化：「明知萬不能禁，則胡不專設一官，經理其事? 限定地段，毋與良民雜處；限定名額，寧溢勿隱；潔清其居，毋使致疾；整齊其法，毋使虐待；抽取費用，如保險之利，為在事諸人之薪俸。規條燦然，莫能欺遁，而陷溺者亦自有止境，豈非仁政之大者哉」⑲！在近代中國，他大概又是提倡公娼制的第一人了。

嗣同重視女性問題，以及一切反名教、反三綱的言論，都是為了達到一個目的，即希望未來的中國，人人在社會上都有平等的地位，都享有自主之權⑲。而人人有自主之權，也正是他反名教思想裏的最高評準。根據這個想法，他認為儒家的五倫中，只有「朋友」一倫符合這個標準，因此主張其他四倫亦應以朋友之

⑱ 《全集》，頁十八。
⑱ 以上均同前。
⑱ 以上均見《全集》，頁二一。
⑲ 《全集》，頁八六。
⑲ 同前。
⑲ 《全集》，頁六五、六六、六八。

道相處。既皆可以朋友之道相處，其他四倫自可廢除：「夫惟朋友之倫獨尊，然彼四倫不廢自廢。亦惟明四倫之當廢，然後朋友之權力始大。今中外皆侈談變法，而五倫不變，則舉凡至理要道，悉無從起點，又況於三綱哉」❽！也就是說，中國要變法，必須從人的平等權、自主權等核心價值處著手，才是正確的途徑，這是非常深刻的見解。

第五節　「衝決網羅」之二：反專制

　　以上一節，在君主以三綱箝制天下的討論中，已揭發了專制的弊害，但因侷限於反名教的觀點，只能看到嗣同反專制思想的一部分。必須指出，嗣同的反專制思想，雖發之於變法運動正逐漸進入高潮的時期，顯已突破這一運動的思想格局，成為革命運動的先聲，因此有特殊的時代意義，值得做進一步的了解。

　　在中國民本思想的傳統中，肯定人民是國家的根本，所謂「民為邦本」，這是歷代反君主專制思想的共同前提。嗣同除堅守民本思想傳統之外，已多少受了西方民權、民主學說的影響。《仁學》卷下提到法國大革命：「法人之改民主也，其言曰：誓殺盡天下君主，使流血滿地球，以洩萬民之恨」❾。這種影響，不僅使他思想傾向革命，也使他嚮往民主。

　　嗣同因康有為的影響，認為孔子當初立教的宗旨是：「黜古

---

❽　《全集》，頁六八。
❾　《全集》，頁六十。

學，改今制，廢君統，倡民主，變不平等爲平等」。⑱在後來思
想史上，「以冀萬一有當於孔教者，則黃梨洲《明夷待訪錄》，
其庶幾乎；其次，爲王船山之《遺書》；皆於君民之際，有隱恫
焉」⑲。歷代的君主，不但「視天下爲其橐中之物」，且「犬馬
土芥乎天下之民」⑳，所謂「皆於君民之際，有隱恫焉」，就是說
黃、王二氏，對天下之民在君主專制統治下被奴役的現象，深感
哀痛，因而對君主專制提出嚴厲的批判。嗣同的反專制思想，是
繼承這個傳統向前發展，像歷史上那些理財大臣，自命爲報國，
可是在他看來，不過是爲君主「掊克聚斂」，不惜「竭澤而漁」，
早已把「爲國」（爲君）與「爲民」分爲二事，「國與民已分爲
二，吾不知除民之外，國果何有？……民既擯斥於國外，又安得
少有愛國之忱？何也？於我無與也」㉑。這是說，一個完全漠視
人民福祉的君主，是無法培養出人民對他的愛戴與認同感的。在
君主專制的統治下，「君民之際」，除「有隱恫」之外，別無合
理的成分存在。

　　君民關係，要怎樣才是合理的呢？「生民之初，本無所謂君
臣，則皆民也。民不能相治，亦不暇治，於是共舉一民爲君。夫
曰共舉之，則非君擇民，而民擇君也。夫曰共舉之，則其分際又
非甚遠於民，而不下儕於民也。夫曰共舉之，則因有民而後有
君，君末也，民本也，天下無有因末而累及本者，亦豈可因君而
累及民哉？夫曰共舉之，則且必可共廢之。君也者，爲民辦事者

---

⑱　《全集》，頁五四。
⑲　《全集》，頁五六。
⑳　《全集》，頁五八。
㉑　同前。

也；臣也者，助辦民事者也。賦稅之取於民，所以爲辦民事之資
也，如此而事猶不辦，事不辦而易其人，亦天下之通義也」⑲。
嗣同藉中國上古「共舉」的傳說，發爲民主之論，根據這個觀
點，合理的君民關係，應具備下列幾個特色：（1）君是由人民選
擇、選舉的。（2）因是人民選舉的，因此君自然親民。（3）君既
是經由人民的選擇產生，因此人民爲國家的主體。（4）人民能選
舉國君，也可罷免國君。（5）人民選舉國君，是要他爲大家辦
事，做人民的公僕，如不能盡職，就要將他罷免。這樣的君民關
係，與君主專制中的君民關係，是完全不同的。

　君主專制之所以危害人民，取決於專制的本質，專制的本質
有二：一是武力奪取，所謂「後世之君，皆以兵強馬大力征經
營而奪取之，本非自然共戴者」⑳。一是專權，所謂「且夫權
也者，固非一人之智力所得而可也，以藐藐之躬，肩億萬人之
權，不啻入億萬人之室家，而代謀其生殖。……明明一渺不相涉
之過客，乃盡操其主人之權，轉不使其主人聞之而知之，遂泰然
自信，以爲足以善其事矣，天下至怪誕不近情理，孰有過此者
乎」㉑？因專制君主的統治權，是由暴力奪取，除利用人民爲奪
取天下的工具之外，必然視人民爲假想敵的敵對體，專權也就成
爲專制君主的必然結果，因爲專制君主只有在「獨制而無所制」
的情況下，才有安全感，專制的一切腐敗與危害，也植根於此。
「主人之權」卽民權，從「代謀其生殖」的侵權比喩，似有天賦
民權之意，「權也者，固非一人之智力所得而可也」，已預設了

⑲　《全集》，頁五六。
⑳　《全集》，頁五七。
㉑　《全集》，頁九五。

「分權」的觀念。在此實無意誇張嗣同對西方民權思想有多少了
解，他了解的並不多，但他確實是在此一背景下反對君主專制，
這是他與以往反專制思想不同的地方。

進一步的問題是：像這樣反人民的君主體制，爲何能維繫兩
千多年？他究竟用甚麼方法來統治？有關帝王的統治術，在中國
思想史上最深刻的理論，當推韓非子的「法」、「術」、「勢」，
法是統治萬民的工具，術的主要目的在駕馭羣臣，勢是教帝王如
何獨擅權力⑳。針對這個問題，嗣同除提到「以詩書愚黔首」、
天子「挾一天以制天下」⑳之外，還有兩點重要的見解：

第一，有關帝王的統治術，他跳開法家，直接追溯到老子：
「李耳之術之亂中國也，柔靜其易知矣；若夫力足以殺盡地球含
生之類，胥天地鬼神之淪陷於不仁，而卒無一人能少知其非者，
則曰儉」⑳。李耳倡議「靜」、「儉」之術足以亂中國者，言此
二術有助於歷代專制君主統治中國也。理由是：（１）「言靜者
惰，歸之暮氣，鬼道也；言儉者齷齪之昏心，禽道也，率天下而
爲鬼、爲禽，且猶美之曰『靜德儉德』，夫果何取也」⑳？（２）
「惟靜故惰，惰則愚；惟儉故陋，陋又愚。兼此兩愚，固將殺含
生之類，而無不足。故靜與儉，皆愚黔首之慘術，而擠之於死
也」⑳。（３）「其初以人謀之不臧，而諉過於天，其繼以窒天生
之富有，而挾以制人。自儉之名立，然後君權日以尊，而貨棄於

---

⑳　參考韋政通：《先秦七大哲學家》，頁一七九、一八二、一八
　　五、六十三年（一九七四），臺北牧童出版社。
⑳　以上見《全集》，頁三二三。
⑳　《全集》，頁三八。
⑳　《全集》，頁四十。
⑳　《全集》，頁四二。

地，亦相因之勢然也」❼。

老子靜、儉的觀念，經由莊子的發展，在道家傳統中已定性
爲實踐工夫中的詞語，在實踐工夫中倡議靜、儉，這是必然的，
儒、佛的修養也不例外。道家思想基本上是反文明的，老子嚮往
的社會是小國寡民，因此靜、儉不只是實踐工夫的意義，也是社
會、政治所崇尚的價值觀。這種價值觀一旦滲入並植根於現實社
會與政治之中，它不但抑制了人民對物質文明追求的渴望，甚至
把這種追求視之爲 不正當的欲望， 這時候才會產生 嗣同所說的
「惰」、「陋」、「愚」、「暮氣」等流弊，一個知足、安貧、
克己的社會，是無法避免這種流弊的，這樣的社會自然有助於專
制統治的穩定。

靜與儉相比，「則儉之爲禍，視靜彌酷矣」❽。當嗣同探討
這個問題時， 他腦子裏有著兩個迥然不同， 而又顯現著強烈對
比的圖像： 一個是「民智不興， 物產凋窳」、「至貧極窘之中
國」❾；一個 「機器興， 物產饒」、「民皆豐樂充裕， 愛惜生
命」❿的西方。前者所崇尚的價值爲靜、爲儉，後者崇尚的價值
爲動、爲奢（消費）； 前者爲「匱乏經濟」的農業社會，後者
爲「豐裕經濟」的工業社會。有充分的理由可以相信，嗣同是因
先有這種強烈對比的圖像，才激發他經由靜、儉的觀念，去深思
中國的專制問題。爲何儉比靜爲害更烈？因當一個社會把儉視爲
美德，甚至提升到成爲一種道理想時，就會嚴重地遏止人民改

❼　《全集》，頁四三。
❽　同前註❼。
❾　《全集》，頁四十。
❿　《全集》，頁四二。

進貧困現實的意願，這樣的社會是開發不出反制專制的經濟資源的，反而是播放專制烈燄的最佳舞臺。

嗣同將經濟因素、價值觀相結合，討論專制問題以後，他認定「私天下者尚儉」、「公天下者尚奢」❷⓫，也就是說，政治制度與經濟因素、價值觀，是一種有機性的結構，它們密合成為一個整體，中國在君主專制下，造成匱乏的經濟，崇尚消極的價值觀，是必然的，要改變這種狀況，必須打倒專制，所以說，「一旦銜勒去，民權興，得以從容謀議，各遂其生，各均其利，杼軸繁而懸鶉之衣絕，工作盛而仰屋之嘆消；礦禁弛，誰不輕其金錢，旅行速，誰不樂乎遊覽，復何有儉之可言哉」❷⓬？這是譚氏嚮往的社會，也是他反專制的重要原因。

第二，以上檢討的價值觀與經濟因素，雖有助於專制的穩定，畢竟是間接的，最重要而有效的因素，還是由法家在理論上提倡，而落實在秦法中的「尊君卑臣」的原則，這一點嗣同很清楚：「要皆秦始皇尊君卑臣愚黔首之故智，後世帝王，喜其利己，遂因循而加厲行之」❷⓭。在《仁學》中，對這一點有相當精彩的申論，其著重點在陳述這一原則所以會成為君主專制最重要的支柱，不是君主單方面的要求所能辦得到的，而是由君與臣之間的雙向活動所構成。專制的本質使君主要求絕對的權力，如沒有「逢君之欲而長其惡」的臣子❷⓮，這一原則是很難產生實效的。

---

❷⓫ 《全集》，頁四四。

❷⓬ 《全集》，頁四三。

❷⓭ 《全集》，頁三二二。

❷⓮ 余英時：〈反智論與中國政治傳統〉，引文見《歷史與思想》，頁四四，六十五年（一九七六），臺北聯經出版公司。

其結論爲:「悲夫! 悲夫! 民生之厄,寧有已時耶! 故當以爲二千年來之政,秦政也,皆大盜也;二千年來之學,荀學也,皆鄉愿也。惟大盜利用鄉愿,惟鄉愿工媚大盜。二者相交相資,而罔不託之於孔。執託者之大盜、鄉愿,而責所託之孔,又烏能知孔哉」❹?「惟大盜利用鄉愿,惟鄉愿工媚大盜」,就是君主專制的眞面目,專制對生民的一切毒害,二者在歷史上正扮演「共犯」的角色,君主專制實質上就是一種「共犯的構造」。

第六節　反清思想

譚嗣同反清思想的形成,至少有下列幾個因素:

(1)洪、楊反滿集團的影響,《仁學》中曾爲「洪、楊之徒」辯護,並痛斥曾國藩爲首的湘軍與「中興諸公」❹,但二者反清的理由與目的均不同,洪、楊於起事之年的文告中,仇視「滿妖」,主要是因其「拜邪神、逆眞理」的宗教理由,其目的則在建立一信仰上帝之國(參本書上册頁三一二);嗣同反清的主要理由,是因滿清腐敗無能的統治,已使中國面臨滅亡的危機,其目的是希望中國也能像西方那樣,建立起一個有民權、有民主、有機器文明的國家。值得注意的是:理由與目的雖不同,但都受到來自西方的影響。

(2)滿清是中國最後一個專制王朝,專制之害、名教之禍,都已達到顚峯,嗣同的反清思想,乃其反名教、反專制思想在中外情勢激盪下的必然結果。

---

❹　《全集》,頁五四。
❹　《全集》,頁六二。

（3）嗣同在「十年漫遊」期間，走遍大江南北，對當時中國社會生靈塗炭、民不聊生的悽慘景象，有極深入的體察，因而不時有「大劫將至」的預感⑰。同時在漫遊中，通過大刀王五等關係，結交了一批「推埋拳勇」、「扛鼎擊劍」的朋友，並和各地的反清秘密會社發生聯繫⑱。

一個人的思想要與現實體制決裂，導致的因素可能相當複雜，而且是在不斷掙扎中漸次形成的。嗣同於二十歲以後的十年中，曾「六赴南北省試」，其中難免有來自家庭與社會的壓力，對應試既未抗阻，多少表示他仍有在體制內獲得功名的願望。全部落第以後，他父親花錢買了個後補知府，他也沒有拒絕。在金陵候補時受盡屈辱，因而發憤撰《仁學》，他的反清思想達到成熟度，應該也是在這時候（一八九六）。兩年後的戊戌運動已快落幕時，他竟然抱病應召入京。這一連串的行徑，都與他的反清思想有矛盾，不過，這並無損於他這方面思想的時代意義。提出這種矛盾，是希望不要過分單純地去看問題，他雖有反清思想，畢竟與革命派仍有所不同。

不論是洪、楊集團，還是譚嗣同，以及後來的革命派，他們反清思想的一個共同特色，都在激發人民對滿清的仇恨，要達到這個目的，一個有效的辦法，就是揭舉其多數人都能感受得到的罪狀。嗣同揭舉的清廷罪狀，約有下列幾點：

（1）殘　暴：

「雖然，成吉思之亂也，西國猶能言之，忽必烈之虐也，鄭

---

⑰　《全集》，頁七三、三二一、三二六。
⑱　《年譜》，頁四七。

所南《心史》紀之；有茹痛數百年不敢言不敢紀者，不愈益悲乎！明季稗史中之《揚州十日記》、《嘉定屠城紀略》，不過略舉一二事，當時既縱焚掠之軍，又嚴薙髮之令，所至屠殺虜掠，莫不如是。卽彼準部，方數千里，又一大種族也，遂無復乾隆以前之舊籍，其殘暴爲何如矣。亦有號爲令主者焉，觀《南巡錄》所載淫掠無賴，與隋煬、明武不少異，不徒鳥獸行者之顯著《大義覺迷錄》也」**⑲**。

（2）歧視漢人：

「獨何以解於後世之君，皆以兵強馬大力征經營而奪取之，本非自然共戴者乎！況又有滿、漢種類之見，奴役天下者乎」**⑳**！「況東事亟時，決不肯假民以自爲戰守之權，且曰：寧爲懷、愍、徽、欽，而決不令漢人得志」**㉑**。

（3）愚　民：

「且卽挾此土所崇之孔教，爲緣飾史傳，以愚其人，而爲藏身之固」**㉒**！

（4）文字獄：

「彼其文字之寃獄，凡數十起，死數千百人；違礙干禁書目，凡數千百種，並前數代若宋、明之書，亦在禁列」**㉓**。

（5）竊據國土：

「臺灣者，東海之孤島，於中原非有害也。鄭氏據之，亦足

⑲　《全集》，頁五九。
⑳　《全集》，頁五七。
㉑　《全集》，頁六十。
㉒　《全集》，頁五八～九。
㉓　《全集》，頁六十。

存前明之空號，乃無故貪其土地，據爲己有。據爲己有，猶之可也，乃旣竭其二百餘年之民力，一旦苟以自救，則舉而贈之於人，其視華人之身家，曾弄具之不若。噫！以若所爲，臺灣固無傷耳，尙有十八省之華人，宛轉於刀礪之下，惡縮於販賈之手，方命之曰：此食毛踐土之分然也。夫果誰食誰之毛？誰踐誰之土？久假不歸，烏知非有。人縱不言，己寧不愧於心乎？吾願華人，勿復夢夢謬引以爲同類也」㉔。

以上列舉的五大罪狀中的（2）與（5）兩項，是在凸顯滿淸統治乃一外來政權。「久假不歸，烏知非有」，這塊國土本非其所有，華人應趁機收復。將「華人」與「滿人」對立，洪、楊集團便已如此。整體地看，正如張灝所說，譚嗣同不是一個民族主義者，他的世界觀在許多方面是與民族主義背道而馳的㉕。不過，民族主義是反淸的利器，嗣同也不例外利用了這個利器。

在這樣一個罪惡政權統治下的中國，已變成怎樣的一個國家呢？在長期內亂外患的交迫下，中國人民生活得如奴隸犬馬，貧窮得如「塚中枯骨」；在高壓統治下，造成「民風良懦」，人大都懷有「機心」，人與人之間，幸災樂禍，無是非可言；朝中官吏派系林立，互相攻擊。社會上到處殺氣騰騰，教案四起，迷信風行；中國在列強環伺下，已面臨被瓜分的命運；在外人心目中，中國已被「目爲不痛不癢頑鈍無恥之國」㉖。在嗣同看來，這種種現象，已是「大劫將至」的徵兆，就反淸而言，已具備革

㉔　同前註⑰，頁五九。
㉕　同前註⑯，頁六七。
㉖　《全集》，頁四二四。

命的環境。「故天命去，則虐燄自衰，無可畏也」❷，這是告訴國人，滿清王朝的氣數已盡。「以時考之，華人固可以奮矣」❷，他提醒國人，推翻滿清的時機已經成熟，否則列強「皆將藉仗義之美名，陰以漁獵其資產，華人不自為之，其禍可勝言哉」❷！為此，他呼籲國人，拋棄苟安心理，不要駭怕動亂：「世亂不極，亦末由撥亂反正；故審其國之終不治也，則莫若速使其亂，猶冀萬一能治之者也」❸。

在滿清統治的歷史上，最大的一次反清運動，是洪、楊集團，幾乎使滿清王朝覆滅。與洪、楊集團對決的是曾國藩的湘軍集團，對這一幕歷史的是非，譚嗣同在反清的立場上，做了褒洪、楊，貶曾湘的判決。他引用西方對待叛亂犯（政治犯）的觀念，為洪、楊集團辯解，無異是在歷史法庭中，為其平反。他說：「洪、楊之徒，苦於君、官，鋌而走險，其情良足憫焉。至西國刑律，非無死刑，獨於謀反，雖其已成，亦僅輕繫數月而已，非故縱之也，彼其律意若曰：謀反公罪也，非一人數人所能為也，事不出於一人數人，故名公罪。公罪則必有不得已之故，不可任國君以其私而重刑之也。且民而謀反，其政法之不善可知，為之君者，猶當自反，藉曰重刑之，則請自君始」❸。另一方面，他認為曾氏的湘軍集團，比洪、楊集團對人民更殘暴，對國家的危害也更嚴重，「湘軍助紂為虐之罪」，「正孟子所謂

---

❷　《全集》，頁六十。
❷　《全集》，頁六一。
❷　《全集》，頁六十。
❸　《全集》，頁七三。
❸　《全集》，頁六二。

『服上刑者』」㉜。根據本書中編部分，對此二集團歷史性對決的分析，嗣同以二分法所做的判決，不免把複雜的問題，過於簡化，但這一褒貶的思想模式，卻爲後來的革命黨人所繼承。

㉜　同前。

第十八章　梁啓超

十九世紀結束時，梁啟超才二十八歲。當他主持《時務報》的筆政，開始其文字風雲的一生時，只不過是二十四歲的青年。他的恩師康有為二十四歲時，仍在家鄉苦讀成疾，默默無聞；他的摯友譚嗣同二十四歲時，仍在湖南與甘肅之間漫游，尚未開始對他敬仰的王船山、黃梨洲下工夫。這種差異雖與時局的演變、生活的機遇有關，但以一位民間的知識青年，在短短一、二年之間，靠著他那靈活的頭腦，文字的魅力，強烈的求知欲，形成一股意見氣候，儼然成為新一代知識分子的代言人，在中國古今思想史上，實為罕見。

康有為給梁啟超第一個思想生命，也把他帶進歷史舞臺。康氏一心想做帝王之師，始終堅持在現有的政治秩序中實行改革。梁氏的角色不同，對現有的政治體制的態度，也非一成不變，他的主要思考有兩方面：一方面為了減少來自清廷的阻力，和授列強以可乘之機，希望朝君主立憲方向去努力，作為達到民主政體的過渡；另一方面，為了達到民主政體的理想，他希望經由教育和思想啟蒙，逐漸提昇民智、民德，使國人具備做一個現代公民的素質，這方面如做不出相當成效，縱然把滿清推翻了，仍不過

是「王朝革命」，而非民主政治所需要的「國民變革」❶。

梁氏對前者的努力，完全失敗，不免影響了後人對他的歷史評價。但作爲開發一代民智的啟蒙人物，他那極富感染和震撼力的大量言論，在世紀之交的十餘年間，曾產生無與倫比的影響，遠遠超越了保皇黨的角色，可謂功在國家。

戊戌變法，使梁啟超與康有爲齊名，事實上梁在戊戌變法中，雖蒙光緒皇帝召見，並未重用，他在這個運動中的重要性，是經由上海《時務報》和湖南時務學堂的言論，爲運動造勢，因造勢相當成功，因而也強化了帝黨與后黨之間的緊張關係，加速了后黨對帝黨的反撲。我同意李澤厚所說，一八九八年至一九〇三年，是梁啟超一生中最有羣眾影響的黃金時期❷，但也不可否認，戊戌前兩年的表現，已初步奠定了他成爲「言論界的驕子」❸的地位，他思想上的基本取向，以及政治立場上的困惑，在這一時期的言論中，也已見端倪。本書因以十九世紀爲界，因此下文將以這一時期的言論，爲主要探討的對象。

第一節　生平與著作

梁啟超（1873～1929），字卓如，號任公，自署飲冰室主人，廣東新會縣人。祖父名維清，字鏡泉。父名寶瑛，字蓮澗，

---

❶　這兩個觀念，見〈釋革〉一文，《飲冰室文集》（以下簡稱《文集》），第四冊，卷九，頁四三，七十二年（一九八三），臺灣中華書局三版。

❷　見李著《中國近代思想史論》，頁四二三。

❸　李劍農：《中國近百年政治史》上冊，頁二一七，五十七年（一九六八），臺灣商務五版。

秀才，是位鄉下的教書先生。母趙氏，在啟超十五歲時便因難產去世。他十二歲中秀才，補博士弟子員，十七歲中舉人，榜列第八，因獲主考官李端棻（1833～1907）的賞識，就將堂妹李蕙仙許配給他❹，十九歲在北京成婚。他中舉雖早，以後一連參加幾次會試，卻全落榜。

梁氏雖僅活了五十七歲，卻經歷了戊戌變法、辛亥革命、五四運動、北伐戰爭，他的一生，無異是這世紀之交的大變局的縮影，下面分五個時期加以介紹：

（一）早年教育

因父、祖都是秀才，所以四、五歲便教他《四書》、《詩經》（後來他論「幼學」時，很不贊成這種教法），與祖父的關係很親密。父母雖很慈祥，但家教很嚴，日常言語舉動，如稍有輕率，父親「輒呵斥不少假借」❺；六歲時因說謊，被母親「翻伏在膝前，力鞭十數」❻。祖父、父親都曾在科場多次受挫，因此很希望他能在功名上出人頭地，所以童年教育也以此為主，「不知天地間於帖括外更有所謂學也」❼。

梁氏一生，「盛名烈烈」，主要靠他的文章。據〈三十自述〉，他「八歲學為文，九歲能綴千言，……家貧無書可讀，惟有《史記》一，《綱鑑易知錄》一，王父、父日以課之，故至今

---

❹　參考《簡明中國近現代史詞典》，頁二二六，〈李端棻〉條，一九八五年，北京中國青年出版社。
❺　〈三十自述〉，《文集》，第四冊，卷十一，頁十六。
❻　丁文江：《梁任公年譜長編》（以下簡稱《年譜》），頁五，五十一年（一九六二），臺北世界書局。
❼　同前註❺。

《史記》之文，能成誦八、九」❽。司馬遷的《史記》，對後
世史書文章，以及散文風格，都起了極爲深遠的影響，唐、宋
的文章大家，所追求的目標，也就是希望做到「行文逼近《史
記》」❾。梁啓超的文章能風靡一世，與早年熟讀《史記》，實
有很大的關係。

啓超十五歲赴省城入阮元（1764～1849）所設立的學海堂爲
附課生，第二年成爲正班生，主要課業在以訓詁治經。一度「擬
入廣雅書院，因其制度於地方長官來院時，全體學生須在門前站
班迎接，故不入」❿。學海堂每月有月考，「月考有獎賞，名曰
膏火，依等第以爲厚薄」，他就靠著所領的獎金，買了許多圖
書，如《正續皇清經解》、《四庫提要》、《四史》、《二十二
子》、《百子全書》、《粵雅堂叢書》、《知不足齋叢書》等⓫。

啓超在十八歲之前，所學以帖括、小學爲主，十八歲見康有
爲後的數年間，因康氏的有力啓發，才把他導入中國學術傳統的
大流之中。光緒十六年（一八九〇）八月，學海堂同學陳千秋告
訴他：「吾聞南海康先生上書請變法，不達，新從京師歸，吾往
謁焉，其學乃爲吾與子所未夢及，吾與子今得師矣」⓬。後來啓
超回憶初見南海的經過，相當傳神：「時余以少年科第，且於時
流所推重之訓詁、詞章學，頗有所知，輒沾沾自喜；先生乃以
大海潮音，作師子吼，取其所挾持之數百年無用之學，更端駁

---

❽　同前。
❾　賴明德：《司馬遷之學術思想》，頁四三二～四，七十二年（一
　　九八三），臺北洪氏出版社增訂再版。
❿　《年譜》，頁十二。
⓫　同前。
⓬　同前註❺。

詰，悉舉而摧陷廓清之。自辰入見，及戌始退，冷水澆背，當頭一棒，一旦盡失其壘，惘惘然不知所從事。且驚且喜，且怨且艾，且疑且懼，與通甫（千秋）聯牀，竟夕不能寐。明日再謁，請為學方針，先生乃教以陸、王心學，而並及史學、西學之梗概，自是決然舍去舊學」⑬。從此退出學海堂，「間日請業南海之門」。

翌年，南海洵通甫與啓超之請，始講學於廣東省城長興里之萬木草堂，最初學生不滿二十人，年紀大半在十五六乃至十八九之間。草堂有常課，除《公羊傳》外，還要點讀《資治通鑑》、《宋元學案》、《朱子語類》等，有時候也「講中國數千年來學術源流歷史，政法沿革得失」⑭，「每語及國事杌陧，民生憔萃，外侮憑陵，輒慷慨欷歔，或至流涕」⑮。草堂師生感情融洽，教學方式活潑，正課之外，私下也常聚談，同學中能質疑問難者，會受到南海的鼓勵。室內教學之外，師生也常有戶外活動，每逢月夜，或春秋佳日，於粵秀山之麓，歡暢之音，往往聲振林木，或聯臂高歌，樹鴉驚飛⑯。草堂教育，頗有洙泗之風。

南海的講堂，到光緒十九年（一八九三），因來學的日多，經啓超等人的努力，搬遷到府學宮仰高廟，這時候啓超與通甫已充任學長，受教之外，也協助南海編纂《孔子改制考》等書。萬木草堂的學習生涯，斷斷續續，一直到二十三歲（一八九五）才

---

⑬　同前。
⑭　同前註⑤，頁十七。
⑮　〈南海先生七十壽言〉，《文集》，第十五冊，卷四十四，頁二八。
⑯　同前。

結束。在過去的五年中，啟超爲會考曾數度去京師，認識了一些傑出的朋友，已培養出獨立思考的能力，因此在出草堂之時，學術見地上與其師已有分歧⑰。

這時期所交朋友中，啟超自認爲「講學最契」，且對他影響至鉅的是夏曾佑（1865～1924）、譚嗣同⑱。夏氏早年治今文經學，後又吸收進化論學說，一九〇二撰成《中國古代史》（原名《中國歷史教科書》），是中國近代用進化論研究中國歷史的第一本著作⑲。他們三人在京師相處，要好到「幾乎沒有一天不見面，見面就談學問，常常對吵」的地步⑳。別離時，啟超常給曾佑寫信，從這些信件中可使我們了解他在甲午時期的心情和想法，在光緒二十年（一八九四）的信中他說：「今日之事，以廣求同志開倡風氣爲第一義」㉑，可見他在未出道之前，對人生努力的目標，差不多已有定向。

在前文譚嗣同一章裏，已引過啟超在給南海信中對嗣同的推崇，下面再引一段他給嚴復信中的話：「儕輩之中，見有瀏陽譚復生者，其慧不讓穗卿（夏曾佑字穗卿），而力過之，眞異才也。著《仁學》三卷，僅見其上卷，已爲中國舊學所無矣。此君前年在都與穗卿同識之，彼時覺無以異於常人，近則深有得於佛

---

⑰　《清代學術概論》：「又二年，而千秋卒，啟超益獨力自在。啟超治《僞經考》，時復不慊於其師之武斷，後遂置不復道；其師好引緯書，以神秘性說孔子，啟超亦不謂然」。（頁一三八）。

⑱　同前，頁一三九。

⑲　同前註❹，頁二三一，〈夏曾佑〉條。

⑳　〈亡友夏穗卿先生〉，《文集》卷七十五，頁十五。

㉑　〈與穗卿兄長書〉，《年譜》，頁二一。

學，一日千里，不可量也」㉒。此外，他於〈說羣序〉一文中，明言所受《仁學》的影響：「啟超既略述所聞，作《變法通議》，又思發明羣義，則理奧例賾，苦不能達。既乃得侯官嚴君復之《治功天演論》，瀏陽譚君嗣同之《仁學》，讀之犂然有當於其心。悼天下有志之士，希得聞南海之緒論，見二君之宏著，或聞矣見矣，而莫之解莫之信，乃內演師說，外依兩書，發以淺言，證以實事，作《說羣》十篇，一百二十章，其於南海之緒論，嚴、譚之宏著，未達什一，惟自謂際變法之言，頗有進也」㉓。啟超在維新時期的激進言論，以及流亡日本初期的革命破壞思想，主要也是受嗣同的影響。

（二）維新運動

光緒二十一年（一八九五）二月，啟超入京會試，三月十日中、日達成和議，簽下喪權辱國的馬關條約，他協助其師發動各省公車上書清帝，要求拒和、遷都、變法，都察院因和議已成，拒不轉達。但這次公車上書運動，振動京師，頗收宣傳的效果，康有為於七月乘勢發起開強學會，啟超任會中書記員。強學會不過三個月，因遭言官告發，遂被封禁。

北京強學會受阻，同年十月康氏又在上海發起組強學會，旋亦遭禁，於是黃遵憲（1848～1905）倡辦《時務報》，他捐了一千元加上強學會餘款做開辦費，創辦人除黃氏之外，還有汪康年

㉒　《文集》，第一冊，卷一，頁一一〇。
㉓　《文集》，第二冊，卷二，頁三。

（1860～1911），梁啟超、吳季清、鄒殿書❷。汪氏任經理，啟超為主筆，從此跨出他人生重要的一步，這是光緒二十二年（一八九六）七月。

《時務報》為旬刊，每冊二十餘頁，內容包括論說，諭摺、京外近事、域外報譯，其中域外報譯佔篇幅二分之一強，有英、法、俄、日四種文字的譯員負責譯事。工作人員有麥孟華（1875～1915）、徐勤（君勉）、歐榘甲（雲樵），少年王國維（1877～1927）曾在館中任書記，章炳麟（1868～1936）聘為編輯，後因與啟超議論不合，乃自行告退❷。

報館生涯，正符合啟超原先對人生目標的構想，也最能發揮他的長才，對這一點他是自覺的，因此對報館的工作全心投入，成為《時務報》的靈魂人物，下面的自述，可以使我們了解，他對工作如何認真，如何勤奮：「每期報中論說四千餘言，歸其撰述；東西各報二萬餘言，歸其潤色；一切公牘告白等項，歸其編排；全本報章，歸其複校。十日一冊，每冊三萬字，啟超自撰及刪改者幾萬字，其餘亦字字經心。六月酷暑，洋燭皆變流質，獨居一樓上，揮汗執筆，日不遑食，夜不遑息」❷。在寫給嚴復的信中，曾坦陳自己扮演的角色，以及創辦此報的意趣：「然啟超常持一論，謂凡任天下事者，宜自求為陳勝、吳廣，無自求為漢高，則百事可辦。故叛此報之意，亦不過為椎輪、為土階、為天

---

❷ 《年譜》，頁三一。

❷ 沈雲龍：〈梁啟超與汪康年〉，見《現代政治人物述評》，頁一三，五十年（一九六一），臺北新中國評論社再版。

❷ 〈創辦時務報原委記〉，轉引自前註書同頁，此文原刊澳門《知新報》，光緒二十四年，第六十六期。

下驅除難，以俟繼起者之發揮光大之」❷。

　　報館工作之外，這時期啟超還要兼顧由康廣仁(1867～1898)、徐勤等人在澳門創辦的《知新報》、輯印《西政叢書》，創設大同譯書局、倡設女學堂、研究佛學，大都爲中國的維新培養條件的工作。

　　甲午戰後，清廷仍無顯著的作爲，誠如啟超所說，「此間大人先生兩月以前尙頗有興亡之志，今又束閣矣」❷。但大都會裏的知識分子已普遍覺醒，強烈地渴望改革，因此主張變法的《時務報》發行之後，「一時風靡海內，數月之間，銷行至萬餘分，爲中國有報以來所未有，舉國趨之如飮狂泉」❷。啟超爲維新造勢的工作，可謂相當成功。

　　但是，這種發之民間的改革聲浪，必然會引起淸廷的關切和恐懼，原先還推崇「該報識見正大，議論切要，足以增廣見聞，激發志氣」❸的張之洞(1837～1909)，後來因不滿其中的激烈言論，且認爲啟超的文字，「遠近煽播，必至匪人倡爲亂玠」，於是多方示意要他引去❸。這時候，黃遵憲已出任湖南鹽法道，兼署按察使，和譚嗣同、唐才常(1869～1900)等人，正由巡撫

---

❷　《文集》，第一册，卷一，頁一〇七。《年譜》，頁四一，註明此信出處爲「《文集》四卷第二十六頁」，誤。

❷　光緒二十一年（一八九五）八月二十七日〈與穗卿足下書〉，《年譜》，頁二五。

❷　〈淸議報一百册祝辭並論報館之責任及本館之經歷〉，《文集》第三册，卷六，頁五二。

❸　〈鄂督張飭全省官銷時務報札〉，《時務報》第六册，轉引自張朋園：《梁啟超與淸季革命》，頁二六八，五十三年（一九六四），中央研究院近代史研究所。

❸　同前，頁二七二。

陳寶箴（1831～1900）的支持下推行新政，黃氏推薦啟超到長沙
時務學堂任總教席，他遂於光緒二十三年（一八九七）十月離開
上海去了湖南。

　　湖南新政運動（1895～1898）的中心人是陳寶箴，幕後主持
者是他的長子陳三立（1853～1937），江標（1860～1899）與徐
仁鑄（1863～1900）先後主持湘省學政，打下了新教育的基礎，
黃遵憲參與新政後，親身規劃建立了時務學堂、南學會和保衛
局[32]。新政原先的目標，無非是革新教育，加強建設，以造福地
方。後來的構想，或正如啟超於〈上陳中丞書〉所言，是希望在
中國萬一被瓜分，「必有腹地一二省可以自主，然後中國有一線
的生路」[33]。

　　十月中旬，啟超與韓文舉、葉覺邁聯袂抵長沙，時務學堂就
設在長沙小東街劉文恪公的舊邸，學生僅四十人，李炳寰、林
圭、蔡鍔為高材生。「啟超每日在講堂四小時，夜則批答諸生劄
記，每條或至千言，往往徹夜不寐，所言皆當時一派之民權論。
又多言清代故實，臚舉失政，盛倡革命。其論學術，則自荀卿以
下漢、唐、宋、明、清學者，掊擊無完膚。時學生皆住舍，不與
外通，堂內空氣日日激變，外間莫或知之，及年假，諸生歸省，
出劄記示親友，全湘大譁」[34]。時務學堂之外，還有《湘報》
（日刊）、《湘學報》（旬刊），「所言雖不如學堂中激烈，實

---

[32]　參考張朋園：《中國現代化的區域研究——湖南省，一八六○～
　　　一九一六》，頁一三二。

[33]　《異教叢編》附錄，頁一下，總頁四五六。

[34]　《清代學術概論》，頁一四○。

陰相策應」❸。他和譚嗣同等人，又將《明夷待訪錄》、《揚州十日記》加上案語重印，秘密傳播革命思想，終於引起湖南有力士紳王先謙（1842～1917）、葉德輝（1864～1927）等人的強烈反對，興起新舊派之間的鬥爭。啟超於光緒二十四年（一八九八）年初因病離開長沙，在時務學堂不過三個月，居然使它的聲名超過了有百年歷史的岳麓書院，有湖南最高學府之稱❸。

　　湖南新舊派的鬥爭，「起於湘而波動於京師」，因京師某御史，搜集了時務學堂學生劄記中犯清廷忌諱者百餘條，「進呈嚴劾」❸，於是引起清廷的震驚與警惕。另一方面，參與維新變法的楊銳（1857～1898）、劉光第（1859～1898）是由陳寶箴舉薦❸，康有為、梁啟超、譚嗣同、黃遵憲、張元濟（1867～1959）是由徐仁鑄向他父親徐致靖（1826～1918）推薦，然後再由致靖向光緒帝保舉❸，這無異是把湖南新政的班底搬遷到京師，結果湖南新政固然失敗，維新變法運動也以悲劇收場。啟超雖因政變而流亡日本，但因他在《時務報》與時務學堂的傑出表現，已為他今後十餘年人雖在海外，言論卻仍能在國內產生巨大影響打下基礎。

（三）流亡日本

❸　同前。
❸　唐才質：〈湖南時務學堂略志〉，《文史資料》，第二集，此據楊念羣：〈戊戌知識分子改革中國的模式〉，見香港中文大學中國文化研究所，《二十一世紀》第六期，頁三○。
❸　〈時務學堂劄記殘卷序〉，《文集》第十三冊，卷三十七，頁六九～七○。
❸　《簡明中國近現代史詞典》，頁二二三，〈陳寶箴〉條。
❸　同前註書，頁二二四，〈徐仁鑄〉條。

啟超亡命日本十四年（1898～1912），先後創辦《清議報》
（1898～1901）、《新民叢報》（1902～1907）、《新小說》
（1902～1905）、《政論》（1907～1908）、《國風報》（1910～
1911），這是他一生寫作最勤的時期，也是他思想變化最大的時
期。略而言之，此時期之思想，可分爲兩個階段：一九○三年之
前激進，主張破壞、革命，之後則轉趨溫和，主張君主立憲。由
於一度傾向革命，因此康、梁思想上的分歧加深，也發生與革命
派的離合問題⑩。

到日本後，他的言論比在國內時更激進，固由於「清廷鞭長
莫及，管不了他，守舊勢力更無奈他何，他可以爲所欲爲，言所
欲言了」⑪，但也不可忽略日本明治文化對他的影響，例如他主
張破壞主義，就因在明治之初，伊藤博文、大隈重信、井上馨都
曾有此主張⑫。

啟超晚年曾向學生談起初到日本的印象：「戊戌亡命日本

---

⑩ 關於康、梁分歧，和梁與革命派的離合問題，可看：(1)蕭公權：
《中國政治思想史》，頁七三五～六。(2)張朋園：《梁啟超與清
季革命》，頁一一九～一三六。

⑪ 同前註張著，頁八一。

⑫ 《飲冰室自由書‧破壞主義》：「日本明治之初，政府新易，國
論紛糅，伊藤博文、大隈重信、井上馨等，共主破壞主義，又名
突飛主義，務推倒數千年之舊物，行急激之手段」。（一八九九
年，《清議報》第三十冊）。

　　此外，亓冰峯：《清末革命與君憲的論爭》，頁七九，認爲
啟超於此時言論益趨激烈，是「因爲光緒二十七年冬（一九○二
年一月七日）慈禧太后自西安回京以後，仍然缺乏變法的誠意與
決心。另一方面革命的風潮日益澎湃，即保皇黨也有很多人在憤
恨之餘，感到失望，而紛紛主張革命或自立了」。五十五年（一
九六六），臺北中國學術著作獎助委員會出版。

時，親見一新邦之興起，如呼吸凌晨之曉風，腦清身爽，親見彼邦朝野卿大夫以至百工，人人樂觀活躍，勤奮勵進之朝氣，居然使千古無聞之小國，獻身於新世紀文明之舞臺」。與「老大腐朽」的中國相比，「愈覺日本之可愛可敬」❹ 。一位敏感、聰慧、吸收力強的青年，一旦置身這樣的國度，其內心所激起的波瀾，必定比初見其師南海時更大，他必須重新開始一個新的學習歷程。

明治維新時代的日本，在「文明開化」的政策下，「一度出現了趨於極端的崇尚西方，模仿西方的社會風氣。趁此時機，各種西方思想學說也很少選擇地被競相翻譯，輸入日本，使啟蒙活動蓬勃發展起來」❹ 。一向對西方知識有高度飢渴感的梁啟超，現在面對的第一個難題，是如何經由日文，去吸收大量的西方思想？為此，他仿效日本人讀漢籍的方法，發明了一種簡便易行的「和文漢讀法」，這種方法雖然粗陋又欠準確，其中不乏似是而非的理解，但啟超和不少留日的中國人，就是依靠它迅速跨越了外國語的阻隔，在日文書刊中大量尋找、攫取新知識，並縮短了與歐美文化的距離❹ 。

梁啟超經由日文轉介的西方思想，可分為三派，這也是明治時期流行的最重要的三個學派：（1）以福田諭吉為代表的「英吉利派之功利主義」，在英國的代表人物有邊沁和穆勒。（2）以中

---

❹　吳其昌：《梁任公先生別錄拾遺》、〈子馨文在〉（下），頁四五六～七，一九四五年，獨立出版社。轉引自夏曉虹：〈梁啟超與明治文化〉，見《文化：中國與世界》第五輯，頁一八三，一九八八年，北京三聯書店。

❹　見前註夏曉虹文，《文化：中國與世界》第五輯，頁一八七。

❹　同前，頁一八六。

江兆民爲代表的「法蘭西派之自由主義」，在法國的代表人物有盧梭。（3）以加藤弘之爲代表的「德意志派之國家主義」，在德國的代表人物爲伯倫知理⓽。他把這幾個學派的思想大量介紹給國內的廣大讀者，同時在轉介、吸收的過程中，也影響了他自己的思想，如蕭公權就指出，光緒二十九年（一九〇三），任公發表的〈政治學大家伯倫知理之學說〉一文，卽可視爲重返保皇壁壘主張君憲之宣言，一直維持到民國成立之前夕⓿。

（四）民國時期

民國建立，啟超結束流亡生涯重回故國，到他去世的十八年中，在民六以前從政，民九以後從事著作與講學。民國元年（一九一二）十月回國時，正值四十歲的壯年，二十三歲在寫給夏曾佑的信中，有謂「弟之宿病，行事之念多，而窮理之功少」⓭，由於這種自省，當時曾有入山讀書數年的念頭。其實這不能算是「宿病」，而正是他性格的特質，基於這種特質，所以回國後，很快便投入實際的政治。民國既然是共和政治，而「共和政治，非有政黨不能運用」⓯，所以民國二年二月便加入共和黨，爲了與國會中佔多數的國民黨抗衡，五月又擴大組成進步黨，當進步黨人熊希齡（1870～1937）組閣時，他出任司法總長半年，民國三年改任幣制局總裁，在職十月。在袁世凱（1859～1916）於民國四年八月開始圖謀稱帝前，他還擔任過參政院的參政，和袁大

⓭　同前，頁一九〇～一。
⓮　《中國政治思想史》，頁七三六。
⓯　《年譜》，頁二八。
⓰　〈蒞民主黨歡迎會演說辭〉，《文集》卷五十七。

總統的顧問。他所以支持袁，是因「很有點癡心，……想帶著袁世凱走上政治軌道，替國家做些建設事業」❺⓪。當袁氏的稱帝野心暴露後，他不顧自身安危，毅然決然發表〈異哉所謂國體問題者〉，駁斥籌安會主張帝制的謬論，對當時輿論起了相當大的作用。接著在他與時務學堂的弟子蔡鍔（1882～1916）主導下，上演了一幕在民國史上相當戲劇化的護國之役，雲南起義討袁後，全國各地紛紛獨立，終於使袁世凱在憂憤中病死，保全了垂危的民國。

民國六年（一九一七），大總統黎元洪（1864～1928）與內閣總理段祺瑞（1865～1936）之間，發生政爭，值政局不安之際，康有為運動軍閥張勳（1854～1923）於七月一日擁護溥儀（1906～1967）復辟，十二天之內便被段祺瑞與梁啟超等人組成的討逆軍打敗，再一次保住了民國的命脈。復辟事件後，康有為憤恨地稱「梁賊啟超」❺①，而梁啟超於民國十六年（一九二七）撰〈南海先生七十壽言〉，文中一則謂「先生之功在國家，與其學術之開拓千古」，再則謂「戊戌以後之新中國，惟先生實手闢之」。並為其師辯護：「今之少年或能譏彈先生，然而導河積石，則孰非聞先生之風而興者」❺②。雖為頌詞，離史實亦相去不遠。

復辟事件過後，又做了五個月的段內閣財政總長，這時候的

---

❺⓪　〈護國之役回顧談〉，討袁史料㈡（革命文獻之四十七），頁六一。轉引自張朋園：〈梁啟超〉一文，見《中國文化綜合研究》，頁一三九，六十年（一九七一），臺北中華學術院。

❺①　胡平生：《梁啟超》，頁十四，見《中國歷代思想家》，五二冊，六十七年（一九七八），臺灣商務。

❺②　《文集》，第十五冊，卷四十四（上），頁二八、二九。

北洋政府，只不過是一空頭的中央，加上人事的傾軋，根本毫無
作爲，辭職後對政治已心灰意冷。民國七年（一九一八）十二
月率領一個考察團去歐洲考察戰後的情形，行前他和「張東蓀、
黃溯初談了一個通宵，著實將從前迷夢的政治活動懺悔一番，相
約以後決然捨棄，要從思想界盡些微力」❸。所以在民國九年三
月回國後，一直到十八年去世，除生產大量學術性著作之外，曾
在南開、清華、東南等大學講學。去世半年前，曾琦（1892～
1951）領導的青年黨，與張君勱（1887～1969）領導的國社黨
（後改爲民社黨），曾醞釀合組新黨，擬請梁任公作黨魁，任公
感慨地向青年黨主腦之一的李璜說：「我半生努力於救國工作，
少年時，其冒險犯難的精神，並不下於諸位；然而今日思之，在
政治上的貢獻頗難言，還不如在學術上，我還比較有把握些。故
今已衰老，不願再干預政治之事，有負諸位雅意，望卽以之轉達
慕韓」❺。

　　啟超晚年，對以往的政治活動似有悔意，丁文江（1887～1936）
曾說他「個性仁厚，太重感情，很難做一個好的政治家」❺，也
許有助於我們了解這種心境。

　　他一生的著作，據估計約一千四百萬字❺，最完備的結集，
爲林志鈞（宰平）所編的《飲冰室合集》，民國二十一年，上海中
華書局出版，約七、八百萬字，分文集與專集兩大類，文集十六

❸　《梁任公近著第一輯》，上卷，頁七五，一九二二年，商務印書
　　館。
❺　李璜：《學鈍室回憶錄》，頁一六一，六十二年（一九七三），
　　臺北傳記文學出版社。
❺　《年譜》，丁文淵〈前言〉，頁六。
❺　張朋園：《梁啟超與清季革命》，頁三。

册，專集二十四册。臺灣中華書局影印出版的《飲冰室文集》仍照舊爲十六册，《飲冰室專集》已由原先的一〇四種，刪減爲四十三種，精裝十册。此外，爲了方便選購，《先秦政治思想史》、《中國近三百年學術史》、《淸代學術槪論》、《佛學研究十八篇》、《中國歷史研究法》、《國史研究六編》、《諸子考釋》、《儒家哲學》、《孔子》、《子墨子學說》、《老孔墨以後學派槪觀》（附〈老子哲學〉）、《戴東原》、《中國文化史》、《戊戌政變記》、《飲冰室詩話》、《歐遊心影錄節錄》、《新大陸遊記節錄》（附〈夏威夷遊記〉及〈遊臺灣書牘〉）等，都有影印的單行本。

除了文集與專集之外，到五十一年（一九六二）才在臺灣由世界書局出版，丁文江編著的《梁任公先生年譜長編初稿》（附〈梁任公詩手跡〉），此書是根據任公近萬封的遺札，和「現在已很難得或已不可得的資料」❺❼編成，是研究梁啟超的珍貴史料。

梁氏的一生，雖喜好政治，但大部分的時間，仍消耗於撰述之中，作爲一個政論家，無論質與量，可謂古今獨步，作爲一個學術工作者，態度上有時不免草率、輕浮，不是最佳典範。

第二節　變法思想的特色與意涵

求變、求新，是十九世紀中葉以來，所有維新思想家的共同意識，梁啟超戊戌以前的言論，也是在此意識的主導下，以變法

---

❺❼　《年譜》，胡適序，頁二。

作爲中心論題，展現出廣濶的視野和豐富的內涵。爲了瞭解他變法思想的特色，不妨先回顧一下以往各家這方面的思考。

馮桂芬首先揭示出「人無棄材」、「地無遺利」、「君民不隔」、「名實必符」的四不如夷之說。這既是求變、求新思想的主要動因，也是維新變法思想的一大前提。王韜除提出變的論證之外，維新的內容主要包括取士（已主張廢除時文、八股）、練兵、學校、律例四項，他已認爲中國要富強，必須實行君民共治、通上下之情的君憲，但在態度上，他主張「請決之以百年」的漸變緩進的方式。鄭觀應變革思想最精彩的部分，是重商主義和商戰理論。此外，對教育改革，已有比較完整的構想，且認爲要從事教育改革，必須同時改革考試制度。他曾公開鼓吹立憲政治，對議會制也有相應的了解。嚴復對變法的必要與變法的方針，皆有所論述，更重要的，他提出了鼓民力、開民智、新民德，極具前瞻性的變法方案，開民智主要在講西學、廢科舉。梁啓超這一時期的言論中，似乎看不出曾受馮桂芬、王韜、鄭觀應等人思想的影響，但受嚴復的影響不小，除社會達爾文主義的進化思想之外，開民智、新民德兩項，幾乎是他一輩子努力的兩大目標，也是他理想中要求「國民變革」的兩大論題。這兩大論題或目標，到百年後的今日中國，不但未曾過時，且越發顯得迫切。

除了以上各家之外，年輕的梁啓超，這時大體仍籠罩在康有爲的思想天地之中，是眾所周知的。不過，縱然如此，他環繞著變法這個主題，依照他自己的思考方式，仍表現出以往各家所沒有的多層次、多面相的特色，他從各方面逼近並深入這個主題，

探討了與變法相關的各種問題。他心目中所要「變」之「法」，遠遠超出政治之外，涵蓋了文化的各方面，相當接近當今的現代化論者所謂的「整體的變遷」。

這一節先探討三個問題：

（一）變法的理由

啟超從四方面（也是四個不同的層面）提出必須變法的理由：

（1）從天地人類來看

《變法通議》自序，開宗明義便說：「法何以必變？凡在天地之間者，莫不變。晝夜變而成日，寒暑變而成歲。大地肇起，流質炎炎，熱鎔冰遷，累變而成地球。海草螺蛤，大木大鳥，飛魚飛黿，袋獸脊獸，彼生此滅，更代迭變，而成世界。紫血紅血，流注體內，呼炭吸養，刻刻相續，一日千變，而成生人。藉曰不變，則天地人類，並時而息矣，故變者古今之公理也」❺❽。如照王船山所說「上天下地曰宇，往古來今曰宙」❺❾（陸象山也有類似的話），這裏是從宇宙的層次來說明變法的理由。值得注意的是，中國思想傳統中，不論是《道德經》、〈繫辭傳〉言宇宙的生成，都是從形上的觀點出發，而啟超在這裏說地球、世界、人類的形成，很明顯已受天演論的影響，所謂「彼生此滅，更代迭變」，就是「物競」、「天擇」的結果。他不從傳統形上的觀點，而探天演論的觀點，來論證「凡在天地之間者莫不變」

---

❺❽　《文集》，第一冊，卷一，頁一。
❺❾　《思問錄・內篇》。

的命題，顯然是認為它更有說服力。這個論證不但說明了「法何以必變」的理由，同時也為變法提供了宇宙論的根據。

（2）從歷史來看

「為不變之說者，動曰守古守古，庸詎知自太古上古中古近古以至今日，固已不知萬百千變，今日所目為古法而守之者，其於古人之意，相去豈可以道里計哉」⑥。以法制為例，「一姓受命，創法立制，數葉以後，其子孫之所奉行，必有以異於其祖父矣」。不過，歷史之變與自然之變畢竟不同，「自然之變，天之道也」，歷史之變，「有人道焉」，也就是說，人類歷史的變動，有人的意志和抉擇作用於其中，因此，「或變則善，或變則敝」。假如治國者，「委心任運，聽其流變」，「百事廢弛」，「則日趨於敝」；假如治國者能「振刷整頓，斟酌通變，則日趨於善」。在歷史上，每當朝代更替，凡是能「審其敝而變之」者，就稱為新王；他的子孫假如也能了解這個道理，「自審其敝而自變之」，就叫做中興，漢、唐中興，便是顯著的例子。所以不論是新王，或是中興之主，能治天下與否，都取決於他是否能不斷地「振刷整頓，斟酌通變」⑥。

（3）從國際大勢來看

〈論不變法之害〉說：「使能閉關畫界，永絕外敵，終古為獨立之國，則墨守斯法，世世仍之，稍加整頓，未嘗不足以治天下，而無如其忽與泰西諸國相遇也」⑥。的確，在十九世紀末

---

⑥　同前註⑤。
⑥　以上引文皆同前註⑤。
⑥　《文集》，第一冊，卷一，頁五。

葉，假如中國沒有遭遇西方列強的痛史，不一定有所謂維新運動。事實上，在甲午戰爭之後，中國已不只是「與泰西諸國相遇」，西夷之外，還有東夷，正是「四夷交侵」、「存亡絕續」的危險局面，啟超譬之爲「中國以一瘠牛，偃然臥羣虎之間」。爲了說明變法的必要，並喚起國人對維新運動的支持，他從國際大勢的分析，指出中國的處境與危機的深重：「是故觀美國之富庶，而知民權之當復；觀日本之勃興，而知黃種之可用；觀法國之重振，而知敗衄之不足懼；觀突厥之瀕蹙，而知舊國之不足恃；觀暹羅之謀新，而知我可恥；觀德之銳意商務，而知其將大欲於中國；觀俄之陰謀，而知東方將有大變；觀俄、日之拓張海運，而知海上商權，將移至太平洋；觀美、日、德之爭與工藝，而知英之商務將有蹶衄；觀各國兵力之日厚，而知地球必有大血戰；觀土、希之事，列國相持不發，而知其禍機必蓄洩於震旦」[63]。其中對國際大勢的預測，居然有驚人的正確性，寫這段文字不過三年，中國就發生八國聯軍之役（一九〇〇）。俄羅斯自一八九六年誘訂《中俄密約》，攫取東北路權，接著是強佔旅順、大連，血腥鎮壓義和團之後，又趁機武裝強佔了東北，到一九〇四年，日、俄爲了爭取東北的霸權，終於釀成一場大戰[64]。此外，他從各國軍備競賽的情形，就已預見到世界大戰終不可免。

　　以當時中國的國勢和國力，與列強相比，中國除人口居第一等之外，疆域爲第四等，而國用、學校、商務、工藝、輪船、鐵

---

[63]　〈續譯列國歲計政要敍〉，《文集》，第二冊，卷二，頁六一。

[64]　詳見《沙俄侵華史》第四、第五章，復旦大學歷史系《沙俄侵華史》編寫組撰稿，一九八六年，上海人民出版社。

路、兵力，都在十五等以下❻。就因爲中國與列強的國力有太大
的懸殊，才發生列強對待中國，「無端而逐工，無端而拒使，無
端而索島岸，無端而攬鐵路，無端而涎礦產，無端而干獄訟」等
「輕我、賤我、野蠻我、奴隸我、禽獸我」❻的殘酷待遇，「鳴
呼！觀此而不知媿、不知惕、不知奮者，其爲無人心矣」❻！爲
甚麼會有這樣大的差距呢？一個根本的原因，是在列強已盡變舊
法，「成一新世界」❻，而中國仍「持數千年一統垂裳之舊法以
治今日，此其所以爲人弱也」❻。中國在面臨「萬國蒸蒸日趨於
上，大勢相迫」的情勢下，「變亦變，不變亦變」❼，與其被動
地變，不如主動地去改變。

（4）從國內情形來看

啟超把清廷統治下的中華帝國，譬喻爲一座巨廈，這座巨
廈，「更歷千歲，瓦墁毀壞，榱棟崩折，非不枵然大也，風雨猝
集，則傾圮必矣」。如今巨廈中有三種人，一種是「酣嬉鼾臥」，
對國事「漠然無所聞見」；一種是雖知國家處於危境，但「惟知痛
哭，束手待斃，不思拯救」；另一種人雖思拯救，但措施上仍屬
於「補苴罅漏，彌縫蟻穴，苟安時日，以覬有功」。這三種人，
在啟超看來，用心雖不同，一旦「漂搖一至」，仍將「同歸死
亡」。要想拯救這座巨廈，唯一的辦法，就是「去其廢壞，廓清
而更張之，鳩工庀材，以新厥構，圖始雖艱，及其成也，輪焉奐

---

❻ 同前註❻。
❻ 〈論中國之將強〉，《文集》，第二冊，卷二，頁十二。
❻ 同前註❻。
❻ 〈經世文新編序〉，《文集》，第二冊，卷二，頁四七。
❻ 同前註❻。
❼ 〈論不變法之害〉，《文集》，第一冊，卷一，頁八。

爲」⑰。

在這座巨厦裏，作爲國家統治機器，居於中樞位置的官制，已腐敗、僵化到無以復加的地步，據啟超的了解，其主要的問題是在：「習非所用，用非所習，委權胥吏，百弊蝟起。一官數人，一人數官，牽制推諉，一事不舉。保獎矇混，闒爵充塞，朝爲市儈，夕登顯秩。宦途壅滯，候補窘悴，非鑽營奔競，不能療饑。俸廉微薄，供億繁浩，非貪污惡鄙，無以自給。限年繩格，雖有奇才，不能特達，必俟其筋力既衰，暮氣將深，始任以事，故肉食盈廷，而乏才爲患」⑫。這樣的官僚體制，即使在平時，也早已沒有能力治理這個國家，又如何能應付西方列强？如果還不想澈底更張，改變官制，國家還有什麼指望？

（二）變法的障礙

李劍農於檢討維新運動失敗的原因時，他提到三點：（１）西太后不肯放棄權勢。（２）康有爲的維新學說，褻瀆了聖典，觸犯了一大部分經生文人的衆怒。（３）因爲變法的進行，要打破許多人的固定飯碗，和得飯碗的機會⑬。《梁任公先生年譜稿》，關於政變的原因，分近因與遠因兩方面，近因爲褫禮部六堂官職、召見袁世凱、伊藤博文入覲。遠因方面最重要的一個，便是光緒帝和西后的不和，其次是守舊諸大臣之反對變法（反對的原因很複雜，有的是爲保全利祿和衣食，有的是迷信舊法不可變，有的

---

⑰　以上均同前，頁二。
⑫　同前註⑩，頁三。
⑬　《中國近百年政治史》，頁一八七～一九一，五十七年，臺灣商務五版。

不滿意人兼及於事，但反對最厲害是廢除八股、裁汰冗員），以及思想和學術的紛爭 ❼❹。 遠因方面大抵 與李劍農所提的 三點相同。維新運動失敗的原因， 也就是變法的障礙所在，啟超於《變法通議》中，對這個問題有多方面的探討。上述的原因都是事後的檢討，啟超的探討是在戊戌變法的前兩年，仍在為維新運動造勢的階段。他能面對這些問題， 不止表示他自覺到變法不可一廂情願，更表示他想利用輿論的力量，主動地把有礙於變法的因素挑出來，事先加以破解。以下是相當重要的兩項：

（1）是來自意識形態的

啟超於〈論不變法之害〉、〈論變法不知本原之害〉兩篇長文中， 相繼以「難者曰」把當時士大夫階層反對變法的種種想法，一一列舉，然後逐條加以批駁。如：「難者曰：今日之法，匪今伊昔，五帝三王之所遞嬗，三祖八宗之所詒謀，累代率由，歷有年所， 必謂易道乃可為治，非所敢聞」❼❺。 又如：「難者曰： 法固因時而易， 亦因地而行，今子所謂新法者， 西人習而安之，故能有功，苟遷其地，則弗良矣」❼❻。 又：「難者曰：子言辯矣， 然伊川被髮，君子所歎， 用夷變夏， 究何取焉」❼❼。又：「難者曰：子論誠當，然中國當敗衂之後，窮蹙之日，慮無餘力克任此舉， 強敵交逼， 眈眈思啟， 亦未必能吾待也」❼❽。又：「難者曰：中國之法，非不變也，中興以後，講求洋務，三

---

❼❹ 《年譜》，頁七六～七，
❼❺ 同前註❼❶，頁四。
❼❻ 同前註❼❶，頁六。
❼❼ 同前。
❼❽ 同前註❼❶，頁七。

十餘年，創行新政，不一而足，然屢見敗衂，莫克振救，若是乎新法之果無益於人國也」⑲。這些想法並非都無道理，問題是在，反對變法的人，大都只是找些似是而非的理由，作爲拒變的藉口罷了，背後眞正的原因只有一個，那便「是迷信舊法不可變」，這已成爲他們根深柢固的信念、牢不可破的意識形態。這種信念與維護旣得利益的動機，是相互爲用的，二者相比，這種信念可能比維護旣得利益的動機還要強烈，爲什麼？英國十九世紀末葉到二十世紀初葉的歷史家柏利（J. B. Bury）的一段話，有助於我們了解拒變者的深層原因，他說：「一般人的頭腦自然是懶惰的，並且易向抗力最小的地方流去。平常人的心靈世界是由一些信念構成的，他接受這些信念時，從來不去懷疑，並且他是緊緊保持這些信念的，對於凡足以動搖他所習以爲常的世界秩序的任何東西他都懷抱敵意。一個新的觀念和他所懷抱的許多觀念是不合的，如果有人要他接受這個新觀念，那麼卽必需重新安排他的心靈秩序。可是，這種工作是極其費事而又吃力的，這得花費許多腦力，而且令他感到痛苦。像這樣的人總是佔大多數。對這類人而言，凡懷疑旣成信念和制度的新觀念以及意見似乎都是邪惡的，因爲這些新觀念和意見是令人感到不愉快的」⑳。所以面對意識形態這一類型的拒變者，用講理的方式，是很難說服他們的。

（2）來自滿漢之界的

---

⑲　〈論變法不知本原之害〉，《文集》，第一册，卷一，頁八。
⑳　轉引自殷海光：〈論認知的獨立〉，見《殷海光先生文集》㈡，頁九六九～九七〇，六十八年（一九七九），臺北九思出版公司。

　　所謂「滿漢之界」，就是滿人與漢人這兩個族羣之間的矛盾，這一點是史家檢討維新運動失敗的原因時比較忽略的，李劍農把「促起滿漢種族惡感的復活」，視為維新運動失敗的結果⑧，顯然沒有注意到梁啟超《變法通議》中〈論變法必自平滿漢之界始〉，這篇令朝野震動的文章。《梁任公先生年譜稿》的作者，雖提到「從變法運動開始以來，就有滿人歧視漢人的現象」⑧，但在檢討政變原因時，也沒注意到這篇文章。譚嗣同差不多在同一時期，就主張排滿，因而獲得革命派的推崇。啟超則希望清廷能平滿漢之界，以有利於變法的推行，就維新運動而言，仍屬於理性地面對問題。一九〇三年後，啟超的言論頗多與革命派針鋒相對，這種思想亦發軔於此文⑧。

　　在這篇情文並茂，實事求是的文章裏，他舉出在維新運動中滿漢之界存在的事實：「今滿洲某大臣之言曰：變法者，漢人之利也，而滿人之害也。滿人之阻撓變法，惑於斯言也」⑧。「夫滿漢之界，至今日而極矣。雖然，此界之起，起自漢人乎？起自

---

⑧　同前註⑬，頁一九一。

⑧　《年譜》，頁七五。

⑧　啟超於維新時代，反對革命的理由如下：「今我國之志士，有憤嫉滿人之深閉固拒，思倡滿漢分治之論、倡為革命之論者。雖然，其必有益於支那乎，則非吾之所敢言也。何也？凡所謂志士者，以保全本國為主義也。今我國民智未開，明自由之真理者甚少，若倡革命，則必不能如美國之成就，而其糜爛，將有甚於法蘭西、西班牙者。且二十行省之大，四百餘州之多，四百兆民之眾，家揭竿而戶竊號，互攻、互爭、互殺，將為百十國而有未定也，而何能變法之言。即不爾，而羣雄乘勢剖而食之，事而未成而國已裂矣。故革命者最險之著，而亦最下之策也」。（《文集》，第一冊，卷一，頁八十）。

⑧　同前。

滿人耳！天下一家三百年矣，支那民氣素靜，相安相習，固已甚
久，乃無端忽焉畫鴻溝以限之曰，某事者漢人之私利也，某事者
漢人之陰謀也，雖有外患，置之不顧，而惟以防家賊為言。夫國
家既以賊視其民，則民之以賊自居，固其所也」❽。

　　針對滿人的想法與做法，他從人類文明史、中國史、滿漢消
長的現況、利害等觀點，逐點加以破解，並特別警告清廷，滿人
的想法與做法，可能引發的嚴重後果有：（A）從人類文明發展史
來看，族羣矛盾愈多的，「則其爭亂愈甚，而文明之進愈難」，
反之，「則文明之進愈速」❻。（B）自漢以後，漢人的文明，已
使他成為優種人，沒有其他族羣能與他競爭，「今夫滿人與漢
人，孰為優種，孰為劣種，不待知者而決矣。然則吾所謂平滿漢
之界者，為漢人計乎，為滿人計耳」❼。（C）在列國威脅下，
「即使以數百年前滿洲強悍之人種生於今日，猶不能安然獨立於
競智諸強國間也，況如今之滿人者，強悍之氣已失，蒙昧之性未
改，而欲免賤削澌滅之禍，其可得乎」❽？今日中國的存亡，係
於漢人之勝敗，滿人竟「認漢人為異種」，實「為不利於己」
❾。（D）滿人如不能改變對漢人的「抑壓之政」，還一味守著「今
日頑固之政體」，不但在國內必將引發革命，且必遭到列強的瓜
分，所以「滿人所自以為得計者，正其自取滅亡之道」⓪。文章
最後，對如何平滿漢之界，還提出四點具體的建議：散籍貫、通

---

❽　同前，頁八一。
❻　同前，頁七七。
❼　同前，頁七八。
❽　同前。
❾　同前，頁七九。
⓪　同前。

婚姻、並官缺、廣生計。啟超這番由衷之言，當然不是顢頇的清
廷所能接受，其中漢人的優越感，必然會加強清廷對漢人的防
衛，在這種情形下，由漢人所主導的戊戌變法，怎能不失敗呢？

（三）變法的內涵

　　如前文所提示的，馮桂芬以降的維新變法論者，變法的內涵
都是局部性的。康有為在多次上書中所提的新政建議，雖已涵蓋
政治、經濟、軍事、文教等各方面，但那只是一些具體主張，尚
未提昇其思想層次，提出比變法更精確的觀念，將複雜的內涵予
以思想性的綜攝。與前人相比，梁啟超除提出各色各樣的具體主
張之外，從《時務報》時期開始，他對中國的變革，就具有「整
體的變遷」的意識，到一九○二年提出「大變革」的觀念，使這
種意識就更顯著，同時提出的「國民變革」的觀念，更賦予「大
變革」以具體的目標和重點[91]。

　　「整體的變遷」這一意識的形成，主要是得之於他對西方
「新世界」經驗的認識，光緒二十三年（一八九七），啟超在
〈經世文新編序〉中說：「泰西富強，甲於五洲，豈天之獨眷顧
一方民哉，昔嘗考之，實自英人培根始也，培根創設獎賞開新之
制，於是新法、新理、新器、新製、新學、新政，日出月盛，流
沫於各邦，芬芳於大地。諸國效之，舍舊圖新，朝更一製，不昕
夕而全國之舊法盡變矣，不旬日而全球之舊法盡變矣，無器不變，
亦無智不新，至今遂成一新世界」[92]。他宣傳西方新世界的形

---

　　[91]　見〈釋革〉，《文集》，第四冊，卷九，頁四三、四四。
　　[92]　《文集》，第二冊，卷二，頁四七。

成，實在過分誇張失實，但這並不重要，重要的是，他的確意識到西方所以能成為一個新世界，是因為他們的制度、思想、工具、技術、學術、政治，都經過更新。一九〇二年〈釋革〉一文說：「今日之中國，必非補苴掇拾一二小節，模擬歐美、日本現時所謂改革者，而遂可以善其後也，彼等皆曾經一度之大變革」[93]。時隔五年，前後的想法是一貫的。

一八九七年，啟超在另一篇文章裏，很明確地表達出他心目中的變法，其內涵是多層次、多方面的，他說：「天下識時之士，日日論變法，然欲變士，而學堂功課之書，靡得而讀焉；欲變農，而農政之書，靡得而讀焉；欲變工，而工藝之書，靡得而讀焉；欲變商，而商務之書，靡得而讀焉；欲變官，而官制之書，靡得而讀焉；欲變兵，而兵謀之書，靡得而讀焉；欲變總綱，而憲法之書，靡得而讀焉；欲變分目，而章程之書，靡得而讀焉」[94]。文章主旨雖是在強調中國變法既要取法於西方，就應大量翻譯各方面的西書，假如他沒有「整體的變遷」的意識，就不可能從多層次、多方面來強調這個問題。到了一九〇二年，在「大變革」的觀念下，又提到宗教、道德、學術、文學、風俗、產業、經學、史學、文界、詩界、曲界、小說界、音樂界、文字等變革，總之，「夫淘汰也，變革也，豈惟政治上為然耳，羣治中一切萬事萬物莫不有焉」[95]。

當然，任何國家在邁向現代化的過程中，都是從局部開始

---

[93] 同前註[91]，頁四四。
[94] 〈大同譯書局敍例〉，《文集》，第二冊，卷二，頁五七。
[95] 同前註[91]，頁四二。

的，但「整體的變遷」，卻是現代化運動的理想，在中國近代思
想史上，梁啟超是第一個意識到這個理想的人物。

第三節　變法與傳統

　　在中國近代史上，洋務運動是首先開始的西化運動，所以從
六十年代起，每一位在新潮中具代表性的人物，都不可避免地，
要面對一個共同的課題，卽在西化的大趨勢中，如何處理自家思
想與文化的傳統？由於傳統文化和西方文化都非常複雜，因此他
們根據各自的理解，針對共同的課題，表現出多樣化的思考。

　　馮桂芬首先提出「復」的理論，認爲傳統有善、有不善，有
當復者，有不當復者，也就是說，我們對傳統應有所抉擇，他主
張「法苟不善，雖古先吾斥之」。王韜相信孔子之道仍有價值，
認爲卽使在科學傳統中，「新法未嘗不從舊法中來」。他雖對西
方文明衝擊所引發的文化危機，感到憂懼，卻懷抱著東西文化終
必「融合貫通而使之同」的遠景。鄭觀應闡發傳統的道器論，一
方面是爲中西文化的融合，提供哲學上的根據，另一方面，是要
消除國人心理上的障礙，打開迎接西方文明之門。嚴復對傳統各
方面都表現相當強烈的不滿，但由於傳統學術的深厚學養，使他
與傳統之間，始終有著難以割捨的感情。他批評傳統的專制，但
並不認爲中國有實行民主的條件。他並未全盤否定傳統學術的價
值，但主張把宋學、漢學、詞章，不妨暫且束諸高閣。

　　年輕的梁啟超與前輩們相比，他在變法的大論題下，開始思
考這一時代的共同課題，他的見解比前輩們更具體、更落實，不

僅希望在處理這個問題的過程中，能產生一種新生的學術，而且
爲新學術要如何產生，提出了一些具體的構想。這一時期梁啟超
的思想，大抵仍被康有爲所籠罩，不過這一部分的思考，是相當
獨立的。以下分三點來看：

（一）建立中西兼學，新舊融會之學術

　　這個論題最初是在《變法通議》、〈學校餘論〉一文中提
出：「今中國而不思自強則已，苟猶思之，其必自興政學始。宜
以六經、諸子爲經❾❻，而以西人公理公法之書輔之，以求治天下
之道；以歷朝掌故爲緯，而以希臘、羅馬古史輔之，以求古人治
天下之法；以按切當今時勢爲用，而以各國近政近事輔之，以求
治今日之天下所當有事。苟由此道得師而教之，使學者知今日之
制度，何者合於古，何者戾於今；何者當復古，何者當變古；古
人之制度，何者視今日爲善，何者視今日爲不善，何者可行之於
今日，何者不可行於今日；西人之制度，何者可行於中國，何者
不可行於中國；何者宜緩，何者宜急。條理萬端，燭照數計，成
竹在胸，遇事不撓。此學若成，則眞今日救時之良才也」❾❼。
《變法通議》作於光緒二十二年（一八九六），同一年他寫信給
張之洞，信中以上述完全相同的文字，建議張氏將兩湖書院加以
改革，以中西兼學、新舊融會的新學培養人才❾❽。翌年，啟超出
任時務學堂總教習，將上述的學術理想，納入時務學堂的〈學

---

❾❻　原注文：「經學必以子學相輔，然後知經學之用，諸子亦皆欲以
　　所學易天下者也」。
❾❼　《文集》，第一冊，卷一，頁六三～四。
❾❽　〈上南皮張尚書書〉，《文集》，第一冊，卷一，頁一〇六。

約〉之中，親身加以試驗。納入〈學約〉中的文字，已做部分修正，把「以按切當今時勢爲用」以下三句，改爲「必細察今日天下郡國利病，知其積弱之由，及其可以圖強之道，證以西國近史憲法章程之書，及各國報章以爲之用，以求治今日之天下所當有事」❾❾，使文字更周衍，涵意更明確。同一年，在〈與林迪臣太守書〉中，再次提出此一理想，希望浙中趁振興學校之際，也能考慮朝這方向去努力❿。多次提出這一新學術的理想，一方面表示這是他經過深思熟慮的得意之作，另一方面也可看出，他已在把握所有的機會，希望將私議成爲一種運動。

啓超所嚮往的新學術，他自己稱之爲「政學」，這當然不是指我們現在所習用的「政治學」的意義。他在〈時務學堂學約〉中，將它納入第九條「經世」項目之下，可見他心目中的「政學」，就是能滿足新時代需要的新經世之學。設計新經世之學的目的，主要希望藉此能培養出「今日救時之良才」，也就是能實行變法、推行新政的人才。這種人才，在啓超看來，必須在新生學術的訓練中，才有可能產生。

新生學術的學習，分致知與致用兩階段，致知方面有三個重點：一是以中國傳統的六經、諸子爲範本，再輔之以西方具對等價值的公理公法之書，從其中學得治國的基本道理，是屬於高層次的治國理論。二是從中西史書中，去了解古人治國的方法，當然也包括中西歷史上治國者成敗得失的教訓，是屬於治國的歷史經驗。三是研究中國在今天何以積弱的原因，以及如何才能達到

---

❾❾　《文集》，第二册，卷二，頁二八。

❿　《文集》，第二册，卷三，頁三。

富強的方術，這就必須詳知西方各國近代發展的歷史，和當前各
國的實際做法。

致知的目的是爲了致用，有了中西古今的相當學養之後，可
以進一步去了解如何改造中國的大業，具體的步驟，可從三方面
去考量：第一，從今日的制度來看，辨別出其中那些是合於古
的，那些是違背當今世界潮流的；那些古制今日仍應恢復，那些
古制今日應加改變。第二，從古人的制度來看，也應分辨出那些
到今天仍是好的，那些是不好的；那些在今天仍可實行，那些已
不可行。第三，從西人的制度來看，雖然學習西方，已是無法抗
拒的趨勢，但也要做一番抉擇，看看那些可行於中國，那些不可
行，可行於中國者，也要斟酌那些宜先行，那些可從緩。

這樣的學術理想，要付諸實行，當然有許多困難，首先是實
踐理想的師資在那裏？在〈與林迪臣太守書〉中，啟超希望「能
聘一通古今達中西之大儒爲總教習」❶，這樣的大儒要到那裏去
找？湖南時務學堂總教習一職，只能聘到梁啟超，年輕的梁啟超
與他自己所定的標準，當然還有一段距離，問題是在當時中西學
術造詣都能超過梁啟超的，能有幾人？縱然有這樣的人物，他也
未必能認同這個理想，如嚴復。其次，要想把中西古今的制度，
做一番識別和抉擇，這將是多麼困難而又複雜的工作，誰有能力
承擔如此艱巨的工作？我們只能說，梁啟超的學術理想，縱然難
以實現，但在處理自家思想與文化傳統這個課題上，已開拓了一
個新的起點，他不僅將經、子、史這些大傳統在新潮中重新定
位，對古今制度提出的一系列問題，也已蘊涵著批判地繼承傳統

❶ 同前。

的心態。

（二）闡發傳統學術的現代意義

　　光緒二十二、三年間，啟超已屢屢爲中學將亡爲憂：「今日
非西學不興之爲患，而中學將亡之爲患。風氣漸開，敵氛漸逼，
我而知西學之爲急，我將興之，我而不知，人將興之，事機之
動，在十年之間而已。今夫守舊之不敵開新，天之理也」❿。這
是洞見，但在戊戌前說這種話，未免有點言過其實，大抵要到
「五四」以後，才更顯得眞實。至於中學爲何有此危機，依啟超
之見，主要還不是因爲「西學之爲急」，而是因爲長久以來，
「所謂儒者，八股而已，試帖而已，律賦而已，楷法而已，……
雖無西學以乘之，而名存實亡蓋已久矣」❿。八股試帖之外，也
有一些學者在爲學術默默耕耘，但這些學者「雖或瀏覽極博，研
究極勤，亦不過揚子雲所謂繡其帨鞶，劉彥和所謂拾其芳草，於
大道無所聞，於當世無所救也」❿。中國傳統學術既已淪落到如
此地步，要如何才能挽救這個危機呢？

　　針對這個問題，啟超指出一條學術工作的新方向，這個方向
簡單地說：「今宜取六經義理制度微言大義，一一證以近事新理
以發明之」❿，或「以今日新法，證羣書古義」❿。二者下手的
方法雖不同，重建傳統的用心是一致的。出任時務學堂總教習
後，面對一羣新政生力軍的莘莘學子，啟超對這個工作提出具體

❿　〈西學書目表後序〉，《文集》，第一册，卷一，頁一二六。
❿　同前，頁一二七。
❿　〈湖南時務學堂學約〉，《文集》，第二册，卷二，頁二六。
❿　同前。
❿　同前註❿，頁四。

的進程：「今與諸君子共發大願，將取中國應讀之書，第其誦課之先後，或讀全書，或書擇其篇焉，或篇擇其句焉，專求其有關於聖教、有切於時局者，而雜引外事，旁搜新義以發明之。量中材所能肄習者，定爲課分，每日一課，經學、子學、史學與譯出西書，四者間日爲課焉。度數年之力，中國要籍一切大義皆可了達，而旁證遠引於西方諸學，亦可以知崖略矣。夫如是則讀書者無望洋之歎，無歧途之迷，而中學或可以不絕」[107]。

爲甚麼重建傳統的學術，必須吸收西學？因爲中國已面臨「時局變異，外侮交迫」的大變局，從今以後，中國不可能再閉關自守，故步自封，而是世界的一部分，因此固有的學術傳統，都必須面對外來的衝擊和挑戰，都必須重新加以檢討和反思，重新加以詮釋，並加強與西學的對話，納入世界性知識競爭之場，然後才能獲得新生，才能重新放出新的光彩，成爲人類共同的學術資產。梁啟超顯然已敏感到，中國即將面臨一個重估一切的新時代，爲此，他告誡新一代的年輕學子，在今後，「非讀萬國之書，則不能通一國之書」[108]，語氣上雖嫌誇大，方向無疑是正確的。這裏所說的「通」，當然已超出語文之表，而是包括檢討、反思、詮釋、對話等無止境的工作。

爲重建中國的學術傳統，梁啟超不但提出一套方法，他自己也做了一點示範性的工作，〈史記貨殖列傳今義〉、〈讀春秋界說〉、〈讀孟子界說〉等[109]，都屬於這一類的作品。於〈今義〉

---

[107] 同前註[104]。

[108] 同前註[104]，頁二五。

[109] 見《文集》，第二冊，卷二，頁三五，卷三，頁十四、十七。

一文，一開頭就說明作此文的旨趣與動機是：「西士講富國學，
倡論日益盛，持義日益精，皆合地球萬國土地人民物產，而以比
例公理，盈虛消息之，彼族之富強，洵有由哉。然導其先河，乃
自希臘，昔賢肇闡義奧，泝逮輓近，乃更光大，雖曰新學，抑亦
古誼也。蒙昔讀《筦（管）子‧輕重篇》、《史記‧貨殖傳》，
私謂與西士所論，有若合符，苟昌明其義而申理其業，中國商務
可以起衰。前哲精義，千年湮沒，致可悼也，作今義」⑩。把遭
時間湮沒的「前哲精意」，重新闡發出來，賦予新義，賦予新的
生命，永遠是學術工作者的重責大任，不同的時代，學者們以不
同的方式在進行這一工作，梁啟超於十九世紀末，便已為二十世
紀的學術界，開出一條新的道路。

（三）學術如何貫通於時務

闡發傳統學術的現代意義，屬於致知的工作，學術除為了致
知，還要求致用。在這裏，我們不必去討論學術的理論與實用問
題，只想指出，在那樣一個長久溺於八股、試帖學而無用的時代
裏，在那樣一個特別重視時務的時代裏，要求學術的致用是合理
的。啟超說：「學非一業，期於致用，言非一端，貴於可行。啟
超以為所設經學、史學、地學、算學者，皆將學焉以為時用也。
故時務一門為諸學之歸宿，不必立專課，而常貫於四者之中」
⑪。若以倫理為例，我們可以參考西方的倫理學說，重新建構中
國的倫理學，這是致知和理論層面的工作。倫理在理論之外，必

---

⑩　《文集》，第二冊，卷二，頁三五～六。
⑪　〈上南皮張尙書書〉，《文集》，第一冊，卷一，頁一〇六。

然還有另一層的要求，即「期於致用」、「貴於可行」，這要求不但合理，且有必要，這可說是國人百年來一直面臨的重大「時務」之一，而迄今仍未能解決的問題。致誤的原因，自非一端，一個原因，就是因為未曾了解「時務一門為諸學之歸宿，不必主專課，而常貫於四者之中」這個道理。第二次世界大戰結束後，美國派了一個教育考察團到日本，該團在答覆日本人對戰後新教育中有關道德教育的質疑時說：「道德性或精神性的價值，不時存在於我們的身邊。我們可以在家庭生活中、學校生活中、抑或在宗教儀式中發現它。好的教師、好的父母、好的宗教家定會認清這些價值，而設法扶（輔）助青少年們在日常生活中活用它們」。又說：「如果認為道德教育僅可學自社會科之教學，那是錯誤的。道德教育必須通過全教育課程來說明，而且是不能和青少年們在家庭裏、或在宗教團體裏，抑或在社會團體中所受到的陶冶分開來想的」❷。這與梁啟超的想法，基本上相當接近。啟超心目中的時務，未必包括倫理，但從這個例子，可以把他學術如何貫通於時務的想法，說得更清楚。

第四節　變法與西學

　　下面要討論的西學，主要不在西學本身，而是在維新變法運動中，如何加緊引進、吸收西學，以作為推行變法的參考與憑

---

❷　帕斯（Herbert Passin）原著，劉焜輝、洪祖顯譯：《日本的現代化與教育》，頁二六八，六十二年（一九七三），臺北幼獅文化公司。

藉。十九世紀末葉的變法運動，是「欲參西法以救中國」。既欲
參西法，那麼引進、吸收有關西法的西學，自然成爲重要的工
作。康有爲的《日本變政考》、《日本書目志》等書是爲了滿足
這個需要，梁啓超更將此一工作做了全面性的檢討和推進。

（一）甲午前吸收西學的檢討

他的檢討可分三方面來看：

（1）**譯書的種類**：「已譯諸書，中國官局所譯者，兵政類爲
最多，蓋昔人之論，以爲中國一切皆勝西人，所不如者兵而已。
西人教會所譯者，醫學類爲最多，由教士多業醫也。製造局首重
工藝，必本格致，故格致諸書雖非大備，而崖略可見。惟西政各
籍，譯者寥寥，官制、學制、農政諸門，竟無完帙，……」⑬。

（2）**譯書的數量**：「海禁旣開，外侮日亟，曾文正開府江
南，創製造局，首以譯西書爲第一義，數年之間，成者百種。而
同時同文館、及西士之設教會於中國者，相繼譯錄，至今二十餘
年，可讀之書，略三百種」。「此三百種者，擇其精要而讀之，
於世界蕃變之迹，國土遷異之原，可以粗有所聞矣。抑吾聞英倫
大書樓所藏書，凡八萬種有奇，今之所譯，直九牛之一毛耳。西
國一切條教號令，備哉粲爛，實爲致治之本，富強之由，今之譯
出者，何寥寥也」⑭。

（3）**譯書的宗旨**：「中國官局舊譯之書，兵學幾居其半。中
國素未與西人相接，其相接者兵而已，於是震動於其屢敗之烈，

---

⑬　〈西學書目表序例〉，《文集》，第一册，頁一二四。

⑭　同前，頁一二二、一二三。

怵然以西人之兵法爲可懼，謂彼之所以駕我者兵也，吾但能師此長技，他不足敵也，故其所譯，專以兵爲主，其間及算學、電學、化學、水學諸門者，則皆將資以製造，以爲強兵之用，此爲宗旨刺謬之第一事，起點既誤，則諸線隨之」（〈論譯書〉）。

所謂「起點既誤，則諸線隨之」者，例如影響到出國考察和學習者的心態：「日人之游歐洲者，討論學業，講求官制，歸而行之。中人之游歐洲者，詢某廠船砲之利，某廠價值之廉，購而用之，強弱之原，其在此乎」⑯！也影響到國內西學的教育：「今中國之爲洋學者，其能識華字，聯綴書成俗語者，十而四五焉，其能通華文文法者，百而四五焉，其能言中國輿地、史志、教宗、性理者，殆幾絕也。此其故何也？彼設學之始，其意以爲吾之敎此輩也，不過責之以譯文傳語，爲交涉之間所有事」⑯。這樣的教育，只能養成一些「爲通事、爲買辦，以謀衣食者」⑰，自無法培養出推行新政所需要的人才。這樣的教育，流弊所及，只使中國出現了一批「囂然自大」、「日以西學自鳴於口岸」⑱的洋奴，靠這種人來做溝通中西之間的橋梁，結果自然是「非直不能知敵，亦且昧於自知，坐見侵陵，固其宜也」⑲。

此外，啟超對當時譯書的缺失，也做了檢討，他認爲「譯書有二蔽：一曰徇華文而失西義，二曰徇西文而梗華讀。……凡譯書者，將使人深知其意，苟其意靡失，雖取其文而刪增之、顚倒

---

⑮　〈論變法不知本原之害〉，《文集》，第一册，卷一，頁八～九。

⑯　〈學校餘論〉，《文集》，第一册，卷一，頁六一。

⑰　〈論幼學〉，《文集》，第一册，卷一，頁五六。

⑱　同前註⑯，頁六二。

⑲　同前註⑬，頁一二三。

之，未爲害也，然必譯書者之所學與著書者之所學相去不遠，乃可以語於是」⑩。他又引曾在法國取得博士學位的馬建忠（1845～1900）的話，對國人譯書的缺失，做了更深入的批評：「今之譯者，大抵於外國之語言，或稍涉其藩籬，而其文字之微辭奧旨，與夫各國之所謂古文詞者，率茫然未識其名劃；或僅通外國文字語言，而漢文則廳陋鄙俚，未窺門徑，使之從事譯書，閱者展卷未終，俗惡之氣，觸人欲嘔；又或轉請西人之稍通華語者，爲之口述，而旁聽者，乃爲彷彿摹寫其詞中所欲達之意，其未能達者，則又參以己意，而武斷其間。蓋通洋文者，不達漢文，通漢文者，又不達洋文，亦何怪乎所譯之書，皆駁雜迂訛，爲天下識者鄙夷而訕笑也」⑫。啟超的檢討，當然不是爲了「訕笑」，相反的，他很珍惜這一批能使國人略識西學的僅有資源，很認眞的做了《西學書目表》（提要），書後並「附札記數十則」，「略言各書之長短」，作爲導讀。

（二）變法與譯書的關係

啟超說：「夫中國今日不變法日新不可，稍變而不盡變不可，盡變而不興農、工、商、礦之學不可，欲興農、工、商、礦之學，非令士人盡通物理不可，凡此諸學，中國皆無其書。必待人士之識泰西文字然後學之，泰西文字，非七年不可通，人士安得盡人通其學，不待識泰西文字而通其學，非譯書不可矣」⑫。

---

⑩　〈論譯書〉，《文集》，第一册，卷一，頁七五。
⑪　同前，頁六七。
⑫　〈讀日本書目志書後〉，《文集》，第二册，卷二，頁五三。

變法何以必須譯書， 這裏提出兩個理由：（1）變法既欲採行西法， 那麼在各方面從事變法工作者， 就必須充分具備相關的知識，這樣才能使「變法灼見本原」，而目前中國根本沒有這些書籍。（2）如果說要所有從事變法工作者，都直接通過外文去學習西方知識，那是不可能的，因外文非長期學習不能精通，而變法的工作再不能久待。爲了克服這個難題，使大家都有機會學到西學，那就非加緊譯書不可。如果馬上著手去做，「則一書既出，盡天下有志之士，皆受其益，數年之間，流風沾被，可以大成」 ❷ 。

啟超所以一再強調「譯書實本原之本原」、「譯書爲強國第一義」，完全是考慮當時實際的情況和需要而提出的呼籲。他想到「居今日之天下，而欲參西法以救中國，又必非徒通西文肄西籍遂可從事也，必其人固嘗邃於經術，熟於史，明於律，習於天下郡國利病，於吾中國所以治天下之道，靡不挈樞振領而深知其意」 ❷ 。這樣的人才，在當時幾乎都是沒有機會經由外文學習西學的人，要他們吸收西學，只有加緊譯書不可。此外，國家要推行變法，變法工作千頭萬緒，必須大量培養新人才，以現有的條件，又「不得不先取中學成材之士而教之，養其大器，以爲拯焚拯溺之用」 ❷ 。變法的工作已如此急迫，如要求這些「中學成材之士」，再從頭去學習外文，實在緩不濟急，因此，要他們吸收西學，也非加緊譯書不可。啟超當年的譯書計畫，不只是在維新

---

❷　同前註❷，頁六六。
❷　同前註❷，頁六五。
❷　同前註❷，頁六六。

運動中爲急務，對中國整個現代化的工作，也是極具前瞻性的構想，「泰西百年來諸業之書，萬百億千，吾中人識西文者寡，待數百萬吏士，識西文而後讀之，是待百年而後可，則吾終無張燈之一日也，故今日欲自強，惟有譯書而已」⑫。這番話，對百年後的中國，豈不是仍然有效? 與日本相比，中國現代化進程之所以延誤，固然有很多原因，政府與民間未能大力而全面地進行譯書工作，當是重要原因之一。

（三）譯書工作的改進與建議

針對以往譯書的種種缺失，啟超從三方面提出改進與建議:

第一，擇當譯之本 以往譯書宗旨之謬，已如前述，所以今後譯書，「當知西人之所強者兵，而所以強者不在兵，不師其所以強，而欲師其所強，是由欲前而卻行也」⑫。欲「師其所以強」，今後翻譯當選擇下列各類之書: （1）西國章程（法規）之書，因「西國各種之章程，類皆經數百年數百人數百事之閱歷，而講求損益，以漸進於美備者也」⑫。中國旣仿行西法，「則莫如借他人所閱歷有得者」，再依照中國實際的情況加以損益，日本就曾經這樣做過。（2）學校教育爲立國之本，應選西國小學、中學的各類課本，「繙成淺語，以頒於各學，使之依文按日而授之」⑫。（3）政法之書，「國與國並立，而有交際，人與人相處，而有要約，政法之所由立也」。「今日之計，莫急於改憲法，必盡

---

⑫　同前註⑫。
⑫　〈論譯書〉，《文集》，第一冊，頁六八。
⑫　同前。
⑫　同前，頁六九。

取其國律、民律、商律、刑律等書，而廣譯之。如羅瑪律要（爲諸國定律之祖），諸國律例異同，諸國商律考異，民主與君主經國之經，公法例案，條約集成等書，皆當速譯」❸。（4）西國史書，「擇要廣譯，以觀西人變法之始，情狀若何，亦所謂借他人之閱歷而用之也」❸。（5）年鑑，「西人每歲必有一籍，紀其國之大政大事，議院之言論，……蓋國之情實，與其舉措，略具於是矣，宜每年取各國此籍盡譯之，則能知其目前之情形，無事可以借鑑，有事可以知備。若苦繁重，未能盡譯，則擇撮要之數國譯之」❸。（6）農學之書，「今西人種植之法，糞漑之法，畜牧之法，漁澤之法，及各種農具，皆日新月異，李提摩太謂中國欲開地理，苟參用西法，則民間所入，可驟增一倍，……故譯農書爲當務之急也」❸。（7）礦學之書，以往「譯出礦學之書，多言鍊礦之法，未及察礦之法，今宜補譯」❸。（8）商務之書，「洋商有學，而華商無學也，彼中富國學之書，皆合地球萬國之民情物產，而盈虛消息之，至其轉運之法，銷售之法，孜孜討論，精益求精，今中國欲與泰西爭利，非盡通其學不可，故商務書當廣譯」❸。

第二，定公譯之例（1）人名、地名。「今宜取通行最久人人共讀之書刺取譯名，溯爲定本。其續譯之本，有名目爲舊譯所

---

❸　同前。
❸　同前，頁七十。
❸　同前。
❸　同前。
❸　同前。
❸　同前，頁七一。

無者，然後一以英語京語爲主」⑱。（2）官制。參考中國古今官制之相當者，「今有其官，則用今名，今無其官，則用古名，古今悉無，乃用西音繙出名之」⑰。（3）名物。「其爲中國所有者，以中名名之，中國所無者，則徧考已譯之書，擇其通用者用之，其未見於譯書者，則酌度其物之原質與其功用，而別爲一名」⑱。（4）律度量衡。應將西方各國的律度量衡與中國的並列，做成換算表⑲。（5）紀年。以孔子生年爲主，合世界各國紀年，通爲一表⑳。

第三，**養能譯之才**　凡譯書者，華文、西文均優，於所譯之書具專精之學，斯爲上才。啓超認爲，「欲求譯才，必自設繙譯學堂始」，他並提到馬建忠創辦翻譯書院的構想㉑。爲了吸收新觀念、新知識，這本是很重要的工作，可是百年來，我們卻一直沒有重視。

第五節　變法與教育

十九世紀六十年代以來的維新之士，幾無不關心教育的改革，尤其對西學的教育更是重視。馮桂芬在同文館成立之前，已提出在開風氣之先的南方口岸如廣東、上海等地，設立翻譯公所

---

⑱　同前，頁七二。
⑰　同前，頁七三。
⑱　同前。
⑲　同前，頁七四。
⑳　同前，頁七四～五。
㉑　同前，頁七六。

的構想⑭。王韜針對洋務運動的缺失，曾提出軍事教育的改革方案。在他的新政藍圖中，爲了培養近代專門人才，認爲至少需要「文學」、「藝學」兩種不同的學校。此外，又建議在通商口岸，設立各種不同的職業學校，學習各種的西方實學⑭。鄭觀應不僅介紹了西方的學制，同時也參考西方學制，把中國從學校教育到國家取用人才，做了整套的規劃。此外，他並討論了幼教與女教的問題。嚴復的鼓民力、開民智、新民德的變法方案，實際就是從根本上改造國家民族的教育方案。鼓民力討論的是強種的教育問題；開民智的重點在講西學、廢科舉；新民德首倡倫理道德的革新，認爲要養成人民的公德心，必須推行法治民主。

　　梁啟超討論教育問題，仍是在變法的大論題下來進行的，所謂「欲求新政，必興學校」⑭。基於「整體變遷」的意識，他認爲中國無論是練兵、開礦、通商、外交、或農業，都需要經由新教育培養新人才（士）作爲主導，才能做好這些工作，才能使國家眞正走向自強，所以「農有農之士，工有工之士，商有商之士，兵有兵之士」。而「農而不士」、「工而不士」、「商而不士」、「兵而不士」，不僅是中國之所以落後於西方各國的原因，也是過去洋務或自強運動中，「任庶官，行新政、禦外侮」⑭所以無成、所以失敗的原因。

　　《變法通議》、〈學校總論〉：「言自強於今日，以開民智

---

⑭　〈采西學議〉，見《校邠廬抗議》，卷下。

⑭　汪榮祖：〈王韜變法思想論綱〉，見《晚清變法思想論叢》，頁一七一～二，七十二年（一九八三），臺北聯經。

⑭　〈論變法不知本原之害〉，《文集》，第一冊，頁九。

⑭　以上均見〈學校總論〉，《文集》，第一冊，頁十五～十六。

爲第一義」❻，顯然受到嚴復的影響，不過他根據《春秋》三世之義提出理由：「近百年間，歐羅巴之眾，高加索之族，藉製器以滅國，借通商以闢地，於是全球十九歸其統轄，智之強也。世界之運，由亂而進於平，勝敗之原，由力而趨於智」❼。此外，啟超於光緒二十二年（一八九六），便有「未有其民不新，而其國能立者」❽之說，次年，在〈經世文新編序〉中，又提「新民」、「新國」、「新世界」等觀念❾。「作新民」是很古老的思想，但梁氏倡導「新民」的意旨，是通過啟蒙的工作，把民眾培養教育成具有新型人格的國民❿。有系統的闡發其意旨，是到日本以後發表的《新民說》，而在撰《變法通議》時，因受到嚴復「新民德」說的啟發，已開始醞釀。

梁啟超討論教育，主要的重點是放在師範、幼學、女學這三方面。重視女學，是因中國傳統太忽視女子教育。師範與幼學是國家的基礎教育，要實現「新民」的理想，必須從這裏做起。不過他論女學、幼學，似乎與鄭觀應沒有直接的關係。《變法通議》一共有十三篇文章，直接論教育的，除論師範、女學、幼學三篇外，還有〈學校總論〉、〈學校餘論〉，其中〈論科舉〉、〈論學會〉、〈論譯書〉也與教育相關。在維新變法運動中，如此重視教育，好像是緩不濟急，有點不切實際，但卻是改造國家民族的根本之圖，他的變法思想具有超時代的意義者也在此。

---

❻　同前，頁十四。
❼　同前。
❽　〈論幼學〉，《文集》，第一冊，頁六十。
❾　《文集》，第二冊，卷二，頁四六、四七。
❿　馮契主編：《中國近代哲學史》，上冊，頁三二六～七，一九八九年，上海人民出版社。

（一）師　　範

我國必須設立師範學校，啟超提出三個理由：（1）師範學校乃羣學之基。（2）師道的樹立有利於學術的發展。（3）培養自己的師資以取代西人⑮。

〈論師範〉文中，檢討了同文館和水師學堂等，多用西人爲教習的種種缺失和不當：（1）西人因不通中文，授課需經翻譯，因而「強半失眞」。（2）西人幼學異於中土，所以教法未必能適用於中國，西人語言表達的方式，也形成教學上的障礙。（3）西人所教者，「專在西學，故吾國之就學其間者，亦每撥棄本原」。（4）所聘西人教習不限於一國，而這些教習，又「各用所習」，導致「事雜言龐」，造成學習上的困擾。（5）「西人教習，既不適於用，而所領薪俸，又恆倍於華人」⑯。這種現象，啟超不僅認爲「可傷可恥」，甚至以爲是「數十年來變法之所以無效」的原因。

要改善這些缺失和不當的現象，就必須自己開辦師範學校，培養自己適用的師資，所謂「欲革舊習，興智學，必以立師範學堂爲第一義」⑰。設立的辦法，可參考日本的師範學制，再「略依其制而損益之」，原則上：（1）須通習六經大義。（2）須講求歷朝掌故。（3）須通達文字源流。（4）須周知列國情狀。（5）須分學格致專門。（6）須徧習諸國言語⑱。具體的做法，啟超建議：

---

⑮　〈論師範〉，《文集》，第一册，頁三四～六。
⑯　同前，頁三六。
⑰　同前，頁三七。
⑱　同前。

全國自京師到州縣，皆普設小學和師範學堂，師範生畢業後，「爲小學之教習，而別設師範學堂之教習，使課之以教術，卽以小學堂生徒之成就，驗師範學堂生徒之成就。三年之後，其可以中教習之選者，每縣必有一人，於是薈而大試之，擇其尤異者，爲大學堂、中學堂總教習，其稍次者爲分教習，或小學堂教習」[155]。這樣才是解決教育問題的根本之道，否則，「本之旣撥，而日灌漑其枝葉以求華實，時曰下愚」[156]。若試問：普設小學和師範學堂的經費由何而來？啟超的回答是：「一鐵甲之費，可以支學堂十餘年，一快船之費，可以譯西書數百卷，克虜伯一尊之費，可以設小博物院三數所，洋操一營之費，可以遣出洋學生數十人。不此之務，而惟彼之圖，吾甚惜乎以司農仰屋艱難羅掘所得之金幣，而晏然餽於敵國，以易其用無可用之物，……獨至語以開民智植人才之道，則咸以款項無出，玩日愒時，而曾不肯舍此一二，以就此千萬也」[157]！

（二）幼　　學

鄭觀應於《盛世危言・學校》中，籠統簡介了西方各國各級學校的學制，其中涉及幼學。啟超長達萬言以上的〈論幼學〉，對設立幼學的具體問題，都談到了，包括教法、教材、成績考查，甚至還設計了一份日常課表，在中國近代教育史上，是一篇具開荒作用的重要文獻。文中雖提到傳統有關幼學的典籍，如《禮

---

[155]　同前。
[156]　同前。
[157]　同前註[144]，頁十三。

記》的〈曲禮〉、〈少儀〉、〈學記〉、〈文王世子〉、〈大戴
記・保傳〉，《管子・弟子職》等，但內容主要還是參考西方。

「梁啟超曰：《春秋》萬法託於始，幾何萬象起於點，人生
百年，立於幼學」。很不幸，「今日之中國」的幼學，幾全操縱
在「蠢陋野悍，迂謬猥賤」的學究之手，把「中國四萬萬人之才
之學之行之識見之志氣」，都消磨殆盡，不禁使他想起顧亭林的
名言，發出「惟學究足以亡天下」之慨歎。「欲救天下，自學究
始」❶，也就是說，必須徹底改變幼學的師資，將學究進行再教
育。

要改變幼學的師資，首先要改革教法與教材。啟超從中西比
較中，獲知「西國之教人，偏於悟性」、「中國之教人，偏於記
性」，偏於悟性者，足以「導腦」，偏於記性者，足以「塞腦
」❶，因此，新的教法與教材，應糾正以往的偏失。關於教法，
原則上應兼顧課業與遊戲：「若夫學童者，腦實未充，幹肉未
強，操業之時，益當減少，《論語》曰：『學而時習』，《記》
曰：『蛾子時術之』，但使教之有方。每日伏案一二時，所學抑
已不少，自餘暇晷，或遊苑圃以觀生物，或習體操以強筋骨，或
演音樂以調神魂，何事非學，何學非用，其宏多矣」❶。實際教
學童時，以識字為例，「以聲為主者，必先學字母而後拼音；以
形為主者，必先學獨體而後合體。獨體之字，象形、指事為多，
合體之字，形聲、會意為多」。啟超根據他在澳門教葡萄牙人識

---

❶ 以上均見〈論幼學〉，《文集》，第一冊，頁四四～五。
❶ 同前，頁四七。
❶ 同前，頁四九。

字的經驗，是採用王菉友「《文字蒙求》象形、指事兩門中之獨
體字授之，繼爲形聲字表，以偏旁爲緯，以聲爲經，專取其有用
者，不過二千餘字，爲表一紙，懸之堂中以授之，十餘日而盡識
矣」[161]。

關於教材，（1）識字書——應將以往蒙學之書加以重編[162]。
（2）文法書——寄望於馬建忠的中國文法書早日完成[163]。（3）歌
訣書——宜將傳統的經學、史學、子學等典籍歌訣化。此外，也
可以編「贊揚孔教歌、愛國歌、變法自全歌、戒鴉片歌、戒纏足
歌等，令學子自幼諷誦，明其所以然，則人心自新」[164]。（4）問
答書——將書中要義，用問答式來表達，「歌訣以助其記，問答
以導其悟」[165]。（5）說部書——以今日俗語、俚語廣著羣書，以
利流傳[166]。（6）門徑書——讀了以上五種書之後，如進一步涉獵
羣書，應另著入門書作爲導引[167]。（7）名物書——此指字典、辭
典等工具書，書中「盡取天下之事物，悉行編定，以助學者繙檢
之用」[168]。

關於成績的考查：「嘗見西人幼學之書，分功課爲一百分，
而由家中教授者，居七十二分，由同學熏習者居九分，由師長傳
授者，不過十九分耳」，可見家教在幼學中多麼重要。可是「中

---

[161] 以上同前，頁五一。
[162] 同前，頁五十。
[163] 同前，頁五二。
[164] 同前，頁五二～三。
[165] 同前，頁五三～四。
[166] 同前，頁五四。
[167] 同前，頁五四～五。
[168] 同前，頁五五。

國婦學不講，爲人母者，半不識字，安能教人，始基之壞，實已坐此」❽。

啟超擬的幼學堂課表，每天上課八節，上下午各四節，依序所上之課爲歌訣、問答、算學、文法、體操、西文、書法、說部。上午八時上課前，師生合唱贊揚孔子歌一遍，下午五時散學前則唱愛國歌，每十天休假一次。他認爲「行此功課數年，則能讀經、史、格物等書」❿。

（三）女　學

鄭觀應在討論女教的文章中，除介紹西方女子受教的情形，並批評了「女子無才便是德」的俗諺，更以大半的篇幅探討婦女裹足，指出這是除中國之外，全世界所沒有的，所以說「人生不幸作女子身，更不幸而爲中國之女子」。因而他建議政府應下令禁止，「違者罪其家長」❼。梁啟超〈論女學〉也痛斥纏足爲「謬種」、爲「孽業」，「纏足一日不變，則女學一日不立」。同時也將「婦人無才卽是德」的觀念，視爲「禍天下之道」❼。這兩點任誰討論中國的女子教育問題，都可能聯想到的，所以依據這兩點，仍很難判斷啟超〈論女學〉是否受到鄭氏的影響。

啟超討論女學，有兩個重要的論點：其一，幼兒的學習始於母教，母教對兒童的成長，有關鍵性的影響，假如女子本身未受教育，就很難扮演好母教這個角色，所謂「蒙養之本，必自母教

---

❽　以上均同前，頁五六～七。
❿　同前，頁五七～八。
❼　《盛世危言》，卷八，〈女教〉。
❼　〈論女學〉，《文集》，第一冊，頁三九、四四。

始，母教之本，必自婦學始」。此外，受過教育的女子，懂得
胎教，也有利於「保種」[173]。其二，「今語人曰：欲強國必由學
校，人多信之；語人曰：欲強國必由女學，人多疑之」[174]。國人
爲什麼有這種想法呢？主要來自重男輕女的傳統，以及以爲男女
的能力有差別的錯誤觀念。從西方女學的情形來看，「農業也，
工作也，醫學也，商理也，格致也，律例也，教授也，男子所共
能，抑婦人所共能也，其學焉而可以成爲有用之材，一也」[175]。
基於這個道理，女子自應享有受教育的平等權利。關於這一點，
啟超不只是在觀念上提倡，從〈倡設女學堂啟〉[176]，可知他已付
諸行動。

　　至於說女子受了教育以後，「內之以拓其心胸，外之以助其
生計」[177]，經由知識的吸取，「拓其心胸」是可能的，「助其生
計」恐怕只限於生活在都市的婦女，在中國廣大的農村社會裏，
女子的生計，本來就是靠她們自身的勞動力，所以啟超說「況女
子二萬萬，全屬分利，而無一生利者，惟其不能自養，而待養於
他人也，故男子以犬馬奴隸畜之，於是婦人極苦」[178]，其中女子
「全屬分利」、「不能自養」的說法，是不正確的。女子所以被
「男子以犬馬奴隸畜之」，主要是來自譚嗣同激烈攻擊的傳統禮
教，而非由於「不能自養」。

---

[173]　同前，頁四十～四一。
[174]　同前，頁四三。
[175]　同前。
[176]　《文集》，第二冊，卷二，頁十九。
[177]　同前註[172]，頁三九。
[178]　同前，頁三八。

第六節　民權與排滿

　　探討梁啟超的民權思想，首先應知道，他所理解的民權，與西方近代政治思想史上所說的，以及今天我們一般所了解的民權的意義，有相當的距離。大體說來，中國傳統中的民本思想和反專制思想，都包括在他的民權範圍之內，所以《公羊》和《孟子》的思想，也成爲他闡發民權的重要依據⑰。這是兩種不同文化在接觸與互動過程中的現象，現代文化人類學稱之爲「涵化」（Acculturation），中國傳統中則稱之爲「格義」。

　　其次，根據啟超對戊戌前從事運動的回憶：「其後啟超等之運動，益帶政治色彩，啟超創一旬刊雜誌於上海，曰《時務報》自著《變法通議》，批評秕政，而救敝之法，歸於廢科舉與學校；亦時時發『民權論』，但徵引其緒，未敢昌言」⑱。他這一時期「發民權論」的意圖是什麼？是要求在君主政治下從事革新？抑是有民主共和的傾向？張朋園說：「按照他所述的三世之義，可以看出他對於君主政治的不滿，……但是任公並未明白否定君主政體不適合於中國，他要求的只是改革愚民政治，授民以智以權。他認爲民智而有權，便可以救亡扶傾，轉弱爲強」⑱。

---

⑰　梁啟超：〈蔡松坡遺事〉：「及進到時務學堂以後，譚壯飛先生嗣同，唐紱丞先生才常和我都在堂中教授。我們的教學法有兩面旗幟：一是陸、王派的修養論；一是借《公羊》、《孟子》發揮民權的政治論」。原載《晨報》蔡松坡十年周忌紀念特刊，轉引自亓冰峯：《清末革命與君憲的論爭》，頁六五。

⑱　《清代學術概論》，頁一四〇。

⑱　《梁啟超與清季革命》，頁五六。

從當時啟超的民權論來看，這個了解是不錯的，他的確是在這種要求下，討論民權問題。據〈論君政民政相嬗之理〉，他認為人類政治的演變，是由「多君為政之世」到「一君為政之世」到「民為政之世」⑱，可知他心目中的政治理想是民主共和，依蕭公權的說法，他是以「民主政體為人類政治生活之最後歸宿」⑱。值得注意的是，就在這一時期(一八九六年)，他在寫給嚴復的信中，對此頗感困惑：「譬猶民主，固救時之善圖也。然今日民義未講，則無寧先藉君權以轉移之，……此意先生謂可行否？抑不如散其藩籬之所合為尤廣也？此兩義互起滅於胸中者久矣，請先生為我決之」⑱。從這封信可看出梁啟超對君主政治與民主共和，此時尚無定見，他考慮「無寧先藉君權以轉移之」，也就是在君主政治下從事革新，是遷就現狀，是因中國還沒有實行民主的條件，這一點其實與嚴復的想法正相同。但同時他也不否定民主乃「救時之善圖」，「此兩義互起滅於胸中」的困惑，與「散其藩籬」的念頭，不但有助於我們了解，他到湖南時務學堂後，言論為何趨於激進，也是戊戌變法失敗後，一度轉向革命的伏線。

《時務報》時期有關民權的言論，基本的觀念是抑君權、伸民權，例如：「自秦迄明，垂二千年，法禁則日密，政教則日夷，君權則日尊，國威則日損」⑱。又如：「當知三代以後，君

---

⑱　《文集》，第二冊，卷二，頁七。
⑱　《中國政治思想史》，頁七七〇。
⑱　《文集》，第一冊，頁一一〇。
⑱　〈論中國積弱由於防弊〉，《文集》，第一冊，頁九六。

權日益尊，民權日益衰，為中國致弱之根原」[186]，君權日尊對國家的害處既如此之大，且又是造成「民權日益衰」的原因，因此欲伸民權，就必須「抑尊」。在中國反專制的傳統中，唐甄（1630～1704）曾寫過〈抑尊〉的專文：「天子之尊，非天帝大神也，皆人也」。「是故殿陛九仞，非尊也；四譯來朝，非榮也。海唯能下，故川澤之水歸之；人君唯能下，故天下之善歸之；是乃所以為尊也」[187]。啟超也說：「善治國者，知君之與民同為一羣之中之一人」[188]。他希望經由開議院，達到「君權與民權合」[189]，也就是君民共主。不過「抑尊」的觀念，勢必與「先藉君權以轉移之」的想法，產生矛盾，因欲藉君權從事由上而下的改革，君就必須握有相當大的權力才能進行。所以抑君權、伸民權的思想，只能算是啟蒙性的宣傳，究竟要如何在君主體制中實行，此時他恐怕還沒有明確的答案。

啟超的民權思想，重要的有兩點：

（1）人人有自主之權：

「西人之言曰：人人有自主之權。何謂自主之權？各盡其所當為之事，各得其所應有之利，公莫大焉，如此則天下平矣。防弊者欲使治人者有權，而受治者無權，收人人自主之權，而歸諸一人，故曰私」[190]。在西方，Human rights 即是「人之應有者」

---

[186] 〈西學書目表後序〉，《文集》，第一冊，頁一二八。
[187] 《潛書》，上篇。
[188] 〈說羣序〉，《文集》，第二冊，卷二，頁四。
[189] 〈古議院考〉，《文集》，第一冊，頁九四。
[190] 同前註[186]，頁九九。

⑲，「人人有自主之權」，卽人人應有自主之權，只代表對基本
人權的一種肯定。啟超對自主之權的解釋，是依據〈禮運‧大同
篇〉的觀念，把它轉化爲民主（公）與君主（私）⑫的判準，在
他的理解中，民權和民主是一體的。其次，據啟超的了解，西方
國家之所以強盛，是因它們實行民主，並享有人權，因此，人人
是否有自主之權，又成國家強弱興亡的指標：「地者積人而成，
國者積權而立，故全權之國強，缺權之國殃，無權之國亡。何謂
全權國？人各行其固有之權。何謂缺權？國人有有權者，有不能
自有其權者。何謂無權？不知權之所在也」⑬。所謂「固有之
權」，應是指「天賦人權」，或「不可出讓的權利」之義。所謂
「國者積權而立」，是說國家是在人人享有基本人權的基礎上建
立起來的，人權不是國家或政府頒賜的，人權是先於國家和政府
的⑭。

（2）法律與權限問題：

「泰西自希臘、羅馬間，治法之學者，繼軌並作，賡續不
衰。百年以來，斯義益暢，乃至十數布衣，主持天下是非，使數
十百暴主，戰戰受繩墨，不敢恣所欲，而舉國君民上下，權限劃
然」⑮。這段話有兩點涵義：其一，國君的權力，是要受到法律
限制的，任何暴君如違反了法律，就要被制裁。如與「抑尊」的

---

⑲　張佛泉：《自由與人權》，頁七一，四十四年（一九五五），香
　　港亞洲出版社。
⑫　〈與嚴幼陵先生書〉：「君主者何？私而已矣；民主者何？公而
　　已矣」。《文集》，第一册，頁一〇九。
⑬　同前註⑱，頁九九。
⑭　以上參考前註⑲之書，頁七五～七。
⑮　〈論中國宜講求法律之學〉，《文集》，第一册，頁九三。

觀念關聯起來，這是將「抑尊」落實在法制之中，也是「抑尊」唯一可能的途徑。其二，全國人民的權利，經由法律的規範，旣受到法律的保障，也受到法律的限制，這樣才能使基本人權落實在法制之中。因爲西方人能做到「舉國君民上下，權限劃然」，所以「百年以來，民氣大伸，遂爾浡興。中國苟自今日昌明斯義，則數十年其強亦與西國同，在此百年內進於文明耳」⑲⑥。梁啟超且預言：「地球旣入文明之運，則蒸蒸相逼，不得不變。不特中國民權之說，卽當大行，卽各地土番野猺，亦當丕變，其不變者，卽漸滅以至於盡，此又不易之理也」⑲⑦。他不但對全球民權的大趨勢充滿信心，二十世紀末世界政局的演變，也證明他的確具有遠見。

以上是《時務報》時期的民權言論。光緒二十三年（一八九七）十月，啟超脫離了《時務報》，去長沙出任時務學堂總教習，脫離的原因，是因《時務報》創辦時，「其經費則張文襄與有力焉，而數月後，文襄以報中多言民權，干涉甚烈，其時鄙人之與文襄，殆如雇傭者與資本家之關係，年少氣盛，衝突愈積愈甚。丁酉多，遂就湖南時務學堂之聘」⑲⑧。更重要的還是因「黃遵憲、譚嗣同等旣先後去了湖南，任公之前往已爲必然之勢」⑲⑨。

在時務學堂時的言論，據他自己的回憶：「啟超每日在講堂四小時，夜則批答諸生劄記，每條或至千言，往往徹夜不寐，所

---

⑲⑥　同前註⑲②。
⑲⑦　同前。
⑲⑧　〈鄙人對於言論界之過去及將來〉，《文集》，第十一冊，卷二十九，頁二。
⑲⑨　同前註⑱⑩，頁七二。

言皆當時一派之民權論，又多言清代故實，臚舉失政，盛倡革命」⑳。關於「民權論」，從《異教叢編》所引片斷來看，如：「今日欲變法，必自天子降尊始」、「《春秋》、〈大同〉之學，無不言民權者」、「能興民權者，斷無可亡之理」、「二十四朝，……間有數霸者生於其間，其餘皆民賊也」、「臣也者，與君同辦民事者也」⑳。這些言論，並未超出《時務報》時期的範圍。在這時期民權思想比較突出的，是在〈論湖南應辦之事〉中，主張「欲興民權，宜先興紳權，欲興紳權，宜以學會爲之起點」⑳。這便是他所望於南學會者。他希望藉學會來教育紳士，伸張紳權，再進而爭取民權，至今仍有人認爲，這個主張，「確不失爲一種明通的見解，也許正是中國社會從傳統過渡到現代的一個重要的途徑」⑳。

關於「盛倡革命」，實即楊肅獻所說「排滿種族主義」，或「激烈的種族革命論」⑳。《異教叢編》引〈學堂日記梁批〉：「衣服雖末事，然切於人身最近，故變法未有不先變衣服者，此能變，無不可變矣」⑳。改正朔、易服色，是在宣揚改朝換代的思想，已不是康有爲所希望的變法，所以書中案語斥之爲造反的「黃巾赭寇」。另一條批語更加激烈：「屠城、屠邑，皆後世民

⑳　同前註⑱。
⑳　以上引文依序見該書頁三五二、三五三、三五六、三五七、三六〇。
⑳　《文集》，第二册，卷三，頁四三。
⑳　余英時：〈從史學看傳統〉，《史學與傳統》序言，頁十。
⑳　〈梁啓超與中國近代民族主義〉，見周陽山、楊肅獻編：《民族主義》，頁一一一、一一二，六十九年（一九八〇），臺北時報文化出版公司。
⑳　見該書頁三五七。

賊之所爲，讀《揚州十日記》，尤令人髮指眦裂，故知此殺戮世
界，非急以公法維之，人類或幾乎息矣」[206]！除了課堂批語之
外，啟超與譚嗣同、唐才常等人，爲了擴大言論思想的影響力，
「又竊印《明夷待訪錄》、《揚州十日記》等書，加以案語，祕
密分布，傳播革命思想」[207]。從這類言論也可看出，啟超這一時
期的民族思想，仍是傳統講求「內諸夏、外夷狄」的世界秩序觀
的反映，甚少受到近代民族思潮的衝擊[208]。

他在〈時務學堂劄記殘卷序〉說：「時吾儕方醉心民權革命
論，日夕以此相鼓吹」[209]。言論思想發展到這一步，顯然已放棄
原先「先藉君權以轉移之」的想法，而與革命黨人的言論相呼
應。啟超雖激賞譚嗣同的才學[210]，但兩人性格上的差異很大，嗣
同對清廷早已絕望，啟超要到德國佔領膠州灣事件發生，到了湖
南之後，才表示「願望已絕」[211]，才跟上嗣同思想的腳步，這一

---

[206] 《異教叢編》，頁三五五。

[207] 《清代學術概論》，頁一四一。

[208] 同前註[204]，頁一一二、一一五。

[209] 《文集》，卷七十，頁七，《年譜》，頁四三。

[210] 〈與嚴幼陵先生書〉：「儕輩之中，見有瀏陽譚君復生者，其慧
不讓穗卿，而力過之，眞異才也。著《仁學》三卷，僅見其上
卷，已爲中國舊學所無矣。此君前年在都與穗卿同識之，彼時覺
無以異於常人，近則深有得於佛學，一日千里，不可量也。並以
奉告」。（《文集》，第一册，頁一一○）。

[211] 〈梁啟超上陳中丞書〉：「嗚呼！今日非變法萬無可以圖存之
理，而欲以變法之事望政府諸賢，南山可移，東海可涸，而法終
不可得變，然則此種願望之念斷絕焉可也。願望旣絕，束手待
斃，數年之後，吾十八省爲中原血、爲俎上肉，寧有一幸？故爲
今日計，必有腹地一二省可以自立，然後中國有一線之生路」。
（《異教叢編》，頁四五六）。

發展當然不是康有爲所願見到的㊸。

㊸ 狄楚靑（葆賢）：〈記任公先生事略〉：「任公於丁酉冬月將往
湖南任時務學堂，時與同人等商進行之宗旨，一漸進法，二急進
法，三以立憲爲本位，四以徹底改革洞開民智、以種族革命爲本
位。當時任公極力主張第二、第四兩種宗旨。其時南海聞任公之
將往湘也，亦來滬商教育之方針，南海沉吟數日，對於宗旨亦無
異詞」。（見《年譜》，頁四四）以上這段話常被引用，其中說
康有爲對「種族革命」的宗旨亦無異詞，是很可疑的，因康氏一
生都堅決反對這種思想，在學生面前怎麼可能不表示意見？ 對
「南海沉吟數日」的描述，也與康氏的性格不合。

附　錄

中國十九世紀年表

（一）本表內容主要包括：（1）民變與革命。（2）內政、外交、洋務建設。（3）天災。（4）列強與外人在華活動。（5）教案。（6）學術、文化、教育。（7）人物生卒。甲午戰後，則別列日治下的臺灣。

（二）本表是根據或參考下列文獻編成：

（1）郭廷以編著：《近代中國史事日誌》（清季），第一冊，第二冊，五十二年（一九六三）臺北初版。

（2）《近代中國對西方及列強認識資料彙編》，第一輯至第四輯附錄：〈中外大事記〉，中央研究院近代史研究所編。

（3）《中國歷史大事年表》，一九八六年，臺北華世出版社。

（4）《國史年表》，五十九年（一九七〇），臺北世界書局。

（5）北京師範學院歷史系中國近現代史教研室編：《簡明中國近現代史詞典》上冊，一九八五年，北京中國青年出版社。

(6) 《辭海》，歷史分册（中國近代史），一九八二年，上海辭書出版社。

(7) 《中國近代學人象傳》（初輯），六十年（一九七一），臺北大陸雜誌社。

(8) 中國社會科學院近代史研究所翻譯室編：《近代來華外國人名辭典》，一九八一年，北京中國社會科學出版社。

(9) 麥仲貴著：《明清儒學家著述生卒年表》下册，六十六年（一九七七），臺灣學生書局。

(10) 錢穆著：《中國近三百年學術史》附表，四十六年（一九五七），臺灣商務。

(11) 《哲學大辭典》、《中國哲學史卷》附〈大事年表〉，一九八五年，上海辭書出版社。

(12) 陸寶千著：《論晚清兩廣的天地會政權》，附〈大事記〉，六十四年（一九七五），中央研究院近代史研究所。

(13) 羅爾綱著：《太平天國史稿》。

(14) 呂實強著：《中國官紳反教的原因》（一八六〇——一八七四），附錄有關大事記，五十五年（一九六六），臺北中國學術著作獎助委員會出版。

(15) 王爾敏著：〈清季學會彙表〉，見《晚清政治思想史論》，五十八年（一九六九），臺灣學生書局總經銷。

(16) 上海復旦大學歷史系編寫：《沙俄侵華史》，附錄〈

大事年表〉，一九八六年，上海人民出版社。

(17) 胡秋原著：《一百三十年來中國思想史綱》，附錄〈中國政治與思潮——十九世紀大事年表〉，六十二年（一九七三），臺北學術出版社。

(18) 姚崧齡著：《影響我國維新的幾個外國人》，六十年（一九七一），臺北傳記文學出版社。

(19) 孫春在撰：《清末的公羊思想》，七十四年（一九八五），臺灣商務。

(20) 胡韞玉輯：《包慎伯（世臣）先生年譜》，臺灣文海出版社。

(21) 吳昌綬編：《定庵先生年譜》，見《龔定庵全集類編》，四十九年（一九六〇），臺北世界書局。

(22) 王家儉著：《魏源年譜》，五十六年（一九六七），中央研究院近代史研究所。

(23) 黃麗鏞著：《魏源年譜》，一九八五年，湖南人民出版社。

(24) 黎庶昌編：《曾文正公年譜》，臺灣文海出版社。

(25) 郭廷以編定（尹仲容創稿，陸寶千補輯）：《郭嵩燾先生年譜》，六十年（一九七一），中央研究院近代史研究所。

(26) 陸寶千著：《劉蓉年譜》，六十八年（一九七九），中央研究院近代史研究所。

(27) 李守孔著：《李鴻章傳》，六十七年（一九七八），臺灣學生書局。

(28) 許同莘編：《張文襄公年譜》，五十八年（一九六
　　　九），臺灣商務臺一版。

(29) 《康南海自訂年譜》，臺灣文海出版社。

(30) 楊廷福著：《譚嗣同年譜》，一九七二年,崇文書店。

(31) 丁文江撰：《梁任公年譜長編》上，五十一年（一九
　　　六二），臺北世界書局。

(32) 姜義華著：《章太炎》附〈年表〉，八十年（一九九
　　　一），臺北東大圖書公司。

(33) 郭正昭著：《嚴復》，六十七年（一九七八），臺灣
　　　商務。

(34) 鄭學稼著：〈孫中山先生年表〉，見《中共興亡史》
　　　第一卷附錄三。

(35) 吳相湘編撰：《孫逸仙先生傳》上冊，七十一年（一
　　　九八二），臺北遠東圖書公司。

(36) 楊碧川著：《臺灣歷史年表》，七十七年（一九八
　　　八），臺北自立晚報社文化出版部。

清嘉慶五年（一八〇〇）

(1) 白蓮教首領王金桂、雷世旺、劉允恭、伍金柱、唐大
　　信、趙蒗花、楊開泰、齊國謨相繼戰死。四川總督魁
　　倫，因貽誤軍機賜死。

(2) 禁鴉片烟船入口，烟船改泊澳門，鴉片入口由港腳商（
　　散商）經運。

(3) 阮元任浙江巡撫，築詁經精舍於西湖。劉逢祿舉拔貢

生，入京應朝考，謁張惠言問虞氏易、鄭氏三禮。洪亮吉於去年因上奏獲罪，被流放伊犂，是年釋回，自號更生居士。惲敬撰〈三代因革論〉前四篇。

清嘉慶六年（一八〇一）

(1) 白蓮教首領張世龍、高二生、徐萬富、王士虎、張允壽、王鎮賢、龍紹周相繼戰死。貴州銅仁苗民起事。

(2) 永定河溢，甘肅旱災。

(3) 命續修《大清會典》。焦循撰成《開方通釋》。詁經精舍選文行兼長之士，讀書其中，孫星衍、王昶等，先後主講。

(4) 章學誠卒，年六十四。

清嘉慶七年（一八〇二）

(1) 英兵船抵達廣東零丁洋，擬佔澳門，尋以英、法達成和議，離去。是年，定巡查與俄羅斯交界卡倫之制。

(2) 雲南維西彝人及傈傈人聯合起事，越三月失敗。廣東博羅天地會起事。安徽宿州人民起事，旋敗。貴州苗區設屯軍。白蓮教首領張天倫、魏學盛、龔其堯、苟文明、唐明萬相繼戰死，是年白蓮教軍基本潰滅，朝廷大行封賞。

(3) 王念孫攝永定河運。方東樹客阜陽王約齋大令署中。洪亮吉主講旌德洋川書院。包世臣至常州，居李兆洛家，出示其「可代表十九世紀初年中國變法方案」之新著《說儲》，李氏讀後，覺其內容與《日知錄》相似，遂盡讀《日知錄》三十卷。程瑤田至杭州，以所著《儀禮喪

服定徵記》示阮元，阮元爲作序。凌廷堪作〈復禮〉三
篇。阮元完成《浙江圖考》，又仿照裕鹽定例爲收鹽章
程十二條。

(4) 張惠言卒，年四十二。

清嘉慶八年（一八〇三）

(1) 阮福映於去年統一安南，是年清廷命改稱越南，並封阮
福映爲越南王。種痘法由西班牙人傳入。

(2) 白蓮教首領曾芝秀，劉渣鬍子戰死。廣東天地會於去年
八月起事，是年閏二月潰敗。

(3) 夏秋間，邵陽大飢。九月，東河彭家樓河溢。

(4) 正月，命伊犂廣行屯田。七月，禁人民携眷私渡山東海
口。八月，定流民耕墾蒙古土地法。十月，定靑海蒙古
人和番人地界及交易規程。

(5) 蔡上翔撰《王荆公年譜考略》。王引之擢侍講，尋命充
日講起居注官。阮元設安瀾書院於海寧。錢大昕始刊《
養新錄》手定本。

清嘉慶九年（一八〇四）

(1) 白蓮教自起事至是八年，全部潰滅。

(2) 焦循著《論語通釋》。臧庸著《皇朝經解》。段玉裁兩
次寫信給王念孫，談刻《說文注》事。阮元輯《海運
考》二卷。

(3) 倭仁生，錢大昕卒，年七十七。

清嘉慶十年（一八〇五）

(1) 英王來書通好，賜英吉利王書。禁西洋教士刻書、傳

教，改訂管理西洋堂事務章程。廣東海關以擅准俄羅斯
船在粵貿易，監督等相關人員，遭分別議處。美國向中
國盜運鴉片。

(2) 蔡牽自稱鎮海王，攻入臺灣鳳山，嘉義洪四老興起呼
應。

(3) 六月，永定河溢。

(4) 劉逢祿應聘主兗州講座，完成《公羊何氏釋例》。阮元
撰《十三經注疏校勘記》。崔述《考信錄》成書。方東
樹授經六安。

(5) 劉端臨卒，年五十五，紀曉嵐卒，年八十二。

清嘉慶十一年（一八〇六）

(1) 正月，以賽沖阿為欽差大臣，赴臺灣督辦軍務。浙江提
督李長庚大破蔡牽於臺灣，蔡牽繼續活躍於福建、浙江
海面。七月，陝西寧陝兵變。

(2) 三月，再禁浙江販米出洋。俄使 Golovkin 到庫倫，因
禮節爭執，折回。

(3) 姚鼐主講敷敬書院，姚瑩始從學。阮元刻《十三經校勘
記》。

清嘉慶十二年（一八〇七）

(1) 正月，四川綏定兵變。陝西西鄉營兵變。十二月，李長
庚追擊蔡牽，戰死。

(2) 七月，遣使冊封琉球中山王尚灝。倫敦傳福音會教士馬
禮遜到廣州。廣州英人毆斃華人，兇犯罰金監禁。

(3) 洪亮吉編纂《寧國府志》五十卷。姚鼐《惜抱軒詩文

集》刻成。段玉裁刪訂《說文注》成，王念孫寄四十金
以佐刻資。祈韻士在伊犂，創纂《伊犂總統事略》十二
卷，別摘山川疆域，爲《西域釋地》二卷。凌廷堪主講
紫陽書院。

(4) 羅澤南生，朱次琦生。

清嘉慶十三年（一八〇八）

(1) 七月，英軍佔領澳門，至十一月始退出，兩廣總督吳熊
光，因處理英軍事件態度過軟，被革職，並遣戍伊犂。

(2) 江蘇運河溢。

(3) 凌廷堪《禮經釋例》成。嚴可均編《全上古三代秦漢三
國六朝文》，歷十八年始竣事。祈韻士由伊犂還鄉，作
《萬里行程記》。包世臣作〈籌河芻言〉二篇。

清嘉慶十四年（一八〇九）

(1) 福建提督王得祿，浙江提督邱得功，於定海合擊蔡牽，
蔡牽於彈盡後，以炮自裂其船，身亡。

(2) 重定廣東民夷交易章程六條。禁鴉片入口，夷船進埔須
由行商具結。英、葡兵船助剿廣東海盜。

(3) 惲敬撰〈三代因革論〉後四篇，論七謂：「後之儒者，
以熙寧之法而妄意詆諆，非知治體者也」。論八謂：「
先王之道，因時適變，爲法不同，而考之無疵，用之無
弊」。劉逢祿成《公羊何氏解詁箋》。

(4) 陳立生，馮桂芬生，凌廷堪卒，年五十五，洪亮吉卒，
年六十四。

清嘉慶十五年（一八一〇）

（1）二月，命江、浙試辦海運，尋以用費過大，未行。

（2）禁吸食與販賣鴉片。廣州英人殺華人，抗不交兇。英商請減行用銀，不許。（行用每銀一兩描三分）

（3）六月，甘肅旱。七月，永定河溢。八月，直隸水。十月，江南高堰、山盱兩隄壩決。

（4）包世臣居揚州，作〈策河四略〉。姚瑩赴香山，主講欖山書院。

（5）陳澧生，李善蘭生，邵懿辰生。

清嘉慶十六年（一八一一）

（1）是年，臺灣人口已增至二百萬，三十年間約增百萬大陸移民。

（2）七月，令各省查禁西洋人，並禁國人入天主教。

（3）阮元編《十三經經郛》成，又編四庫未收百種書提要成。

（4）曾國藩生、臧庸卒，年四十五。

清嘉慶十七年（一八一二）

（1）三月，李家樓大工完，河歸故道。七月，設雲南邊地要塞戍兵。十二月，禁民呈遞封章。

（2）正月，允廓爾喀國王請，派噶箕頭目奉貢至京。馬禮遜成《漢語語法》。

（3）劉逢祿成《左氏春秋考證》、《箴膏盲評》、《論語述何》。包世臣謁姚鼐於白門鐘山書院，請問爲學之要。段玉裁刻《說文解字注》，王念孫爲作序。方東樹授經安徽巡撫胡克家幕中。龔自珍校書武英殿。祁韻士兼充

蘭山書院山長。

(4) 江忠源生，胡林翼生，左宗棠生。

清嘉慶十八年（一八一三）

(1) 九月，天理教起事於直隸長垣、河南滑縣、山東定陶、曹縣，破城殺官，滑縣首領被捕下獄；北京首領林清指揮徒眾攻襲禁城，失敗遭磔死。十二月，陝西岐山縣飢民起事。

(2) 六月，申禁宗室、覺羅與漢人通婚。七月，申禁鴉片，定官民吸食者罪。

(3) 五月，河南、山東旱。六月，直隸順德等府旱。

(4) 廣州正式設置總商，總辦洋行事務。東印度公司喪失商業壟斷權（茶除外）。英教士米憐潛入廣州，被逐。

(5) 包世臣游歷下河，作〈下河水利說〉。

清嘉慶十九年（一八一四）

(1) 河南省發生捻亂。江西胡秉輝托明裔起事。

(2) 安徽廬州等府水。浙江杭州等府旱，命浚西湖。

(3) 因西洋商人賄通洋行商人，每年偷運紋銀一百餘萬出洋，命訂章嚴禁。定整飭洋行及限制外洋商船規程。嚴查鴉片偷漏，夷人違禁，依例治罪。粵督命行商限期清償夷債。教皇庇亞士復允耶穌會士來華傳教。馬禮遜編成《華英字典》。

(4) 龔自珍作〈明良論〉四篇。魏源問宋儒之學於姚學塽，學《公羊》於劉逢祿，又釋《大學》古本。七月，孫星衍至揚州，應鹽政阿公聘，校刻《全唐文》。

(5) 洪秀全生，趙翼卒，年八十八。

清嘉慶二十年（一八一五）

(1) 塔什密里克回民孜牙墩結布魯特人，謀據新疆南部，被俘處死。十二月，禮親王昭槤以凌辱大臣，勒索拷打莊頭，革爵圈禁，旋命各王公等田租，永不准咨刑部催追。

(2) 定搜查洋船鴉片章程。令暗行禁購洋貨，以杜漏卮。

(3) 阮元調撫江西，刻《十三經注疏》。孫星衍成《尚書今古文注疏》。焦循成《易學三書》四十卷。段玉裁《說文注》刻成，阮元聘段氏主杭州敷文書院。包世臣遊海州，作〈青口稅議〉。王念孫敍汪中《述學》。嚴可均撰〈南越志敍〉。

(4) 段玉裁卒，年八十一，姚鼐卒，年八十五，祁韻士卒，年六十五。

清嘉慶二十一年（一八一六）

(1) 山東沂水、蒙陰二縣，盜匪橫行，二年半之間已有七十二案。

(2) 八月，英阿美士德勛爵，以特使身份率團抵達北京，馬禮遜以漢正使隨行，因阿氏不願行跪拜禮，當日即被遣走。是年，燬鴉片三千二百箱。梁阿發在滿剌加，由英教士米憐為之施洗。

(3) 孫星衍主講鍾山書院。秋阮元刻宋本《十三經注疏》成，十二月阮元有〈恭進十三經注疏校勘記〉摺子。焦循成《論語補疏》二卷，又與子焦虎玉纂《孟子長編》

三十卷。龔自珍撰〈乙丙之際著議〉。

(4) 劉蓉生，彭玉麟生，崔述卒，年七十七。

清嘉慶二十二年（一八一七）

(1) 二月，雲南彝人高羅衣起事。七月，廣州捕天地會人兩千餘。

(2) 是年，於天津設水師。搜檢進口船隻，有無夾帶鴉片。

(3) 顧廣圻應胡克家屬刻元刊本《資治通鑑》。李兆洛主講懷遠眞儒書院。龔自珍爲江藩《漢學師承記》作序，並作書言該書有十不安。焦循成《春秋左傳補疏》。姚瑩在平和建九和書院。陳履和刻其師崔述《考信錄》於太谷縣署。

(4) 惲敬卒，年六十一。

清嘉慶二十三年（一八一八）

(1) 三月，雲南臨安邊外土人高老五等起事。

(2) 命蒙古地方，倘蒙古人、漢人一同犯罪者，依大清律問罪，若只有蒙古人，仍用蒙古例辦理，並戒內地無業民入蒙古。

(3) 限洋船回程所携銀兩不得超過進口貨價之三成。英教士米憐設英華書院於滿刺加。

(4) 焦循《羣經補疏》成。江藩《國朝漢學師承記》，刻於阮元廣州節院，阮氏爲作序。包世臣借讀《亭林遺書》十種。

(5) 郭嵩燾生，孫星衍卒，年六十六，翁方綱卒，年八十六。

清嘉慶二十四年（一八一九）

(1) 五月，禁旗人抱養漢人及戶下爲嗣。

(2) 閏四月，修山東運河西岸隄。八月河南蘭陽、儀封北岸河溢。

(3) 禁廈門洋船運茶。馬禮遜、米憐譯畢《舊約全書》。

(4) 焦循成《孟子正義》。龔自珍從劉逢祿受公羊春秋。賀長齡充文淵閣校理。

清嘉慶二十五年（一八二〇）

(1) 九月，回族大和卓木之孫張格爾攻邊卡，旋敗走。

(2) 越南遣使報其王阮福映之喪。鑄道光通寶錢。十二月，准番役子孫應武試、任武職。

(3) 英輸入鴉片增至五千餘箱。俄使 Sipakoff 到北京。在內地傳教之西洋教士 Clet 被殺。

(4) 龔自珍作〈西域置行省議〉、〈東南罷番舶議〉。

(5) 沈葆楨生，焦循卒，年五十八。

清道光元年（一八二一）

(1) 雲南永北廳土人起事，越二月敗。

(2) 八月，京師大疫。

(3) 五月，遣使冊封越南國王阮福皎。十二月，朝鮮遣使請更正《皇朝文獻通考》所載朝鮮事失實之處，許之。

(4) 從兩廣總督阮元請，嚴禁鴉片。美國水手毆死廣州民婦，命依律處絞。英兵毆死華人二名，抗不交兇。

(5) 方東樹主粵東廉州海門書院。朱駿聲掌教浙江嵊山書院。龔自珍撰《蒙古圖志》。李兆洛作〈海國記聞序〉。

(6) 兪樾生。

清道光二年（一八二二）

(1) 青海野蕃蘊衣等二十三族亂。四川哥洛克番亂。河南新
蔡白蓮教朱麻子起事，旋敗。命江蘇、安徽、河南會同
搜捕捻子手。

(2) 正月，令將旗人抱養漢人之子為嗣者，另記册檔，日後
皆編入民籍。申禁民間私藏鳥槍、火器。閏三月，令福
建、廣西、浙江、江西、湖南督撫，查禁械鬥。

(3) 五月，河南漳河決。六月，山東衛河溢。十月，賑甘
肅、安徽、直隸、江蘇、湖北水災。

(4) 嚴禁海洋偷漏銀兩，私販鴉片。英護貨兵船水手違禁上
岸，與本地人毆鬥，互有傷亡，水手潛逃，命告知英王
查兇押送。《舊約全書》中文版問世。

(5) 包世臣作〈直隸水道記〉。李文耕至膠州任，修靈山衛
州書院，延師教讀；又整理珠山書院。李兆洛編《皇朝
文典》。朱珔充自是主鍾山、正誼、紫陽等書院，垂三
十年。

(6) 洪仁玕生。

清道光三年（一八二三）

(1) 正月，命編查青海黃河以南番民，立千戶、百戶以管轄
之，不許私渡河北。三月，定商民與青海蒙古人及番人
貿易章程。八月，命關口不得留難出口謀生之貧民。十
一月，哈薩克汗愛畢勒達，遣弟貢馬並請襲爵。

(2) 山東臨清白蓮教馬建忠亂。

(3) 正月，賑奉天、直隸、江蘇等地水災。二月，浚直隸吳

橋老黃河。六月，永定河、北運河溢。七月，河南漳河溢。十二月，浚直隸通惠河。

(4) 訂地方官失察鴉片條例，並禁民間種植鴉片。馬禮遜所編《華英字典》出版。

(5) 李兆洛主講江陰暨陽書院。方東樹主粵東韶州韶陽書院。龔自珍〈五經大義終始論〉成。阮元《揅經室集》刻成。

(6) 李鴻章生，丁日昌生。

清道光四年（一八二四）

(1) 二月，禁江蘇關卡濫徵商稅。

(2) 張格爾結布魯特攻擾邊卡。

(3) 四月，修南北運河隄壩。是年，興修江蘇水利，命按察使林則徐董其事。

(4) 英輸入鴉片，增至一萬兩千餘箱。英煙船三隻到福建及臺灣。英軍自印度攻緬甸。

(5) 方東樹授經阮元幕中，著《漢學商兌》四卷。李兆洛爲劉逢祿刻《公羊釋例》。龔自珍始治釋典。姚椿主講夷山書院。阮元建學海堂於粵秀山。

(6) 曾國荃生，何秋濤生。

清道光五年（一八二五）

(1) 正月，命浙江修治河道水利，陝西修渠水利。二月，命江浙試辦漕運。

(2) 封鄭福爲暹羅國王。

(3) 張格爾仍在卡外活動。

(4) 江蘇布政使賀長齡，聘魏源輯《皇朝經世文編》。包世臣刻所著言河、鹽、漕之書三卷，書名《中衢一勺》。魏源作〈籌漕篇〉。龔自珍作〈古史鉤沉論〉。阮元始輯《皇清經解》，由嚴厚民主其事。

(5) 郝懿行卒，年六十九。

清道光六年（一八二六）

(1) 正月，命喀什噶爾參贊大臣慶祥籌劃追捕張格爾。六月，因喀什噶爾等回民起事響應張格爾，命楊遇春爲欽差大臣，督兵擊之，旋命長齡總統軍事。臺灣嘉義、彰化民因械鬥，地方大亂。

(2) 江蘇試行海運，米船到達天津。設廣東水師巡船，稽查鴉片。

(3) 緬甸割地與英議和。

(4) 春，李兆洛刊縮本《輿地圖》。六月，瞿中溶作《孔廟配享從祀諸儒考》。仲多，《皇朝經世文編》輯成，魏源代賀長齡撰〈皇朝經世文編敍〉，並作〈皇朝經世文編五例〉。

清道光七年（一八二七）

(1) 十二月，張格爾被俘於喀爾鐵蓋山，解京磔死。

(2) 方東樹主廬州廬陽書院。四月，魏源受賀長齡之託，往吳門訪包世臣，代詢山東治要。夏，魏源作〈籌漕下篇〉。

(3) 姚學埰卒，年六十一。

清道光八年（一八二八）

(1) 五月，因淮鹽滯銷，命江蘇、安徽、湖廣嚴禁私販。八月，裁各回城陋規。十月，賑江蘇、浙江等省水災區。

(2) 兩廣總督李鴻賓嚴禁偷運鴉片入口。

(3) 方東樹主亳州泖湖書院。劉寶楠始作《論語正義》。龔自珍成〈尚書序大義〉一卷，〈大誓答問〉一卷，〈尚書馬氏家法〉一卷。魏源游杭州，寓錢東甫宅，從學釋典。是年，魏源代陶澍作〈復蔣中堂論南漕書〉，議永行海運。沈垚撰《新疆私議》。

(4) 容閎生，黃以周生，王韜生。

清道光九年（一八二九）

(1) 正月，以宗室、覺羅恃勢刁訟，借端訛詐，令酌定條例禁制之。五月，越南請由海道貿易，不許。暹羅國王、緬甸王遣使賀平張格爾。

(2) 賑安徽、江蘇災區。是年，湖北大澇。

(3) 七月，以洋錢充斥黃河以南各省，鴉片走私猖獗，致白銀外流，銀價日漲，命禁粵海關私貨入口，及銀兩出洋。以英船舶於澳門外洋要挾多端，延不進口卸貨，令廣東督撫鎮靜防備，並令倘仍刁難，即驅逐。

(4) 包世臣以兩淮鹽政使者，馳書詢鹽政，乃作〈小倦游閣雜說〉答之。是年，包氏有〈閘河日記〉。魏源撰《詩古微》，劉逢祿為作序。

(5) 劉逢祿卒，年五十四。

清道光十年（一八三〇）

(1) 八月，張格爾兄玉素晉和安集延圍攻喀什噶爾、英吉沙

爾。九月，命楊遇春、長齡爲欽差大臣赴新疆督辦軍務。

(2) 正月，命兩江、湖廣、江西、河南督撫嚴禁鹽梟。六
月，命各省督撫妥議嚴禁種賣鴉片章程。十二月，訂兩
淮鹽務章程。

(3) 是年秋，廣州英、美教士組織基督教會。諭粵督不准夷
婦來省，夷商坐轎，及携帶槍砲進館。

(4) 王引之成《經義述聞》。包世臣編《小倦游閣文集》三
十卷。魏源論定劉逢祿遺書，並作序。馮登府教授涌
東，以北宋胡安定之教法爲宗。苗夔主講翼經書院。方
坰攝武義縣訓導，以《小學》、《近思錄》爲教。

(5) 翁同龢生。

清道光十一年（一八三一）

(1) 正月，兩江總督陶澍接辦兩淮鹽政。五至六月，相繼命
陝甘、河南、山東、湖南、雲貴查禁鴉片。十月，命四
川辦嗜食鴉片之官員，並查拏私帶及種植者。

(2) 三月，海南島黎人攻擾，旋敗。是年，貴州開泰捕獲天
地會黨頗多。十二月，湖南江華縣錦田瑤民趙金龍起
事。

(3) 八月，賑江西、湖北水災區，十月，賑江蘇、安徽、浙
江水災。

(4) 英商在廣州，違禁令之事日增，令嚴查。四月，德國教
士郭士立自廣州北航天津，沿途傳教。

(5) 王念孫《讀書雜志》刻成。程恩澤主講鍾山書院。方東
樹主宿松松滋書院。重修《康熙字典》成。

(6) 陳寶箴生，江藩卒，年七十一。

清道光十二年（一八三二）

(1) 二月，廣東連山八排猺，爲響應趙金龍起事。十月，臺灣天地會張丙等起事，殺嘉義知縣邵用之，張丙稱開國大元帥，鳳山、彰化天地會響應。十二月，福建提督馬濟勝平臺灣嘉義天地會亂。十一月，廣東香山天地會張斗亂。

(2) 二月，修安徽銅陵江壩。七月，永定河溢。十一月，浚山東運河。十二月，浚京城內外河道。是年夏，大旱，詔求直言。

(3) 正月，英東印度公司廣州分行大班馬治平派禮士率領阿美士德號船北上廈門、福州、寧波、上海等地，調查商務，教士郭士立任翻譯，郭氏偵查了沿海防禦情況，力主用武力強迫清廷開放海口。八月，英船到達內河。九月，郭士立隨英煙船三次自廣州北航。三月，美國公理會教士裨治文創辦《中國叢報》（*The Chinese Repository*，舊譯《澳門月報》，又譯《西儒耳目資》）。八月，梁發（梁阿發）刊行《勸世良言》。

(4) 魏源參與纂輯的《淮北票鹽志略》十卷刊成。李兆洛《輿地一統全圖》鋟版成。章學誠《文史通義》刊行。陳立自序《白虎通疏證》。龔自珍〈羣經寫官答問〉（已佚）成。蕭令裕著《英吉利記》。

(5) 王念孫卒，年八十九，胡承珙卒，年五十七。

清道光十三年（一八三三）

(1) 二月，四川越巂等處土民起事。

(2) 三月，命直隸興修水利。七月，雲南昆明等中縣地震成災。十月，賑江蘇、湖南、直隸、黑龍江、湖北、安徽等災區。

(3) 五月，訂禁紋銀出洋條例。六月，禁廣州外洋貿易以銀及洋錢易貨。英政府取消東印度公司壟斷中國貿易權後，十月，派海軍出身的律勞卑爲駐華商務監督。

(4) 俞正燮撰《癸巳類稿》十五卷付梓。龔自珍成《左氏春秋服注補義》一卷、《左氏決疣》一卷、〈六經正名論〉、〈古史鉤沈論〉。李兆洛招江陰徐泰能爲製天球，並自撰文說明。五月，李兆洛始校刊顧炎武《日知錄》。梁廷楠《廣東海防匯覽》刻成。魏源代陶澍序《東南七郡水利略》。

清道光十四年（一八三四）

(1) 正月，定臺灣善後事宜二十條，包括禁偷渡、嚴連坐、禁搬徙、實力化導、清釐屯務、酌減臺募兵數等。二月，申禁售賃淫書小說。十月，命廣東確查商人拖欠外國債卷，及私行增稅情形，並申禁販運鴉片。

(2) 正月，儋州黎人攻擾，旋定。七月，四川峨邊彝人亂。

(3) 七月，梁發等在廣州向鄉試生員散發《勸世良言》，旋遭查禁。因上年英政府任律勞卑爲商務監督，並未正式通知中國當局，因此，當律氏於是年六月抵廣州後，卽爲是否有權駐在廣州與中國官員發生爭執，他給兩廣總督的信，旣不用稟帖，又未經由中國行商，遂遭拒絕，

但律氏態度強硬，使雙方關係弄僵。粵督盧坤令律勞卑離開廣州，在澳門候旨，又停止英商貿易。律氏則令英兵船兩艘，到虎門示威，岸上中國砲臺還擊，結果砲臺被毀，英兵死三人，英船到達黃埔，達到揚威目的後，退回澳門。九月，律氏病死澳門，由德庇時繼任，十二月，又換爲羅賓遜。是年十一月，廣州英教士組織「益智會」(Diffusion of Useful Knowledge in China)，從事編印適合中國情況之書籍。到這一年，由英方輸入中國之鴉片，已增至兩萬一千餘箱。

(4) 陳澧始著《漢地理圖》。龔自珍成《干祿新書》，有自序。

(5) 王引之卒，年六十九，馬禮遜卒，年五十二。

清道光十五年（一八三五）

(1) 三月，山西趙城白蓮教（先天教）曹順起事，戕官據城，旋平。

(2) 正月，英、美教士爲紀念馬禮遜，在廣州創設馬公書院。七月，美船自廣東經福建、上海、山東北駛，教士麥都思隨行。八月，以英船駛至山東洋面，命沿海各省巡防堵截，嚴禁接濟。九月，美教士伯駕在廣州設博濟醫院（眼科），行商伍敦元助之。

(3) 曾國藩因會試落第，寓京師研讀經史，尤好昌黎，治古文自此始。劉寶楠主講廣陵書院。五月，瞿中溶輯《二十四孝考》成。魏源因經營鹽業致富，購園林於揚州，名爲「絜園」。冬，陶澍得御書「印心石屋」，魏源編

有《御書印心石屋詩文錄》，並作欵。

(4) 吳大澂生，慈禧生，顧廣圻卒，年七十。

清道光十六年（一八三六）

(1) 二月，湖南武岡州瑤族生員藍正樽倡龍華會（青蓮教）
起事。十月，臺灣嘉義沈基搶糧抗租，被捕三百四十餘
人。

(2) 是年，京師官員與兩廣總督之間，發生嚴鴉片禁例與弛
禁之爭議。七月，以山西有三教廟，祀孔子、老子、佛
陀，命改禁之。

(3) 義律升任英在華商務監督（原任第二商務監督，前年隨
律勞卑來華，亦海軍出身）。

(4) 姚椿以兩湖總督林則徐聘，主荊南書院。羅澤南館流南
塘陳宅，究程朱之學。梁廷枏所修之《廣東海防彙覽》
付刊。

清道光十七年（一八三七）

(1) 六月，廣東香山及福建三合會亂。四川馬邊涼山夷亂。

(2) 六月，以白銀外流，銀價日漲，命直隸、山東、江蘇、
浙江、福建、廣東各省督撫，認真查禁白銀出口。

(3) 五月，英政府令義律與中國往來，堅持平等、直接之原
則。十月，英外相請海軍大臣派遣東印度艦隊司令馬紀
倫往中國保護英商，並作交涉後盾。義律致書英外相，
請派專使率同兵船來華，直接與北京交涉鴉片問題。兩
廣總督鄧廷楨再限義律於一月內將鴉片躉船遣去，否則
卽行封艙。義律接獲英政府訓令，終止與粵督往來。本

年鴉片進口已高達四萬箱，白銀外流三千餘萬兩。

(4) 魏源序其所輯《明代食兵二政錄》。梁章鉅輯《論語集註旁證》二十卷，《孟子集註》十四卷。劉文淇撰《揚州水道記》四卷。俞正爕客林則徐幕，爲校訂《海國紀聞》。龔自珍校讐佛典，成《龍藏考證》七卷，又校訂《妙法蓮華經》。朱駿聲刻自著《說文通訓定聲》。羅澤南作〈常言〉，後改爲〈人極衍義〉。Stipf 成《臺灣島志》。

(5) 戴望生，張之洞生，張蔭桓生，楊仁山生。

清道光十八年（一八三八）

(1) 閏四月，命刑部堂官今後審辦天主教案，凡違禁信教而聲稱改悔者，須跨越十字架，以昭覈實。鴻臚寺卿黃爵滋奏請重治吸食鴉片，嚴塞漏卮，以培國本，以一年爲期，逾限論死。詔令各省督撫妥議具奏。湖廣總督林則徐、直隸總督琦善、兩江總督陶澍均相繼回奏，強力支持。九月，太常寺卿許乃濟，因奏請弛禁鴉片，遭降職休致。十一月，命林則徐爲欽差大臣，前往廣東查辦海口事件，所有該省水師，兼歸節制。

(2) 十二月，貴州仁懷縣謝法眞，假託降神，撰造天書，聚眾起事，旋敗。

(3) 正月，美國教士伯駕，繼創辦眼科醫院之後，是年又與教士裨治文共同創立中國醫藥佈道會。五月，英東印度公司艦隊司令馬紀倫抵粵。六月，義律由澳門重回廣州，代馬紀倫向廣東當局要求平等往來。虎門砲臺迫英船停

駛並搜查，馬紀倫提抗議。十一月，義律通知英鴉片商
船，三日退出虎門，否則不負保護之職。十二月，鴉片
烟船相繼開離廣州。這一年，英輸入鴉片已增至五萬餘
箱。

(4) 梁廷枏之《粵海關志》付刊。李兆洛刻《歷代輿地沿革
圖》成。龔自珍成《春秋決事比》。蔣鏞成《澎湖志略
續編》。

(5) 薛福成生，江沅卒，年七十二。

清道光十九年（一八三九）

(1) 正月，欽差大臣林則徐到廣州。二月，撤退廣州夷館買
辦、工人，中外貿易停止。林則徐迫令繳烟。四月，英
方繳交鴉片二萬另二百九十箱（一說二萬另二百八十三
箱），隨後在虎門銷燬。五月，義律抗議廣東師船威
迫。七月，英船長士密率兵船到粵。義律抗議斷絕食物
供給。九月，士密砲擊廣東師船，發生穿鼻海戰，中英
戰事開始。十二月，林則徐爲兩廣總督。

(2) 臺灣嘉義地震，城垣衙署民房坍塌，死傷多人。是年，
臺灣嚴禁鴉片。

(3) 三月，閩浙總督鍾祥奏，臺灣胡布、洪保等謀反滋事，
命卽日肅清。

(4) 曾國藩日記始作於是年。魏源作〈籌磯篇〉。龔自珍作
〈平生師友小記〉一六一則。鄧湘臯始刻《船山遺書》
百五十卷。

(5) 曾紀澤生，洪鈞生，陶澍卒，年六十二。

清道光二十年（一八四〇）

(1) 二月，重訂禁天主教章程。十一月，琉球請仍二年一貢，並遣子弟四人入國子監，許之。

(2) 十月，臺灣嘉義大地震。

(3) 正月，英政府訓令新任英軍統帥兼全權公使懿律，封鎖廣州、佔領舟山，要求賠償，割讓海島。五月，英東印度艦隊司令伯麥宣佈封鎖廣州。懿律率艦抵粵，隨卽自粵北進。六月，英軍佔領定海，封鎖寧波及長江，北赴天津。八月，命琦善爲欽差大臣赴廣東查辦，並諭沿海督撫，勿向英船攻擊。九月，林則徐、鄧廷楨遭革職。十二月，英軍攻陷廣東大角、沙角砲臺。琦善允割香港，賠款六百萬元。

(4) 羅澤南著《周易朱子本義衍言》。陳奐成《詩毛氏傳疏》三十卷。方申成《易學五書》。宋翔鳳著《論語說義》，後經修改，更名爲《論語發微》。陳澧舉爲學海堂學長，自是爲學長數十年。

(5) 吳汝綸生，馬相伯生，經元善生，兪正燮卒，年六十六。

清道光二十一年（一八四一）

(1) 十二月，湖北崇陽鍾人杰起事，據縣城，自稱鍾勤王，分官設職。臺灣嘉義江見、鳳山吳慈等起事，旋敗。

(2) 河南祥符汛河溢。

(3) 正月，英國正式佔領香港。以大角、沙角失陷，清廷正式下詔宣戰，命御前領侍衛內大臣奕山爲靖逆將軍，戶

部尙書隆文， 湖南提督楊芳爲參贊大臣， 馳赴廣東軍
營， 命刑部尙書祁墳赴江西辦理糧餉， 添派湖北、 四
川、 貴州兵各一千名赴粵。 命江蘇巡撫裕謙爲欽差大
臣，專辦浙江攻剿事宜。四月， 英軍砲擊廣州， 奕山求
和， 議定付廣州「贖城費」六百萬元，清軍退出廣州城
外六十英里；以英方勒索得逞， 又提割香港、 訂正約，
因未達要求， 旋卽撕毀協定（廣州和約）。以英軍數百
人在廣州附近搶刼， 發生三元里事件。五月， 革林則徐
四品卿銜， 與鄧廷楨發往伊犂效力贖罪。七月， 英兵船
再度由香港北上。 七至八月， 英軍陷廈門、 定海、 鎭
海、 寧波，欽差大臣裕謙投水死。九月， 命吏部尙書奕
經爲揚威將軍， 馳赴浙江辦理軍務。英船攻臺灣雞籠（
基隆）， 遭擊退。十一月， 英軍陷餘姚、 慈谿、 奉化。

(4) 六月， 林則徐從浙江到揚州途中， 在京口與魏源會晤，
兩人對榻傾談， 林囑撰《海國圖志》。 七月， 河決開
封， 林則徐於途中奉旨免戍， 襄辦河工。張穆從《永
樂大典》畫出元經世大典西北地圖贈魏源， 刻入所輯《
海國圖志》。 曾國藩問學於唐鑑， 唐氏以義理之學相
勗， 國藩遂以朱子之書爲日課， 始肆力於宋學。林則徐
在廣東所譯之《四洲志》出版。陳逢衡撰《暎咭唎記
略》。汪文泰撰《紅毛番暎咭唎考略》。

(5) 鄭觀應生， 唐景崧生， 李兆洛卒， 年七十三， 龔自珍
卒， 年五十。

清道光二十二年（一八四二）

(1) 十月，捻黨在安徽起事，命江蘇、安徽、河南等省督撫分兵四路進擊。十一月，番民擾青海。

(2) 六月，荊州萬城隄決。七月，江南桃花廳河溢。

(3) 正月，奕經率軍到達浙江紹興，反攻寧波、鎮海失敗。四月，英軍陷乍浦。五月，兩江總督牛鑑致書英軍乞和。英軍陷上海。六月，英軍陷鎮江。英艦隊抵達南京。七月，中英南京條約簽字。十月，廣州人民反對英軍入城，又因英人強購食物傷人，羣眾奮起焚毀洋館，結果賠款並正法十人。十一月，牛鑑定斬監候。

(4) 七月，魏源在揚州撰成《聖武記》十四卷，十二月，又輯成《海國圖志》。是年魏氏又作〈籌河篇〉。俞昌會輯《防海輯要》十九卷刻成。楊炳南《海錄》刊成。重修《大清一統志》成。

(5) 王先謙生，伍廷芳生。

清道光二十三年（一八四三）

(1) 正月，雲南騰越廳南甸土人叛。六月，洪秀全開始佈道，馮雲山、洪仁玕從之。湖南武岡曾如炷，以阻米出境起事。七月，廣東香山三合會高明遠等亂又起。

(2) 七月，兩廣總督祁墳奏於廣州辦理團練。十月，詔重申鴉片烟禁。十一月，詔整飭沿海水師。

(3) 閏七月，直隸永定河溢。

(4) 五月，香港殖民地政府成立，璞鼎查任總督。六月，中英五口通商稅則章程公佈。八月，中英訂立虎門條約。九月，廈門、上海開市。十一月，寧波開市。

(5) 仲春，魏源請包世臣審定《聖武記》。夏，龔自珍子橙到揚州，請魏源編定其父遺著。是年，唐鑑始輯《國朝學案小識》。張穆著《顧亭林先生年譜》，又成《閻潛邱先生年譜》。臺灣建學海書院於艋舺。

(6) 嚴可均卒，年八十三，梅植之卒，年五十。

清道光二十四年（一八四四）

(1) 三月，洪秀全、馮雲山到連山猺區活動。臺灣嘉義洪協、郭崇高（天地會）糾眾二千餘起事。四月，臺灣縣民抗租，郭光侯為首。六月，湖南耒陽楊大鵬抗不完糧，糾眾攻城。七月，廣東盜賊蠭起，四處刼掠。

(2) 四月，命雲南、貴州、四川、廣西任民人開採銀礦。五月，准開採廣西北流鐵礦。

(3) 六月，永定河溢。七月，荆州萬城隄溢。十二月，河內中牟河工合龍。

(4) 四月，粵民拒英租地。廣州發生暴動，一華人為美人毆死。五月，中美簽訂望廈條約。九月，中法簽訂黃埔條約。十一月，應法使之請，准天主教弛禁，惟外國教士仍不准入內地。

(5) 羅澤南著《姚江學辨》。包世臣刻《安吳四種》。倭仁稽察右翼覺羅學。郭嵩燾謁唐鑑，見其所著〈省身日課〉。梁廷枬成〈合省國（美國）說〉、〈耶穌教難入中國說〉。王蘊香刊《海外番夷錄》。

(6) 郭慶藩生。

清道光二十五年（一八四五）

(1) 五月，山東捻眾與曹州鎮兵交戰，命直隸、山東會同緝捕。六月，廣州府屬之香山、新會、順德、新安、新寧、南海、番禺、東莞、三水等處之三合會、臥龍會，聚眾數萬，千百為羣，持械戕害，肆行無忌，自上年多至今年春夏之交，報刧者不下數千案。九月，浙江奉化張名淵阻糧、阻考，抗官毆吏，旋敗。雲南永昌因回、漢互鬥，糾紛擴大，回民遂起事。是年，廣西藤縣鄧立奇稱平地王，鍾敏和稱高山王，在赤水墟起事，刧掠船隻。

(2) 四月，命庫車開墾，不得勒索苦累回民。七月，開廣西恭城縣鉛礦。

(3) 正月，臺灣彰化發生強烈地震，毀民房四千二百餘戶，死三百八十餘人。六月，江蘇桃源汛河溢。

(4) 二月，因三英人在廣州城上被毆，進城衝突開始。六月，兩廣總督耆英照會比利時使節，允照五口新章通商。七月，允丹麥在粵設立領事。十月，中、英在香港商交還舟山及廣州進城問題。十一月，劃定上海英人居留區域，西人在華有租界自此始。耆英照會法使，允西洋各教一律弛禁。粵民反對英人入城，搗毀廣州府署。

(5) 魏源作〈畿輔河渠議〉。羅澤南著《孟子解》。汪遠孫《國語校注》三種梓刻。姚椿主景賢書院。九月，李鴻章入都會試，受業於曾國藩門下。十二月，曾國藩校訂唐鑑《國朝學案小識》成，以之梓行。洪秀全完成〈原道救世歌〉、〈原道醒世訓〉、〈原道覺世訓〉。

(6) 馬建忠生。

清道光二十六年（一八四六）

(1) 正月，雲南永昌回民復起事。二月，臺灣漳、泉民械
鬥，兵勇鎮壓。閏五月，青海番民殺官。荆州駐防旗人
毀壞漢人舖戶一百四十餘家，火焚武昌會館，商人傷亡
二十餘名。七月，布魯特入卡擾掠。胡有祿攻湖南寧
遠，潰退。九月，會黨王棕獻在湖南新田起事。十一
月，雲南順寧雲州回亂。

(2) 七月，命沿海七省講求海防練兵。九月，命整頓兩淮鹽
務。

(3) 正月，明降諭旨，弛天主教禁，並發還康熙年間教堂。
三月，福州中英人衝突，洋館被毀。閏五月，廣州英人
暴動，死三華人。八月，廣州外人組義勇隊。十二月，
英人謀通商西藏。

(4) 春，何紹基、魏源等於京師城西顧亭林祠，公祭亭林，
名流學者與祭者二十餘人。錢泰吉偕同人採訪志事，成
《采訪日記》四卷。梅曾亮與宣城宰王廉普創十賢祠
成。姚瑩著《康輶紀行》十五卷，附〈中外四海地形圖
說〉一卷。宋翔鳳成《四書纂言》。

(5) 朱一新生。

清道光二十七年（一八四七）

(1) 正月（一說三月），雲南東川府漢、回互鬥，回民死數
十人。二月，洪秀全到廣州，從美教士羅孝全學耶穌教
教義。七月，新疆和卓後裔自安集延進犯。新疆有七和

卓之亂。九月，湖南新寧猺雷再浩，及廣西全州猺蕭立
山等糾眾結會舉事。十一月，廣西平樂府亂。十二月，
湖南乾州苗民抗租起事。

(2) 正月，外船初自廈門載華工出洋（赴巴西）。

(3) 二月，江蘇挑築六塘河各工。

(4) 二月，與瑞典、挪威訂立五口通商章程。英軍佔領虎門
砲臺，突襲廣州。允英人於兩年後進廣州城，並劃定租
界區。美使義華業致書美國務卿，報告英人在粵活動，
主美、法、俄共同維護中國獨立，以對抗英國。六月，
清廷拒絕俄增加塔爾巴哈臺、伊犂、喀什噶爾三地通商
要求。十一月，西洋教士李若瑟、羅沅勒、納巴羅等潛
入湖北、山西、陝西等地傳教，被拘送廣東。

(5) 魏源訪陳澧，陳氏與論《海國圖志》得失。《海國圖
志》增訂六十卷本刊於揚州。陳奐著《毛詩傳疏》三十
卷成。曾國藩撰〈君子慎獨論〉。姚瑩在蓬州，始建玉
環書院於州城北。

清道光二十八年（一八四八）

(1) 正月，雲南大理府彌渡會黨為亂。二月，江西長寧、崇
義匪亂。三月，拜上帝會楊秀清初托天父下凡。廣西鎮
安府天地會黃天宋亂。四月，福建辦理聯甲，以防人民
加入會黨。五月，廣西亂事愈熾，天保縣知縣被殺，橫
州南鄉墟商船二十餘隻被刼。九月，拜上帝會蕭朝貴初
托天兄(耶穌)下凡。拜上帝會黨毀廣西桂平貴縣神像，
抗拒官兵。十一月，廣西盜張家祥敗官兵於賓州。十二

月，廣西橫州匪馬成龍、馬成虎攻貴縣懷西等地。

(2) 十月，初試自上海海運糧食至天津。十一月，命內閣、軍機處、宗人府，會同戶部議籌庫銀辦法。

(3) 八月，沿海大風成災。十月，賑直隸、安徽水災區。十一月，臺灣彰化、嘉義及鹿港廳地震二百餘里，城垣衙署坍塌，民房倒壞。

(4) 七月，俄船到上海請市被拒。美國會議決，美領事對在華犯法美人，得行使司法權。十一月，上海英租界擴展，北至蘇州河，西至西藏路，共二千八百二十畝。是年，英船沙來仙號曾到臺灣探測沿海地形，英人戈登曾至雞籠調查煤層。

(5) 徐繼畬《瀛寰志略》成書。陳澧成《漢書地理志水道圖說》七卷。李善蘭自序《麟德術解》三卷。

(6) 黃遵憲生，孫詒讓生，胡禮垣生，賀長齡卒，年六十四，徐松卒，年六十八。

清道光二十九年（一八四九）

(1) 二月，廣東陽山、吳德匪陷城戕官。三月，廣東三合會刼掠廣西梧州。十月，湖南新寧教黨李沅發（雷再浩餘黨）佔領縣城。十一月，臺灣嘉義吳允等亂，遭捕殺。十二月，李沅發敗湖南提督英俊，再敗江忠源部陳勇。是年，廣西災荒，天地會及災民紛紛起事。陳正成在廈門成立小刀會。

(2) 正月，修武昌江堤及荊州萬城大堤。三月，修襄陽老龍石堤。六月，賑安徽、湖北、江蘇、浙江水災。十月，

遣使封朝鮮國王李昇。

(3) 正月，桂林大火，燬七千餘家。閏四月，湖北大水，被
災者三十餘縣。

(4) 三月，英兵船進入虎門，欲以武力強行進城，廣州升平
社學與東平社學等抗英組織，號召民眾守衛珠江二岸抵
抗，終使英兵船退走。法國在上海設租界。五月，美國
兵船到臺灣雞籠勘察煤礦。七月，澳門總督亞馬拉，因
禁華人離澳，毀墳墓闢馬路，爲華人所殺。

(5) 魏源《小學古經》成，並修書院(時在興化知縣任上)，
又奉檄調查下河水利。羅澤南著《西銘講義》。李棠階
主講河溯書院，謁王汝謙，一見如故，因得讀王氏所著
《四書記悟》。陳澧刻《東塾類稿》。

(6) 楊秀深生，張穆卒，年四十五，阮元卒，年八十六。

清道光三十年（一八五〇）

(1) 三月，江西廬陵，楊習堂聚眾抗糧，拆毀糧局。四月，
湖南李沅發亂平，李沅發解京正法。六月，廣東信宜拜
上帝會拒不解散，與官兵衝突。七月，廣西艇匪（天地
會）大頭羊（張釗）等據大黃江。廣西天地會佔太平
府、寧明州。八月，廣西天地會佔龍州、遷江、永康
州。十月，洪秀全等於廣西桂平縣之金村舉事。十二月
（一八五一年元月），洪、楊集團正式建號爲太平天
國，洪秀全爲天王。

(2) 三月，命各省辦理保甲，廣設社倉，整飭營伍。又命各
省力除病民積弊。是年，臺灣訂全臺紳民公約，嚴禁鴉

片。

(3) 二月，美國長老會教士丁韙良到達廣州，轉赴寧波傳教。六月，教士郭士立、麥都思、裨治文、馬禮遜等改正之漢譯《新約聖經》出版。英人奚安門在上海出版《華北捷報》，屬週刊，即《宋林西報》前身。七月，沙俄強佔我黑龍江口廟街。是年，郭士立於寧波重刊《古今萬國綱鑑》。美人培瑞《萬國綱鑑》出版。

(4) 夏燮撰成《中西紀事》初稿。何桂珍復爲其《訓蒙千字》增減，並分注於下，以便閱讀。倭仁應詔陳言，有謂：「行政莫先於用人，用人莫先於嚴辨君子小人」。戴望始讀顏習齋、李恕谷之書。夏心柏成《述朱質疑》。魏源《海國圖志》傳入日本，但被封禁。

(5) 皮錫瑞生，沈曾植生，林則徐卒，年六十六。

清咸豐元年（一八五一）

(1) 二月，天王洪秀全登極。六月，廣西會黨八人在廣東合浦被捕，餘眾三千餘人投效太平軍。河南南陽，安徽壽州、懷遠、合肥等有捻亂。閏八月，廣東天地會何名科、梁二十大破總兵楊昌泗於信宜。太平軍佔領永安，洪秀全遂於十月在永安詔封諸王。是年，臺灣嘉義有洪紀、林漏反清事件。

(2) 正月，免道光三十年前各省所欠錢糧。

(3) 閏八月，黃河溢於豐北三堡，淹沒多人。

(4) 六月，中俄訂伊犂塔爾巴哈臺通商章程。是年，天主教佈道會在上海設立孤兒院、育嬰室及聖母院。

(5) 梅曾亮主講揚州梅花書院。曾國藩選錄古今體詩十八家，又選錄古文辭百篇。陳奐、伊樂堯等，詔舉孝廉方正，皆辭不赴。鄧顯鶴復主講濂溪書院。方東樹應祁門大令唐治聘，主東山書院。唐鑑入都，新帝召見十餘次。因太平軍日熾，命胡林翼辦理防堵事宜，胡氏爲安輯之法：禦外寇莫如團練，清內匪莫如保甲。何桂珍進呈《補輯朱子大學講義疏》。朱駿聲抵京，進呈《說文通訓定聲》，賞加國子監博子銜。

(6) 張謇生，陳虬生，簡朝亮生，王樹柟生，方東樹卒，年八十，鄧顯鶴卒，年七十五。

清咸豐二年（一八五二）

(1) 正月，臺灣嘉義洪紀、林漏等起事，旋敗。二月，太平軍自永安突圍，北攻桂林，途中洪大全被俘，解北京磔死。三月，湖南郴州齋教徒襲署殺官。四月，太平軍破廣西全州，走永州，爲江忠源所截，馮雲山中彈受傷，旋卒。浙江奉化等縣民抗糧拒捕。六月，新疆和卓後裔鐵完庫里等數擾邊卡。七月，太平軍圍攻長沙，蕭朝貴受傷，死。八月，廣西天地會胡有祿等，起事於南寧。青海番民擾甘肅永昌等地。九月，山東捻軍攻江蘇海州、巫州。十一月，太平軍相繼攻佔岳州、漢陽、武昌、漢口。十二月，粵人黃傑高等起事於湖南攸縣。洪秀全在武昌選妃六十人。

(2) 三月，下罪己詔。五月，命湖南、湖北試行堅壁清野。十一月，命丁憂在籍之禮部侍郎曾國藩，幫辦湖南團

練。

(3) 四月，甘肅中衛一帶地震，毀屋二萬餘間，死傷七百餘
人。

(4) 二月，英船私運華工四七五人，自廈門赴舊金山，途
中，因華工不願賣身，發生暴動，殺英船主，在琉球八
重山島棄船上岸。三月，英船到八重山島捕華工二十三
人，死六人；四月再捕五十七人；翌年十月，琉球送回
華工一七五人，其餘或病故、或自殺。三月，洪秀全族
弟洪仁玕，在香港與瑞典教士韓山明（韓山文）相識，
向他學習耶穌教義。八月，英設租界於廈門。*Chinese
Repository* 停刊，共刊行二十卷。

(5) 魏源成《夷艦入寇記》，又將《海國圖志》增補爲一百
卷。另作〈書趙校水經注後〉，指戴震竊趙一清書。羅
澤南作〈重刻呻吟語節要序〉。鄭珍作〈書上蔡語錄
後〉。張文虎作〈書古文尚書考辨後〉。郭嵩燾避亂山
中，讀王船山《禮記章句》，始著《禮記質疑》，又作
〈三禮通釋序〉。鄭彩繼主湘川書院講席。

(6) 廖平生，林紓生，姚瑩卒，年六十八。

清咸豐三年（一八五三）

(1) 二月，太平天國建都南京，更名天京。清軍向榮結營於
南京城東，是爲江南大營。三月，天王洪秀全下令北
伐。欽差大臣琦善等結營揚州城外，是爲江北大營。四
月，福建小刀會黃德美等破海澄、漳州、同安、廈門、
漳浦。臺灣天地會李石、林恭等起事，佔鳳山，王汶愛

在臺灣縣，賴宗在嘉義起事。五月，湖南會黨李明先破桂東，建元洪順。六月，江西天地會鄒恩隆起事。七月，江蘇嘉定徐耀之羅漢黨（天地會）起事。八月，上海小刀會（天地會）佔領上海縣城。曾國藩自長沙赴衡州治水師。太平軍入直隸。九月，北京戒嚴。太平軍攻天津。十一月，太平軍退出揚州。十二月，天京開科取士。

(2) 三月，命各省勘探礦苗，設法開採。六月，命陝西、山西、廣東勸捐於富戶。十月，命預徵山西、陝西、四川明年錢糧。

(3) 六月，浙江臺州府大水。

(4) 三月，上海英、美人，決招募義勇，會同海軍保衛租界。英使文翰至天京，探詢太平天國對外人態度。俄侵佔我國庫頁島。五月，俄致書理藩院，請劃東北疆界。美使馬沙利由上海致書國務院，主列強共同干預中國內戰，乘機擴大條約權利。十月，美國務卿訓令新任駐華美使麥蓮，與中國訂立新約，並支持英國修約要求，必要時可予太平天國以事實承認，如中國分裂，亦可分別與之建立外交關係。十一月，法使布爾布隆到天京。十二月，美宣布上海為自由港。

(5) 魏源成《元史新編》，是年，《海國圖志》又有一部傳入日本。陳澧著《漢書地理志水道圖說》七卷成。唐鑑自浙還湘，卜居於寧鄉之善嶺山，編次《朱子全集》。多，太平天國頒布〈天朝田畝制度〉。

(6) 嚴復生，陳三立生，張謇生，江忠源卒，年四十二，黃
爵滋卒，年六十一，馬瑞辰卒，年七十二。

清咸豐四年（一八五四）

(1) 正月，太平軍三佔漢口、漢陽，圍攻武昌。曾國藩率
水陸兵勇一萬七千餘人自衡州出發，並發布〈討粵匪
檄〉。三月，捻首李兆受（昭壽）攻河南商城。安徽捻
首李士林圍攻固始。四月，曾國藩水師敗於靖港，憤而
投水，獲救。湘軍陸師克湘潭。五月，廣東天地會何祿
（六）、袁玉山佔東莞，聚眾三萬。六月，廣東天地會
陳開佔佛山，建號大寧。天地會李文茂、陳顯良、甘
先、盧八等圍廣州，粵督葉名琛在半年之圍城戰役中，
殺粵民近十萬人。八月，湘軍克武昌、漢陽。廣西天地
會胡有祿、朱洪英佔領灌陽栗木，建號昇平天國，有祿
稱定南王，洪英稱鎮南王。十月，粵省因會黨亂甚熾，
葉名琛請英國海軍助剿，為香港總督包令所拒。十二
月，廣東官軍敗天地會，肅清廣州河南。

(2) 十一月，命山西採鐵鑄錢。命用兵各省酌量施行釐捐辦
法。

(3) 正月，英外相訓令新任英使兼香港總督包令，進行修訂
中英條約，開放中國全境、長江通商、北京駐使、鴉片
上稅。上海美國領事正式於美租界豎旗。二月，上海美
船入口，引港艇內私載軍火，中國水師巡船逐其水手，
捕華人，拔美國旗。四月，俄東西北利亞總督木喇斐岳
幅，率軍八百，汽船一艘，木船五十，自尼布楚東入黑

龍江。　五月，　美使麥蓮到天京。　六月，　美水師提督柏
理，自日本派艦到臺灣雞籠調查煤礦，柏理並與琉球訂
立條約，　優遇美人、美船。　上海新設海關開始稽徵，
英、美、法三國司稅官主之，　外人管理海關制度正式成
立。閏七月，英、法軍艦進攻黑龍江口之 Petropaulovsk,
爲俄軍所敗。八月，英、美、法三國代表至白河，要求
修約。瑞典教士韓山文在香港出版《太平天國起義記》
（譯名）。美國瑪高溫等於寧波出版《中外新報》（一
八六〇年停刊）。

(4) 魏源輯《淨土四經》，自稱「菩薩戒弟子魏承貫」。《
海國圖志》又有十五本傳入日本，從此日人爲之翻譯、
訓解、刊刻者不絕。陳澧始編《漢儒通義》。容閎自美
回國。

(5) 華世芳生，劉文淇卒，年六十六。

清咸豐五年（一八五五）

(1) 正月，太平軍第四次佔漢口、漢陽。二月，太平軍第三
次佔武昌。四月，北伐太平軍失敗。五月，貴州臺拱廳
苗亂。六月，安徽亳州捻推張樂（洛）行爲盟主，於雉
河集（今渦陽）祭告天地，旗分五色。八月，廣東天地
會（紅巾）陳開、李文茂佔廣西潯州府，改爲秀京，國
號大成。十月，貴州銅仁府舉人徐廷杰抗征秋糧，佔府
城、殺知府。

(2) 正月，以羅布泊等地尋獲銅鉛礦，命在烏魯木齊開鑪鑄
錢。九月，命勘察喀喇沁等處金礦。十一月，命廣東購

洋砲送胡林翼軍營。

(3) 六月，黃河在銅瓦廂決口，自蘇北改道，經山東大清河入渤海。

(4) 五月，允美商到臺灣互市。十月，俄人要求分給黑龍江、松花江左岸，密諭嚴拒。十二月，英、美二次要求修約。

(5) 魏源成《書古微》、《明代兵食二政錄》。劉寶楠成《論語正義》。羅澤南作〈重修濂溪先生墓記〉。黃彭年撰〈明文成公畫像記〉。臺灣他里霧（斗南）設立奎文書院。

(6) 劉寶楠卒，年六十五，包世臣卒，年八十一，梁發卒，年六十七。

清咸豐六年（一八五六）

(1) 二月，清軍江北大營失陷。四月，昆明漢、回鬥殺，回人死數千。五月，清軍江南大營失陷。六月，昆明回人擊敗官軍。七月，甘肅回亂，貴州苗亂。八月天京內訌，北王韋昌輝、燕王秦日綱殺東王楊秀清。十月，天王洪秀全誅韋昌輝、秦日綱。十一月，胡林翼等破武昌，太平軍死亡萬餘人。

(2) 六月，永定河溢。

(3) 正月，法國馬神父在廣西西林爲知縣張鳴鳳所殺（法方除要求賠償、懲兇之外，曾準備派兵東來，並要求英、美一致行動）。五至六月，俄船活躍於黑龍江下流，沿途佔地建屋，稍後設立濱海省。九月，因廣東水師搜查

私運鴉片之亞羅艇，拘捕水手（華人），拔英旗，扣留其艇，因粵督拒絕英方要求，英海軍遂進攻廣州，砲擊粵督衙門，稍後便破城、入署、焚屋。十月，英軍佔領虎門橫檔、威遠砲臺。十一月，粵民焚廣州洋行。英、美、法合作，一致要求修約。十二月，英軍燬廣州商館附近民宅數千家。是年，英人慕維廉《大英國志》，刊於上海。

(4) 魏源至杭州，寄寓僧舍，客至不納。

(5) 文廷式生，羅澤南卒，年五十，梅曾亮卒，年七十一。

清咸豐七年（一八五七）

(1) 二月，昇平天國軍（天地會）佔廣西柳州。三月，貴州苗敗官軍於痳哈州附近。五月，翼王石達開因天王猜忌，私離天京。浩罕（倭里罕）回擾新疆。六月，雲貴總督恆春以回亂愈熾，省城被圍，束手無策，與其妻在署自縊。八月，天地會陳金剛，佔懷集，稱南興王。十一月，官軍分道進攻南京，江南大營復振。

(2) 五月，命軍機大臣等妥議流通大流及鐵制錢辦法。九月，以英人在上海收買制錢，命兩江總督、江蘇巡撫設法阻止。十二月，開雲南鉛禁，准閩海關以銀元納稅。

(3) 臺灣淡水大雪。

(4) 三月，駐美英使照會美國務卿，再勸美與英、法同盟對華用兵，要求北京駐使，擴大通商，減低稅率，在華外人宗教自由，肅清海盜。美國務卿照覆英使，婉拒同盟對華，但允與英、法一致要求修約及賠償。五月，俄軍六百名自尼布楚附近東進，入黑龍江，隨後卽於海蘭泡

築營安砲。 六月， 英海軍提督西馬封鎖廣州。 七月，
英外部訓令專使額爾金，可自行決定用兵地點，必要時
以武力迫廣州屈服。中俄會商勘定烏特河界址。十月，
英、法專使向葉名琛提最後通牒，要求賠償損失，保障
安全，履行條約規定，法使並要求撫卹在廣西被害教士
之家族。葉名琛分別照會英、法專使，拒絕其要求。十
一月，英、法聯軍佔領廣州，稍後葉名琛被拘於虎門英
艦。是年，英人偉烈亞力主編之《六合叢談》於上海出
版。

(5) 朱次琦居九江， 自構茅齋， 庋書萬卷， 從此鄉居不入
城，學者稱九江先生自此始。朱琦作〈崑山顧亭林先生
祠記書後〉。戴望始讀李恕谷《論語傳注》、《大學辨
業》、《中庸講語》等書。臺灣線西設立道東書院。

(6) 辜鴻銘生，魏源卒， 年六十三， 馬國翰卒， 年六十四。

清咸豐八年（一八五八）

(1) 正月， 雲南回攻宣城州。貴州苗佔哈州、都勻府。二
月， 李秀成出天京調軍， 決由安徽進攻， 以解天京之
圍。八月，白旗捻孫葵心、陸連科，黑旗捻蘇天福、劉
玉淵破江蘇豐縣， 進入山東。 八月， 太平軍破江北大
營。 貴州苗教匪佔鎮遠府。 十二月， 李鴻章入曾國藩
幕。是年，臺灣小刀會黃位攻雞籠。

(2) 正月，命激勵鄉團，討英夷背約攻城之罪。十月，嚴禁
錢市買空賣空。允雲南停鑄大錢。以本年順天鄉試科場
舞弊， 命正考官柏葰等先行革職， 聽候查辦（翌年被

斬）。

（3）二月，拒俄以黑龍江及烏蘇里江爲中、俄國界之要求。
　　四月，英、法聯軍攻佔大沽口。中、俄訂瑷琿條約，黑
　　龍江北岸歸俄，烏蘇里江東岸由中、俄共管。五月，
　　中、俄簽訂天津條約，允俄享最惠國待遇，海路通商，
　　勘定兩國邊界。中、美訂天津條約，允美享最惠國待
　　遇，公使到京暫駐。中、英訂天津條約，允英派使駐
　　京，增開牛莊、登州、臺灣，潮州、瓊州等口岸，內地
　　遊歷通商，改訂稅則、領事裁判權，賠款四百萬兩。
　　中、法訂天津條約，除允天主教入內地傳教，賠款二百
　　萬兩，其餘與中、英條約同。六月，羅惇衍督壯勇七千
　　人環攻廣州，被英軍擊退，死傷三百餘人。七月，拒俄
　　對烏蘇里江右岸之要求。八月，美、英合謀鴉片貿易合
　　法化。九月，英、美教士創亞洲文會於上海，爲英國皇
　　家亞洲協會之分會，從事中國文化之研究。是年，美國
　　教士創漢字《中外新報》於寧波。英人慕維廉《地理全
　　志》出版。

（4）朱次琦講學禮山下，遠方從學者日至，有古大夫歸教州
　　里風，自是講學二十餘年不輟。陳澧《漢學通義》刻
　　成，始著《學思錄》。黃彭年爲蓮池書院撰〈萬卷樓書
　　目序〉。曾國藩在建昌，作〈愛民歌〉令軍中傳習。

（5）康有爲生，朱駿聲卒，年七十一，李續賓卒，年四十
　　一。

清咸豐九年（一八五九）

(1) 三月，洪秀全族弟洪仁玕自廣東至天京。五月，太平軍
與湘軍大戰於湖南寶慶。六月，曾國藩奏留李鴻章襄辦
軍務。九月，湘軍張運蘭、王文瑞自湖南進攻廣東連州
之三合會，擒其總制徐明鳳。天京開天試。十月，太平
天國改曆法。十二月，石達開部譚星等本天地會人，
至是脫離達開入廣東連州，進與北江天地會陳顯良等會
合。

(2) 三月，訂征洋藥（鴉片）釐捐章程。七月，命於清江浦
東黃河淤地開墾。許雲南征土藥（鴉片）釐稅。

(3) 三月，俄人遝至烏蘇里江綏芬河勘界建屋。五月，英軍
艦進攻大沽，被僧格林沁所敗。十二月，潮州開市，海
關啟征。俄堅持以烏蘇里分界。是年，桑神父及杜拉篤
至臺灣打狗前金傳教。

(4) 胡林翼憂時賢不諳軍旅，因取《左氏傳》、《通鑑畢
纂》、《宋元鑑》、《明史》言兵事者，輯爲《讀史兵
略》，以教將材。洪仁玕撰《資政新篇》。李善蘭成
《代微積拾級》。

(5) 劉光第生，梁鼎芬生，袁世凱生，何啟生，孫鼎臣卒，
年四十一，張維屏卒，年八十。

清咸豐十年（一八六〇）

(1) 二月，李秀成佔杭州。閏三月，李秀成、李世賢猛攻江
南大營，江南大營再陷。四月，李秀成、李世賢佔無
錫、蘇州。命左宗棠隨同曾國藩襄幫軍務。五月，詔不
准向英、法借兵。貴州苗佔修文，圍攻貴陽。六月，實

授曾國藩爲兩江總督，並命爲欽差大臣，所有大江南北
水陸各軍皆歸節制。九月，容閎偕英教士楊篤信等，自
上海赴天京，在天京會晤干王洪仁玕，建議改善軍隊組
織，設立陸軍及水師學校，建設良好政府，創辦銀行，
釐訂教育制度，設立實業學校，盤桓一月餘，離去時對
太平軍頗失望。

(2) 閏三月，以粵省有拐擄人口販與外人，以數萬計，命督
撫嚴禁。十二月，以英人李泰國爲總稅務司。詔設總理
各國事務衙門，並置南北洋通商大臣。

(3) 四月，英、法公使佈告，決心保衛上海。英軍抵大連。
美人華爾得上海巨商之助，組洋槍隊。五月，英、法對
華宣戰。六月，英、法軍佔唐兒沽。七月，英、法軍攻
佔大沽。英軍佔天津。八月，英、法聯軍進入北京，咸
豐帝逃往熱河。九月，英軍焚圓明園。中、英北京條約
簽字，開放天津，割九龍，准華工出國，改賠款爲八百
萬兩。中、法北京條約簽字，開放天津，准華工出國，
賠款改爲八百萬兩。十月，中、俄北京條約簽字，烏蘇
里江以東歸俄，喀什噶爾通商，庫倫設領。

(4) 何秋濤進呈所撰《北徼彙編》，以其於制度沿革、山川
形勢，考據詳明，賜名《朔方備乘》。莫友芝客胡林翼
幕，爲校刻《讀史兵略》。胡林翼聘劉熙載主江漢書
院。胡林翼爲高祖及祖父置墓田、立義莊，並爲邑人建
箴言書院，以課實學。朱孔彰年十九，以文干曾國藩於
祁門軍旅，曾氏奇之，遂留營讀書。曾國藩於是年始輯

錄《經史百家雜鈔》。陳澧《朱子語類日鈔》五卷刻成。

(5) 汪康年生，江標生，宋翔鳳卒，年八十五。

清咸豐十一年（一八六一）

(1) 正月，捻軍趙浩然等，敗僧格林沁於山東荷澤。二月，天王詔旨，凡未助妖之人，均須寬赦。山東天龍八卦教起事，破邱縣等地。三月，左宗棠大破侍王李世賢於江西樂平。山東八卦教王來鳳、張善繼佔濮州、范城。四月，曾國藩援安慶圍軍。六月，雲南大理回佔永昌府。七月，曾國藩奏，購置外洋船砲爲今日救時之急，並請調現泊上海輪船赴安慶。八月，曾國荃收復安慶。河南白蓮教邵永清在歸德金樓寨起事。李秀成自江西入浙江。九月，廣東南海人民焚稅收所，豎「官逼民變」紅旗。十月，命曾國藩統轄江蘇、浙江、安徽、江西軍務。十一月，太平軍佔寧波，英、法兵爭售軍火。十二月，李秀成自杭州進兵上海。

(2) 二月，總理各國事務衙門正式成立。四月，大阿哥（同治）入學讀書，李鴻藻充師傅。七月，咸豐帝死於熱河（年三十一）。尊皇后及皇太子生母皇貴妃那拉氏爲皇太后。十月，授恭親王奕訢爲議政王，兼管內務大臣及宗人府銀庫。載垣、端華、肅順被殺。十一月，兩宮太后垂簾聽政。臺灣滬尾開海關。是年，設臺灣釐金局。

(3) 正月，江蘇鎮江英租界租約成立。二月，九江英租界租約訂立。五月，英軍代守寧波。英領事擬進潮州城，爲

紳民所阻。六月，英主口岸中立。七月，中、德條約在
天津簽訂。九月，英、法軍撤出廣州。十二月，英總兵
代訓華兵。是年，高理文於上海刊《大美聯邦志略》。
倫敦教會設醫院於北京（協和醫院前身）。上海徐家
匯天主堂創設博物館。桑神父於臺灣萬金莊向平埔族傳
教。

(4) 三月，湖北京山縣生員李楚材等，殺死教民（前此李等
屢次毆搶教士、教民）。四月，法使哥士耆要求懲處李楚
材等。五月，教士邱蘭亭等在四川涪州城隍廟傳道，以
力闢儒教，與紳民發生爭執。六月，貴陽斬決教民張如
洋等四人，稍後法使請嚴辦貴州官役。八月，教士副安
常請山西巡撫許教民免出唱戲祭神等費。九月，法使函
總署，已飭教士嗣後向各省大吏行文概用稟呈（原自稱
兄弟），並不得用異端等語。十二月，總署允許嗣後迎
神賽會等事，教民可毋庸出費。是年，據中、法北京條
約，法方要求歸還禁教時沒收之財產。

(5) 郭嵩燾編纂《湖南忠義錄》。馮桂芬成《校邠廬抗議》。
曾國藩撰〈經史百家簡編序〉。鄭珍避亂東城，主講湘
川書院。繆荃孫寓淮安，無力從師，自攜《隨園詩話》、
吳會《英才集》、洪、黃兩家詩文選，輒仿為之；居傍
管家湖，綠波紅舫，煙水瀰漫，行吟湖濱，吟詠成帙。
陳澧撰〈孝經記事自序〉，又撰〈蘿峰書院記〉。伊樂
堯以太平軍陷杭州，數受刃不屈，奉繼母乞食山中。

(6) 詹天佑生，端方生，胡林翼卒，年五十，唐鑑卒，年八

十四，朱琦卒，年五十九，邵懿辰卒，年五十二，梁廷
枏卒，年六十六。

清同治元年（一八六二）

(1) 正月，曾國藩所購輪船到安慶。李鴻章所募之淮勇到安
慶（以劉銘傳、周盛波、張樹聲、潘鼎新等爲主幹），
曾國藩爲定營制，悉仿湘軍章程。江蘇巡撫薛煥從蘇松
太道吳煦之請，將華爾洋槍隊命名常勝軍，添募兵勇。
石達開率軍由湖北利川轉進四川。二月，李秀成軍四路
進攻上海。三月，英、法軍及常勝軍與太平軍戰於上海
西南之羅家港，英提督負傷。臺灣天地會戴春潮（萬生）
起事，殺淡水同知秋日觀，佔領彰化，自稱大元帥，命
人民蓄髮。曾國荃克安徽巢縣、和州。四月，英、法軍
及常勝軍，敗太平軍，佔嘉定，大肆搶掠。又佔奉賢柘
林，大肆屠殺。李鴻章部湘淮軍六千五百人到上海。曾
國荃等克安徽太平府。五月，太平天國英王陳玉成在河
南延津被殺，年二十六歲。六月，陝西回民攻西安省
城。七月，由華衡芳、徐壽所製輪船汽機在安慶試演。
八月，曾國藩奏，江南疫疾大作，鮑超營病者萬餘，日
死數十人，曾國荃金陵營中病者亦逾萬，左宗棠軍病者
過半。常勝軍及英軍克浙江慈谿，華爾戰死（閏八月，
李鴻章命白齊文接統常勝軍）。閏八月，李秀成自蘇州
率軍援天京，與曾國荃等於雨花臺一帶大戰。九月，李
世賢自浙江到天京助李秀成。甘肅、寧夏回民馬化龍攻
靈州。十月，李秀成、李世賢攻天京城外雨花臺曾國荃

營四十六日不下，撤圍去。常勝軍奉調赴金陵助剿。十一月，直隸白蓮教張錫珠亂。白齊文因索餉不遂，毆打上海候補道楊坊，奪去洋銀四萬餘元，遭李鴻章撤職。

(2) 正月，命各海關籌款購船砲。四月，從曾國藩等奏，罷英、法助剿蘇、常太平軍之議。五月，命纂輯《咸豐朝籌辦夷務始末》。九月，總署令李泰國經辦購置船砲事。

(3) 臺北、苗栗地震。

(4) 二月，中、俄訂陸路通商章程於北京。美商旗昌洋行之輪船公司成立於上海。四月，中、俄勘定西界。六月，臺灣滬尾（淡水）開市。七月，中、葡於天津訂立修好通商條約。九月，俄贈槍八千桿，全部驗收。十一月，中、普條約在上海互換。是年，丁韙良始譯《萬國律例》。倫敦會教士麥嘉溫辦《中外雜誌》於上海。《上海新報》發刊（爲《字林報》中文版）。

(5) 正月，貴州開州知州戴鹿芝殺法教士文乃耳，及教民吳貞相等四人。二月，南昌士民拆毀筷子巷、袁家井、廟巷三處天主堂。三月，湖南湘潭士民焚毀天主堂。四月，衡州府城士民焚天主堂。七月，總署請法使哥士耆明定華民習教程。八月，法使照會，士民反教均出各大吏授意，曾國藩、沈葆楨等於和約均陽奉陰違。十二月，湖南永州府士民搶毀教民房屋、家具等。

(6) 北京同文館成立，英人包爾騰爲英文教習。王韜逃至香港助理雅各譯中國經籍。陳澧補刻學海堂經解，著《學思錄》。鄭觀應撰《救世揭要》。郭嵩燾成《綏邊徵

實》初稿。陝西巡撫劉蓉聘黃彭年主關中書院。何秋濤
代署蓮池書院院長。蘇源生《省身錄》刊行。鄭珍作〈
重修啟秀書院記〉。俞樾成《羣經平議》。

(7) 伊樂堯卒，年五十三，何秋濤卒，年三十九。

清同治二年（一八六三）

(1) 正月，雲南回亂再起，殺總督佔省城。陝回再攻省城，
甘肅平涼亂亦起。二月，英少校戈登接統常勝軍。李秀
成再度西征。四月，李秀成西征失敗。石達開在四川越
雟洗馬姑被擒（六月在成都遭斬，年三十三）。淮軍及
常勝軍克崑山。五月，臺灣天地會破福建兵於嘉義。六
月，白蓮教敗官軍於山東冠縣。白齊文率部在上海俘常
勝軍輪船，駛往蘇州，投靠太平軍。七月，李秀成督洋
槍隊萬餘人出天京，攻印子山，為曾國荃所敗。英、法
軍於崑山、蘇州等地助戰。僧格林沁破山東白蓮教。八
月，淮軍克江陰。白齊文勸戈登聯合進攻北京，為戈登
所拒。曾國荃奏，毋須輪船會剿金陵。九月，多隆阿大
破陝回。曾國荃部攻佔金陵上方門、高橋門、雙橋門、
方山、土山。十月，蘇州太平軍投降。戈登憤李鴻章殺
太平軍降將，不願受李節制。淮軍克無錫。十一月，曾
國荃挖地道，攻陷金陵神策門城牆。福建提督曾元福敗
臺灣天地會，克斗六，十二月，又擒天地會戴潮春，克
彰化張厝莊。

(2) 二月，奉天放墾。三月，詔允召佃開墾熱河圍場荒地八
千頃，以濟民食。禁商船接濟太平軍糧米。四月，命新

疆北路各地勘查招墾。五月，允曾國藩等請，減蘇州、松江、太倉糧額。七月，照會英、法、俄、美，禁洋船在金陵城外停泊。八月，容閎到安慶晤曾國藩，商辦機器局。十月，命四川籌辦鹽釐。總署派赫德繼李泰國爲海關總稅務司。曾國藩委派容閎出洋購買機器。

(3) 二月，俄兵侵佔西疆巴克圖卡倫頭道河。三月，俄兵侵入伊犂奇沁卡倫。五月，中、俄軍在伊犂接仗。中、丹通商條約成立。六月，英、美商要求建上海、蘇州間鐵路，李鴻章不許。八月，上海英、美租界合併爲公共租界。臺灣鷄籠開市，海關啟徵。中、荷於天津簽通商條約。

(4) 正月，直隸平山縣水碾村民教衝突，教堂被毀。重慶紳民將天主堂、學堂、醫院悉予搗毀。四月，羅安當由曾國藩派員護送至南昌，遭人民擲石攻擊，未能下船。五月，爲南昌等教案，共賠償教士、教民銀一萬七千兩。六月，福建福安縣以風水阻建天主堂。九月，酉陽州天主教公信堂被拆毀。十一月，江西貴溪縣天主教堂被焚毀。以法教士干預訟案，總署請法使制止。

(5) 二月，學習外國語文之廣方言館，准於上海、廣州設立。三月，同文館法、俄兩館開辦，法人司默靈、俄人柏林爲教習。是年，傅蘭雅亦入同文館爲教習。臺灣板橋林家建大觀義塾。

(6) 丘逢甲生，齊白石生，陳奐卒，年七十八，錢泰吉卒，年七十三。

清同治三年（一八六四）

(1) 正月，臺灣天地會首領戴萬生等起事失敗被殺。陝西太
平軍三路東下援天京。曾國荃克金陵外天保城。常勝軍
及淮軍克宜興。二月，淮軍克嘉興。左宗棠軍克杭州。
三月，陝西回亂平定。鮑超克金壇。四月，李鴻章克常
州。常勝軍在崑山解散。天王洪秀全詔稱，卽上天堂向
天父天兄借天兵，保衞天京，旋服毒自殺。新疆庫車回
亂。五月，太平天國幼主洪天貴福卽位。曾國藩咨調李
鴻章軍（砲隊）助攻金陵。戈登到安慶晤曾國藩，勸改
革軍事。因曾國荃圍攻金陵二年，不願他軍相助，李鴻
章奏明未協剿之故。六月，曾國荃攻下天京，太平軍萬
餘人全遭屠殺，無一降者，湘軍大肆焚掠，三日夜火光
未熄。李秀成在金陵城郊被擒，洪仁玕護幼主逃廣德。
曾國藩到金陵親審李秀成。七月，忠王李秀成卒，年四
十。新疆和闐回亂。八月，捻軍敗僧格林沁於河南羅
山。陝回孫義保復叛。洪仁玕等護幼主自浙江入江西。
九月，曾國荃因病開缺。洪仁玕及幼主相繼被擒。常
捷軍遣散。十月，太平天國幼主洪天貴福在南昌凌遲處
死，洪仁玕等亦被處死。

(2) 三月，臺灣海關稅務司在打鼓（高雄）成立。五月，總
署向法使申明，各口領事不得干預地方公事。七月，從
總署奏，刊刻丁韙良所譯《萬國律例》。八月，李鴻章函
總署，建議於上海設廠製造輪船，九月，獲總署批准。
十一月，江南補行鄉試。以赫德接濟餉需，調維常勝軍

有功，賞加按察使衡。

(3) 五月，上海租界會審理事衙門成立。上海《北華捷報》
（航務商業日報）改名爲《字林報》。六月，俄輪強航
松花江。俄兵進佔伊犂多博羅胡吉爾卡倫。九月，中、
俄於塔城議定西北界約。十二月，詔允商借俄兵以保伊
犂。是年，美國北長老會教士狄考文於山東登州創立文
會館，編譯西書（該館後併入齊魯大學）。

(4) 二月，四川鄷都縣高家鎮紳民焚毀天主堂、義學、藥房
及教民房屋多家。直隸靈壽縣孫家莊民教衝突。三月，
總署行文吉林將軍，嗣後不得爲教士供備寓所及派員伴
送。四月，法使請禁直隸廣平府紳民揭帖反洋教。十一
月，僧格林沁部兵勇，在南陽府搶掠天主堂，毆打教
士。四川酉陽州團民毆斃教民，焚搶財物。是年多，上
海通商大臣李鴻章拒教士在內地購地建堂。

(5) 五月，廣州同文館開館，吳嘉善爲漢文教習，美人譚順
爲西文教習。是年，李善蘭至南京，曾國荃助刻《則古
昔齋算學》十三種。薛福成作〈選舉論〉二篇。劉熙載
督學廣東，作〈懲忿窒慾遷善改過〉四箴以訓士。

(6) 葉德輝生，黎元洪生，鄭珍卒，年五十九。

清同治四年（一八六五）

(1) 正月，捻軍張宗禹等，敗僧格林沁於魯山。塔爾巴哈臺
回亂。二月，甘肅回馬文祿等佔肅州。三月，張宗禹等
入山東，僧格林沁追之入江蘇境。四月，甘肅官軍陶茂
林部譁變。鮑超部於湖北金口譁變。甘肅燉煌回亂。臺

灣天地會呂梓（戴潮春部）亂平。洋將白齊文在漳州被
捕（六月死於浙江途中）。僧格林沁追擊捻軍，戰死於
曹州吳家店。命曾國藩赴山東督師剿捻。五月，調赴
陝、甘之湘軍在襄陽譁變。哈密回亂。六月，寧夏回大
敗官軍。十二月，捻軍自河南光州入湖北蘄城，敗官
軍，繼又進軍漢口。

(2) 正月，總署向法使申明，禁止教堂私賣土地。三月，罷
革恭親王議政，因廷臣奏請，恭親王仍管總署。五月，
諭李鴻章派員赴津，開局鑄造炸彈。八月，李鴻章奏，
買上海洋人機器一座，與舊有洋炮局合併，成立江南製
造局。

(3) 閏五月，俄軍攻佔中亞塔什干。六月，中、荷條約在廣
州互換。上海公共租界工部局設立書信館。總署再與俄
使議借兵助剿，俄允接濟軍火，拒絕派兵。七月，英於
上海成立最高法庭。英、法軍交還大沽南北岸砲臺。八
月，法人安鄴率探險隊抵滇思茅。九月，中、比於北京
改訂條約，及通商稅則章程。總稅務司赫德，以所著《
局外旁觀論》呈總理衙門，建議中國興辦鐵路、輪船、
電機等西法。是年，借英款一百四十三萬鎊，分二年六
次償還，是為外債之始。美國聖公會設同仁醫院於上
海。《華字日報》創刊（為《德臣報》之中文版）。英
在打狗建領事館。英人陶德在淡北種茶。

(4) 正月，酉陽州團民劉勝超等聚眾搶毀教堂。二月，酉陽
州城內天主堂被紳民拆毀。四月，江西廬陵縣諄化鄉梁

姓族眾搶毀教士寓所。六月，貴州永寧州團總任聚五等
糾眾殺死司鐸楊緒及教民五人。七月，以山東高唐州教
民被迫跪拜神像，法使請總署查辦。酉陽紳民毆斃法教
士瑪彌樂。十二月，直隸晉寧縣民張洛代請教士艾清炤
驅鬼，於室中暗藏炸藥，炸傷艾教士及教民五人。是
年，長老會馬雅各在臺灣府城傳教。暴民焚萬金教會。

(5) 夏燮改訂《中西紀事》。張文虎代曾國藩序李善蘭與偉
烈亞力合譯之《幾何原本》。俞樾應聘主講紫陽書院。
孫詒讓始治金石文字之學。王彥侗由禮部進呈其父王筠
所著《說文釋例》、《說文句讀》二書。曾國藩剿捻北
上，張榜招賢才，薛福成於寶應舟中上萬言書，曾氏遂
延之入幕。劉恭冕《論語正義》寫定，並述其義例於卷
首。楊仁山創辦金陵刻經處。

(6) 譚嗣同生，吳敬恆生，李棠階卒，年六十八。

清同治五年（一八六六）

(1) 正月，新疆回攻陷伊犂（惠遠城）。二月，武昌洋槍隊
由法人日意格開始教練。新疆回陷塔爾巴哈臺。三月，
蘭州督標兵變（回馬文、馬魁主之）。九月，曾國藩命
劉銘傳等剿東捻，鮑超等剿西捻。十月，曾國藩因剿捻
無功，請辭。命李鴻章暫署欽差大臣，湘、淮軍均歸節
制。十一月，曾國藩仍回兩江總督任，李鴻章專門剿捻事
宜。東捻入湖北，湖北巡撫曾國荃進駐德安府剿捻。十
二月，東捻敗淮軍於湖北鍾祥。西捻進攻西安。東捻再
敗淮軍於湖北德安府。左宗棠自福州抵武昌，駐軍漢口。

(2) 正月，詔從總署奏，派斌椿偕赫德率同官生赴歐遊歷（二月自上海起程，三月至巴黎，四月至倫敦，九月回到北京）。二月，命將總稅務司所呈《局外旁觀論》，交沿江海督撫詳慎籌畫。三月，應英使所請，以後外國交出中國人犯，勿用凌遲，改至斬決爲止。五月，命各省招墾被兵荒地。六月，從閩浙總督左宗棠奏，購買機器，募雇洋匠，在福州設廠，試造輪船（法人德克碑、日意格主其事）。八月，從總署請，命三口通商大臣崇厚籌設天津機器局。十月，命廣東嚴懲拐賣人口出洋之奸徒。十一月，命沈葆楨專心經理福州船政局。

(3) 四月，臺灣淡水瘟疫。七月，江蘇高郵運河隄決，浸興化、東臺、鹽城等縣境。

(4) 五月，法使照會，將派兵船到各地保護教民，催辦教案。十二月，浙江蕭山縣驅逐韋、倪二教士。

(5) 正月，英使阿禮國以威妥瑪所著《新議略論》，遞交總理衙門，建議中國借用西法以自強。五月，潮州進城問題解決，汕頭英領事到潮州，備受官紳禮遇。九月，中、義修好條約簽字。

(6) 八月，從郭嵩燾請，召專精數學之鄒伯奇、李善蘭赴同文館差委。十一月，同文館添設天文算學館。是年，學海堂設重算學之專科生十名。劉熙載主講上海龍門書院，凡十四年。方宗誠纂次《陸象山節要》成，明年爲鈙刊行。曾國藩設金陵書局，招莫友芝、張文虎、劉壽曾、戴望、劉恭冕諸人，爲之校勘經籍。浙江布政使蔣氏重

建詁經精舍成，俞樾爲之記。

(7) 孫文生，羅振玉生，王仁俊生，顧廣譽卒，年六十八。

清同治六年 (一八六七)

(1) 正月，鮑超軍與東捻賴文光等於湖北安陸尹隆河交戰，
互有勝負。命陝甘總督左宗棠督辦陝甘軍務。二月，東
捻敗湘軍於蘄水。三月，西捻張宗禹與回聯合逼西安。
四月，東捻入河南，西捻攻西安。五月，東捻入山東。
左宗棠軍分三道入陝。六月，直隸各地梟匪紛起滋擾。
七月，岑毓英等克貴州威寧州海馬姑苗巢。東捻於山東
萊州敗官軍。八月，甘肅回攻蘭州。十月，劉銘傳破東
捻。陝回敗官軍。十一月，西捻入山西。十二月，東捻
賴文光走揚州，爲道員吳毓蘭所擒，東捻平。西捻入直
隸，爲官軍尾追。

(2) 二月，大學士倭仁奏，天文、算學爲益甚微，西人教習
正途所損甚大，請立罷前議。三月，恭親王奕訢等奏陳
自強計畫，再論天文算學之重要。倭仁奏，再論不可奉
夷爲師，免失人心，無裨政體人才。允陝甘總督左宗棠
奏，以海關稅作抵，借上海洋商銀一百二十萬兩。四
月，詔從曾國藩奏，於江海關四成洋稅內，酌撥一成解
滬局造船。天津機器局開工。六月，派大學士、六部尚
書、都察院左都御史會同總署，籌議俄人窺伺新疆事。
九月，命上海、廣州外國語文學館，選送學生赴京考試
授官。十月，詔派前美國公使蒲安臣，往有約各國辦理
交涉事務。十一月，曾國藩奏籌修約事宜：請覲、遣

使、開礦可行，內地設棧、內河駛輪、建鐵路、電線均
不可行。十二月，李鴻章奏籌修約事，主自辦鐵路、電
報、輪船，允外使入覲、派使出洋，反對外人在內地設
棧、內河駛船。江蘇布政使丁日昌條陳自強事宜十二款
（其中比較新的建議有二：①設立市舶司管理華僑。②
通商碼頭設新聞紙館。）。福州船廠開工。詔允左宗棠
再借洋款二百萬兩，以濟陝甘軍需。

(3) 以大疫，命太醫院發方藥於京城。

(4) 二月，美船羅發號在臺灣瑯璠觸礁，船長等為生番殺
害。英砲艦到瑯璠調查美水手被難事件。三月，廈門美
領事到臺灣，要求查辦美船遭難事。五月，美兵輪到臺
灣瑯璠進攻生番。俄使函詢總署，新疆回亂中國是否可
以平定，俄人絕難坐視。九月，美領事與瑯璠火山番目
達成和議，嗣後中外遭風失事商船，均由該番救護。法
國探測隊抵雲南思茅。是年，英商成立中國航業公司，
美商成立上海輪船公司。上海天主教設普育堂。

(5) 三月，酉陽州團民圍攻紙房溪等處教堂，教民多人被
害。五月，酉陽州教案，由紳民賠款八萬兩辦結。酉陽
瑪喇湖天主堂被拆毀。六月，南陽士紳高樹庠等一百四
十四人公呈，請拒絕教士雜居城內。七月，主教孟振生
向總署申陳各省育嬰堂情形，望能破除誤會，消除民教
衝突。十一月，南陽紳士及江浙寓商連續公稟，誓不與
教士共處一城。十二月，曾國藩批示，揚州府勿許百姓
將房屋私自租賣教士。直隸沙河縣北掌村民因出售公有

樹株修廟與教民衝突，驅散天主教學堂，並毆傷教民。
是年，長老會教士李庥至打狗傳教。

(6) 俞樾《羣經平議》刻成。曾國藩撰〈金陵軍營官紳昭忠
祠記〉。曾國藩剿捻未成回到金陵，獲知《史記》校勘
未竟，命張文虎與唐仁壽同校。陳澧掌教於菊坡精舍。
孫詒讓校勘王致遠《開禧德安守城錄》。丁日健著《治
臺必告錄》。王韜由理雅各安排赴英，繼續合作譯經工
作。

(7) 唐才常生，康廣仁生，張元濟生，蔡元培生，陸皓東
生，駱秉章卒，年七十五。

清同治七年（一八六八）

(1) 正月，以西捻張宗禹自河南入直隸，京師戒嚴。二月，
雲南大理回佔易門縣，繼又進攻昆明。甘肅回佔陝西鄜
州。三月，陝回入甘肅，佔寧州。張宗禹等敗官軍於河
南滑縣。四月，張宗禹攻直隸靜海，逼天津。限李鴻
章、左宗棠於一個月內肅平捻亂。六月，西捻張宗禹陷
於包圍，劉銘傳等殲之於山東荏平南鎮馮官屯，宗禹投
徒駭河死，捻亂平。八月，左宗棠入覲後，出京西征回
亂。十一月，李鴻章奏遣撤淮軍三萬餘名。

(2) 二月，代中國出使之蒲安臣偕志剛、孫家穀經日赴美。
四月，命安徽辦理墾荒。閏四月，蒲安臣等晉見美總
統。五月，蒲安臣在美演講，謂中國正採用西學從事建
設。總署照會英、法、美、俄、布等使，禁止洋人私挖
金礦。六月，蒲安臣與美簽訂續約。禁山西種罌粟。十

月，總署奏，美國贈送農事機器、金山地理、五穀書
籍，願與中國書籍交換。蒲安臣等在倫敦晉見維多利亞
女皇。罷借款議，命各省速撥西路軍餉。十二月，蒲安
臣等晉見法皇拿破崙三世。

(3) 以河南黃河滎木漫水，命趕籌堵禦，辦賑災。

(4) 閏四月，派員分別辦理中、俄分界事宜。七月，《中國
教會新報》（周刊）在上海刊行。十二月，英海軍與潮
州鄉民衝突，英軍殺鄉民、焚民屋。

(5) 三月，英駐煙臺領事派翻譯官率教民多人，深夜至棲霞
縣令寓所搶走水母廟案人犯。臺灣府城小東門外，西班
牙教堂被毀。臺灣鳳山英國教堂被毀。五月，四川酉陽
團民焚掠教堂教民。六月，四川秀山城內教堂被紳民搶
毀。鳳山重修耶穌教堂又被拆毀。貴州綏陽兵勇打毀天
主教堂。七月，揚州教案發生。英領麥華陀至金陵晤曾
國藩，交涉揚州教案。江南主教郎懷仁請蘇松太道查禁
《湖南闔省公檄》與《醒心編》等反教文書。南陽紳民
散發揭帖驅逐天主教。九月，科布多俄兵強迫官兵移
卡，發生搶劫事件。十月，英兵船砲擊臺灣安平。揚州
教案議結：懲兇、賠款、立碑。十一月，酉陽州民焚毀
教堂，殺死教士及教民。十二月，四川彭水民眾入城打
毀天主堂。

(6) 江南製造添設緒譯學館，譯成《機器發軔》、《汽機問
答》、《運軌約指》、《泰西採煤圖說》。總署刊《格
致入門》。陳澧刻《切韻考》五卷，撰《字體辨誤》一

卷，並附引書法於後，以教學海堂、菊坡精舍諸生。曾
國藩撰〈金陵湘軍陸師昭忠祠記〉。俞樾主講杭州詁經
精舍，凡三十一年。薛福成撰〈中興敍略〉上下二篇。
莫友芝應豐順中丞聘，爲江蘇書局校刻《資治通鑑》，
作〈資治通鑑復識〉。倭仁充國史館總裁。湖南通志局
開局。

(7) 章炳麟生，孟森生。

清同治八年（一八六九）

(1) 正月，湘軍敗貴州苗，克鎮遠府衛二城。二月，雲南回
再逼昆明。湘勇於陝西綏德結哥老會叛踞州城。駐甘肅
高臺、慶陽（揚店）等地之官軍相繼叛變。三月，貴州
苗大敗湘軍。六月，淮軍五營在山東韓莊譁變。八月，
貴州官軍克安南縣。官軍解雲南省城圍。九月，官軍敗
甘肅回，收復靈州。十二月，賞在黔助平苗亂有功之英
人麥士尼爲能參將銜花翎。

(2) 正月，恭親王奕訢等奏，羈縻不可常恃，應專務自強，
力爭上流。福州船政局鐵廠開工。五月，允李鴻章請，
採購洋銅鑄錢。總署奏，已備書籍一百三十套，及五穀
菜子十六種，答送美國。七月，以英人普人在臺灣伐木
墾荒，私運軍火，詔命閩浙總督查辦，並命總署照會兩
國公使制止。八月，以太監安德海（慈禧太后之寵倖），
私行出京，在山東德州招搖滋事，命山東巡撫丁寶楨等
截獲，就地正法（令下三日，即於濟南正法）。代表中
國出使的蒲安臣等晉見瑞典國王沙樂第十五。九月，蒲

安臣等晉見丹麥國王各雷建第九。十月，蒲安臣等晉見
和蘭國王吉尤門第三。又晉見德皇威廉一世。十一月，
江南製造局奉准留撥江海關二成洋稅。十二月，蒲安臣
等晤德相俾斯麥。是年，福州於水部門內開設機器局。
左宗棠於西安設立機器局。

(3) 五月，永定河復決口。

(4) 二月，四川酉陽紙房溪教士覃輔臣，糾集教民攻殺平民
十八人，燒燬民房十餘院。三月，覃輔臣再糾集教民攻
殺平民百餘人，燒房一百餘院。江西定南廳紳民焚燬天
主堂，並迫教民跨越十字架。四月，江西盧陵縣應考生
童，聚眾焚燬教堂，毆傷教民。廣平府紳民搗毀天主
堂。五月，遵義紳民拆毀天主堂及其附設學堂、醫館，
並打死教民多人。福建羅源城內英禮拜堂被拆毀。六
月，湖北天門縣紳民焚燬天主堂及奉教村莊。九月，安
慶應考生拆毀英、法教堂。十一月，李鴻章抵重慶查辦
酉陽教案，首犯何彩、教民王學鼎處死，由官籌銀一萬
八千兩賠償教士。雷州府城天主堂被焚燬。十二月，命
李鴻章入黔督辦軍務，並查辦遵義教案。是年，廣東海
康縣士民，二次焚燒天主堂。馬雅各到臺灣，向平埔族
傳教。

(5) 三月，上海會審公廨正式成立。中、俄改訂陸路通商章
程。六月，俄輪擅入松花江，抵呼蘭河口，要求通商遭
阻。中、俄在唐努烏梁海議界完竣，並繪圖作記。七
月，中、奧簽訂商約。九月，英使照會總署，請准各國

公使覲見。

(6) 美人丁韙良就任同文館總教習。上海語言文字學館併入江南製造總局。瑪高溫、華蘅芳譯成《金石識別》。繆荃孫始在成都書局任事。張之洞建經心書院於湖北。王先謙充國史館協修。戴望《顏氏學記》成。

(7) 陳千秋生，陳少白生，陳立卒，年六十一。

清同治九年（一八七〇）

(1) 正月，甘肅官軍爲回所敗，峽口失陷。二月，陝回被官軍擊敗，復入甘肅。三月，李鴻章奉命自漢口赴襄陽，入陝督師。六月，甘肅官軍連連告捷。八月，甘肅金積堡東南北三面回寨皆平。九月，湘潭哥老會起事。十月，甘回擾蒙古。十一月，甘回首領馬化龍降。

(2) 正月，蒲安臣於俄京晉見俄皇，蒲氏旋病死俄京。四月，總署允英商設立滬粵各口岸海線，惟不准引線端上岸。以蒲安臣病故，出使事宜命由志剛等辦理（志剛等由俄繼續至比利時、義大利、西班牙等國，十月回到北京）。九月，曾國藩奏請選派聰穎子弟赴泰西軍政船政書院，分門學習。十月，天津機器局成立。是年，福州開設機器局。

(3) 五月，比利時、西班牙使臣到北京。九月，日本使柳原前光到天津，商立約通商。十二月，李鴻章奏，主與日本訂約（總署圖拖延）。

(4) 正月，英浸禮會教士李提摩太經上海赴山東煙臺。二月，英使威妥瑪請查禁直隸大名府〈拒英吉利公檄〉。

三月，天津謠傳法教士迷拐幼童，挖眼剖心。五月，天
津民眾毆斃法領事豐大業、領事館秘書西蒙，及法、
英、比、義、俄等國教士、修女、商人共二十人。法、
英、美、俄、德、比、日、西等國公使，聯銜照會總
署，要求嚴懲天津教案兇犯。命曾國藩赴天津查辦教
案。六月，法國兵艦抵大沽，鳴炮示威。曾國藩咨覆總
署，力陳洋人挖眼剖心之誣。慈禧太后召王公大臣商天
津教案。八月，命李鴻章赴天津會同曾國藩查辦教案。
南昌吳城鎮天主堂被燬。九月，命將天津府張光藻、天
津縣劉傑，發往黑龍江軍臺效力，津案滋事人犯馮癩子
等十五人正法，小錐、王五等二十一人，發配軍流。稍
後又將津案滋事者第二批劉二等五人正法，鄧老四等四
名發配軍流。天津教案共賠償財物銀二十一萬兩，人命
二十八萬兩。閏十月，法方請總署查禁粵省反教揭帖。
是年，刑部所纂《大清律例》載入：凡奉天主教之人，
其會同禮拜誦經等事，概聽其便，皆免查禁等語。李庥
至臺灣東港傳教。

(5) 江南製造局刊行《運規約指》、《開煤要法》、《製火
藥法》等書。郭嵩燾掌教長沙城南書院。皮錫瑞始作《
古今體詩編年》。劉寶楠《論語正義》付梓。方宗誠作
〈校刊漢學商兌、書林揚觶敍〉。

(6) 蘇源生卒，年六十二，吳熙載卒，年七十二。

清同治十年（一八七一）

(1) 二月，寧夏回亂平。四月，援黔湘軍敗苗。十二月，黔

軍敗苗。

(2) 七月，曾國藩、李鴻章奏請選幼童赴美習技藝，並上肄業章程（九月奉旨依議）。十二月，美使函復李鴻章，歡迎中國幼童赴美學習。

(3) 六月，臺灣颱風成災。九月，以黃河決於蘭工，命急籌堵塞。

(4) 六月，廣東佛山鎮傳佈匿名揭帖，懸賞捉拿洋人及教民。廣州謠傳教士以神仙粉迷人，紳民拆毀東莞縣石龍墟地方教堂。七月，因受神仙粉謠傳影響，福州古田縣城英、美教堂均被拆毀。十月，出使大臣崇厚爲天津教案向法總統致歉。是年，加拿大教士馬偕，英國教士甘爲霖到臺灣傳長老教。

(5) 二月，香港、上海海底電線完成。三月，日本派伊達宗城與柳原前光爲全權大臣，來華議約。五月，俄軍佔伊犁。七月，李鴻章與日使訂中日修好條約及通商章程。由西人創辦之《中西聞見錄》（月刊一冊）於北京創刊。

(6) 江南製造局開始發行每年一冊《航海通書》，又刊行《器象顯眞》、《汽機發靱》等西書。丁紹儀著《東瀛識略》。李仙得著《臺灣番地事務與商務》。

(7) 歐陽漸生，張元濟生，倭仁卒，年六十八，莫友芝卒，年六十一，夏炘卒，年八十三。

清同治十一年（一八七二）

(1) 正月，甘肅回連敗左宗棠軍。三月，湘軍大敗黔苗，殺

苗民二萬餘，降者十餘萬人。四月，貴州苗亂平。甘肅河州回，陝回崔三等投降。五月，甘肅南路回亂平。十月，貴州回亂平。十二月，雲南大理回亂平。

(2) 正月，曾國藩函總署，論船局不宜停止。三月，左宗棠奏，造船爲中國自強要著，未可停止。四月，沈葆楨奏，福建船政不可遽行停辦，如慮費用過多，可間造商船。六月，上海江海關道，拒絕英商試辦滬蘇電報。七月，第一批赴美留學幼童三十人（包括詹天佑），由陳蘭彬、容閎率領自上海起程。八月，命水師均專習槍砲，不必再習弓箭。十二月，輪船招商局成立。

(3) 二月，山東侯家林黃河決口合龍。

(4) 三月，英人美查在上海創刊《申報》。四月，李鴻章拒絕日使改約要求。六月，俄使覆總署，謂中國無力保治伊犁，暫不能交還。七月，日本鹿兒島縣參事大山綱良，以琉球人被殺案，向臺灣興師問罪。是年，日本置福州領事，兼管淡水事務。上海徐家匯天主堂設天文臺。

(5) 二月，英使威妥瑪請總署刪除清律例中之禁教條文。七月，四川清溪縣民，以徵敬神之費，毆打教民致死。十二月，山東德平縣李家樓士民，以耶穌教民不出祈雨酬神之費，張示揭帖反教。是年，加拿大長老教馬偕與李庥協議，劃大甲溪以北爲教區。

(6) 江南製造局刊行《化學鑑原》、《化學分原》、《汽機新制》等西書。傅蘭雅、徐建寅譯《輪船布陣》。金楷

理、朱恩錫譯《兵船砲法》。傅蘭雅、丁樹棠譯《製火藥法》。林樂知、嚴良勳譯《埏紘外乘》。金楷理、王德均譯《航海簡法》四卷。傅蘭雅、徐建寅譯《聲學》。江南製造局譯《四裔年表》。郭嵩燾建議於曾國藩祠旁，設思賢講舍，聚徒課學，兼祀王夫之木主於其中。孫詒讓始作《周禮正義》。程鴻詔成《夏小正集說今本》。戴望貽書陳澧，並寄所著《論語注》請正。

(7) 吳虞生，楊銳生，曾國藩卒，年六十二。

清同治十二年（一八七三）

(1) 五月，雲南回亂平。九月，左宗棠克肅州，屠殺土回約七千人，嘉峪關內肅清。十一月，劉永福之黑旗軍，敗法軍於河內。

(2) 五月，第二批赴美留學幼童，由黃平甫率領自上海起程。六月，日、俄、美、英、法、荷等國公使，先後於紫光閣第一次覲見，並呈國書。禮部侍郎徐桐奏，和局終不可恃，爲自強計，請專意修攘。七月，李鴻章委盛宣懷、徐潤會辦輪船招商局。八月，命陳蘭彬、容閎赴古巴查明華工受虐待情形。十二月，左宗棠函總署，派赴泰西留學，不必專限英、美、法三國。

(3) 二月，日本派副島種臣爲全權大臣，來華交涉臺灣生番殺害琉球人事件。閏六月，丹麥大北公司在吳淞上海間架陸路電線，並引海線上岸。

(4) 正月，福建福安縣外塘村天主堂被毀。二月，南洋府知府任愷，以《辟邪實錄》五、六千冊，散發赴考生童。

四月，江西瑞昌美國教堂被毀。五月，李鴻章函法使熱
福里，不敬孔聖與叛民無異，故教民不得抗拒距鹿縣
修文廟攤派。閏六月，英使威妥瑪要求查禁《辟邪實
錄》。七月，四川黔江縣紳民毆斃法司鐸余克林，與華
籍教士戴明卿。八月，四川巴塘紳民驅逐教士，巴塘、
鹽井、莽里三處教堂被毀。直隸廣平府天主堂，遭練軍
兵勇搶毀。

(5) 三月，江南製造局出版《西國近事彙編》，內容譯自西
報。瑪高溫、華蘅芳合譯之《地學淺釋》三十八卷刊
行。七月，金楷理、華蘅芳合譯之《御風要術》刊行。
十月，傅蘭雅、華蘅芳合譯之《代數術》二十五卷刊
行。十一月，傅蘭雅、華蘅芳合譯之《防海新論》十八
卷刊行。是年，艾小梅於漢口創辦《昭文新報》，爲國
人自資辦報之始。閩人林昌彝作〈甕牖餘談序〉，推崇
王韜對洋務之認識。劉熙載著《藝概》成。薛福成編《
曾文正公奏疏》成、有序。陳澧爲黎永椿訂定《說文通
檢凡例》，並爲之序。郭嵩燾成《禮記質疑》。

(6) 梁啟超生，楊守仁生，羅布桑卻丹（蒙古族）生，戴望
卒，年三十七，劉蓉卒，年五十八，王柏心卒，年七十
五，何紹基卒，年七十五，徐繼畬卒，年七十九，吳廷
棟卒，年八十一。

清同治十三年（一八七四）

(1) 四月，以俄久佔伊犁，意圖進一步入侵，左宗棠督促出
關西征諸軍迅速西進，剋期收復瑪納斯、烏魯木齊等

城。十一月，甘肅河州亂再起。十二月，河州亂平。

(2) 四月，設立廣州機器局。五月，李鴻章與秘魯使臣在天津訂立查辦虐待華工專條，及通商條約。八月，第三批赴美留學幼童（包括唐紹儀），自上海起程。十二月，以同治帝死，兩宮太后再次垂簾聽政。

(3) 二月，爲臺灣生番殺害琉球人事件，日本水師宮樺山資紀、水野遵等到臺灣瑯璚柴城調查。三月，英使威妥瑪派梅輝立告總署大臣董恂，謂日軍開赴臺灣，有事生番。上海法租界侵佔寧波人義地，發生暴動。四月，日軍進攻臺灣牡丹社、高士滑社番人。五月，欽差大臣沈葆楨到臺灣安平。日軍擊破臺灣十八番社。六月，李鴻章與日使柳原前光談臺灣事件，痛責日本侵略。七月，總署照覆日使，重申臺灣番社爲中國境地。《中國教會新報》改名《萬國公報》，林樂知主之，仍爲週刊。九月，中日臺灣事件專約簽字，中國承認日本出兵正當，日軍退出臺灣，賠款五十萬兩。十月，文祥等奏，臺事雖結，後患堪慮，宜及時購辦鐵甲船、水砲臺，詔命李鴻章等迅速籌款購辦。

(4) 正月，重慶江北廳民藉口響應田與恕號召反教，毆搶教民十餘家。三月，江西安仁鄧家埠天主堂被燬，教民多家遭搶掠。十月，廣東順德縣馬岐地方教堂被紳民拆毀。

(5) 容閎、唐廷樞在上海創辦《匯報》（後改名《彙報》、《益報》）。王韜等於香港創辦《循環日報》。江南製

造局刊行《行軍測繪》、《水師操練》、《輪船布陣》、
《克虜卜砲圖說》、《微積溯源》、《克虜卜砲藥彈造
法》、《代數術》、《八線簡表》、《九數外錄》等
書。沈夢蘭《五省溝洫圖說》刊行，薛福成爲之序。張
之洞與督部吳棠商建尊經書院。

(6) 丁福保生，黃興生，丁惟汾生，湯化龍生，吳佩孚生，
馮桂芬卒，年六十六，程鴻詔卒。

清光緒元年（一八七五）

(1) 三月，命左宗棠以欽差大臣督辦新疆軍務。十二月，左
宗棠奏請借洋款充西征急需。

(2) 正月，上海至江灣鐵路試車。三月，從沈葆楨奏，命福
建巡撫移紮臺灣。四月，從船政大臣沈葆楨奏，派藝童
（海軍生）隨同日意格出洋遊歷。五月，總署拒法使要
求，聲明越南爲中國屬地。七月，從沈葆楨奏，雇用洋
工，開採臺灣雞籠煤礦。郭嵩燾任出使英國大臣。九
月，第四批赴美留學幼童，自上海起程。十一月，陳蘭
彬、容閎任出使日、美、秘國大臣。十二月，置臺北
府，轄淡水、新竹、宜蘭三縣。

(3) 正月，英使館譯員馬嘉理在雲南騰越遇害。二月，總署
覆英使威妥瑪，對馬嘉理案允調查償款。四月，法使照
會總署，要求中國軍隊不得進入越南，並開雲南爲商埠
以通紅河。五月，總署拒法要求，聲明越南爲中國屬
地。七月，李鴻章與威妥瑪在天津談判滇案。十二月，
雲貴總督岑毓英奏請將滇案有關之參將李珍國革職。是

年，海關始附設郵政。長老教巴克禮至臺灣打狗傳教。

(4) 薛福成上〈治平六策〉及〈海防密議十條〉。據李鴻章奏，上海機器局已譯出西書四十餘種。劉熙載致書陳澧，勸將《東塾讀書記》已成者先刻，澧從其說，修改得十二卷付梓。張之洞修建尊經書院。繆荃孫應張之洞之請，撰《書目答問》四卷。

(5) 林旭生，秋瑾生，陳天華生，柏文蔚生，張作霖生。

清光緒二年（一八七六）

(1) 二月，左宗棠自蘭州進駐肅州督師。五月，雲南順寧府胡占鼇等，乘騰越之亂，襲踞城池。六月，劉錦棠率老湘營收復烏魯木齊等地。九月，北疆底定。

(2) 三月，李鴻章函總署，派武弁卞長勝等七人，赴德武學院學習。臺灣基隆煤礦開始以機器開採。九月，唐廷樞偕英礦師勘查開平煤鐵礦。十月，淞滬鐵路全線通車。十二月，李鴻章、沈葆楨奏請派海軍學生三十人，分赴英、法學習製造、駕駛。郭嵩燾在倫敦向英維多利亞女王呈遞國書。

(3) 春，北京大瘟疫。五月，福州大水，深者至三、四丈。閏五月，直隸、河南、山西、山東旱災，死約千萬人。十月，賑蘇北、皖北旱災。

(4) 正月，日使森有禮宣稱，日本不承認朝鮮爲中國屬邦。五月，英使威妥瑪以滇案談判不協，下旗出北京，揚言不惜訴之戰爭。六月，*The Far East* 月刊，於香港、上海、東京三地發行。七月，李鴻章與威妥瑪在烟臺談

判滇案。中英簽訂烟臺條約，結束滇案。八月，法、
俄、美、德、西公使照會總署，對烟臺條約不滿。九
月，副島種臣晤李鴻章，談中、日合力防俄。從左宗棠
奏，今後遇有俄人交涉之事，由左氏主持。是年，《中
西聞見錄》（月刊）易名《格致彙編》，在上海發行，
由傅蘭雅主持。

(5) 三月，四川江北法國教堂、醫館、病院被燬。五月，四
川涪州刼毀教民一百餘家，殺死男女十餘人。閏五月，
皖南建平民教衝突，焚燬教堂，毆斃教民。

(6) 《新報》於上海創刊。《萬國公報》增刊《益智新錄》，
專言科學。《申報》附刊《民報》，日出一張，文字力
求通俗。馮桂芬《顯志堂稿》梓行，內錄未刊行之《校
邠廬抗議》二十二篇，及全書之半。海軍生嚴復赴英倫
留學。康有為始從朱九江問學。馬建忠赴法留學。

(7) 張伯苓生。

清光緒三年（一八七七）

(1) 三月，左宗棠，劉錦棠進兵天山南路。七月，左宗棠
奏，重新疆所以保蒙古，保蒙古所以衛京師，主於新疆
設省，改郡縣。十二月，西征軍底定南疆。

(2) 正月，命南北洋分撥兵輪大砲運臺灣，以防西班牙。二
月，第一批海軍學生自香港起程赴英、法。三月，以駐
英副使劉錫鴻充出使德國欽差大臣。因日本有薩摩島之
亂，李鴻章借與日本士乃得子彈十萬。命將臺灣一切事
務，統歸丁日昌經理。四月，郭嵩燾從英倫函李鴻章，

請國內速辦鐵路、電報。八月，唐廷樞、丁壽昌等籌辦開平礦務局。九月，購回淞滬鐵路，將鐵軌拆去，運往臺灣。十月，首任出使日本大臣何如璋由上海起程，參贊黃遵憲同行。是年，四川機器局成立。

(3) 六月，山西、河南大旱。八月，命於部存關稅及天津海防經費項下撥銀賑山西、河南之災。九月，命撥去歲漕糧四萬餘石賑河南災民，並命李鴻章派員赴奉天購糧運河南。

(4) 十月，中、西、古巴華工條款在北京畫押。十二月，丁韙良譯成《公法便覽》。是年，韋廉臣、傅蘭雅等出版西學初步書四十二部。

(5) 郭嵩燾《使西紀程》遭毀板。魏源《古微堂集》刊行。梁鼎芬始從陳澧受業。孫詒讓撰《墨子閒詁》。王先謙纂修《穆宗聖訓》。方宗誠成《志學錄》。李慈銘爲〈章氏式訓堂叢書序〉。俞樾成《曲園雜纂》五十卷。

(6) 王國維生。

清光緒四年（一八七八）

(1) 八月，竄入俄境之陝回白彥虎，唆使馬良等自俄境入寇新疆烏什。革職副將李揚才在廣東靈山叛變，入越北騷擾，越南王請兵援助，馮子材三度奉命入越。

(2) 正月，命郭嵩燾兼出使法國大臣。二月，命劃一購置外洋槍砲。設立新嘉坡領事館。四月，令勸阻英人在山西、河南散賑（傳英人借散賑販賣婦女出洋）。五月，派崇厚充出使俄國大臣，交涉伊犁問題。七月，命曾紀

澤出使英、法，李鳳苞署理使德大臣。八月，何如璋向
日本外務省抗議其阻琉球入貢中國。

(3) 七月，霸州永定河漫口。十一月，永定河漫口合龍。

(4) 四月， 法使白羅尼請總署轉令朝鮮釋放被捕之 法國 教
士。十二月，以俄窺伺東三省，詔命盛京將軍等加強防
務。是年，上海徐家匯天主堂創刊《益聞錄》半月刊，
旋改爲週刊。

(5) 連橫生，陶成章生，吳樾生，陳其美生。

清光緒五年（一八七九）

(1) 正月，劉錦棠連破布魯特安集延回，回眾復入俄境。七
月，布魯特安集延回入寇新疆，圍攻色勒庫爾。九月，
李揚才被馮子材擒獲，亂平。十月，廣西西林白苗王公
起事，十一月爲官軍擊敗。

(2) 正月，總署奏，日本不認朝鮮爲中國屬國，應由朝鮮自
行斟酌覆之。二月，崇厚與俄外部談伊犂問題，允商辦
通商及交涉各案，並償用費。四月，出使西班牙大臣在
馬德里呈遞國書。五月，總署接崇厚函告俄國所提伊犂
分界圖說，卽飛覆萬不可許。八月，崇厚與俄簽伊犂條
約。十月，總署奏，崇厚與俄定約，分界輕率，通商亦
多遷就。十二月，出使俄國大臣崇厚，以辦理伊犂交涉
不善，革職拏問，交刑部議罪，各國公使抗議。是年，
臺北府城興工。

(3) 三月，日軍佔領琉球，改琉球爲冲繩縣。閏三月，總署
照會日使，抗議日本改琉球爲縣。七月，命李鴻章轉告

朝鮮，要朝鮮與西洋各國立約、通商、聘問，以制日本。九月，英、德、美等十二國，要求修改內地稅。是年，臺灣創立馬偕醫院。

(4) 孫文赴檀香山就學。王先謙〈奏陳洋務事宜疏〉。《文匯報》創刊於上海。郭嵩燾著《罪言存略小引》。王韜撰《扶桑遊記》。方宗誠成《春秋集義》。嚴復由英回國。馬建忠由法回國。曾紀澤作〈記法國上下議院之權高於總統〉。

(5) 胡漢民生，廖仲愷生，于右任生，史堅如生，朱希祖生，沈葆楨卒，年六十。

清光緒六年（一八八〇）

(1) 正月，廣西苗民王么等於去多起事，至是敗死。三月，左宗棠派提督陶鼎金等，出嘉峪關西進。四月，四川峨邊夷亂。十月，四川知府楊福荓，剿平瞻對查枲番亂。

(2) 正月，崇厚因伊犁交涉違訓越權，被議定斬監候。命曾紀澤充任出使俄國欽差大臣，將崇厚所議條約章程，再行商辦。四月，英使威妥瑪晤李鴻章，調解中、俄問題，勸免崇厚罪，以利和平解決（新任法使寶海也提出相同要求）。五月，左宗棠奏陳新疆建置行省郡縣大略。免崇厚斬監候罪名，仍行監禁，命曾紀澤知照俄國。六月，曾紀澤抵聖彼得堡，馬格里、日意格偕行，隨即與俄展開談判。七月，以俄人意存啟釁，召左宗棠到京以備顧問。從曾紀澤請，將崇厚開釋。張之洞主聯日抗俄。派吳贊誠籌辦天津水師學堂。李鴻章函總署，

商改俄約，稍與通融，免開兵端。命總署訓令曾紀澤，
索還伊犁可從緩，通商各條應力爭。八月，曾紀澤電俄
外部覆文，謂伊犁割地，推廣商務，均須照辦。以俄國
兵船將近，命劉銘傳、左宗棠迅卽來京。以時事緊迫，
太后召見王公大臣商和戰。蘭州機器織呢局正式開工。
九月，劉坤一函總署，謂法國將併吞越南。天津設立電
報學堂。十月，李鴻章主聯俄儷日。十一月，命李鴻章
等約束出洋學生，不得私入耶穌教。十二月，李鴻章
奏，請依劉銘傳議，建築鐵路，其利有九，並主開山西
煤鐵相濟。總署電曾紀澤，命將伊犁條款照案畫押。

(3) 九月，直隸東明黃河決口。

(4) 二月，中、德續約，在京簽字。八月，中國與巴西通
商條約在天津簽訂。十月，中、美移民條約及商約在京
簽訂，華工移民大受限制（上月美加州一帶發生排華運
動）。法國否認中國對越南宗主權。十二月，日使宍戶
璣以琉球案及改約事不得要領，離北京回國。是年，上
海聖教書會發行《圖畫新報》月刊。長老教會於臺灣臺
南開辦神學校（臺南神學院前身）。

(5) 嚴復任天津水師學堂總教習。康有為治經及公羊學，著
《何氏糾繆》，旣而悟其非，焚去。繆荃孫成《五代史
方鎮表》十卷。龍文彬乞假歸，從此主講友教、經訓、
鷺洲、章山、秀水、聯珠、蓮洲各書院。張之洞與李鴻
藻倡建畿輔先哲祠。陳澧《東塾讀書記》刻成九卷，鄭
觀應《易言》初版。夏獻綸成《臺灣輿圖》。

(6) 陳獨秀生，柳詒徵生，譚延闓生，李叔同生。

清光緒七年（一八八一）

(1) 是年，臺南哥老會起事。

(2) 正月，曾紀澤與俄外部改訂伊犁條約，重劃西北國界，賠款九百萬盧布，改訂陸路通商章程。三月，黎庶昌任出使日本大臣。命出使德國大臣李鳳苞，兼出使義、荷、奧大臣。五月，總署決撤回留美學生。直隸開平至胥各莊鐵路通車。命鄭藻如充出使美、日、秘大臣。六月，吉林省城開設機器廠。閏七月，福建巡撫岑毓英赴臺灣籌辦撫番。八月，曾紀澤照會法外部，否認法、越西貢條約。十一月，上海天津電線通報。金允植率領朝鮮匠徒到天津學習製器工藝。

(3) 五月，福建地震。六月，臺灣颱風大雨成災。甘肅階州禮縣地震，死傷五百餘人。

(4) 六月，美長老會教士，在濟南強買民房改建教堂，爲濼源書院師生拆毀。閏七月，巴塘教士被番人刾殺。

(5) 四月，西伯利亞鐵路開始建築。是年，上海租界區裝設電話。粵人徐鴻甫、徐雨之創辦同文書局於上海。

(6) 陳寶琛條陳洋務，建議選拔每科進士游歷各國。薛福成撰〈變法〉。方宗誠著《周子通書講義》。黃彭年作〈俄羅斯全圖說〉。王先謙作〈葦野詩文合鈔序〉。嚴復初讀英人斯賓塞《群學肄言》。

(7) 魯迅生，趙聲生，李石曾生，馬君武生，章士釗生，王寵惠生，林獻堂生，蔡惠如生，朱次琦卒，年七十五，

劉熙載卒，年六十九。

清光緒八年（一八八二）

(1) 十一月，曾國荃派兵剿平瓊州黎亂。十二月，廣東高州電白會黨莫毓林攻城，電白一度失守。

(2) 二月，俄國交還伊犁。三月，李鴻章奏請在上海試辦機器織布局。陝甘總督譚鍾麟請先於新疆南路設置州縣，以作改建行省之準備。朝鮮國王照會美總統，申明朝鮮爲中國屬邦。六月，以朝鮮內亂，情形複雜，日軍先到，命李鴻章馳赴天津，部署水陸各軍，前往查辦。七月，提督吳長慶率軍到朝鮮京城外，丁汝昌續到，卽派隊進駐城內，剿捕起事者百餘人，戮十人。八月，左宗棠於徐州銅山縣利國驛，設局開採煤礦。九月，吳長慶派袁世凱等爲朝鮮練兵。十一月，從李鴻章奏，由招商局接辦自上海至浙、閩、粵各省沿海電報，以杜外人狡謀。

(3) 四月，福建地震。

(4) 三月，法軍攻佔東京河內。曾紀澤照會法外部，要求法軍退出河內。四月，越南國王派員來粵請援。五月，派滇軍入越。六月，上海公共租界電燈公司發電。九月，中、俄在伊犁訂立界約。十月，中、俄喀什噶爾東北界約在喀什噶爾訂立。是年，《字林》報中文版《滬報》創刊。加拿大長老會教士馬偕於臺灣創設牛津學堂。

(5) 二月，御史陳啟泰奏，以上海《申報》揑造事端，熒惑紀綱，亟應嚴行禁革，詔命左宗棠酌辦。是年，李鴻章

奏請修孔廟、重儒學。康有爲始講西學。劉熙載奉特旨
入〈儒林傳〉。王先謙編《續古文辭類纂》成，刊於湘中。
周壽昌成《漢書注校補》。方宗誠成《志學續錄》。

(6) 蔡鍔生，蔣百里生，張繼生，李烈鈞生，宋教仁生，馮
自由生，馮玉祥生。陳澧卒，年七十三，李善蘭卒，年
七十三，丁日昌卒，年六十。

清光緒九年（一八八三）

(1) 二月，李鴻章派員興建旅順船塢。朝鮮國王要求吳長慶
軍留駐該國。俄軍退出伊犂。法軍陷越南南定。越南國
王請中國派兵援助。四月，曾紀澤與法外長談越事，法
方否認中國之宗主權。劉永福率黑旗軍圍攻河內與越南
南定。張之洞在山西設洋務局。五月，滇桂軍入越與法
軍交戰。七月，法軍封鎖越南各海口。法、越順化條約
簽訂，越南自承爲法國之保護國。八月，黑旗軍失利，
退出越南山西。李鴻章與法特使德理因談判無結果。九
月，總署照會法使，法軍如侵及我軍陣地，惟有開仗，
中國不能坐視。十月，法援軍九千人抵達越南東京。桂
軍襲攻海陽，與法軍正式交戰。十一月，兵部尚書赴虎
門佈防。法軍攻佔越南山西。命左宗棠派軍增防臺灣。

(2) 七月，江南颶風大雨成災。永清永定河決口。

(3) 二月，雲南浪穹民教衝突，焚燬教堂，傷斃法教士張若
望及教民十餘人。六月，賠償法主教銀五萬兩，雲南浪
穹教案結案。

(4) 二月，中、俄訂塔爾巴哈臺貿易地址，及管理各屬回商

條款。六月，英派巴夏禮爲駐華公使。八月，粵民以英
水手踢挑夫落水致死，焚沙面洋房十三處。是年，《萬
國公報》停刊。

(5) 王韜《弢園文錄外編》刊行。康有爲始倡不裹足會。薛
福成撰〈援越南議〉上中下三篇。張之洞創令德書院，
選省高材生肄業其中，專治經史古學。郭嵩燾作〈王實
丞四書疑言序〉。張文虎主講江陰南菁書院。

(6) 汪精衛生，閻錫山生。

清光緒十年（一八八四）

(1) 正月，法軍佔越南建昌府。李鴻章向德、美購鋼砲一百
二十尊，快槍萬桿，分發沿岸各省，以防法軍。二月，
法軍大舉攻北寧，佔芹驛關。李鴻章請設海軍部。三
月，太后面責軍機大臣，謂邊防不靖，疆臣因循，國用
空虛，海防粉飾。罷恭親王奕訢，醇親王孫毓汶當政。
法軍佔興化。法艦到基隆，強行購煤。法兵船進入黃浦
江。四月，命許景澄爲出使法、德、義、奧大臣。派李
鴻章爲全權大臣，與法使臣辦理條約事務。五月，法軍
借口巡界，分二路進犯谷松屯梅。閏五月，中、法交戰
於觀音橋。法國新任駐華公使巴德諾到上海。六月，法
國照會總署，議約必先准賠償，方能開議細節。法軍攻
取基隆，作爲質押。李鴻章電總署，主對法賠款保和。
七月，法水師突擊福州師船，擊沉七艦，並毀船廠。下
詔與法宣戰。八月，法軍攻陷基隆砲臺。香港華工拒爲
法船執役，遭英官責罰，憤而罷工。法軍在臺灣滬尾（

淡水）登陸。九月，法海軍封鎖臺灣。駐韓日使煽動朝鮮新黨，勸乘機獨立。劉銘傳部反攻基隆，被法軍擊退。新疆正式設行省。十月，朝鮮京城兵變，日使帶兵入宮。法由非洲調兵五百到基隆。十一月，中國派兵赴韓。法國援兵到海防。日、韓訂立京城條約，朝鮮對日謝罪賠款。十二月，法援兵九百七十名到基隆，法兵增至三千人。英船運淮軍八百七十人，到臺灣卑南登岸。中、法於宣光激戰。法軍攻陷諒山。

(2) 正月，廣西上思州教士勾結教民，密圖滋事。八月，潮州、溫州人民因法侵略，毀教堂洩憤。是年，臺灣紳民毀八甲教堂及錫口、枋寮各地教會。

(3) 四月，英人美查主辦之《點石齋畫報》（旬刊），於上海發刊。五月，中、俄訂喀什噶爾西北界約。是年，教會於臺灣成立淡水女學。

(4) 八月，因劉銘傳等先後奏請，總署知照出使大臣，選擇西洋各書，及輿地圖說，酌量彙刻。是年，《申報》增畫報副刊（旬刊），為我國日報增刊之始。馮桂芬《校邠廬抗議》問世（全書初刊）。王韜任上海格致書院山長。王先謙刻成《東華錄》四百十九卷。吳大澂著《說文古籀補》十四卷，附錄一卷梓刻。繆荃孫任國史館總纂。郭嵩燾作〈重刻歷代循吏傳序〉。廖平成《何氏公羊春秋十論》。譚嗣同作〈治言〉長文。康有為始演大同義。

(5) 劉師培生，鄒魯生，蘇曼殊生。

清光緒十一年（一八八五）

(1) 正月，援臺兵輪二艘於浙江石浦爲法艦擊沉。法軍陷鎮
南關。 張之洞立廣勝軍二千五百人， 以洋弁教練。 二
月，馮子材等敗法軍於關前隘，繼又克諒山等地。曾紀
澤電總署，諒山克復，法內閣易人，宜乘機議和。法水
師提督孤拔陷澎湖。 中、法於巴黎簽訂和平草約。 三
月，派李鴻章爲全權大臣與法使辦理詳細條約事務。四
月，中、法越南條約於天津訂立，承認法在越權益。五
月，李鴻章奏設武備學堂於天津，用德人爲教習。法軍
撤出基隆。六月，澎湖法艦撤退。七月，派袁世凱爲駐
朝鮮通商委員。八月，臺北設軍械機器局。九月，設臺
灣行省。十月，從出使美國大臣張蔭桓奏，於金山各埠
設立中西學堂。李鴻章奏，續派福州船廠學生出洋。十
一月，曾紀澤向英外部抗議併滅緬甸。是年，開平鐵路
公司成立。

(2) 正月，日本派伊藤博文爲全權大臣，來華辦理朝鮮事。
三月，中、日訂天津條約，兩國定期撤兵，將來出兵應
先知照。五月，總署覆羅馬教皇書，允保護教士（中國
與教皇直接往來之始）。六月，中、英增訂煙臺條約專
條，每箱鴉片徵入口稅三十兩，釐八十兩。七月，美國
懷俄明州及舊金山一帶發生排華慘案。是年，中華基督
教青年會於福州成立。《臺灣府城教會報》創刊。

(3) 黃彭年調陝西按察使，權布政使，創博學齋，延宿儒主
講席，購補關中書院書籍。李元度疏陳籌餉之策十，籌

防之策十。王先謙補授國子監祭酒。薛福成《籌洋芻議》初版刊行。廖平成《何氏公羊春秋續十論》。康有爲著《人類公理》。章太炎在其兄章籛輔導下，一意治經，文必法古。劉璈著《巡臺退思錄》。

(4) 鄒容生，朱執信生，董必武生，熊十力生，左宗棠卒，年七十四，張文虎卒，年七十八。

清光緒十二年（一八八六）

(1) 二月，臺灣巡撫劉銘傳到大嵙崁（大溪）督剿生番。十月，劉銘傳剿平臺灣中路蘇魯等七番社。雲南廣川土民起事，被官軍剿平。十一月，雲南騰越夷亂，旋敗。十二月，馮子材部破瓊州黎亂。

(2) 二月，爲上年美國排華慘案，諭張之洞不得對美報復。以英國併吞緬甸，命曾紀澤力爭保存緬祀。三月，袁世凱稟告李鴻章，謂朝鮮受西人唆煽，陰謀自主。五月，劉銘傳奏，半年之間，招撫臺灣中路及南路生番四百餘社，歸化七萬餘人。六月，製造火藥、子彈之金陵製造局，擴建工程竣工。經由諸大臣及親王之懇求，太后允於光緒帝親政後，再行訓政數年。七月，總署初次正式宴請各國駐華公使。袁世凱電李鴻章，主出兵朝鮮，實行廢立。八月，以醇親王巡閱北洋，總管太監李蓮英隨行，遭御史朱一新參劾，除命以主事降補外，並命外廷臣工今後對同類情事，不得妄生議論。九月，袁世凱撰〈朝鮮大局論〉示韓王，痛言背華向華利害。十一月，古巴、秘魯、舊金山等地中西學堂開館。十二月，臺灣

北路中路生番二十餘社歸化。是年，天津武備學堂設
立。

(3) 二月，以山東頻遭河患，命賑災。四月，命山東修治黃
河。六月，浙江修海塘。九月，張曜奏疏浚黃河、運河
情形。十一月，山東壽張黃河決口合龍。

(4) 三月，中、法越南邊境通商章程，在天津畫押。羅馬教
皇允移北京蠶絲口教堂，並與中國互設使館。六月，
中、英訂立緬甸條約，承認英對緬甸之主權。八月，法
國反對教廷派使駐華。九月，中、俄訂立琿春東界約。
十月，《天津時報》創刊，李提摩太爲主筆。

(5) 六月，重慶民教衝突，英、美、法三國多處教堂洋房被
燬。

(6) 二月，不許黃梨洲、顧亭林從祀文廟。八月，命續修《
大淸會典》。是年，廖平成《今古學考》。康有爲作〈
內外康子篇〉。章太炎得《明季稗史》十七種，和王船
山《黃書》。于蔭霖擢廣東按察使，陛見面陳東三省防
俄事宜。張之洞設廣雅書局於粵城菊坡精舍（後遷入機
器局），延經學通人著作。郭嵩燾作〈金鸚書院記〉。

(7) 張東蓀生，黃季剛生，蔣夢麟生，張季鸞生，朱德生，
譚平山生，丁寶楨卒，年六十七，鮑超卒，年五十八。

清光緒十三年（一八八七）

(1) 閏四月，瓊州黎亂平。六月，新疆塔爾巴哈臺勇丁三營
譁變。九月，太常寺少卿林維源剿平臺灣北路大壩七社
滋事化番。十一月，雲南順寧府邊境，猓黑夷亂平。

(2) 二月，川滇電線裝成。詔各省認眞辦理保甲。四月，從劉銘傳奏，借商款百萬兩，修築臺灣南北鐵路。命各級考試酌收算學生童舉人。閏四月，李鴻章奏，天津水師學堂學生及學習人員，請一體鄉試。五月，洪鈞出使德、俄、奧、和（荷），劉瑞芬出使英、法、義、比，李興銳出使日本。六月，張之洞奏，創建製造槍彈廠，開設電報學堂。七月，改澎湖爲鎮，吳宏洛爲總兵。張之洞奏，創辦水陸師學堂，並續造兵輪。八月，福州至臺灣滬尾（淡水）水底電線接通。十月，張之洞奏，請於南洋英、荷、西各屬地設置領事，保護華僑。

(3) 二月，福州地震。六月，開州黃河決口。北運河上游潮北河，在通州平定幢決口數十丈。永定河下游南七工（東安境）決口四十餘丈。八月，鄭州下汎十堡黃河決口三百餘丈，南注周家口，入淮河。十月，通州潮北河漫口合龍。十二月，命李鴻章督辦鄭州河口。雲南地震。

(4) 三月，中、葡條約議定，澳門歸其所有，並享最惠國待遇。是年，威廉臣、李提摩太、赫德等組織廣學會，贊助中國變法維新。英教會於武昌設博文書院。

(5) 四月，臺灣大稻埕教案。六月，四川大足教堂被毀。

(6) 正月，曾紀澤以英文（馬格里代草）發表〈中國先睡後醒論〉。三月，劉銘傳在臺灣設立中西學堂，聘西人爲教習。閏四月，張之洞興建廣雅書院。是年，何啟、胡禮垣《新政眞詮》出版。孫文入香港西醫書院。梁啟超肄業於學海堂。黃彭年擢江蘇布政使，建學古堂以課

土，設學治館以課吏。皮錫瑞始作《尚書大傳箋》。張
之洞延梁鼎芬主講端溪書院。張之洞測繪粵海圖成。薛
福成編《浙東籌防錄》。

(7) 蔣介石生，張君勱生，丁文江生，錢玄同生，林覺民
生，王敏川生，林茂生生，李元度卒，年六十七。

清光緒十四年（一八八八）

(1) 正月，滇越邊境木戞寨陳定邦亂平。五月，四川馬邊屏
山及涼山猓夷滋事。六月，湖南巴陵王聯露等滋事，旋
平。臺灣後山呂家望社番，圍攻卑南防營總兵張兆連。
七月，合肥劉文弼起事。八月，臺灣施九緞等聚眾六
千，圍彰化城，反抗清丈土地。十二月，官軍剿平宜蘭
內外溪頭等番社。

(2) 二月，臺灣南北電線接通。劉銘傳開辦臺灣郵政。九
月，天津至唐山鐵路完成。十一月，成立北洋海軍艦
隊，丁汝昌為提督。

(3) 二月，江西地震。三月，江蘇地震。四月，永定河漫口
合龍。五月，鄭州已成河工被水衝垮。七月，永定河在
蘆溝橋決口五十餘丈。九月，永定河工合龍。十二月，
鄭州河口合龍。

(4) 一至二月，英軍相繼攻毀西藏兵營。八月，英軍大敗藏
兵。九月，伊犂俄人毆斃中國兵民三人。十一月，美禁
止華工入境。十二月，法兵越界焚刼欽州那沙墟，斃男
女三十餘人。

(5) 康有為上萬言書，請及時變法，都察院不願代呈。葛士

濬《皇朝經世文續編》問世。黃以周主講南菁書院。孫
詒讓改《商周金識拾遺》爲《古籀拾遺》，重校付刊。
繆荃孫整理儒林五傳，撰成稿本；又編成《續經世文
編》八十卷，交盛杏蓀觀察。王先謙《皇清經解續編》
刊成，又刊南菁書院叢書。薛福成編次其平日所爲文字
成《庸庵文編》。邵作舟著《邵氏危言》主變法。

(6) 陳寅恪生，蔣渭水生，方宗誠卒，年七十一。

清光緒十五年（一八八九）

(1) 九月，副將劉朝帶在臺灣蘇澳入山開路，爲老狗社生番
伏擊，全軍二百餘人戰沒。十一月，張之洞奏，擊敗連
山瑤民。

(2) 二月，太后歸政。四月，薛福成任出使英、法、義、比
四國大臣，黃遵憲任參贊。八月，興辦蘆溝橋至漢口鐵
路。張之洞奏設機器織布局於廣州。詔不准英商承辦基
隆煤礦。臺灣府城興工。九月，張之洞奏，粵省試鑄銀
元。十月，設西安至嘉峪關電線。十二月，上海機器織
布局開工。

(3) 六月，山東章邱黃河漫溢堤身塌陷三十餘丈。十月，以
秋間江浙水災，命辦賑撫，並各發內帑五萬兩。賑湖北
水災。

(4) 正月，《萬國公報》復刊，月出一册，由林樂知、慕維
廉主持。江蘇鎮江英租界印度巡捕毆華人，羣情激憤，
英、美領事館被燬。九月，中、俄電線在琿春海蘭泡接
線草約，在天津畫押。

(5) 二月，命曾紀澤、徐用儀管理同文館事務。十一月，張之洞奏，西學確有實用，除算學外，尚有礦學、化學、電學、植物學、公法學五種，皆有助於自強而裨交涉。是年，譚嗣同始讀《船山遺書》及《明夷待訪錄》等書。張之洞令南韶連三屬，建北江書院。黎庶昌作〈弢園經學輯存序〉。朱一新主廣雅書院講席。廖平與康有為相見於粵。

(6) 梅貽琦生，李大釗生，蔡培火生，汪士鐸卒，年八十八。

清光緒十六年（一八九〇）

(1) 閏二月，劉銘傳督總兵吳宏洛，剿平臺灣宜蘭南澳番亂。三月，成都將軍岐元奏，瞻對番目與巴宗喇嘛勾結野番為亂，已平定。四月，雲南鎮康州土族刁老五戕知州踞城。五月，四川雷波夷亂。八月，湖南澧州、新州哥老會起事。十月，四川官軍大敗雷波夷。十一月，雲南官軍剿平巧家廳屬蠻亂。

(2) 正月，李鴻章奏，袁世凱駐韓三年期滿，實心任事，操縱得宜，請以道員儘先補用，另賞加二品銜。二月，朝鮮收回海關權，不受華關節制。七月，以許景澄出使俄、德、奧、和，李經方出使日本。八月，以劉銘傳擅立章程，開辦臺灣煤礦，命革職留任。九月，御史吳兆泰奏請停止頤和園工程，命交部嚴加議處。由洋人承包之旅順船塢工程完工。十月，肅州、北京間電線接成。張之洞創辦漢陽鐵廠及槍砲廠。十一月，詔允各國使臣

於明年正月內覲見。

(3) 五月，山東齊河黃河決口三十餘丈。六月，京師大雨成
災，直隸武清永定河決口七八十丈。

(4) 正月，與英議定藏、印分界。二月，中、英藏印條約於
加爾各答簽訂，哲孟雄歸英保護。閏二月，中、英煙臺
條約續增專條在京畫押，開重慶爲口岸。四月，廣西龍
州與越南北圻電報接線。七月，美國廢除舊金山驅逐華
人新例。八月，日人荒尾芝於上海成立「中日貿易研究
所」。

(5) 六月， 四川大足余棟臣、 余翠坪等打毀龍水鎮教民房
屋，殺教民。

(6) 薛福成撰〈論西洋國政民風之美〉、〈論耶教將衰儒教
將傳至西洋〉、〈西學源出中國〉、〈論專利制度有助
於西醫之精進〉、〈論西洋議院制度〉、〈耶教源出於
墨子〉、〈泰西諸國之政體記略〉等文。黃遵憲《日本
國志》問世。馬建忠作〈富民說〉。章太炎入詁經精舍
從俞樾學習。梁啟超始識康有爲。皮錫瑞主桂陽州龍潭
書院講席。譚獻應張之洞聘，主都會經心書院。王先謙
主講思賢講舍，輯刻《六家詞鈔》六卷成。張之洞創建
兩湖書院。郭嵩燾撰〈大學章句質疑序〉、〈中庸章句
質疑序〉，另《禮記質疑》付梓。

(7) 戴季陶生，陳公博生，李達生，鄧中夏生，陳望道生，
曾紀澤卒， 年五十二， 曾國荃卒， 年六十七， 黃彭年
卒，年六十八，彭玉麟卒，年七十五。

清光緒十七年（一八九一）

(1) 正月，四川黃子榮等亂。三月，貴州獨山匪亂，旋平。
   五月，積年擾亂熱河之馬賊王端仁（自稱平王、唐王）
   在赤峯被擒。七月，哥老會首領再會於湖北大冶，仍定
   於十月十五日在沙市起事。八月，江海關查獲鎮江關幫
   辦稅務英人梅生（C. W. Mason）代哥老會購運洋槍三
   十五箱。貴州下江廳苗亂，旋平。十月，熱河金丹教起
   事。十一月，吉林、長春教匪亂平。

(2) 正月，從署兩江總督沈秉成奏，創設江南水師學堂。各
   國公使覲見於紫光閣。二月，前出使日本大臣黎庶昌奏，
   日本近年海陸兩軍擴張整頓，中國與之唇齒相依，宜將
   琉球案彼此說明，別定一親密往來互助之約，以備緩
   急。海軍衙門奏，頤和園工程用款，擬由海防捐輸項下
   挪墊（從之）。以北洋海軍成軍三年，命李鴻章、張曜
   會閱。三月，派李鴻章督辦關東鐵路事宜。五月，應日
   之邀，丁汝昌率「定遠」、「鎮遠」等艦訪問日本。十
   月，禁各省私借洋商銀兩。是年，上海道唐松岩設機器
   紡織局於上海。張之洞設機器織布局於武昌。臺北基隆
   間鐵路通車。

(3) 三月，山西汾州一帶地震，死傷數十人。

(4) 三月，俄太子自上海到漢口。四月，西伯利亞鐵路東段
   在海參威開工。七月，俄人侵佔帕米爾，英人侵佔乾竺
   特（卽坎巨特，近喀什噶爾南界）。九月，英允中國在
   香港設領事。

(5) 四月，蕪湖法國教堂被燬。湖北武穴教堂被燬，英人二名斃命。五月，江蘇無錫天主堂被燬（金匱、丹陽、陽湖、江陰、如皋等地教堂，均相繼被燬）。各國公使以教案疊起，向總署嚴重抗議。六月，以燬教堂多爲哥老會黨所爲，詔查拏哥老會。七月，宜昌法、英、美教堂被燬。十月，熱河金丹教焚燬建昌教堂。

(6) 康有爲始講學於萬木草堂，並刻成《新學僞經考》。張之洞在湖北設立商務學堂及湖北輿圖總局。章太炎始撰《膏蘭室札記》（生前未刊刻）。王先謙由思賢講舍移主城南書院講席，並刻成《荀子集解》。孫葆田校訂《周易本義》成。薛福成編次《出使日記》，凡六卷，並撰〈學校普及爲西洋各國富強之本源〉、〈歐洲形勢〉、〈分別教案治本治標之計疏〉、〈論俄羅斯立國之勢〉等文。

(7) 胡適生，劉復生，郭嵩燾卒，年七十四。

清光緒十八年（一八九二）

(1) 正月，雲南鎮邊少數民族起事，旋敗。二月，楊衢雲、謝讚泰、溫宗堯等，設輔仁文社於香港，以開通民智及反淸爲宗旨。五月，江西吉安哥老會首領劉玉貴被擒。七月，哥老會八千餘人於江西萍鄉起事，旋被官軍所平。八月，四川大足余棟臣亂事又起，旋敗。臺灣恆春射不力社番亂平。十一月，雲南開化府歸仁里匪亂。

(2) 四月，詔禁排外文告、揭帖。六月，汪鳳藻出使日本。閏六月，詔禁私買外洋軍火。七月，定竊毀電桿線罪。

十月，武昌織布局開工。袁世凱拒絕朝鮮派全權公使駐日之請。十二月，楊儒出使美國，兼日、秘大臣。

(3) 六月，直隸霸州永定河決口，寬四十餘丈。閏六月，山東惠民、利津、濟陽黃河決口。十月，山東利津海潮，死千餘人。

(4) 六月，中、英藏、印通商事宜議妥。七月，中、俄邊界陸路電線相接條款在天津訂立。八月，李鴻章函羅馬教皇外務大臣，請此後傳教悉由教皇與中國逕行商辦，並先派總主教一人駐直隸督辦教事。是年，加拿大長老會教士馬偕編《中西字典》。

(5) 孫文畢業於香港西醫書院。新疆巡撫陶模奏設俄文學館。郭嵩燾遺著《郭侍郎奏疏》及《養知書屋文集》問世。章太炎始撰《春秋左傳札記》。孫詒讓成《尚書駢枝》。皮錫瑞主講南昌經訓書院。譚獻著《董子》成。朱一新成《無邪堂答問》。王先謙合校《水經注》四十卷刻成。

(6) 王光祈生，曾琦生，郭沫若生。

清光緒十九年（一八九三）

(1) 九月，廣西平樂府哥老會首領蔣海標被擒。十一月，四川建昌夷亂平。

(2) 八月，從薛福成奏，除海禁，允僑民回國治生置業。九月，上海機器織布局被焚（每日產布六百四）。十月，龔照瑗出使英國，兼法、義、比國大臣（代薛福成）。漢陽鐵廠全廠告成。是年，臺北新竹間鐵路建成。

(3) 六月，永定河決口四十餘丈（九月合龍）。七月，川邊
　　地震，死傷數百人。

(4) 正月，上海《新聞報》發刊，由英人丹福士爲總董，蔡
　　爾康任主筆。薛福成照會法外部，催請裁革越南華僑身
　　稅。十月，中、英議定藏、印通商條約。十一月，中、
　　俄在塔城訂立管轄哈薩克等處條款。

(5) 五月，瑞典教士二人，在湖北麻城宋埠遭毆斃。九月，
　　湖南臨湘王道成等，以法教士強買民宅改建教堂，聚眾
　　拒之。

(6) 李鴻章開辦之天津總醫院西學堂成立。陳虯《治平通
　　議》出版。《曾惠敏公遺集》刊行。《丁文誠公遺集》
　　刊行。孫詒讓《墨子閒詁》及《札迻》成（次年印行）。
　　張之洞奏設自強學堂於武昌。薛福成編其出使泰西以來
　　文字，曰《庸庵文外編》，郵寄友人蕭氏爲之梓刻。

(7) 晏陽初生，梁漱溟生，毛澤東生，左舜生生，許地山
　　生，楊詮生，朱家驊生，陳炘生，洪鈞卒，年五十五。

清光緒二十年（一八九四）

(1) 正月，湖南天地會鄧世恩、黃三祥攻江西永寧，旋平。
　　雲南永北廳夷丁洪貴藉教起事。二月，仁義會（龍會）
　　首領宋金龍在開封被捕。四川秀山酉陽教亂，旋平。三
　　月，湖南巡撫吳大澂奏，武岡州會匪猖獗，逆首已先
　　後就擒。四月，兩廣總督李瀚章奏，韶州南雄匪亂已
　　平。吉林馬賊擾長春。十月，孫文於檀香山組織「興中
　　會」，並徵收會銀，謀舉事。十二月，孫離檀香山返香

港。關外會黨首領孟毓奇、朱承修等，於吉林謀起事，失敗被捕。

(2) 二月，海軍提督丁汝昌，率北洋艦隊自新嘉坡赴蔴六甲、檳榔嶼巡歷。三月，西藏亞東正式開埠通商。五月，湖北漢陽煉鐵廠開工。八月，上海華盛紡織總廠開工。九月，起恭親王奕訢，命在內廷行走，管理各國事務衙門。十月，從張之洞奏，將湖北織布局招集商股，增設紡紗廠，並試辦機器繅絲廠。十一月，御史安維竣抗疏言太后既已歸政，則一切政務不宜干預，太后大怒，立將安維竣革職，謫戍張家口。

(3) 四月，瓊州颶風成災。

(4) 正月，中、英訂立滇緬界約及商約，開雲南蠻允爲商埠。二月，中、美續訂華工條約，禁止華工移美十年。總署照會英使歐格納，嚴禁英商運紗機至上海設廠。朝鮮新黨領袖金玉均在上海被韓人洪鍾宇刺殺。朝鮮東學黨在全羅道大舉。四月，日本衆議院討論金玉均案，認乃對日之侮辱。日本內閣決議出兵朝鮮。朝鮮正式致文袁世凱乞援。五月，李鴻章派聶士成率軍赴牙山援朝鮮。六月，中、日於豐島發生海戰。中、日陸軍戰於成歡驛，聶士成兵敗走公州。七月，中、日宣戰。重訂中外保護華工條約。八月，中、英訂立滇緬邊界電線連接約款。中、日陸軍戰於平壤。中、日海軍會戰於黃海，日艦隊大敗中國北洋海軍於大東溝。九月，李鴻章晤俄使喀希尼，請調處中、日戰事。十月，日軍陷金州、大

連灣及旅順。以旅順失守，李鴻章遭革職留任。日軍在旅順連日屠殺，遇害者二千六百餘人。十一月，命張蔭桓、邵友濂前往日本會議和局。十二月，日軍攻山東。

(5) 孫文上書李鴻章。命康有爲自行焚燬《新學僞經考》。鄭觀應《盛世危言》（五卷版）出版。馬建忠作〈擬設繙譯書院議〉。王先謙主講嶽麓書院。皮錫瑞成《九經箋說》、《孝經古義》，又作《今文尚書考證》。廖平作《古學考》。

(6) 姚從吾生，陳千秋卒，年二十六，朱一新卒，年四十九，薛福成卒，年五十七，李慈銘卒，年六十六。

清光緒二十一年（一八九五）

(1) 正月，「興中會」改組，楊衢雲之「輔仁文社」併入，設總機關於香港（乾亨行）。二月，「興中會」在香港謀攻廣州，並依陸皓東議，以青天白日旗爲革命軍旗。閏五月，甘肅回亂。八月，西寧回韓文秀敗官軍於平戎驛大寨。「興中會」改以楊衢雲爲總辦。廣東韶州會黨梁堂被捕正法。九月，「興中會」廣州起義失敗，陸皓東等被捕遇害。十一月，董福祥擒河州回馬永琳（花寺教教主）等。孫文設「興中會」分會於日本橫濱。

(2) 閏五月，以裕庚充出使日本大臣。六月，命京外各衙門，嗣後一切公文不得使用「夷」字。命招徠僑商承辦各省船械機器等局。八月，以慶常充出使法國大臣。十月，命袁世凱督練新建陸軍。華俄銀行成立。十二月，李鴻章往賀俄皇加冕。

(3) 六月，山東利津黃河漫口五六十丈。山東齊東黃河決口數十丈。山東壽張黃河決口數丈。七月，福建、廣西地震。

(4) 正月，日軍攻陷威海衛南北幫砲臺。張蔭桓、邵友濂赴日謀和，以非全權代表，遭拒。英教士李提摩太在南京見張之洞，勸變法。日軍陷山東文登及甯海州。海軍提督丁汝昌自盡，威海衛海軍及劉公島守軍降，北洋艦隊覆滅。派李鴻章為頭等全權大臣與日議和。李鴻章電出使英、俄大臣，請兩國設法調停。二月，李提摩太晤張蔭桓於上海，論大局及改革。唐景崧電，傳日將索臺灣，臺民驚憤，臺灣關係重大，請先事預籌。命出使各大臣，向英、俄、法、德遞交國電，勸日本公道議和。李鴻章赴日，伍廷芳、馬建忠隨行。日本進軍臺灣。李鴻章與伊藤會談，日方要求交出山海關、天津、大沽及該地鐵路軍器，作為休戰條件，李鴻章拒絕。澎湖失守。三月，廷臣會議日本條款，翁同龢再言臺灣之不可棄。中、日第五次會談，中方承認日提條件。中、日馬關條約簽字。臺北兵變。四月，康有為發動「公車上書」。五月，臺灣民主國宣布成立。日軍陷基隆、臺北、宜蘭、新竹。六月，日艦擾臺南安平。七月，李提摩太在京勸李鴻章變法。八月，中、德訂漢口租界章程。九月，日軍陷臺南府、安平，臺灣民主國亡。李提摩太訪總署，與翁同龢等談耶教及變法問題。中、德訂立天津租界章程。中、日訂立交還遼東條約（日在國際

壓力下交還），增加賠款三千萬兩。李提摩太發表〈新
政策〉。十一月，日本退還金州、旅順、大連灣。

(5) 五月，成都民教衝突，英、法、美教堂被毀。六月，福
建古田英教士被殺。八月，以教案疊出，各國要求懲辦
官吏。九月，以四川教案，道員周振瓊等被革職。

(6) 七月，康有爲在北京刊行《中外公報》，並與陳熾、沈
曾植、沈曾桐、袁世凱、楊銳、丁立鈞、張孝謙等成立
強學會（上海強學會十月成立）。盛宣懷於天津開辦中
西學堂。八月，康有爲會見李提摩太。孫文成立農學會
於廣州，有〈擬立農學會徵求同意書〉。十一月，康有
爲等在上海刊行《強學報》。十二月，封禁強學會。是
年，嚴復撰〈論世變之亟〉、〈原強〉、〈救亡決論〉
等文。皮錫瑞成《史記引尚書考》六卷，又作《孝經鄭
注疏》及《古文尚書冤詞平議》。鄭觀應《盛世危言》
（十四卷版）出版。何啟、胡禮垣《新政論議》出版。

(7) 馮友蘭生，董作賓生，蔣廷黻生，李璜生，向警予生，
蔡和森生，惲代英生，李文田卒，年六十二，武訓卒。

清光緒二十二年（一八九六）

(1) 正月，「興中會」之謝讚泰，與康有爲之弟廣仁，在香
港商兩派聯合。提督湯秀齋、總兵鄧增，克西寧北川蘇
家堡（該處回首爲劉騰蛟，眾四、五萬）。二月，湘軍
魏光燾部，連日進攻西寧西川哆巴，副將黃大勝等戰
死。三月，甘肅提督董福祥，大破回於大通縣西北之大
通營，連克十餘莊，斬三千餘人。四月，新疆提督牛允

誠連破西寧回劉四伏。四川松潘番亂平。五月，孫文抵
舊金山，聯絡洪門致公堂，未成。山東曹州單縣一帶刀
匪肆擾。四川瞻對番亂。六月，四川提督周萬順攻克瞻
對要道一日溝。七月，新疆官軍殲甘肅回於羅布淖爾，
擒其元帥劉四伏、副元帥馬吉。九月，孫文被禁於倫敦
中國使館（被禁十二天，因英政府干涉獲釋）。周萬順
連破瞻對各碉，收復舊大寨。

(2) 正月，張之洞奏，選派南洋學生四十人，赴英、法、德
學習。命李鴻章前往英、法、德、美親遞國書。翁同龢
訪李提摩太長談，李言須富民富官，學人尤須通各國政
事。從張之洞奏，於江寧創設陸軍學堂，附設鐵路專門
學堂。二月，設立郵政，以總稅務司赫德管理。以國用
匱乏，命直隸、兩江、閩浙、四川、山西、新疆、山東
各督撫，認真履勘辦理該省礦務。三月，太后擬重修圓
明園(八月開工)。李鴻章抵達俄京，俄皇延見，提出滿
洲鐵路問題。中、俄開始談判密約。四月，袁世凱創設
同文、砲隊、步隊、馬隊四武備學堂於天津。李鴻章電
總署，主接受俄國條約。盛宣懷接辦漢陽鐵廠，決招商
承辦。李鴻章與俄簽訂中、俄同盟密約，兩國協力防禦
日本，俄於黑龍江、吉林接造鐵路，條約有效期十五年
（據云李鴻章父子受俄賄三百萬盧布，分三期由華俄銀
行支付，李實得百萬）。五月，李鴻章離俄赴德，覲見
德皇威廉二世。李鴻章晤俾斯麥，詢以中國復興之道，
俾斯麥勸練精兵。李鴻章抵荷蘭海牙與比京。六月，李

鴻章到巴黎，覲見法總統。李鴻章到倫敦，覲見維多利
亞女皇。七月，李鴻章到紐約，受熱烈歡迎，並覲見美
總統克利弗蘭。八月，江西於省城開辦蠶桑局。總署奏
重整海軍情形。翁同龢爲帝述英、法交伺情形，並俄交
之未可恃及可慮可畏。李鴻章自美返抵天津。九月，設
立鐵路總公司，命盛宣懷督辦。李鴻章擅入圓明園遊
覽，罰俸一年。盛宣懷奏陳自強大計。十月，命盛宣懷
擇股商，集股興辦銀行。楊儒充出使俄、奧、和國大臣
（代許景澄），羅豐祿充出使英、義、比國大臣（代龔
照瑗）。十一月，御史宋伯魯奏，鄉、會試第三場及各
項考試策題，宜專問時務（禮部議駁）。以許景澄爲出
使德國大臣。十二月，山東巡撫李秉衡奏，中、俄密約
中國受制太甚，請改議。

(3) 五月，山東利津黃河決口七、八十丈。六月，安東大東
溝等處水災。武清霸州永定河決口百餘丈。十二月，江
西地震。福建地震。

(4) 二月，四川總督鹿傳霖奏陳英、俄在西藏侵擾情形。三
月，開杭州商埠。劉坤一、張謇創辦通州紗廠。四月，
漢口俄、法租界成立。中、法訂龍州鐵路合同，允越南
鐵路築至龍州，次年又延至南寧百邑。六月，訂立中、
日通商行船條約。八月，杭州日租界成立。十一月，德
提出租借膠州灣五十年要求。十二月，上海美商鴻源紗
廠開工。

(5) 正月，陳秋菊、胡阿錦在臺北抗日。二月，日治下的臺

灣，開始戶口調查。三月，公佈地方官官制，及臺灣總
督府直屬各學校官制。四月，劉德杓在臺東舉兵抗日。
五月，雲林林簡義、柯鐵舉兵，勢頗張（始於三月）。
六月，《臺灣新新報》發刊。七月，臺民攻臺中。九
月，宜蘭林大北等舉兵抗日。十月，鳳山鄭吉生舉兵抗
日。十二月，延平郡王祠改爲「開山神社」。

(6) 正月，從總理衙門奏，設官書局，選刻各種中西圖籍，
並選譯外報印行，命孫家鼐管理。二月，江西紳商創辦
西式瓷器蠶桑學堂。五月，從陝西州撫張煦奏，立格致
書院於涇陽。七月，由汪康年、黃遵憲、梁啟超等創辦
之《時務報》於上海刊行。命推廣學校，學習實學。孫
家鼐議覆開辦京師大學堂辦法六項。十月，孫文開始於
倫敦大英博物館研讀。是年，梁啟超發表《變法通議》。
康有爲成《孔子改制考》。馬建忠《適可齋記言・記
行》出版。嚴復始譯《天演論》。譚嗣同撰《仁學》。
汪康年撰〈中國自強策〉。羅振玉、張謇等組務農會於
上海。梁啟超、汪康年、譚嗣同等組戒纏足會（後改名
天足會）於上海。章太炎成《春秋左傳讀》，又撰《駁
箴膏肓評》，並參與《時務報》工作。王先謙刻《葵園
校士錄存》成。黃以周著《子思子輯解》七卷。孫詒讓
撰《逸周書斠補》成。皮錫瑞撰《鄭志疏證》八卷，〈
鄭記考證〉一卷。

(7) 傅斯年生，徐志摩生，沈雁冰生，陳源生，蕭楚女生，
李維漢生。

清光緒二十三年（一八九七）

(1) 六月，孫文自倫敦到加拿大孟特耳。七月，孫文離加乘輪赴日本橫濱（到日後結識犬養毅、宮崎寅藏、平山周、大隈重信、頭山滿、山田良政、萱野長知、副島種臣、宮崎民藏、平岡浩太郎、久原房之助、山座圓次郎、松方幸次郎、三上豐夷等。尋自號中山樵，世稱中山先生）。十一月，陳少白成立興中會分會於臺北。

(2) 正月，興辦各省郵政。翁同龢與李鴻章談時事，淚下。張之洞奏，於湖北設立武備學堂。三月，命呂海寰爲出使德國兼和國大臣。四月，盛宣懷主辦之中國通商銀行在上海成立（旋於天津、漢口、廣州、汕頭、烟臺、鎮江、京城設分行）。六月，批准赫德所擬臺灣貨物入口徵稅辦法。八月，黑龍江都魯河金廠開工。十二月，命總署堂官，循例赴各國使館賀年，不得藉詞推託，以重邦交。光緒帝向軍機大臣詰問時事所宜先，主急變法。

(3) 正月，山東歷城章邱黃河決口。臺灣宜蘭大地震。

(4) 正月，中、英訂立緬甸續約，工隆劃歸英國，開雲南騰越、思茅，廣西梧州及廣東三水城、江根墟爲口岸，連接滇緬鐵路。日、俄協定，共保朝鮮獨立。二月，蘇州日本租界成立。上海英商老公茂紗廠開工。三月，以上海公共租界工部局頒小車牌照稅法，小車工人聯合罷工，英、美軍艦開入黃浦江鎮壓，罷工風潮在工部局讓步下結束。上海德商瑞記紗廠開工。四月，上海英商怡和紗廠開工。俄專使吳克託穆請見太后，遭拒。五月，

在法國一再施壓下，總署允法國建築滇越鐵路（自老開
至雲南省城），延長龍州鐵路，開滇、桂、粵礦。七
月，東清鐵路開工。十月，以德教士二人在山東曹州為
盜匪所殺，德以此為藉口，派兵佔領膠州灣，並提懲
兇、撫卹、罷免山東巡撫李秉衡、租借膠州灣，及敷設
膠州灣至濟南鐵路與沿途礦山開採權等要求。十一月，
康有為上書抗論德據膠澳，警告國家將亡，主聽任疆臣
各自變法。俄軍艦侵入旅順港。德國承認俄在華北之勢
力範圍，助俄制日，並削弱英在華海關勢力。英使竇納
樂警告總署，如以各種租借權讓與他國，英亦將有所要
求。十二月，英兵船到旅順。因德使要挾，將曹州總兵
萬本華撤任查辦。俄使巴布羅福晤李鴻章等，索黃海口
岸屯煤，並造鐵路通之。中、德山東教案及膠澳交涉結
束。

(5) 三月，臺灣南部東港等地紛起抗日。日本在臺公佈戒嚴
令。四月，臺灣國籍選擇日截止，共有四千五百人回中
國大陸。《臺灣日報》創刊。日本置臺北、新竹、臺
中、嘉義、臺南、鳳山六縣，及臺東、宜蘭、澎湖三
廳。九月，國語（日本）學校開校。

(6) 正月，《知新報》刊行於澳門，何廷光、康廣仁、徐勤
等主之。商務印書館開辦於上海。三月，盛宣懷於上海
創設南洋公學。康有為等於桂林開聖學會。《湘學新
報》在長沙刊行，學政江標主之。四月，杭州求是書院
成立。十月，嚴復主辦之《國聞報》在天津刊行。湖南

時務學堂開課，梁啓超爲總教習，所言除當時一派之民權論外，又盛倡革命。十一月，陝西涇陽格致實學書院工竣，命名「崇實書院」，分致道、學古、求志、興藝四齋。十二月，康有爲在北京開粵學會。是年，李閏（譚嗣同妻）、黃謹娛（康廣仁妻）成立女學會於上海。陳三立、汪康年等於上海成立地圖公會。楊仁山與譚嗣同於江寧成立測量學會。董康等於上海成立譯書公會。汪康年等於上海成立蒙學公會。龍澤厚、梁啓超等於上海成立醫學善會。壽富、梁啓超等於北京成立知恥學會。熊希齡、譚嗣同等於長沙成立延年會。章鈺等於蘇州成立蘇學會。潘學海等於湖南會同成立三江學會。閻迺竹等於北京成立關西學會。梁啓超等於上海創辦大同譯書局。章太炎與宋恕、陳虯等於杭州成立興浙會。章太炎又與宋恕等創刊《經世報》，自任總撰述，發表〈變法箴言〉。湯震《危言》出版。陳熾《庸書》出版。簡朝亮編《朱九江先生集》及《年譜》成。皮錫瑞《今文尙書疏證》三十卷成。薛福成子瑩中，編其父出使日記遺稿，自光緒十七年三月至光緒二十年五月，共十卷，命名《出使日記續刻》，有〈日記附識〉。楊仁山將延齡巷自宅捐爲金陵刻經處，弘揚佛法。

(7) 羅家倫生，張國燾生，周佛海生，郭慶藩卒，年五十三。

清光緒二十四年（一八九八）

(1) 三月，因山東曹州大刀會亂，命山東按察使毓賢馳赴鎭

壓。四月，四川余棟臣（蠻子）亂事再起。廣西鬱林南
寧三合會李立亭、洪振年等為亂。五月，官軍敗三合
會，克興業、北流、陸川等城。七月，命廣西提督蘇元
春迅將會黨剿滅。八月，命劉坤一、譚鍾麟等趕緊設法
密拏孫文。九月，貴州苗楊洪章、田中和攻黃平州，旋
平。孫文經宮崎寅藏介紹，與梁啟超會晤於日本東京。
十一月，四川余棟臣復擾銅梁榮昌。湖北長樂哥老會黨
向策安等陷長樂城。安徽渦陽劉朝棟、牛世修攻破龍山
營，據石弓舟城，十二月又陷義門集，渦河南北紛起響
應，眾至兩萬餘。十二月，四川余棟臣降（一說被俘），
劉朝棟、牛世修於是月及次年一月相繼被擒。

(2) 正月，李鴻章、翁同龢、榮祿、廖壽恆、張蔭桓等約見
康有為於西花廳。命總署呈進康有為著《日本變政記》、
《俄皇大彼得變政記》。又諭以後康有為如有條陳，卽
日呈上，毋阻格，並命康具摺上言。翁同龢以康有為變
法之言入奏，帝欲召見有為，恭親王持不可。設經濟特
科，改試策論。康有為上疏統籌全局，詳論變法。頒發
昭信股票（總額壹萬萬兩）。光緒帝向翁同龢索取黃遵
憲著《日本國志》。詔嗣後武科改試槍砲，裁去默寫武
經一場。二月，命各省舉辦鹽政。袁世凱與翁同龢論時
局，主每省練兵三、四萬，並以各國瓜分中國畫圖示
翁。三月，康有為等倡設之保國會成立於北京粵東會
館，梁啟超、林旭、宋伯魯、楊銳、劉光第、徐仁錄、
麥夢華、張一麐、李岳瑞、陳虬、傅增湘等一八六人均

列名。光緒將康有為奏摺，及其有關日俄變政著作呈太后。開封機器局開工。開江蘇吳淞為商埠。閏三月，御史潘慶瀾奏劾保國會（留中）。總署照會德使，不允德親王見太后時賜坐。四月，梁啟超等上書都察院，請明詔停止八股試帖，推行經制六科。命王文韶、劉坤一預防嚴查義和團。御史楊深秀奏，請定國是。又奏請今後各項考試，不得割裂經文命題。侍讀學士徐致靖奏請速定國是。光緒帝下詔更新國是。翁同龢開缺回籍。召見康有為，命在總署章京上行走。五月，詔命陸軍改練洋槍。准康有為專摺奏事。詔命廢八股，改試策論。禮部尚書許應騤因被宋伯魯、楊深秀參劾，許氏於回奏中痛詆康有為。康有為進《波蘭分滅記》、《列國比較表》、《法國變政考》。將上海譯書局改為譯書官局，光緒帝召見梁啟超，仍命辦理譯書局事務。御史文悌上奏痛詆康有為等（遭詔斥）。令改全國書院為兼習中西學之學校。康有為請開制度局。從孫家鼐奏，命康有為將所著書中有關孔子改制稱王等字據刪除。命榮祿將馮桂芬之《校邠廬抗議》印一千部送軍機處。六月，從張之洞、陳寶箴奏，今後一切考試，均以講求實學為主，不得憑楷法優劣為高下。康有為奏請令各省開商務局。命頒發張之洞所著《勸學篇》於各省。從孫家鼐奏，改上海《時務報》為官報，派康有為主其事（樞臣謀借此擠康出京，又汪康年改《時務報》為《昌言報》以拒康）。命黃遵憲、譚嗣同迅速來京。命出使大臣於英、美、日各

埠勸辦學堂，教育華僑。七月，京師設立農工商總局。命楊銳、劉光第、林旭、譚嗣同在軍機章京行走，參預新政。李鴻章罷值總署。召見袁世凱。李提摩太應康有為邀，自上海赴京。八月，命康有為速往上海督辦官報局。政變，慈禧再度訓政，光緒帝被幽禁於南海瀛臺，楊深秀、楊銳、林旭、譚嗣同、劉光第、康廣仁被殺。九月，康有為自香港赴日本。十一月，梁啟超創辦《清議報》於日本橫濱，抨擊清廷。

(3) 六月，山東壽張、歷城、濟陽、東阿等處黃河決口，平地水深盈丈。八月，漢口大火，延燒五千餘家，死三百餘人。十一月，杭州火藥局爆炸，焚燒數百家。十二月，山東桑家渡黃河漫口合龍。

(4) 正月，英、俄談判，圖合作瓜分中國，長江流域歸英，直隸、山西、陝西、甘肅歸俄。總署照會英使，允不以長江流域割讓或租借他國。二月，中、德訂膠州灣租借條約。三月，開湖南岳州、福建三都澳、直隸秦皇島為通商口岸。中、俄訂旅順、大連租借條約。總署允法四要求：①中越邊界不讓他國。②修滇越鐵路。③租借廣州灣。④用法人裏辦郵政。閏三月，法軍佔領廣州灣。總署告日使，允不以福建讓租他國。對日賠款全部在倫敦付清，日軍撤出威海衛。四月，英軍佔領威海衛。中、英訂九龍租借條約。五月，中、英訂威海衛租借專約。中、日訂漢口租界專約。七月，中、日訂沙市租借專約。中、日訂天津租界專約。九月，廣州發生仇外事

件。十二月，開廣西南寧為通商口岸。

(5) 正月，以曹州教案，詔將相關官員降調、革職。北京天主教大主教樊國樑（Favier）上任，總署大臣及直隸總督均往致賀。四月，法國教士孚再里於四川榮昌被擄。五月，以董福祥兵毀壞保定法教堂，拘毆教士，命榮祿速辦。以四川北廳、廣西永安州、湖北沙市教案，諭各省地方官切實保護教堂教士。九月，湖北利川哥老會，焚教堂及教民房屋。美國教士在山東沂州被刼。英教士在貴州被害。十月，哥老會於湖北焚教堂、殺比國教士，旗上書「滅洋」字樣。

(6) 三月，臺灣日軍攻柯鐵，辜顯榮勸柯鐵投降。抗日軍攻阿公店弁務署。六月，宜蘭林火旺向日軍投降。七月，日本在臺灣公布保甲法。日本在臺灣施行鴉片專賣。八月，日本實施地方稅規則。抗日軍攻三勇湧。九月，日本公布〈匪徒刑罰令〉。十月，臺灣林少貓、林天福舉事，襲攻潮州庄。

(7) 正月，林旭在北京開閩學會。二月，長沙南學會開講，到官紳陳寶箴、徐仁鑄、黃遵憲、皮錫瑞、譚嗣同等三百餘人，並創刊《湘報》。三月，張之洞成《勸學篇》。閏三月，《時務日報》在上海刊行（後易名《中外日報》）。湖北自強學堂改課英、法、俄、德、日語。五月，設京師大學堂，孫家鼐管理其事務。六月，聘丁韙良為京師大學堂西學總教習。七月，上海設編譯學堂（從梁啟超請）。《匯報》在上海刊行。八月，嚴復在

京講演西學源流，及中西政教大原。蘇輿編《翼教叢編》。十一月，湖北工藝學堂成立。是年，何啟、胡禮垣《新政始基》出版。邵作舟《邵氏危言》出版。黃以周歸隱於仁和半山之下。張之洞延通經之士，撰經學明例。俞樾辭詁經精舍講席，計在任三十一年。章太炎撰〈祭維新六賢文〉；因遭清廷列名通緝，離滬赴臺北，任《臺灣日日新報》特約撰述。裘廷梁、丁福保等於無錫成立白話學會。鄭孝胥、鄭觀應於上海成立戒烟會。楊銳於北京成立蜀學會。唐才常等於長沙成立公法學會。李延豫、周馮於湖南成立法律學會。日人小田切萬壽之助與鄭孝胥、鄭觀應、文廷式等，於上海成立亞細亞協會。

(8) 朱自清生，周恩來生，劉少奇生，陳誠生，奕訢卒，年六十七。

清光緒二十五年（一八九九）

(1) 四月，革命黨人楊衢雲，由馮鏡如介紹，與梁啟超晤於橫濱，商兩派合作事，未成。六月，康有為在加拿大域多利成立「保皇會」。甘肅海城回馮百潮（志八）、馬三水等為亂（次月平）。八月，以廣東會匪猖獗，命譚鍾麟等剿平。山東平原義和拳朱紅燈搶刧教民。九月，朱紅燈敗官軍。貴州哥老會陳玉川攻陷仁壽縣城（次月平）。袁世凱軍擊敗朱紅燈部。山東義和拳蔓延直隸阜城，豎旗大書「傳神助教滅洋共和義和拳」。十月，川軍平寧遠勒摹夷。鄭士良與哥老會首領，於香港商聯合各

地秘密會社，共奉孫文爲首領（後由興中會、三合會、哥老會合組「興漢會」，孫文爲總會長）。十一月，梁啟超自橫濱赴檀香山（是年夏秋間梁與孫文往來密切，行前，梁請孫氏介紹檀島友好）。義和拳朱紅燈被官軍擊斃。十二月，楊衢雲自日本抵香港，辭興中會會長，薦孫文自代。

(2) 正月，總署電張之洞，商日使要求代我練兵事（張電覆主設立將領學堂，聘日人爲教習）。張之洞等奏，遵旨裁撤湖南「南學會」，銷毀會中藏書，並撤「保衛局」，仍辦保甲。二月，張之洞電請日駐滬總領事禁《清議報》。三月，設東三省鐵路俄文學堂於京師。四月，張謇創辦之南通大生紗廠開始生產。設保商局於廈門，保護回國僑商。五月，命裕庚充出使法國大臣。十月，命電報公司添設電話。十一月，命徐壽朋充出使朝鮮大臣。太后接見各國公使夫人。中、墨訂和好通商條約。十二月，由張謇主持之江蘇通州紡織廠全機二萬三百餘錠開齊。山東巡撫毓賢覲見太后，獲賞「福」字（毓賢偏袒仇教民眾）。封端郡王載漪之子傅儁爲皇子（大阿哥）。上海紳商經元善（電報局總辦）、葉瀚、馬裕藻、章太炎、唐才常、丁惠康、蔡元培、黃炎培等一千二百餘人電總署爭廢立。經元善離上海去澳門（盛宣懷勸其速逃）。

(3) 正月，義大利要求租借浙江三門灣。旅順俄人因攫糧，戕殺旗民四十七人，傷五十一人。二月，德工程師三人

在山東沂州日照被毆。德軍侵佔山東沂州，焚掠村舍。
英、俄協定成立，協議長城以北爲俄國建築鐵路範圍，
長江流域爲英國建築鐵路範圍。三月，九龍居民反對以
九龍歸英，英軍武力鎮壓，死傷多人。中、德海關協定
成立。中、日訂福州租界條約。英循道會設立博學書院
於漢口。上海公共租界由一千五百英畝，擴大至五千五
百八十四英畝。開福建三都澳爲口岸。德軍佔山東日照。
四月，義大利放棄三門灣要求。允俄建築自北京向北及
東北鐵路優先權。允德建築天津至濟南鐵路。五月，德
國山東鐵路公司成立。雲南蒙自法國領事館被焚。七
月，德使要求總署批准德商瑞記洋行辦理山東五處礦
務。義使照會總署，要求開辦西山、浙江、廣西礦務，
承修西山至北京及長江至浙江海港鐵路。美國對華採門
戶開放政策。九月，中、日訂廈門租界專約。十月，美
使照會總署，要求速平山東義和拳亂。開岳州爲商埠。
中、法訂廣州灣租借條約，租期九十九年。十一月，美
使照會總署，要求撤換山東巡撫毓賢。十二月，山東高
密民眾阻止德人建造鐵路。

(4) 五月，福建英教堂被毀。南昌民教衝突。六月，中、法
廣州灣教案解決。八月，浙江紹興民教衝突。貴州遵義
哥老會陳玉川燒搶仁懷教堂及教民二十六家。十一月，
英教士卜克斯在濟南西南毛家舖爲大刀會所殺。

(5) 三月，日本於臺灣募集三千五百萬円公債，充建鐵路、
基隆港及土地調查用。公佈督府醫學校官制。六月，臺

灣銀行成立。八月，公佈臺灣窮民救助規則。十月，臺
北師範開校。是年，臺灣依匪徒刑罰令，處死一千零二
十三人。抗日份子陳秋菊、黃國鎮、柯鐵、賴福來、林
少貓、林維新均相繼投降。

(6) 五月，敦煌莫高窟石室藏經出現（道人王圓籙發現）。
八月，命各省講《聖諭廣訓》。是年，章太炎編定《訄
書》， 由梁啟超題名， 木刻印行。 張之洞創辦《商務
報》、《農學報》。皮錫瑞《駁五經異義疏證》十卷
成。孫詒讓《周禮正義》成，又成《大戴禮記斠補》。
馬克斯、恩格斯之名首次在中國《萬國公報》出現。

(7) 瞿秋白生，李立三生，黃以周卒，年七十二，江標卒，
年四十。

索　引

七　　畫

九　　畫

十　畫

十 二 畫

十　三　畫

十 五 畫

現代詩學	蕭蕭	著
詩美學	李元洛	著
詩學析論	張春榮	著
橫看成嶺側成峯	文曉村	著
大陸文藝論衡	周玉山	著
大陸當代文學掃瞄	葉穉英	著
走出傷痕——大陸新時期小說探論	張子樟	著
兒童文學	葉詠琍	著
兒童成長與文學	葉詠琍	著
增訂江皋集	吳俊升	著
野草詞總集	韋瀚章	著
李韶歌詞集	李韶	著
石頭的研究	戴天	著
留不住的航渡	葉維廉	著
三十年詩	葉維廉	著
讀書與生活	琦君	著
城市筆記	也斯	著
歐羅巴的蘆笛	葉維廉	著
一個中國的海	葉維廉	著
尋索：藝術與人生	葉維廉	著
山外有山	李英豪	著
葫蘆·再見	鄭明娳	著
一縷新綠	柴扉	著
吳煦斌小說集	吳煦斌	著
日本歷史之旅	李永熾	著
鼓瑟集	幼柏	著
耕心散文集	謝冰瑩	著
女兵自傳	謝冰瑩	著
抗戰日記	謝冰瑩	著
給青年朋友的信（上）（下）	謝冰瑩	著
冰瑩書柬	謝冰瑩	著
我在日本	謝冰瑩	著
人生小語（一）～（四）	何秀煌	著
記憶裏有一個小窗	何秀煌	著
文學之旅	蕭傳文	著
文學邊緣	周玉山	著
種子落地	葉維廉	著

— 5 —

滄海叢刊書目

— 1 —